解释社会行为：

社会科学的机制视角

乔恩·埃尔斯特（Jon Elster）

著

刘　骥　何淑静　熊　彩

等译

刘　骥

校

重庆大学出版社

序　言

一开始,本书只是我于 1989 年出版的《社会科学的螺母与螺钉》(*Nuts and Bolts for the Social Sciences*)的修订本。但最终,它变成了一本完全不同的、更具野心的书。它更加详细,并以一种不同的精神涵盖了更多的话题。虽然本书有 9 章的章节标题与其前身相同,但内容上只有第 9 章和第 24 章大体保持不变。

本书尽管涉猎广泛,但它并不是一本专著。与专著相比,它既少了一点东西,又多了一点东西。它是一次关于我认为对阐明社会行为颇具潜力的那些思想的基础的、非正式的且个人化的呈现。我使用了大量的例子,其中许多是趣闻逸事或文学作品,其他则来自更为系统的研究。书中偶尔用到的代数也没有超过高中数学水平。同时,本书有一种在入门级作品中并不常见的方法论和哲学上的倾向。我力图将社会科学更一般地置于“科学”之中——既置于人文学科之中,又置于自然学科之中。同时我还希望读者始终牢记科学解释的一般原则——如何用解释性要求(explanatory pretensions)来约束理论的构建。

每章参考书目的风格反映出了互联网,特别是维基百科(Wikipedia)、谷歌(Google)和谷歌学术(Scholar. Google. com)等网站的兴起。由于现在的读者在几分钟之内就能找到大部分的相关参考文献,所以我在文中省略了许多引述和研究发现的出处。相反,我试图将读者引向一些重要的原始资料、现代经典,以及一些书籍和文章——它们是一些网上很难查到的观点来源;我还会指向一些作者,我从他们那里所得甚多,不提他们只会印证我名字的含义(*Elster* 在德语中表示喜鹊 ①)。

虽然本书正文很少涉及当代学者的观点,但我对亚里士多德、赛内加(Seneca)、蒙田(Montaigne)、拉·罗什富科(La Rochefoucauld)、塞缪尔·约翰逊(Samuel Johnson)、H.C.安徒生(H. C. Andersen)、司汤达

---

① 西方有一种观念认为喜鹊喜爱偷取发亮的小物品,这里用来比喻引用他人观点而不对来源出处作出标注的人。——译者注

（Stendhal）、托克维尔（Tocqueville）、普鲁斯特（Proust）以及其他古典作家都有广泛的引用，他们留下的文字依然是因果假设的无尽源泉。忽视哲学、小说、戏剧以及诗歌所蕴含的机制，只会让我们自行隔绝于许多真知灼见。仅仅局限于过去百年或十年而忽视过去两千五百年来人类关于心智（mind）、行动（action）和互动（interaction）的反思，换来的只会是巨大的风险与损失。我引用这些作者与其说是要诉诸他们的权威，还不如说是为了说明花时间去广泛地而不是狭隘地阅读是值得的。为了直接反对我所感知到的那种愈演愈烈的（尤其是美国的）社会科学职业化的趋势——不鼓励学生学习外语和阅读古籍——本书进一步呼吁，要用更全面的方法来进行社会研究。

在准备本书原稿的过程中，我获得了很多人的帮助与评论。我首先要感谢我在哥伦比亚大学的学生们，感谢他们在我展示本书写作素材的课堂上所提出的敏锐质疑与评论。来自巴勒罗·卡尔马诺维奇（Pablo Kalmanovitz）的建议尤其有益。在科利乌尔（Collioure），奥农·海兰（Aanund Hylland）和奥莱·约恩·斯科格（Ole-Jørgen Skog）花了三天的时间和我讨论整本书的原稿。在奥斯陆（Oslo），海兰、卡尔·奥弗·莫伊那（Karl O. Moene）和约翰·罗默（John Roemer）用超过一天半的时间继续了这个讨论。他们的评论不仅将我从许多（许多!）的错误中拯救出来，而且还给了我如何补充与加强阐述的建议。我尤其感激罗默当时催促我写一个结论。我收到了来自迭戈·甘贝塔（Diego Gambetta）、拉伊·萨阿赫（Raj Saah）以及一位匿名评论者对整个原稿的书面评论。甘贝塔的评论特别详尽且有益。我和沃尔特·米歇尔（Walter Mischel）就第 10 章介绍的观点进行了有益的讨论，而这些观点很大程度上来源于他。我还收到了来自乔治·安斯利（George Ainslie）宝贵的书面意见，是针对本书第一部分的许多源自他的观点提出的。伯纳德·曼宁（Bernard Manin）对第 25 章给出了建设性的评论。罗宾·道斯（Robyn Dawes）对第 7 章和第 12 章提出了精辟的意见。最

---

* 本书页边码为英文原著页码。

后,在过去的几年里,我将本书一些章节的草稿展示给了"星期一小组(Monday group)"的成员们——自1995年以来,一到秋季他们每周都在纽约聚会,春季的聚会则只是偶尔举行了。这个小组的成员有:约翰·费内中(John Ferejohn)、拉奎尔·费尔南德斯(Raquel Fernandez)、拉塞尔·哈丁(Russell Hardin)、斯蒂芬·霍姆斯(Stephen Holmes)、史蒂文·卢克斯(Steven Lukes)、伯纳德·曼宁、帕斯夸莱·帕斯奎诺(Pasquale Pasquino)、亚当·普热沃斯基(Adam Przeworski)、约翰·罗默。我要感谢他们为我提出了友好而具有建设性的建议。

我将此书献给乔纳森(Jonathan)和乔安娜·柯尔(Joanna Cole)——他们知道是为什么。

我引用了以下作品:M.斯科雷奇(M. Screech)翻译的蒙田《随笔集》(*Essays*, London:Penguin, 1971);C.普伦德加斯特(C. Prendergast)新译的普鲁斯特的文章(London:Penguin, 2003);A.J.克莱尔希默(A. J. Krailsheimer)翻译的帕斯卡尔(Pascal)的《思想录》(*Pensées*, London:Penguin, 1995);L.坦科克(L. Tancock)翻译的拉·罗什富科的《箴言集》(*Maxims*, London:Penguin, 1981);H.范劳恩(H. van Laun)翻译的拉布吕耶尔(La Bruyère)的《品格论》(*Characters*, New York:Scribner, 1885);G.赛尔(G. Sale)、S.赛尔(S. Sale)和J.斯图尔德(J. Stewart)翻译的司汤达的《论爱情》(*On Love*, London:Penguin, 1975);阿瑟·戈德哈默(A. Goldhammer)新译的托克维尔的《论美国的民主》(*Democracy in America*, New York:Library of America, 2004)。其他对法语的翻译来自我自己。

xi

目
录

解释社会行为：
社会科学的机制视角

导　论

　　本书主要是关于解释社会行为的。在第 I 篇，我详细说明了我的解释观，在余下的四篇，我构建了一个适用于特定案例的概念和机制的工具箱。必然地，这个工具箱并不追求完备性。与其试着对那些将会显而易见的差距进行说明，不如让我列举一部分谜题——我认为可以用我的方法（approach）来阐述这些谜题——来开始本篇的讨论。在结论部分，我会简要提及先前章节中所提出的解释，从而又回到这些谜题上来。

　　要采用这些例子和解释必须注意以下两点。第一，我并不宣称所有的被解释项（explananda）都是已确立的事实。当然，在一个真实的解释中这是关键的第一步——试图解释不存在的事情是没有意义的。然而，出于构造一个工具箱的目的，我们可以不那么严格。第二，即使被解释项的存在有案可稽，我也并不宣称我所提出的解释就是正确的。我仅主张它们满足解释所需的一个最低条件——它们在逻辑上能推导出被解释项。这些谜题和解释旨在表明："如果这种事情发生，那么就有这种机制或许能解释它"，以及"如果这种机制产生作用，那么就会导致这种事情"。给定这两点，以下是我根据本书四个实质性部分安排的谜题（多少有些武断，因为很多谜题可以被归入多个类别）。①

I　心　智

　　●为什么有些赌徒认为当红色连续出现五次后，下一次红色比黑色更容易出现？

---

① 虽然这个列表与第 12 章中列出的挑战理性选择理论的谜题列表有些重叠，但列出它不是为了争论，只是为了激起读者的好奇心。

1

● 为什么另一些赌徒认为当红色连续出现五次后，下一次黑色比红色更容易出现？

● 为什么偏好有时会随时间的流逝而改变？

● 为什么相信有来世的人希望来世尽可能晚点到来？

● 为什么人们不愿意向自己或他人承认自己嫉妒（他人）？

● 为什么人们不愿意向自己或他人承认自己无知？

● 为什么在 16 世纪皈依加尔文教（Calvinism）的信徒中，"人上天堂或下地狱皆由命定"的信念比"人能通过行善获得救赎"的信念更能使人内心平静？

● 为什么"犯错的人不能原谅别人"的说法（有时）是对的？

● 为什么在一些文化中，耻感（shame）比罪感（guilt）更重要？

● 为什么 1998 年法国队在足球世界杯中的胜利给法国带来了那么多的喜悦，而 2002 年法国队未能小组出线又带来了如此大的沮丧？

● 为什么妇女在被强奸后常会感到羞耻？

● 为什么羞辱性的入会仪式使加入者对组织产生更多而非更少的忠诚感？

II　行　动

● 为什么与二十年前相比，如今的百老汇演出得到了观众更多的起立鼓掌？

● 为什么惩罚可能增加而非减少其所针对的行为发生的频率？

● 为什么人们不愿意打破自我强加的规则，即使遵守这些规则毫无意义？

● 为什么报仇的模式是"双倍奉还"，而非"一报还一报"？

● 为什么股票的长期收益远高于债券的长期收益（也就是说，为什么股票的价值不上升到使二者的收益相等）？

● 为什么当危险药物以透明包装出售而非以瓶装出售时，自杀率会下降？

- 为什么在基蒂·吉诺维斯(Kitty Genovese)[1]被殴打致死时,38个旁观者中没有一个人打电话报警?
- 为什么纳粹统治下有人会隐藏或营救犹太人?
- 为什么1997年希拉克总统提前举行大选,结果却失去了他在议会的多数席位?
- 为什么一些离异的父母愿意分享孩子的监护权,即使他们实际偏好的是单方监护权(如果打官司的话就可能得到)?
- 为什么穷人更不容易移居国外?
- 为什么有人在不付息也不允许圣诞节前撤销的圣诞储蓄账户(Christmas accounts)[2]里存钱?
- 为什么人们会推行一些负预期值的项目,如建造协和式飞机?
- 为什么在"转型正义(transitional justice)"(向民主转型后,专制政权的政府代理人被提审的时期)中,转型后立即被审判的人比稍后被审判的人获刑更重?
- 为什么在莎士比亚的戏剧中,哈姆雷特的复仇要拖到最后一幕才上演?

3

Ⅲ 从自然科学中获得的启示

- 为什么父母更可能杀害收养的孩子和继子女而不是亲生子女?
- 为什么即使面对诱惑和机会,兄弟姐妹的乱伦仍很罕见?
- 为什么人们会把自己的钱投资到由他人代理负责的项目中,尽

---

① 1964年美国纽约发生了著名的吉诺维斯案件。一位叫作吉诺维斯的姑娘在回家途中遭歹徒持刀杀害。警察在调查这一事件时发现,在案发的30分钟内,共有38个邻居听到被害者的呼救声,许多人还走到窗前看了很长时间,但没有一个人去救援,甚至没有人及时打电话报警,致使受害者未得到及时的救援。这一事件引发了各界的广泛讨论。——译者注

② 圣诞储蓄账户是一种由银行或信用合作社等金融机构提供的理财方式。一般由储户的银行按月从储户的账户中扣下固定金额,待到圣诞前夕一次性返给储户,该账户一旦开通便不能在圣诞节之前注销。这种存储方式约束储户平时的消费,使其预先存下过圣诞节的费用。——译者注

管后者可以任意把所有利润占为己有？

- 为什么人们会为没有物质收益的复仇付出一些物质代价？
- 为什么人们会没有证据就妄下结论？

Ⅳ 互 动

- 为什么社会党的支持者有时会给另一党派投票，从而阻碍自己的党派获胜？
- 为什么一些新兴独立国家沿用之前帝国主义压迫者的语言作为他们的官方语言？
- 为什么冰激凌摊位常常彼此挨着摆在海滩中间的位置，即使分散开来能让顾客更便利且对小贩也没有损失？
- 为什么当一个人的投票对投票结果肯定毫无影响时，他或她仍去投票？
- 为什么现代西方社会中经济上成功的人士常比一般人更苗条？
- 为什么人们会拒绝可以使每个人的境况都变得更好的交易，比如，为什么他们不去询问等待公交车时排在队伍最前面的人是否愿意出售他的位置？
- 为什么尼克松总统曾试图向苏联人展现出易于采取不理智行动的样子？
- 为什么军事指挥官有时会做出破釜沉舟的决策？
- 为什么人们常认为一些本质上无关紧要的礼节非常重要？
- 为什么即使身在一个不期望再次光顾的外国城市里，乘客也会付小费给出租车司机，顾客也会付小费给服务员？
- 为什么即使在没有预见任何生产中断的情况下，企业仍会投资大量存货？
- 为什么在一组学生中，每个人都认为别人比自己更好地理解了一篇晦涩的文章？
- 为什么很多政治会议中都采用记名投票（roll call）的方式？

解释社会行为：
社会科学的机制视角

● 为什么互投赞成票在普通立法机关比在制宪议会（constituent assembly）中更常发生？

　　我将在本书的各个地方提供对这些现象的建议解释，并在结论部分作简要的总结。这里我只想就两种**不太**可能有用的解释形式做一个一般的评论。正如读者将会在第 1 章看到的（之后也会有多次提醒），本书的目的之一就是向读者反复灌输对两条常见推理路线的怀疑态度。第一，除去极少数的例外情况，社会科学不能依赖于功能解释（functional explanation），功能解释是引用结果而非原因来解释行为或行为模式。付小费的规范之所以存在，是因为消费者对服务员的监督比老板的监督更有效率吗？我不这么认为。第二，与我过去的想法相比，我现在认为理性选择理论（rational-choice theory）并没有那么强的解释力。难道现实中的人们是基于主流期刊中附录里那么多页的数学计算公式来行动的吗？我不这么认为。

　　至少从三个方面来看，理性选择理论仍然是我们工具箱中宝贵的组成部分。如果我们以一种定性常识的方式来理解理性选择理论，它是能够解释许多日常行为的。即使理性选择理论解释不了很多行为，它也具有极大的观念上的价值。特别是博弈论，它阐释社会互动结构的方式远远超过了先前几个世纪人们所获得的见解。最后，人们**想要**自己是理性的。这种想要给自己的行为寻找充分理由而不只是做"背后"某种超自然力量的玩偶的欲望，为本书中研究的很多非理性行为的产生机制提供了持久的反作用力。

　　虽然我对很多理性选择的解释持批评的态度，但是我相信**选择**（choice）的概念是非常根本的。本书中我考虑了基于选择的解释（choice-based explanation）的几个替代性解释，并且得出结论：虽然这些替代性解释有时或许能对理性选择这种研究方法作有益的补充，但它们并不能代替它。例如，人们在不同的**约束条件**（constraint）下行动这一事实往往能够解释人们行为上的很多变化。同样，在某种情况下，人们可能会认为**行动者的被动选取**（selection of agents）而非**行动者的主**

动选择(choice by agents)才是我们所观察到的行为的原因。然而总的来说，我相信选择的主观因素比约束与选取条件的客观因素更具有解释力。这显然是一种在任何严格意义上都不能被证实的直觉，然而，在任何情况下，社会科学家都应该在他们的工具箱中为所有因素留出余地。

解释社会行为：
社会科学的机制视角

第
Ⅰ
篇

解释和机制

　　本书依赖一种特定的视角来界定社会科学中的解释。尽管这不是一本社会科学哲学的著作，但是它利用和倡导了一些关于如何解释社会现象的方法论理念。在前三章，这些理念得到了清晰的阐述。在本书其余的部分它们主要构成了部分隐含的背景，尽管它们不时也回到"舞台的中央"，主要是在第14章至第17章以及结论部分。

　　我主张所有解释都是因果性的。要解释一个现象［被解释项（explanandum）］就要引述一个引发它的更早的现象［解释项（explanan）］。当我倡导因果性解释时，我并非有意排除对行为进行意向性解释（intentional explanation）的可能性。意向可以作为原因。**理性选择解释**（rational-choice explanation）就是一种特定类型的意向性解释，后面的章节将对其进行详尽的讨论。然而，许多意向性解释依赖的是行动者在某种情况下是**非理性**的这一假定。非理性本身仅是一种反面的或剩余的观念，凡不是理性的都是非理性。为了使这个观念具有解释的效力，我们需要诉诸能引发特定行为的、具有特定形式的非理性。例如，在第12章中，我就列举和阐明了可以导致非理性行为的11种机制。

　　有时，科学家们用现象的**结果**（consequence）而非它们的原因来解释现象。比如，他们也许会说，我们用部落血仇（blood feud）将部落的人

7 口保持在可持续的水平上这一事实对部落血仇进行了解释。这看上去有一种形而上的不可能性:怎么能用某一时间点还未发生的事物去解释已经存在或出现的事物呢?正如我们将看到的,这个问题能够被重新表述,以使"用结果做解释"成为一个有意义的概念。在生物学上,进化解释为上述解释方式提供了一个例子。然而,在社会科学中,这类解释的成功案例却凤毛麟角。部落血仇的例子肯定不在其中。

自然科学,尤其是物理学和化学,提供的是**规律解释**(explanation by law)。规律是能使我们将某一时间的某一陈述的真实性通过在此之前的另一陈述的真实性推断出来的一般性命题。因此当我们知道了行星在某一时间点的位置和速度,天体运行定律就能使我们推演和预测出它们以后任意时刻的位置。这是一种**决定论**(deterministic)的解释:给出前提,只有一个可能的结果。社会科学即使有这样**类规律**(law-like)的解释,也是极少数的。解释项与被解释项之间的关系不是一对一或多对一,而是一对多或多对多。很多社会科学家试着用**统计的**(statistical)方法为这种关系建模。然而,统计解释本身并不完备,因为

8 它最终不得不依赖对看似可信的因果**机制**(mechanism)的直觉。

解释社会行为:
社会科学的机制视角

1

解　释

解释：一般而言

　　社会科学的主要任务是解释社会现象。这不是唯一的任务，但却是最重要的一项任务，其他任务都从属或依赖于它。被解释项的基本类型是一个**事件**（event）。对它进行解释就是要引述一个**更早的事件**（earlier event）作为原因来说明它为什么发生。因此，我们或许可以用吉米·卡特（Jimmy Carter）没能成功解救被伊朗扣为人质的美国人来解释罗纳德·里根（Ronald Reagan）在 1980 年总统选举中的胜利。[①] 或者，我们可以引述任意几个早于第二次世界大战的事件，从《慕尼黑协定》到签订《凡尔赛和约》，来解释"二战"的爆发。尽管这两个案例中因果解释的细微结构明显更为复杂，但它们确实体现了基本的"**事件——事件**"式的解释模式。在起源于大卫·休谟（David Hume）的传统中，它常被称作"台球"（billiard-ball）式的因果解释模型。一个事件，球 A 撞击球 B，导致（也就解释了）另一个事件，球 B 开始运动。

　　那些熟悉社会科学中典型解释的人可能并不认可这种模式，或者并不认为它更具优势。不管怎样，社会科学家都倾向于更强调**事实**（fact）或者**事态**（state of affair），而非事件。"上午九点，路很滑"这句话

---

① 提前说明一个稍后会讨论的差别，注意，卡特不是**未能尝试**（fail to attempt），而是**尝试后失败了**（attempted and failed）。一个否定性行动（nonaction）——例如未能尝试——并不具有因果效力，除非是从间接的意义上说：如果其他人意识到或推断出行动者未能行动，他们就可能采取本不会采取的行动。

陈述了一个事实。"上午九点,车冲出了路面"这句话陈述了一个事件。正如这个例子表明的,人们也许会提出一种"**事实—事件**"式的解释来说明一场车祸。[①] 与之相反,人们也可能提出一种"**事件—事实**"式的解释来说明事情的一个既定状态。例如,人们断言 2001 年世贸大厦受到的袭击解释了弥漫在众多美国人心中的恐惧状态。最后,标准的社会科学解释常有一种"**事实—事实**"的模式。随便举一例,如有人声称妇女的受教育水平可以解释发展中国家的人均收入。

让我们考虑一下对下面这个特定事实的解释,即 65% 的美国人声称他们支持死刑。[②] 大体上,这一问题可以以事件的形式重新表述:这些美国人是怎样**开始**支持死刑的? 导致这种态度出现的**形成性事件**(formative event)——与父母、同辈或老师的互动——是什么? 在实践中,社会科学家们通常对这个问题不感兴趣。与其试着解释这种单纯的统计数值,他们更想理解态度随时间的**转变**或者跨人口的**差异**。也许这是因为他们觉得单纯的事实不能提供多少信息。如果有人问 65% 是多还是少,明显的回复是"与什么相比?"。与 1990 年前后美国人的态度(当时大约 80% 的美国人支持死刑)相比,它是个低数值;与某些欧洲国家人们的态度相比,它又是个高数值。

纵向研究(longitudinal study)考虑因变量随时间的变化。**横向研究**(cross-sectional study)考虑因变量跨人口的变化。在任一情况下,被解释项都改变了。我们并没有试图解释现象"本身",而是试图解释在时间和空间中它如何变化。一个解释成功与否,在一定程度上是由它所能说明的"变化量"(variance)(一种对变化的技术性衡量)的多少来衡量的。[③] 完全成功的解释要能解释所有被观察到的变化。例如,在一项跨国研究中,我们也许会发现支持死刑的人所占的百分比(A)与每 100 000 名居民中杀人犯的数量(B)完全成比例。尽管成比例这个发现

---

① 稍后讨论的投票人数的例子提供了另一个例证。

② 对是否支持死刑这个问题的答案是波动不定的。而且,当规定用不准假释的终身监禁作为死刑的替代方案时,支持对谋杀犯判处死刑的人数有大幅的下降。

③ 正如经济学家有时会说,他们只对发生在"边际"上的事情感兴趣。

解释社会行为:
社会科学的机制视角

对绝对数值**不能**提供解释,但它可能会为绝对数值之间的差异给出一个**完美**的解释。① 当然,完全成功的解释在实践中从未实现过,但解释变化量的原则始终不变。对变化量的解释并不涉及被解释项"本身"。

我们可以从对投票行为的研究中举出一例。正如我们稍后(第12章)将看到的,我们不清楚究竟为什么在全国大选时选民要费神去投票,即使他们区区的一票肯定起不到什么作用。然而选民中相当一部分人的确在投票日当天到场了。他们何苦呢?

实证社会科学家并未试图解开这个谜,相反,他们常换一个角度表述问题:为什么不同的选举中参与投票的人数不同?一个假设是,选民不大可能在恶劣的天气下出现,因为雨水或寒冷使人们更愿意待在家里。如果数据符合这个假设,如图1.1中直线C所表明的一样,人们也许会宣称已经解释了(至少部分解释了)投票人数的变化。但是人们并不能对为什么直线C与纵轴交于P点而非Q点或R点给出**任何**解释。这就好比人们把小数点后第一位视作给定的而集中解释小数点后的第二位。如果我们的目的是预测,这也许就足够了。如果是为了解释,这样做则不能令人满意。全体选民中有45%或更多的人通常会参加投票,这个"基本事件"(brute event)**就**很有趣,它急需得到解释。

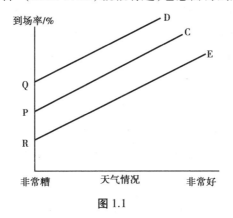

图1.1

① 严格地说,因果链条可能会朝另一个方向发展,即从对死刑的态度到谋杀的行为(人们越是支持死刑,谋杀案就越少;反方向是,谋杀案越多,人们就越是支持死刑。——译者注),但在这个案例中那样的假设不太可信。

在"事件—事件"的视角下,理想的程序可能如下。考虑两次选举A和B。对于每一次选举,鉴别出导致一定百分比选民参与投票的事件。一旦我们这样分别解释了A选举的投票人数和B选举的投票人数,对二者差异(如果有的话)的解释也就如副产品一般自动出现了。作为额外收获,我们也许还能解释A与B两次选举中投票人数完全相同是否是偶然,也就是说,是否有一些差异恰好相互抵消了。在实践中,这个程序也许要求过高。数据或现有的可用理论也许并不允许我们解释现象"本身"。然而,我们应该意识到,如果我们确实诉诸对变化量的解释,那么我们就是在进行次优的解释。

有时候,社会科学家试图解释**否定性事件**(nonevent)。为什么许多人没去认领他们有权获得的社会福利? 为什么在基蒂·吉诺维斯一案中没人打电话报警?① 考虑第一个问题,也许是上面提到的那些人**决定**不认领他们的福利,因为他们害怕有损名声或是考虑自我形象。由于做决定**是**一个事件,这就提供了一个完全令人满意的解释。如果这个解释失败了,社会科学家会再一次着眼于那些有权享有福利并提出认领的人与那些有权享有福利却并未认领的人之间的差异。假定唯一的差异就是后者并未意识到他们的权利。作为一个解释,这有所帮助但却并不充分。为了不止步于此,我们需要解释**为什么**一些有权享有福利的人没有意识到他们的权利。如果我们发现他们因为不识字而无法阅读那些明确其权利的文件,这同样有所帮助但却并不充分。在这种解释性回溯中的某一点上,我们必须要么回到一个肯定性事件,比如不学习文化的有意决定或者官方做出的隐瞒信息的有意决定;要么转向那些确实寻求自己有权享有权利的人。一旦我们解释了后者的行为,那么为什么其他人未能寻求他们的权利的解释就将作为副产品出现。

---

① 1964年3月27日,在半个多小时的时间里,纽约市皇后区38名体面守法的市民目睹了邱园(Kew Gardens)一歹徒前后三次袭击并刺死一名女子的过程。有两次,这些市民的说话声和他们卧室里突然亮起的灯光都打断了歹徒的行为并将他吓走。但每一次他都返回去,找到她并再次刺伤她。在袭击过程中没有一个人报警,女子死后才有一名目击者打电话报警。

解释社会行为:
社会科学的机制视角

想想基蒂·吉诺维斯的案例,没有行为上的变化可供解释,因为**没有人报警**。此案的报告表明,目击者中的一些人**决定**不报警。就最直接的原因而言,这提供了一个完全令人满意的解释,尽管我们可能想知道他们做出此种决定的原因。难道是因为他们害怕"受牵连",或者因为每个目击者都假定其他人会报警(三个和尚没水吃)吗?然而,这些目击者中的一些人显然甚至没有想过要报警。一名男子和他的妻子将目击到的情景当作娱乐段子来看,而另一名男子说他累了就去睡觉了。为了解释为什么他们没有反应得更强烈一点,有人可能会提到他们那淡薄的情感,但这同样是通过列举否定性的解释项来解释否定性的被解释项。他们的行为还是只能作为一种副产品或剩余品得到解释。如果我们对为什么一些人想过要报警(即使他们在最后决定不报警了)有令人满意的解释,那么对于为什么有的人甚至都没想过要报警,我们也将得到可能得到的唯一解释。

在本书的其余部分,对于什么才算重要的被解释项以及什么才算恰当的解释,我经常会放宽这种纯粹主义或苛刻主义的标准。这种对聚焦于事件的解释的坚持有点像方法论个人主义原则,后者是本书的另一个前提。原则上,社会科学中的解释应该仅指向个人及其行为。实践中,社会科学家们经常指向超个体的实体,如家庭、公司或者国家。这要么是一种**无害的简化**,要么就是由于缺少数据或细致的理论而被迫使用的**次优分析路径**。这两种辩解也适用于利用事实作为被解释项或解释因素(explanantia)的过程、对变化而非现象本身的解释,以及对否定性被解释项(否定性事件或者否定性事实)的分析。前面讨论的目的不是将社会科学家引向无意义的或者无法实现的标准,而是论证在优先原则的层面上以事件为基础的方法具有本质上的优势。如果学者们牢记这一事实,他们可能(至少有时)会提出更好并更有成效的解释。

有时,我们也许想要通过结果而非原因来解释一个事件(或者甚至是一种事件的模式)。我并不考虑以**意图达到的**结果来作为解释,因为意图是先于它所要解释的选择和行为而存在的。确切地说,这种思想

13

是指事件可以被它们的**实际**结果——通常是对某人或某事**有益的**结果——所解释。由于原因必须先于它的结果而存在，所以这种思想可能看起来与因果解释相矛盾。然而，如果有从结果回到原因这样一个循环的话，因果解释也能够采用通过结果来解释的形式。孩子最初可能仅仅是因为疼痛而哭，但如果这种哭还吸引了家长的注意，那么他就可能开始哭得比原来更凶。我在第 16 章和第 17 章指出，这种解释在人类行为研究中颇为边缘化。在本书的大部分内容中，我将会关注那些解释项——可能包含着面向未来的信念与意向——先于被解释项发生的简单的因果解释。①

在这种建立在特殊反馈机制之上的相当体面的功能性解释方式以外，还有一些更不可信的功能性解释方式。这些解释仅仅指出在某些方面有益的结果的产生，然后就在没有更进一步论证的情况下假定这些结果足以解释导致自身的那些行为。当被解释项是一个**殊型**（token）时，例如一个单一的行为或事件时，这种解释由于纯粹的形而上的原因而无法成立。举一个生物学的例子，我们不能因为观察到一个中性或有害的突变是进一步有利突变的必要条件，就以此来解释这个中性或有害突变的发生。当被解释项是**一种类型**（type）时，例如一种反复出现的行为模式，这种解释形式可能是有效的，也可能是无效的。但只要它得不到特定反馈机制的支持，我们就应该视之为无效。例如，人类学家认为复仇行为有各种有利的结果，从人口控制到使规范执行分散化。（第 22 章提供了很多其他的例子。）假定这些好处真的产生了，它们也许仍然是偶然得到的。要表明它们不是偶然出现的，即它们支持着引起它们的复仇行为，那么对反馈机制的说明则是不可或缺的。而且，即使给出了一个反馈机制，被解释项最开始也一定是由其他原因引发的。

---

① 出于某些目的，区分因果解释、意向解释、功能解释可能是很有用的。物理学只用因果解释；生物学还认可功能解释；社会科学进一步承认意向解释。但在最根本的层面上，所有的解释都是因果性的。

解释社会行为：
社会科学的机制视角

解释的结构

我现在要开始更详细地(并且在某种程度上,更一般地)分析社会科学中的解释。第一步很容易被忽略:在试图解释一个事实或事件之前,我们必须确立这个事实是一个事实或这个事件确实发生了。正如蒙田所写的:"我发现如果你要求人们解释'事实',他们通常花更多时间来寻找这些事实产生的原因,而不是去查明这些事实是否是真的……他们跳过事实,但却仔细地推断结论。他们通常这样开始:'这事是怎么发生的?'但是这件事的确这样发生了吗?这才是他们应该去发问的。"①因此在试图解释一个问题——例如为什么一国的自杀事件比另一国多——之前,我们必须确定后者并不倾向于漏报自杀事件。在我们试图解释为什么西班牙的失业率比法国更高之前,我们必须确定所报道的差异并不是源于对失业的定义不同或西班牙有着大规模的地下经济。如果我们想要解释为什么法国青年的失业率高于英国,我们需要判断被解释项是正在积极寻找工作的青年人的失业率,还是包括学生在内的全部青年人的失业率。如果我们比较欧洲与美国的失业状况,我们必须判断被解释项是字面意义上的失业人口(包括被监禁人口),还是技术意义上的失业人口(仅仅包括那些正在找工作的人)。② 15 在我们试图解释为什么复仇是一种"一报还一报"(每次你或你的人杀掉一个我的人,我便杀掉一个你的人)的形式之前,我们需要证实这确实是我们所观察到的情况,而非——比如说"双倍奉还"(每次你或你的人杀掉一个我的人,我便杀掉两个你的人)。大部分科学,包括社会科学在内,都试图解释大家都知道的事,但是,通过确证一些我们都认为我们知道其实根本并非如此的事情,科学也一样能做出贡献。在这种

---

① 蒙田.蒙田随笔全集(第3卷)[M].马振聘,译.上海:上海书店出版社,2009:232-233.译文有改动。——译者注
② 在后两种情况的任一种中,一些人可能会以罪犯或学生为职业,因为他们认为即使自己努力了也找不到工作。人们可能出于某些目的而把这些人算在失业人口内;出于另一些目的则不把他们算在内。

情况下,社会科学也可以试着去解释**为什么**我们会认为自己知道那些并非如此的事情,从而将这一解释作为一块知识来替代已经被拿走的知识。①

假设现在我们有一个尚未得到确定解释但其本身已确定无疑的被解释项——一个**谜题**。这个谜题可能是一个令人惊讶或违背直觉的事实,或者仅仅是一个未被解释的相关关系。一个小规模的例子是"在牛津图书馆,与其他学科的书籍相比,为什么更多的神学书籍被偷?"另一个小规模的例子是"与二十年前相比,为什么如今的百老汇演出得到了更多的起立鼓掌?"我稍后将对后者进行更详细的探讨。

理想地说,解释性谜题(explanatory puzzle)应该按下文详细说明的五个步骤依次提出。但是在实践中,步骤(1)(2)和(3)常以不同的顺序出现。我们也许会围绕着不同假设作尝试,直到它们中最有潜力的一个显露出来,然后寻找一个能证明它的理论。如果步骤(4)和(5)能顺利进行的话,我们仍可以对这个偏好的假设持有高度的信心。然而,出于我在下一章末尾所讨论的原因,学者们可能会想要限制他们在假设中挑来选去的自由。

16

1.选择一个理论——一组相互关联的因果命题——它最有希望得出一个成功的解释。

2.明确指出一个将该理论应用于这个谜题的假设,被解释项在逻辑上可由这个假设推导出来。

3.鉴别或设想可能会提供替代性解释的看似可信的观点,同样,被解释项在逻辑上也能由这些观点中的每一个推导出来。

4.对每一个竞争性的观点,指出可验证的但事实上**不能**被观察到的额外推论,从而对其进行反驳。

---

① 正如科学能帮助我们解释大众对否定性事实的信念,它还能帮助我们解释大众对虚假解释的信念。例如,大多数关节炎患者认为关节痛是由坏天气引发的。然而,研究表明并没有这种关联。或许我们应该放弃对坏天气与关节痛之间因果关系的探寻,相反,试着去解释为什么关节炎患者会相信存在这种关联。多半是他们曾被告知存在这种关联,并且之后更关注那些证实了这个信念的例子,而忽视那些不能证实这个信念的例子。

　解释社会行为:
社会科学的机制视角

5.通过展示所提出的假设具有的可验证的且事实上已被观察到的额外推论(最好是"新颖的事实")来强化这一假设。

这些步骤界定了我们通常所说的**假设演绎法**(hypothetico-deductive method)。在一个给定的案例中,它们也许会是图 1.2 所示的这种形式。下面我将用百老汇起立鼓掌的频率升高这一谜题来予以说明。这个谜题并非基于系统性的观察或可控实验,而是基于被新闻报道证实的我的偶然印象。然而就当下的目的而言,被解释项的不确定状态无关紧要。如果现在百老汇确实比二十年前拥有更多的起立鼓掌,那么我们会如何解释它呢?

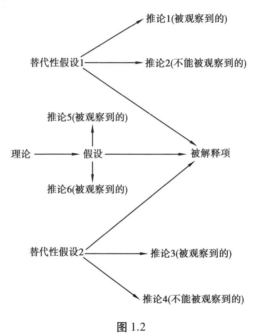

图 1.2

我将从百老汇票价升高这方面来解释。一家报纸报道剧作家阿瑟·米勒(Arthur Miller)说:"我猜观众们只是感觉花了 75 美元坐在那里,是该他们站起来的时候了。我并非有意愤世嫉俗,但当价格上升,可能一切都改变了。"当人们必须为一个座位支付 75 美元或更多钱时,许多人并不能对自己承认其实这场演出差劲或一般,因为他们已经浪费了自己的钱。为了向自己证实自己很享受,他们便狂热地鼓掌。

更正式一点地说,这个解释是以这样的假设来理解的,即"当人们花费了很多钱或精力获得了一件商品时,与花费较少而得到它相比(在其他条件相同的情况下),人们倾向于把它的价值看得更高"。①

在给定涨价这一事实前提时,这个命题通过了任何解释性假设都必须满足的最低层次的检验:如果它是真的,我们可以推导出被解释项。但是这的确是一个最低层次的检验,很多命题都能通过这一检验。② 为了让这一特定的解释更具说服力,我们必须表明它可以自下、自上以及从侧面得到支持。

如果我们能从假设中推导并验证它意图解释的事实之外的、其他可观察的事实,那么一个解释便**自下**获得了支持。它必须拥有"额外的解释力"(excess explanatory power)。在百老汇演出的案例中,我们将预计在出于某些原因票价一直没有上涨的演出中会有较少的起立鼓掌。③ 同样,如果一场演出大量的票被卖给一些公司,并由这些公司派发给他们的雇员,我们也将预期较少的起立鼓掌。(这将被视为一个"新颖的事实"。)即使这些票很贵,但那些观众并不是自己掏钱购买这些票,因而他们不需要告诉自己这些票买得很值。

如果解释性假设能够从一个更一般性的理论中演绎出来,那么一个解释就**自上**得到了支持。④ 在当前这个案例中,这一解释性命题就是利昂・费斯廷格(Leon Festinger)提出的认知失调(cognitive dissonance)

---

① 一种相似的观点有时被用来为精神治疗医师的高收费辩护:除非患者为治疗花了一大笔钱,否则他们不会相信治疗。但据我所知,没有一个医师声明将自己收费的一半捐献给红十字会。

② 人类的心智似乎有一种将这种最低要求转换成充分条件的趋势。一旦我们想到一个**可能**为真的解释时,我们往往不会停下来进一步检验它或者考虑其他的替代性解释。对一个解释的选择可能出于"post hoc ergo propter hoc"(**在此之后,因之由于此**)的思想,或者是出于这样一个推理,即给定的解释**比其他解释**看似更可信,因此**更有可能**是正确的。

③ 我们并**不**必然期待在票价更便宜的区域会有更少的观众站起来。他们或许觉得其他人都站起来而自己坐着会很傻;也有可能是他们不得不站起来,否则他们就看不到被前排站起来的观众挡住的演员。

④ 更确切地说:如果它是一个更一般性的理论的**具体运用**(specification)。一般性的理论与具体的解释性假设之间的关系极少是演绎性的。一方面,理论本身可能就有一些不严密的地方(参见第 2 章)。另一方面,一个给定的理论经常可以以众多不同的方式被操作化(operationalized)。

解释社会行为:
社会科学的机制视角

理论的一个具体运用。这一理论指出，当一个人经历其信仰或价值观的内在不协调或不一致时，我们可以预期会有某种心理的调整以排除或减少这种不一致。通常这种调整会选择阻力最小的途径。一个花了75美元看一场结果很糟糕的演出的人，无法轻易使自己相信他所付的钱少于75美元。相比之下，他更容易说服自己这个演出实际上非常好。

虽然认知失调理论不是没有问题，但它还是得到了相当有力的支持。一些支持来自与我们现在所考虑的这一案例非常不同的一些案例，比如某人刚刚买了一辆车，他便热切地找出那个车子品牌的广告来支持他的信念：他做的是一个很好的决定。一些支持则源于非常类似的案例，比如大学联谊会和女生联谊会的痛苦而屈辱的入会仪式促使了他们强烈的忠诚感的产生。我并不是在说人们会有意识地告诉自己："为加入这个组织我遭受了这么多，所以它肯定是一个值得加入的好组织。"由痛苦导致忠诚的机制肯定是无意识的。

如果我们能够想到并反驳那些也通过了最低层次检验的替代性解释，那么一个解释就获得了**侧面支持**。也许百老汇获得更多的起立鼓掌，是因为如今从新泽西州坐大巴来的观众没有那些传统而冷漠的纽约观众那么久经世故，或者可能是因为演出比以前更好了。对于每一个替代性解释，我们必须思考并验证那些如果替代性解释正确就将出现的额外事实并不成立。如果起立鼓掌更加频繁是因为观众更容易被感动，那么我们就应该期待起立鼓掌在20年前的外地演出中也很频繁。如果演出比以前更好了，那么我们就应该期待这能从两个方面反映出来：演出得到的评论有多好，以及在最终停演前演出持续了多久。

在这一过程中，最初的假设的提倡者也必须是故意唱反调的人。我们不得不持续进行**自我批判性的思考**——尽可能地给自己出难题。我们应该选择最强有力而且看似最可信的替代性竞争解释，而不是考虑那些很容易被驳倒的替代性竞争解释。出于类似的理由，在试图论证假设的额外解释力时，我们应该试着演绎并证实那些新奇的、违背直觉的且最不同于原被解释项的推论。这两个准则——反驳看似最可信的替代性解释、产生**新颖的事实**——对一个解释的可信度来说是决定性的。自上的支持是有帮助的,但从来都不是决定性的。从长远来看,是理论被它所产生的成功解释所支持,而不是相反。诺贝尔物理学奖获得者埃里米奥·塞格雷(Emilio Segrè)指出,一些获奖者赋予诺贝尔奖荣誉,其他一些获奖者则从这个奖项中获取荣誉。然而,后者依赖于前者。类似地,一个理论依赖于它所产生的成功解释的数量。如果它能够支持一个给定的解释,那仅仅是因为它已经从先前的解释中获得了支持。

解释不是什么

意在解释一个事件的陈述必须与**七种其他类型的陈述**相区分。

第一,因果解释一定要与**真实因果陈述**(true causal statement)相区分。引述一个原因是不够的,还必须提供或至少暗示其中的因果机制。在日常语言中、在好的小说中、在好的历史著作中,以及在许多社会科学的分析中,机制并没有被明确地提及。相反,机制是通过描述相关原因而得到暗示的。任何给定的事件都可以用多种方式来予以描述。在(好的)叙述性解释里,默认的假定是只有该事件的具有重要因果性的特征才被用来界定该事件。如果说一个人因吃了腐烂的食物而死了,那我们就假定这个机制是食物中毒。如果说他因吃了过敏的食物而死了,那么我们就假定这个机制是过敏反应。现在,假定他确实死于食物中毒,但他同样也对问题中的食物——龙虾——过敏。要说他因吃了诱发过敏的食物而死,这可能是真实的,但却是误导人的。要说他因吃了龙虾而死,这可能是真实的,但未能提供任何信息。这种说法根本没有暗示因果机制,并且与很多情况都相符。例如,他死于某个曾发誓要杀掉自己所看到的下一个龙虾食客的人之手。

第二,因果解释一定要与针对**相关关系**(correlation)的陈述相区分。有时候,我们可以说某一类事件之后始终或通常接着另一类事件。但这并不意味着我们就能说第一类事件引发了第二类事件,因为有另一种可能:这两者也许都是某个第三方事件的结果。在《约翰逊传》(*Life of Johnson*)一书中,包斯威尔记述了某个叫麦考利的人尽管"对偏

解释社会行为:
社会科学的机制视角

见持有偏见",却断言当一艘船抵达赫布里底群岛的圣基达时,"那里的所有居民就都会患上感冒"。然而,一些人对这一(靠不住的)事实提供了一个因果解释,一个给包斯威尔写信的朋友告诉他,"圣基达所处的位置决定了一个陌生人要靠岸必须要有东北风。是东北风而非陌生人引起了流感。"或者,想想下面这个发现:处于监护权法律纠纷案件中的孩子比那些父母私下达成了监护协议的孩子更烦躁不安。有可能监护权纷争本身就解释了这个差异:父母的纷争引起孩子的痛苦及负罪感。然而,也可能是在父母双方相互强烈敌对的孩子更倾向于烦躁不安的情况下,监护权法律纷争才更可能发生。要区分这两种诠释,我们可能不得不测量离婚前后孩子的痛苦。稍后我会讨论第三种可能性。

21

事实上,像这种模棱两可的例子还有一个更复杂的,也是我最喜欢的。在《论美国的民主》(Democracy in America)中,亚历克西·德·托克维尔(Alexis de Tocqueville)讨论了为爱结婚与拥有不愉快的婚姻之间所谓的因果关系。他指出这种联系只在这种婚姻是例外或包办婚姻占主导的社会中存在。只有倔强的人才会违背主流,而两个倔强的人不太可能拥有一个非常幸福的婚姻。① 此外,与主流相悖的人会遭到来自那些更循规蹈矩的同辈的恶劣对待,从而导致苦难与不幸。在这些论点中,第一个是基于为爱结婚与不幸之间非因果性的相关关系,它缘于一个"第三因素"。第二个则指出了一个真正的因果性联系,但它并非那些对为爱结婚持批评态度的人(托克维尔的主张就是对这些人说的)心中所想的那样。只有在为爱结婚是例外的环境中这种行为才会导致不幸。生物学家常把这种影响称为"频率依赖"(frequency dependent)。②

22

---

① 这里"第三因素"是一种性格特征,即倔强,而非一个事件。

② 第一个机制是**一种选择效应**(selection effect),第二个是真正的**事后效应**(after effect)。这种区分的应用相当广泛。如果我们问为什么一个人处于某种状态的时间越长(例如,居于某种职位、失业或患有精神疾病而住院),他就越有可能保持已有的那种状态,那么两个机制中的任意一个(或者两者)都可能在起作用。例如,长期失业的人可能会形成总人口下的一个亚群体,市场对他们的技能需求极小;或者,所有就业人员失去其工作的可能性是相同的,但一旦他们失去了工作,失业的状态就会改变他们(或改变雇主对他们的看法),以致他们重新进入劳动力市场的可能性随着时间的推移而下降。精神疾病或犯罪的"标签理论"(labeling theory)是建立在事后效应优于选择效应的(令人怀疑的)假定之上的。

除了"第三因素"的问题,相关关系还可能使我们不确定因果关系的**方向**。下面来看一个老笑话:

> 心理学家:你应该对强尼好点。他来自一个破碎的家庭。
> 老师:我并不感到意外。强尼可能破坏任何家庭。

或者,正如喜剧演员萨姆·莱文森(Sam Levinson)所说的那样,"疯狂是可以遗传的,你完全能够从你的孩子身上获得疯狂"。这个笑话的含义是:一个烦躁不安的孩子可能会导致父母离婚,而不是父母离婚导致孩子不安。同样地,家长对其青春期子女正在做什么知道的程度与这个孩子陷进麻烦的趋势之间的负相关关系,并不能表明父母的监督有效,这只表明打算惹麻烦的青少年不太可能让他们的父母知道他们正在做什么。

第三,因果解释一定要与针对**必然性**(necessitation)的陈述区别开来。要解释一个事件就是要去说明它为什么**正如**它所发生的这个样子发生了。它也可能以其他某种方式发生,而且如果它没有像现在这样发生,那么它就是以其他某种方式发生的——这样的说明对这个问题并没能提供答案。试想一个胰腺癌患者,癌症一定会在一年内令其死亡。当疼痛变得难以忍受时,她自杀了。要**解释**在某一段确定的时间内她为什么死了,说她在那段时间内因为癌症**不得不**死掉是没有意义的。[①] 如果关于这个案例我们所知道的就是癌症的发作、此类癌症患者有限的寿命期限以及这个人的死亡,那么推断她死于癌症似乎是可信的。在这里,我们有这个更早的事件和一个足以引发后来那个事件的因果机制。但这个机制并不是必要的:另一个机制可能会先于它发生。(在这个例子中,这个抢先的原因本身就是那个被抢先的原因的结果,23 但情况并不必然如此:她也可能死于一场车祸。)要找出实际上发生了什么,我们需要更精细的知识。这一探索永远不会结束,直到最后一

[①] 詹姆斯·菲茨詹姆斯·斯蒂芬(James Fitzjames Stephen)写道:"法律写得非常清楚,如果由于[一次]袭击[一个人]在春天死去——而这个人患有一种比方说一定会在夏天将其致死的疾病,那么这次袭击才是他的死因。"

秒,多个其他的原因都可能会先于癌症发生。①

　　针对必然性的陈述有时又叫"结构性解释"(structural explanation)。托克维尔对法国大革命的分析就是一个例子。在他有关这个话题所出版的书中,他引用了从15世纪到18世纪80年代的若干事件和趋势,并断言在这一背景下大革命是"不可避免的"。他这样说可能是指:(1)许多小事件或中等事件可能已经足以触发它;(2)**某些**触发性事件几乎确定无疑会发生,尽管它们并不必然就是那些实际发生的事件,或者它们发生的时间并不是实际那样的;(3)他似乎还主张在1750年或者也许是1770年以后,任何人去阻止大革命都已是无能为力的了。尽管托克维尔留下了第二卷的笔记,试图对大革命如它**确实**发生的那样发生进行解释,但是我们可能会认为,如果他成功证实了(1)(2)和(3),那么就没有必要再采取进一步的论证了。这条推理路线的问题在于,在许多有趣的社会科学问题中(它们与癌症那个例子形成对比),像(1)(2)和(3)这样的主张,是很难通过不带"马后炮"嫌疑的方法来予以确立的。② 如果相同的事件相互独立地同时发生,我们就可以给出更强的论证,表明这些事件曾经都是"悬而未决"③的。针对科学中同步发现的研究④就提供了一个例子。

　　第四,因果解释必须要与**说故事**(storytelling)区分开来。一个真正的解释是要说明当事情确实发生的时候到底发生了什么。说故事则是

①　因果优先性(causal preemption)需要与多元决定(overdetermination)相区分。后者可以用一个例子来说明,即一个人被两发子弹同时击中,每一发都足以致命。前者可以用另一个例子来说明,即一个人被一发子弹打死,而这发子弹优先于几秒钟后的另一次射击。

②　美国独立战争也许是结构性解释的一个更合理的例子。一个敏锐的中立观察者——如法国公使舒瓦瑟尔(Choiseul)——在1765年就观察到美洲殖民地的独立是不可避免的。对于一个不带感情色彩的法国评论员——例如雷蒙德·阿伦(Raymond Aron)——而言,阿尔及利亚的独立也早在其发生之前就是预料中的必然结果了。

③　这里的"悬而未决"(in the air)是指这些相似的事件从来都不是必然发生的,事件背后并没有必然起作用的统一的"结构"。说到底,埃尔斯特的解释观就是强调社会科学要去找"机制",而不是具有"必然性"的"规律"。——译者注

④　所谓"科学中的同步发现"是指不同的科学家在同一时间内彼此独立地开展研究,最后得到了相同或相似的科学发现。例如,牛顿和莱布尼茨就彼此独立、几乎同步地创立了微积分。——译者注

去说明当事情只是**可能**发生了(也许确实发生了)的时候到底发生了什么。我刚才已经论述了科学解释不同于去说明什么事情**不得不**发生。我现在要说的是科学解释与说明什么事情**可能**发生了是不同的。这一点可能看似微不足道或是略显古怪。为什么会有人想要提出对一个事件的纯粹推测性的说明呢?这类推测在科学中有一席之地吗?答案是肯定的——但它们的地位一定不能与解释的地位相混淆。

说故事能提示新的、简约的解释。假设某人断言,自我牺牲或助人为乐是"并非所有行动都利己"的确凿证据,情绪性行为是"并非所有行动都理性"的确凿证据。人们也许会总结行为有三种不可还原的不同形式:理性且利己、理性且非利己、非理性。好的科学以简约(parsimony)为特征,追求简约的动力会引导我们质疑这种看法。会不会是这种情况,即人们帮助别人是因为他们期待回报,而人们愤怒是因为这能让他们随心所欲?通过讲述一个关于理性自利**可能会**导致利他行为与情绪性行为的故事,我们能够将一个问题从哲学问题转变成经验研究可以处理的问题。① 一个"正是如此"的故事(just-so story)②能够成为构建成功解释的第一步。事实上,对于我在引言里介绍的谜题,我在结论中提供的很多"答案"都带有这种强烈的"正是如此"的故事的风格。

同时,如果说故事被误认为是真正的解释,这可能会是误导并且有害的。除了下一段所陈述的两个例外情况,"似然"(as-if)解释通常不能解释任何东西。例如,考虑这样一个常见的主张,即我们可以用理性选择模型来解释行为,尽管我们**知道**人们并不能执行模型中(或是阐述模型的文章的数学附录中)所包含的复杂心算。只要模型提供了十分契合观察到的行为的预测,我们就有(有人声称的)权利去假定行动者是似然理性地在行动。这是操作主义者或工具主义者的解释观,这种

---

① 在这个特定的案例里,"正是如此"的故事碰巧是错误的,因为人们在一次性的互动中也会帮助别人,而且发怒可能导致他人避免与他们互动。

② 在科学和哲学领域,"正是如此"的故事也被称作特殊化谬误(ad hoc fallacy)。是指对文化现象、生物特征或人类及其他动物行为的一种既无法证实又无法证伪的描述性解释。这种解释常见于民间传说与神话故事。——译者注

解释社会行为:
社会科学的机制视角

解释观起源于物理学,之后被米尔顿·弗里德曼(Milton Friedman)应用于社会科学。有人声称,我们之所以能够假定一个好的台球选手知晓物理学定律并可以在脑海中进行复杂计算,其原因就在于这个假定可以使我们极其准确地预测和解释他的行为。而去问该假定是否**真实**,就是没有抓住要领。

这个论点在某些情况下可能是有效的,即行动者可以随着时间的推移通过试错来学习。然而,它之所以有效正是因为我们可以指向一个**机制**,该机制可以无意识地产生一个超级理性的、原本要行动者通过有意计算才能得到的结果。① 在缺少这种机制的情况下,如果一个假定可以使我们非常准确地对行为进行预测,我们或许仍旧可以接受这一工具主义的观点。万有引力定律在很长一段时间里看上去很神秘,因为它似乎是建立在一种难以理解的思想——超距作用——的基础之上。然而,因其可以进行精确至小数点后很多位的合理预测,牛顿的理论被毫无争议地接受了,直到广义相对论的出现。量子力学的神秘原理因为可以让我们进行精确度更加难以置信的预测,所以,尽管并非没有质疑,但它也被人们接受了。

理性选择的社会科学不能从以上两种情况中获得支持。**不存在能够模拟或模仿理性的一般性、非意向性机制**。强化学习(reinforcement learning)(第 16 章)有时或许可以做到这点,尽管在其他情况下它会产生理性的系统性偏差。某种类似自然选择的社会性机制也可以做到(至少是粗略地做到)这点,条件是环境变化的速度小于适应的速度(第17 章)。在只发生一次的情境下或者在快速变化的环境中,我没看到有任何一种机制可以模拟理性。同时,对复杂现象的理性选择解释而言,相关的经验支持往往很弱。当然这是一种笼统的陈述。与其勉强解释我所谓的"弱"是指什么,还不如就让我简单指出权威学者在竞争

---

① 本书第一次出现"行动者"(agent)一词,我有必要指出一些学者更喜欢"行为者"(actor)这个词。也许是经济学家按照行动者的方式来思考,社会学家以行为者的方式思考。虽然我们采用什么样的思考方式无关紧要,但我更偏好"行动者",是因为它暗示了行动(agency);相反,"行为者"则是指可能在场也可能不在场的观众。

性假设的解释力这个问题上存在的高度分歧。即使在经济学这一某种程度上最发达的社会科学中,不同学派之间也存在着根本性的、持久的分歧。我们**从未**看到那种小数点后许多位的精确性能使论战停息。

第五,因果解释一定要与**统计解释**(statistical explanation)区分开来。虽然社会科学中的众多解释是后一种形式,但它们并不能令人满意,因为它们无法解释个别事件。把统计性的概括应用于个案是个严重的错误,不仅在科学领域,在日常生活中也是如此。[①] 假设男性真的比女性更具攻击性。那么,说一位愤怒男性的愤怒是由他的雄性荷尔蒙引起的,却不去指出他此时的愤怒为何是不合理的,就既犯了一个智力上的谬误,又犯了一个道德上的谬误。智力上的谬误是假定一个大多数情况下有效的概括在每种情况下都是有效的。道德上的谬误则是将谈话对象视为被生物机制所支配的人,而非能接受理智与论辩的人。

虽然统计解释总是次优的,但在实践中我们也许无法做到更好。然而,尤需注意的是,统计解释不可避免地是由因果解释的最优理想所引导的。民主国家的公民比非民主国家的公民活得更长,这似乎是一个统计上的事实。在我们得出政治制度解释了长寿这一结论之前,我们也许想要**控制**其他可能要对结果负责的变量。情况可能是这样:与非民主国家相比,更多的民主国家具有性质 X,而对预期寿命负责的实际上就是 X。但是当不确定的有众多这样的性质时,我们怎么知道要控制哪一个呢?答案很明显,我们需要因果性假设的引导。例如,工业化社会的公民可能比不发达社会的居民活得更长,这看似可信。如果工业社会也倾向于比非工业社会的政体更民主,这便可以说明所观察到的事实。为了确定民主而非工业化是构成原因的因素,我们不得不在同样的工业化水平上比较民主和非民主,并且看是否有差异持续存在着。一旦我们觉得有理由相信我们已经控制了其他看似可信的原

---

① 相反的谬论——用个案去生成或支持一般情况——是同样要避免的。普鲁斯特写道:叙述者家中的女管家弗朗索瓦丝(Françoise)"很可能既将特殊性认为是一般性,又将一般性认为是特殊性"。这样的合并可能是有害的。假设你观察到 X 组的一个成员在说谎。通过归纳,你形成了这样的看法:X 组的成员往往都会说谎。接着观察这个组的另一个成员,你就假定他在说谎。最后,这个(未经证实的)假定就被用作了归纳的进一步证据。

解释社会行为:
社会科学的机制视角

因,那么我们可能还会试着找出这些政体类型是**如何**——通过因果链条或机制——影响寿命的。我在下一章论述了第二步。在这里,我只想指明:我们的信心不可避免地建立在关于什么是(和什么不是)我们需要控制的看似可信的"第三因素"的**因果直觉**(causal intuition)之上。①

第六,解释一定要区别于对**"为什么问题"**(why questions)的解答。假设我们阅读一篇学术性的文章,惊讶地看到作者没有提及一篇重要并且相关的文章,这将引发我们问自己,"为什么他没有引用它呢?"如果我们了解到,实际上他不知道有那篇先前的文章(尽管我们也许还想知道他为什么没有更认真仔细地搜寻文献),那么我们的好奇心可能会得到极好的满足。但"他没有引用它是因为他不知道它"并不是一个解释。如果把它解读成一个解释,那么就意味着我们荒谬地引用了一个否定性事件来解释另一个否定性事件。然而,假设我们发现这个作者知道那篇文章但**决定**不引用它,是因为他自己没有在该文中被提及。那么在这种情况下,对于这个为什么问题的解答也就有了另一个解释。有一个事件,即决定不引用这篇文章,是由先前的一个事件引起的,即由于没有被提及而触发了愤怒。

最后,因果解释一定要与**预测**(prediction)相区分。有时我们可以解释,但不能预测;同样,有时可以预测,但不能解释。的确,在许多情况下同样的一个理论可能使我们有能力做到这两件事,但我相信这在社会科学里是例外,而不是规律。

为什么我们能够在缺乏强大预测能力的情况下拥有解释能力呢?我把对这一问题的主要讨论推延到了下一章。这里简短地预告一下,这样的原因在于:在许多情况下,我们可以在事实之后确定一个因果性机制,但不能在事实之前预测几个可能的机制中哪一个将会被触发。利用生物学来解释这个特殊案例可能会有些不同。正如第 16 章中我

28

---

① 例如,并没有看似可信的因果机制使我们控制民主和非民主政体的人口规模。虽然我们不能排除人口规模与平均寿命之间的因果联系,但社会科学还没有建立任何这样的联系;我也不能想象出一个非人为设置的联系。

进一步论述的,进化是由随机突变和(多少有些)决定性的选择这个双重机制驱动的。给定一个生物体的某些特征或行为模式,我们可以通过诉诸遗传物质中的随机改变来解释其**起源**,通过其对繁殖适合度(reproductive fitness)的有利影响来解释其**持久性**(persistence)。但是某个突变在发生之前,没有一个人能够预测它。此外,由于一个突变的发生抑制了后续可能发生的突变,我们甚至可能都不能预测一个给定的突变迟早会发生。因此结构性解释在生物学中不太可能成功。**趋同**(convergence)现象——在相似的环境压力下不同的种群逐渐形成了相似的适应性——具有结构性的特色,但这并不意味着我们可以说这种适应就是必然的。

相反,我们可以在没有解释能力的情况下拥有预测能力。要预测当一种商品的价格上升则消费者将买得更少,我们没有必要构建一个假设来解释他们的行为。无论个体行为的起因是怎样的——理性的、传统的或仅仅是随机的,我们都可以预测:总体上人们会买得更少仅仅是因为他们所能支付的更少了(第9章)。这里一些机制受到条件约束会导致同样的结果,出于预测的目的,我们无须在它们之中进行选择,但是如果是出于解释的目的,机制就至关重要了。机制提供了理解,而预测最多提供了控制。

同样地,出于预测的目的,相关关系、必要性以及解释之间的区分就变得没有意义了。如果一类事件与另一类事件之间存在一种规律般的规则性,出于预测的目的,区分它们之间是因果性联系还是一个第三因素导致的共同结果就不那么重要了。无论是哪种情况,我们都可以用第一个事件的发生来预测第二个事件的发生。没有人相信是致命疾病最初的症状导致了后来的死亡,但最初症状经常被用来预测死亡这个事件的发生。类似地,如果对某人医疗状况的了解使我们预测他活不过一年,那么如果他死于一场车祸或由于疾病太痛苦而自杀,你也不能说这个预测就是假的。

解释社会行为:
社会科学的机制视角

参考文献

我引用的关于解释和因果关系的一般观点在 J. Elster, D. Føllesdal, and L. Walløe, *Rationale Argumentation*（Berlin: Gruyter, 1988）这本书中有更详细的阐述。

关于人类行为，可参见 D. Davidson, *Essays on Actions and Events*（Oxford University Press, 1980）。我对功能性解释的批评在多处都有阐述，特别是在 *Explaining Technical Change*（Cambridge University Press, 1983）一书中。

基蒂·吉诺维斯案例的详情可参见 A. M. Rosenthal, *Thirty-Eight Witnesses*（Berkeley: University of California Press, 1999）。

如果想快速了解费斯廷格的观点，可参考 L. Festinger, S. Schachter, and M. Gazzaniga（eds.）, *Extending Psychological Frontiers: Selected Works of Leon Festinger*（New York: Russell Sage, 1989）。

"孩子—父母"（child-to-parent）效应的例子来源于 J.R.哈里斯的两本启发性的著作，J. R. Harris, *The Nurture Assumption: Why Children Turn Out the Way They Do*（New York: Free Press, 1998）；J. R. Harris, *No Two Alike*（New York: Norton, 2006）。

我对托克维尔关于因果关系的观点的探讨，可参见 Elster, "Patterns of causal analysis in Tocqueville's Democracy in America," *Rationality and Society* 3（1991）, 277-97；我对托克维尔关于法国大革命的观点的探讨，可参见 Elster, "Tocqueville on 1789" in C. Welch（ed.）, *The Cambridge Companion to Tocqueville*（Cambridge University Press, 2006）。

米尔顿·弗里德曼（Milton Friedman）在"The Methodology of positive economics"（1953）中对"似然"理性的辩护被转载在 M. Brodbeck（ed.）, *Readings in the Philosophy of the Social Sciences*（London: Macmillan, 1969）。

对政治学中"似然"分析路径最近的辩护来自 R. Morton, *Methods and Models: A Guide to the Empirical Analysis of Formal Models in Political Science*（Cambridge University Press, 1999）。

与其他大多数对这个路径进行辩护的人一样，她没有给出我们应该**相信**"似然"假定的理由。

一个片面的例外来自 D. Satz and J. Ferejohn, "Rational Choice and Social Theory," *Journal of Philosophy* 91（1994）, 71-87。

关于"为什么问题"的讨论借鉴于 B. Hansson, "Why explanations," forthcoming in Theoria。G.贝克尔记录了需求法则之于动机假定的独立性，参见 G. Becker, "Irrational behavior in economic theory," *Journal of Political Economy* 70（1962）, 1-13。

机　制

打开黑箱

科学哲学家通常认为解释必须依赖**普遍规律**（general law）。要解释一个事件就是要引述一系列初始条件并附带一条陈述——其大意是无论何时那些条件得到满足，都会引发一个那一类的事件。本章我会针对这种思想提出两条反对意见，一条温和而相对没有争议，另一条则比较激进并可供商榷。

第一条反对意见是，即使我们能够建立可以从中推导出被解释项的普遍规律（第二条反对意见否认我们总能做到这一点），这也不总是等同于解释。我们可以再次参考解释与相关关系、必然性之间的区别。人总是在出现特定的疾病症状之后死去，这个普遍规律并未解释人为什么会死。如果自杀或车祸先于这种疾病发生，基于这种疾病基本性质的普遍规律就没有解释死亡。

为了避开这些问题，我们通常主张应该用**机制**思想取代普遍规律思想。"机制"这个词我稍后将在特定意义上来使用，这里我先以"因果链条"这一词组指代此处我所思考的概念。① 我们不试图用"当 C_1、C_2……C_n 发生，E 类事件就会随之发生"这一陈述来解释事件 E，而是尝试建立从原因 C_1、C_2……C_n 到事件 E 之间的因果链条。这一步骤通常被称为"打开黑箱"。假如我们知道过量吸烟者得肺癌的可能性要远

---

① 在之前的一些作品中，我使用"机制"来指代我现在称作"因果链条"的东西。在近来的作品中，我开始在本章后文所界定的意义上使用"机制"一词。我可能本应该选择一个不同的术语，但现在为时已晚。

大于其他人。这一事实可能要么归因于吸烟是肺癌的诱因这个事实，要么归因于容易对烟草形成依赖的人也容易得癌症这个事实（或许导致人易患肺癌的基因与那些使有些人更易对尼古丁上瘾的基因有关联）。① 要建立前一种解释，我们将不得不展示一条始于过量吸烟而终于肺癌的生理学上的因果关系链条。最后的解释将会更加精细，含有更多的因果环节，从而比"吸烟导致癌症"这种黑箱式的陈述更具说服力。

或者设想有人断言高失业率会引发侵略战争，并举证说明这两种现象之间有一种类规律的联系。问题又来了，我们如何能知道这是一种因果效应而不只是相关关系？或许造成失业的高生育率也会驱使政治领导人发起侵略战争？失败的战争至少会缩小人口规模，而胜利的战争则会为他们带来用于扩张和移民的新领土。为了排除这种可能性，我们首先要控制生育率（以及其他可能的"第三因素"），看看这种联系是否仍然存在。如果它还存在的话，那么研究者只有让我们瞧一瞧黑箱内部并告诉我们高失业率如何导致战争，我们才会满意。这是因为失业问题会促使政治领导人通过战争寻求新的市场；是因为他们认为失业会造成社会不满，必须将不满引向外部敌人，从而防止国内革命运动；是因为他们认为军火工业可以吸纳失业者；还是因为失业者倾向于将选票投给可能以战争取代外交来解决冲突的民粹主义领导人？

让我们更详细地考虑一下最后这条设想（proposal）。**为什么**失业者会将选票投给不负责任的民粹主义领导人而不是来自既有党派的政治家？同样地，我们可以设想很多种打开这个特殊黑箱的方法。或许民粹主义领导人的天然追随者在失业时更可能出来投票，因为那时他们投票的机会成本（即其时间的价值）低于他们拥有工作时投票的机会成本。也可能是民粹主义领导人更有可能提出解决失业难题的紧急方案。还有可能是他们会出台政策惩罚那些失业者认为应该对其困境负责或从其困境中获益的人，这些人或是资本家或是在经济上取得成功的少数族群。

---

① 正如后文所述，第二种解释一度被严肃地提出。

再让我们更详细地考虑一下最后这条设想。**为什么**失业者想要惩罚资本家或富裕的少数人？这难道不是又一个黑箱陈述吗？将这一陈述讲清楚的一个方法是声称失业者为自身物质利益所驱使。如果国家可以没收这些精英们的财富，资金就可以用于再分配以造福失业者，也有可能是失业者为复仇欲望所驱使，这种欲望煽动失业者惩罚精英，即使他们在物质上并不会获益。如果那些失业者认为富人们无情地裁员以增加自身收益，那他们就可以利用投票箱来报复，或者失业者可能仅仅是嫉妒那些在自己失败之处取得成功的聪明的少数人而利用投票箱来削减他们的势力。

据我所知，高失业率并不导致侵略战争。以上整个推理都是假设出来的。然而我认为这肯定了一点，即解释的可信度将随着因果链条对普遍规律予以详述的程度的提高而提高。我们在普遍规律这一水平上永远都不能确信我们已控制了所有相关的"第三因素"。可能总是会有一些隐藏在背后的原因可以同时解释被解释项及其所谓的原因。如果我们增加因果链条中环节的数量，就会减少这种危险。

然而，这种危险并不能被完全消除。详细说明因果链条并不意味着完全放弃普遍规律，只是从高度抽象的普遍规律转向不那么抽象的规律。例如，我们可能会将普遍规律——"高失业率导致战争"——替换为相对不那么抽象的规律——"民粹主义领导人更易发动战争"和"失业者会将选票投给民粹主义领导人"。相应地，后一条规律又可能被替换为"失业者嫉妒富裕的少数人"与"那些嫉妒富裕的少数人的人会投票给民粹主义领导人"这两个陈述的结合。与其他任何规律一样，这些规律最终可能只是相关关系。如果嫉妒少数人和失业都是同一个原因的共同结果，那么更易发动战争的领导人赢得选举将不是因为失业，而是由一个与失业有因果联系的因素引起的。而在这个更细微的层面上，需要加以控制的因素更少了。我们越专注地聚焦于这个因果性的故事，就越易于确保自己不是在处理单纯的相关关系。

（非常）普遍的规律解释还因为其过于模糊而无法令人满意。即使给我们一个关于失业和侵略战争之间的普遍联系的无懈可击的案例和一个一切可能的"第三因素"都已得到控制的可信论据，我们也还是想知道失业是**如何**导致战争的。我们可能相信这种解释是正确的，却对其不满意。正如我在之前章节所指出的那样，这种解释与广义相对论出现之前的引力定律解释处在同样的地位。超距作用是如此神秘以至于许多人拒绝相信它可能是终极答案。由于规律允许人们准确预测到小数点后很多位，怀疑者们不得不承认事情"好像"真的发生了，尽管他们不会接受存在着一种可以"发挥作用但却并不存在"的力量。

机　制

读者很可能会说，以上推理中所谓普遍规律的例子实在令人难以置信。这点我同意。在某种程度上，它们缺乏可信性可能是因为我编造例子的想象力有限，但我认为也有更深层次的原因。社会科学中得到很好确认的普遍规律本来就寥寥无几。"需求定律"——当价格上涨时，消费者购买量减少——得到了很好的经验支持，但要作为规律来运用，它就显得相当薄弱。① 例如，引力定律不仅告诉我们两个物体之间的吸引力会随着它们之间距离的增加而减小，它还告诉我们吸引力减少了**多少**（与距离的平方成反比）。像引力定律这样的规律在社会科学中是没有的。②

需求定律和恩格尔定律（根据此定律，收入中用于购买食品的那一小部分会随着收入的增长而减少）都是我们所谓的**弱规律**（weak law）。弱规律允许我们根据自变量的任意变化（上升或下降）预测出因变量变化（上升或下降）的**方向**（direction）或迹象。然而，它们却不能让我们预测出因变量变化的**幅度**（magnitude）。尽管这些规律很薄弱，但它们还是有

35

———————————

① 此外，对于一些商品来说，其需求量会随着价格的上涨而增加。消费者可能会因为一件商品很贵而被其吸引（"凡勃伦效应"），或者，像面包这样的商品价格下降时他们反而买得更少，因为他们能够将其取代为像猪肉这样更为优质的商品（"吉芬效应"）。

② 当然，人们也常说，行动者对他人的利他主义情感的强度会与他和他们之间的社会距离呈反比例变化。但这种"社会距离"的思想更像是一种隐喻而非一个概念，并且，无论如何"呈反比例变化"都要比"与距离的平方呈反比例变化"模糊得多。

些内容的,因为它们使我们筛出了因变量可能值的一个整体范围。不过,这两个规律不能使我们在这个筛出的范围内挑出那个会发生的值。

需求定律不仅弱,而且还很不符合解释的目的。正如我们在第1章中所见,这一定律符合若干关于消费者如何行为的假定。要**解释**为什么在商品变得更贵时消费者会买得更少,我们必须采用并检验一个关于个体消费者对价格变化如何反应的具体假定。关键词是"个体"。在社会科学里,令人满意的解释必须最终锚定于针对个体行为的假设上。这种被称为"方法论个人主义"的原则是这一整本书的前提。它意味着心理学或许还有生物学在解释社会现象上一定具有根本意义上的重要性。如果我对生物学尚有疑虑,并不是因为我认为它在原理上无法胜任解释人类行为的工作,而是因为在我看来对于要做好这项工作来说它还太不成熟。

要解释个体行为,我们通常不得不依赖我称为**机制**的这种东西。大致来说,机制是指**在通常未知的条件下被触发的或是带有不确定结果的、经常发生且容易识别的因果模式**。机制使我们能够解释,而非预测。例如,一直有这样一种争论,有孩子因为酗酒环境而成为酒鬼,也有孩子因为同样的环境而远离酒精。这两种反应体现出两条机制:效仿父母和反其道而行之。我们无法提前确定酒鬼的孩子会变成什么样,但如果他最终成了一个禁酒主义者或是一个酒鬼,那么我们或许可以说我们知道为什么。

我并不主张此处有某种客观的不确定性(indeterminacy)在起作用;事实上,"不确定性"这一概念在量子力学以外几乎没有什么意义。我只是主张,我们经常能够用展示某种行为是一个普遍因果模式的一个实例来解释该行为,即使我们不能解释这种模式为什么发生。因循守旧机制(例如,效仿父母)和反因循守旧机制(反其道而行之)都是很普遍的。如果我们能指出一对酒鬼父母的孩子的行为是前一个或后一个机制的一个实例,我们就已经提供了一个对该行为的解释。有人也许会反对说只要我们没有指出这个孩子为什么成为(例如)一个酒鬼而非一个禁酒主义者,我们就什么也没有解释出来。我的确同意,一个指出

解释社会行为:
社会科学的机制视角

为什么发生的是此结果而非彼结果的解释应该更胜一筹,并且我不否认我们有时或许也能做到这一点。但将个体实例归入一个更一般的因果模式下也是提供一个解释。知道孩子变成酒鬼是因循守旧所致,就消除了结果的一些不透明性,尽管只要我们还没有解释孩子为什么受因循守旧影响,这种不透明性就还是会有一些存在。

我说过,机制是"一个经常发生且容易识别的因果模式"。谚语中的民间智慧已经确认了许多这样的模式。① 用我所偏爱的定义来说,"一则谚语经过很多代流传下来,它以短句的形式总结了一般原则或常见情况,而且当你说起它时,每一个人都能准确地知道你的意思。"再者,谚语通常陈述机制(本书所使用的意义)而非普遍规律。尤其要考虑一下谚语以"互斥对"的形式出现的这种显著特征。一方面,有"离别情更深",但另一方面又有"眼不见,心不念";一方面我们也许认为禁果尝起来最甜,但另一方面我们会认为吃不到的葡萄是酸的;一方面,"物以类聚",但另一方面"异性相吸";一方面,"有其父必有其子",但另一方面"老子吝啬,儿子败家";一方面,"欲速则不达",但另一方面"优柔寡断者必有失";一方面,"回忆不幸就是在重复不幸",但另一方面"忆往昔之艰险,其乐无穷"。(如稍后所提到的,最后这两句谚语事实上并不是互斥的。)其他的例子我们还可以举出很多。37

许多成对的相反机制似乎并不是通过谚语表现出来的。例如,考虑一下所谓的"溢出—补偿"的成对效应(the spillover-compensation pair)。如果一个努力工作的人去度假,那么我们是预期他在休闲活动中保持同样兴奋的节奏呢(溢出效应),还是相反,去完全放松(补偿效应)? 或者,我们是预期民主制下的公民容易接受宗教呢,还是反对宗教? 如果他们自己做决定的习惯从政治领域延伸到宗教领域(溢出),那么我们将预计看到薄弱的宗教信仰。如果政治领域中至高权威的缺乏导致他们在别处寻找权威(补偿),那么民主政体则颇为倾向于支持宗教。一个当代似乎依然未解决的问题是,电视中的暴力到底是刺激

---

① 但是,正如我们将在第 10 章所看到的,谚语也不总是明智的。

了现实中的暴力(溢出),还是减少了现实中的暴力(补偿)?

类似的成对机制可以适用于个体之间的关系。让我们考虑一下解释慈善捐款的问题。某个捐赠者可能主要关注的是捐赠的效益:如果其他人捐得少,那么他的捐款将会产生更大的影响,因此他更有可能捐赠;如果其他人捐得多,他的捐款没那么重要,那么他也许就不捐了。另一个捐赠者也许更关注的是(捐赠者之间的)公平;如果其他人捐得少,那么他可能看不到应该多捐的理由;相反地,如果其他人捐得多,那么他也许会感到压力而跟风。这对机制可能适用于集体行动的情况。随着民众运动的发展,一些人可能退出,因为他们认为自己对这个运动不再有太大的影响,而其他一些人可能会加入,因为这些人觉得他们不应该在他人付出代价时袖手旁观(第24章)。

甚至那些没有相反谚语与之匹配的谚语,通常也是表达机制而非规律。如果用谚语"善泳者溺"来表示溺水的倾向总是随着游泳技能的增长而增长,那么这个谚语就会很荒唐。然而,对于一些游泳者而言情况可能确实如此,他们对自己游泳技能的信心要比技能本身增长得快,这导致他们冒不必要的风险("骄兵必败")。让我们再考虑一句谚语(在本书中我还将多次提到):"我们容易相信自己所希望与所畏惧之事。"①虽然这句谚语从字面上看令人难以置信,但它作为一个普遍规律是一个有益的提醒:除了众所周知的一厢情愿的现象,还存在一种未被很好理解的我们称为"**反动机思维**"(countermotivated thinking)②的倾向。最后,让我们考虑一下谚语式说法"牧羊人太多会丢羊"以及"厨子太多会咸汤"。再次提醒,谚语的价值不在于陈述一个普遍规律,而在于提出机制。如果每个牧羊人都认为其他人一直在看着羊,那

---

① 虽然这句谚语没有提到一对相反的命题,但我们可以设想到大意为"我们容易相信我们所希望之事"和"我们容易不相信我们所希望之事"这样的谚语陈述。我们实际上经常对我们所希望之事怀有偏见,因为我们对一厢情愿有些矫枉过正。

② 我们可以将这一思想定义得宽泛些,使其既包括不相信我们所希望之事又包括相信我们所畏惧之事。在之前的说明中,我引述了第一种情况发生的可能的方式。对于第二种情况,或许做最坏打算的欲望强化了最坏结果将要发生这一信念。仅仅是把某个情节在心里过一遍的过程就可能会使该场景铭刻于心,并把它的地位从"几乎不可能"抬高到"看似可能"或者"甚至有可能"。

解释社会行为:
社会科学的机制视角

么第一条谚语可能就是真的（想一下基蒂·吉诺维斯的案例），以及如果每个厨子都认为其他人都没有向汤里放盐，那么第二条谚语可能也是对的。

在定义机制时，我还说过它们"是在通常未知的条件下被触发的或带有不确定结果的"。到目前为止，我已引述的大部分谚语机制都属于第一类。我们不知道哪一个条件会触发因循守旧或反因循守旧、一厢情愿或反一厢情愿（反动机，countermotivated）、适应性偏好（adaptive preference，酸葡萄）或反适应性偏好（这山望着那山高）。我们知道每对机制中最多有一个会实现，但我们不能分辨出是哪一个。"最多"这一条件非常重要，因为一些人可能不受这些成对机制中的任何一个机制的影响。真正的自主意味着既不因循守旧也不反因循守旧。人们的信念可能独立于他们的欲望，他们的欲望又独立于他们的机会。

在其他案例中，谚语暗示了两个对结果作用方向相反的机制同时触发的情况。在这种情况下，不确定性在于如何确定两个机制的**净效应**（net effect）而非确定它们（如果有的话）中的哪一个会被触发。例如让我们考虑一下"需要是发明之母"和"人穷机会少"。第一句谚语坚称贫穷与强烈的创新**欲望**之间存在因果链，第二句谚语则指出贫穷与缺少创新**机会**之间的因果链。因为行为不但由欲望而且还由机会（第9章）所塑造，我们一般不能确定贫穷对创新的**净影响**（net impact）是积极的还是消极的。或者让我们考虑一下之前提到的一对谚语，"回忆不幸就是在重复不幸"和与之相对的"忆往昔之艰险，其乐无穷"。第一条谚语依赖于所谓的"禀赋效应"：对糟糕经历的回忆是一种糟糕的体验。[1] 第二条谚语依赖于"对比效应"：对糟糕经历的回忆提升了当前生活的价值。[2] 一般来说，我们不能确定之前的糟糕经历对之后的福利

---

[1] 相反地，对一次美好经历的回忆是一种美好的体验。因此，丁尼生说："爱过又失去好过从来没爱过。"

[2] 相反地，对一次美好经历的回忆贬低了当前的经历。因此，多恩说："宁向曲中取，不要直中求。"

的净影响是积极的还是消极的。

再有，我们不必局限于谚语。例如，让我们看看所谓的"暴政心理学"（the psychology of tyranny）中所包含的两个非谚语机制。如果暴君加重对臣民的压迫，那么可能会有两种结果发生。一方面，严厉的惩罚会威慑臣民不敢抵抗或谋反；另一方面，他的暴行越多，臣民就越恨他。像所有恃强凌弱者一样，他可能既激发恐惧也激发仇恨。如果仇恨多过恐惧，那么压迫将适得其反。在第二次世界大战期间被德国占领的国家中，抵抗分子有时就利用这一机制杀死德国士兵以激起报复，这建立在"暴政效应"会盖过威慑效应[①]的假定之上。让我们考虑一下与之有些相似的、某人在实现目标时面临障碍和妨碍的案例。这种对某人行动自由的威胁可能导致心理学家所谓的"对抗"（reactance）——一种恢复或重建自由的动力。阻碍和随之而来的对抗，这二者的影响彼此相反，而且我们一般说不出哪个更强[②]。举个例证，让我们想一想一个小男孩的父母不想让他玩鼓而把鼓藏起来的后果[③]。

即使当我们知道净效应时，我们也可能无法解释它。设想我们以某种方式观察和测量到针对过去一段美好经历的禀赋效应和对比效应二者的净效应为零。这一结果可能会以两种方式出现。尽管我去年吃过的三星级法国大餐减少了后来我在较普通的法国餐馆的用餐乐趣，但这种对我用餐福利的负面影响在我想到那顿大餐的美味时恰好得到了补偿。然而我们所观察到的这种净效应为零的情况不仅符合禀赋效应和对比效应都很强大且势均力敌的情况，而且也完全符合二者皆为零的情况。只要我们不知道哪一种才是真实的情况，我们就不能声称已经解释了这个结果。为了评定每个效应的强度，我们也许要在预期

---

① 有时仇恨指向一个不同的目标。遭受德国野蛮报复的意大利中部和北部地区，在1994年（50年后）一些村民仍对抵抗分子存有敌意，因为他们被视为间接地，甚至"确实"要对大屠杀负责。当A致使B杀了C，C的亲人和朋友可能将愤怒直接指向A而不是B。在对抗德国占领部队的反抗运动中，两种机制都有出现。

② 这个例子的一个特殊的特征是，这两个相互矛盾的效应中的一个（对抗）是被另一个（障碍）引发的。在另一个例子中，这两种效应被一个共同原因同时引发（如暴君的压迫）。

③ 在另一个关于对抗的例证中，孩子（以及成人）可能会拒绝所有关于如何度过一天的提议，**甚至是他们喜欢的提议**，因为他们不想让自己觉得被强加了观点。

　解释社会行为：
社会科学的机制视角

另一个效应不会发生的情况下来研究结果。如果我从希腊料理中得到的乐趣没有受到三星级法国大餐的影响——这貌似可信，那么我们就能够确定纯禀赋效应的强度。

一种相关的不确定性可能会在我们考虑第一类机制，也就是那些在"通常未知的条件"下被触发的机制时出现。再次考虑一下酗酒父母的案例。如果我们研究整个酗酒人口（或者一个大规模的具有代表性的样本），假定他们的子女平均的饮酒量既不多于也不少于非酒鬼的子女的饮酒量。为了简单起见，不考虑遗传因素的影响，我们可以从两方面来理解这个假定的发现。一方面，酒鬼的子女可能既非因循守旧者也非反因循守旧者，即他们的喝酒行为可能是被与非酒鬼的子女的喝酒行为相同的原因塑造的。另一方面，也有可能是酒鬼的子女中有一半是因循守旧者而另一半是反因循守旧者，从而产生一个为零的净效应。

相似地，投票行为理论已经确定了失败者机制以及从众机制。那些受前一种机制影响的人倾向于投票给选前民意测验中落后的候选人，而那些受后一种机制影响的人则投票给领先者。如果两类选民均匀地混合在一起，可能不会出现显著的净效应，这样民意测验将会很好地预测出实际的投票情况。然而，民意测验在总体上对投票缺乏影响并不表示它不会对个体产生影响。电视中的暴力对真实生活中的暴力总体上的微弱影响可能会掩盖其对亚群体强烈的负面影响。在所有这些案例中，一个中立的整体可能反映一群不受影响的同质性个体，也可能反映一群所受影响强烈但方向相反的异质性个体。而消除这种模棱两可的需要，就为我们采用方法论个人主义提供了另一个理由。要解释整体水平上的行为，我们就必须研究个体成员的行为。

分子机制

我一直在考虑我们所谓的"原子"机制——那些不能被化约为同一水平上的其他机制的基本心理反应。有人可能要问，这些心理机制将

42　会带领我们在解释社会现象的路上走多远？答案就是我们可以用原子机制作为建造更为复杂的"分子"机制的砖瓦。我们可以再次从谚语说起。有这样两条谚语，"恐惧常常大于危险"和"恐惧加剧危险"。它们被放在一起时暗指过多的恐惧或许就为其自身的存在创造了理由。一条英国谚语说："每个羊群皆有害群之羊。"一条法国谚语告诉我们"一只害群之羊就足以搅乱整个羊群"。把二者结合起来，我们可以推测出每个羊群都将被搅乱。[①]

考虑一下像大学科系或工人合作社这样的自治、分权的实体。下面的情境非常常见且容易理解，它足够成为一个分子机制。首先，根据概率定律，任何一个有二十个或以上成员的团体都倾向于包含至少一个喋喋不休且爱唱反调的人，即"搅局者"，词典将其定义为"破坏对手胜利的机会，然而自己又不能成为潜在赢家的人"。其次，在一个含有这种人的团体里，集体自治是非常困难的。讨论无休止地进行；先前的决定不断遭受质疑；形式主义的风气取代了不拘形式的联合共议；恩怨在彼此之间产生，等等。最终，这种团体将会乐于转向由一个较小的执行委员会来统治，甚至是一人独裁。

让我们把这些谚语先放下，考虑另一个分子机制。几百年或几千年以来，精英们一直对作为一种政体形式的民主保持着警惕，因为他们认为这种民主将带来各种危险和放荡的行为。然而危险行为发生的机会本身并不会导致这些行为，还必须存在动机。民主政体可能在某种程度上抑制公民去做民主允许其所为之事的欲望吗？托克维尔认为，要满足对民主政治所不能提供的权威的需要，民主制下的公民将会求助于宗教，宗教倾向于限制和抑制公民的欲望；他认为民主的批判者搞

43　错了，因为他们只关注机会而忽视了欲望。尽管他陈述的这种主张好像产生了一个普遍规律，但以机制的形式来理解这种主张似乎更为可信。一种情况是，如果是溢出效应而非补偿效应在发生作用，政治权威的缺乏将会削弱而非强化宗教。另一种情况是，即便是溢出效应在发生作

---

① 我对这些谚语的使用比较灵活。从字面意义看，法国习语"une brebis galeuse"是指因寄生虫而得了皮肤病的羊。

解释社会行为：
社会科学的机制视角

用,我们也不能得出任何关于净效应的结论。如果机会被大大地增加而欲望仅仅被很弱地抑制,民主的净效应就可能会增加而不是减少上述行为的发生概率。

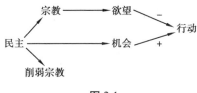

图 2.1

图 2.1 概括地表现了这两对机制。**如果**民主对宗教的影响被补偿效应而非溢出效应所调节,民主社会将笃信宗教。**如果**民主对欲望的消极作用(为宗教所调节的)强大到足以抵消民主对机会的积极作用,民主制下的公民将会表现得很温和。①

机制与规律

通常,以机制进行解释是我们所能做到的最佳选择,但有时我们还能更进一步。一旦我们已经确定了一个"在一般不为人所知的条件下被触发的"机制,我们或许还能够确定这些触发条件。在这种情况下,这一机制将被一条规律所代替,尽管从先前界定的意义上看这通常是条很薄弱的规律。

44

我们的常识假定礼物将使接受者心怀感激。如果他不这样,我们会责怪他。而古典道德学家——从蒙田到拉布吕耶尔——则主张礼物倾向于使接受者心怀怨恨而非感激。看起来常识和道德学家都说对了一些事,但他们没有告诉我们何时可以期待这个结果,何时可以期待另一个结果。一位古典时期的道德学家,普布里利亚斯·西拉斯(Publilius Syrus),说明了这一**触发条件**:一件小的礼物养一个恩人,一

---

① 另外,托克维尔声称多数意见的暴政可能会产生温和的影响。"有些政府曾以谴责淫秽书刊作者的方法来维护社会风气。在美国,虽然没有人因为这种书刊受到过谴责,但也没有人想去写这种书。"

件大的礼物养一个敌人。① 以礼物的大小为触发条件,我们将这对机制
转变为(某种程度上的)类规律的陈述②。通过引用另一个例子,我们
或许能够说明欲望与信念之间的张力("认知失调")何时是通过调整
信念来解决的,何时是通过调整欲望来解决的。③ 纯事实性的信念可能
过于顽固而不能被轻易地调整(第7章)。一个花了75美元买一张百
老汇演出票的人不可能轻易地愚弄自己,认为自己只花了40美元。然
而,他通常能够找出演出的一些精彩之处并说服自己:这些精彩之处比
那些不足更重要。

早前,我提到"禁果"机制和"酸葡萄"机制之间的对比。在一些案
例中,我们能够预测哪一种机制将被触发。在一个实验中,一种条件下
实验者要求研究对象根据四张唱片的吸引力为其排序,并告诉他们第
二天能够随机获取其中一张唱片。另一种条件下,实验者要求研究对
象为四张唱片排序并告诉他们第二天可以从中任选一张。第二天,为
了探得再次听到某张唱片的机会将怎样影响人们对该唱片的评价,实
验者告诉所有研究对象他们无法得到位列第三的唱片,并且要求他们
重新为这四张唱片排序。按照对抗理论的预测,第一种条件下的研究
对象贬低那个无法得到的选项的价值,表现出"酸葡萄"效应,而第二种
45 条件下的研究对象则抬高该选项的价值,表现出"禁果"效应。(一个没
有被告知要淘汰第三张唱片的控制组则没有显示出任何变化。)关键的不
同在于第二组研究对象经历了一次对其选择自由的威胁而第一组没有。

而这里,我要再谈一个更复杂的例子。关于"离别情更深"和"眼不
见,心不念"这对谚语,实际上还存在着暗示了触发条件的第三条谚语:
"小别胜新婚"。拉·罗什富科(La Rochefoucauld)提出了一个不同的条
件:"离别减弱平淡之情但增强浓烈之爱,恰如风吹灭烛火却煽起烈焰。"

---

① 为了使例子更适当,我在此处撒了点谎。因为西拉斯本来说的是借款而非礼物。尽管借
款和价值一大笔钱的礼物都能让接受者心怀怨恨,但它们可能是以不同的方式产生这种
效果的。

② 只是"某种程度上的",因为在感激转化为怨恨的那个点上,馈赠的确切大小将高度依赖
于情境。这条提示也适用于本文所讨论的其他案例。

③ 然而,回想一下,这个张力可能没有解决。

　解释社会行为:
社会科学的机制视角

这些貌似可信的主张并非很强的规律。为了预测情感变化的过程,我们还不得不弄明白离别多久才算得上是小别(三周算吗?)和感情多强才算得上是浓烈之爱(让你彻夜难眠算吗?)。此外,我们还不得不讲清楚离别的持续时间和情感的强弱程度之间是如何**相互作用**,从而导致离别中的情感消长的。下面就让我们探究一下最后这个议题。

原因之间的相互作用

一般来说,社会科学不是很擅长解释原因之间是如何相互作用从而产生共同效果的。大多数情况下,人们假定每个原因单独地导致结果("相加模型")。例如,为了解释收入,人们可能假定它部分由父母的收入引起,部分由父母所受教育引起,然后使用统计方法来确定这两个原因的相对贡献。对于我讨论过的那个例子来说,这种方法或许是不够的。离别的持续时间或许并不对离别后情绪的强度产生单独的影响;它的效果可能依赖于离别前情绪的强度。图2.2展示了这一相互作用的效应。

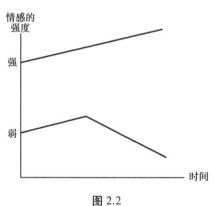

图2.2

然而,一些学者认为这个世界——或者至少他们所研究的那一部分世界——就是没有显现出很多这样的相互作用。他们声称下面这种案例是很少见的,即当自变量 X 处于低水平时因变量 Z 随着因变量 Y 而增长(减少),而当 X 处于高水平时 Y 的增长会引起 Z 的减少(增长）。图 2.2 中假设的关系（如果存在的话）应该是个例外。他们认为我们发现最多的是当 *X* 处于低水平时，*Y* 几乎对 *Z* 不产生影响，而当 *X* 处于高水平时，*Y* 才对 *Z* 产生影响。例如，在解释收入时，有人可能会假定父母收入在不同的父母受教育水平上发挥了不同的作用。这种相互作用可以通过一个乘积交互作用项（multiplicative interaction term）体现出来，此时 *Z* 是 *X*、*Y* 以及 *XY* 的函数。相比之下，这一方法无法体现当 *X* 处于更高水平时 *Y* 对 *Z* 的因果效应的**逆转**（reversal）。然而，如果我们能够相信这样的逆转是很少见的这一主张，我们就无须太担心。

相互作用效应的存在可能取决于那种在机制中更普遍的不确定性。考虑把年龄与基本政治态度之间的相互作用当作极端主义的原因。人们或许会猜测，青年组织会成为自身党派中的左翼，从而给那些青年保守党人涂上更浅的蓝色。① 或者，政党中的青年组织比政党本身更极端——青年保守党人是更深的蓝色，而青年社会党人是更鲜艳的粉红色。这两种猜测都看似合理，而且这两种模式在实践中都已被观察到了。或者考虑将消费前情绪和毒品消费之间的相互作用当作消费后情绪的原因。人们也许会猜测，像酒精或可卡因这样的毒品是**情绪抬升器**（mood lifter）——缓解抑郁，使满足转为兴奋。但人们同时也会认为毒品是**情绪倍增器**（mood multiplier）——使坏情绪更坏，使好情绪更好。同样，这两种猜测都看似合理，而且这两种模式在实践中都能观察得到。在上述两个案例中，它们的第一个机制符合相加模型，而第二个机制则包含逆转效应。

在面对难以处理的数据时，增加一个交互作用项或进行"曲线拟合"（curve fitting）都不是唯一的应对方式。还有一个替代性策略，那就是"数据挖掘"（data mining）。在操作曲线拟合的过程中，人们保持因变量与自变量的固定并仔细找出一个似乎会提供一个良好的统计拟合

---

① 在欧洲，蓝色代表保守党，粉色代表社会党。党员的颜色深浅或活跃与否代表着其对政党主张的极端程度。例如，对于一个保守党人来说，"更浅的蓝色"其实是指他更不保守。——译者注

解释社会行为：
社会科学的机制视角

的数学函数。在一个数据挖掘的操作过程中,人们保持数学函数固定(经常是一个简单的相加模型)并仔细找出与因变量形成良好拟合的自变量。假设我们用"良好拟合"(good fit)来表示一种偶然发生的概率只有 5% 的相关关系。在对收入这样的复杂社会现象的任何研究中,我们都能够轻易地列出一打我们能想象到的可能影响它的变量。① 而且,将收入概念化的不同方法也有半打之多。在这 5% 的概率水平上使用收入的任何一个定义,要想没有一个自变量显示出相关关系将是非常不可能的。② 概率定律告诉我们最不可能的巧合就是不可能的巧合从未发生。③

48

一个学者一旦确定了一个合适的数学函数或者一组合适的因变量或自变量,他就可以开始寻找一个因果故事来提供一种直觉以支持这些发现。而当他详细写下用来发表的那些成果时,研究顺序经常被倒置。他会说他先从一个因果理论开始,接着寻找一个貌似最为可信的方式将因果理论转化为一个正式假设,然后发现该假设为数据所确证。④ 这是伪科学。在自然科学中,"论证的逻辑"(logic of justification)不需要去匹配或反映"发现的逻辑"(the logic of discovery)。一个假设一旦被陈述成最终形式,它的起源就不重要了。关键的是假设后来的

---

① 因此在对母亲的行为习惯与子女的行为结果之间关系的一项纵向研究中,二者的 552 种相关关系中只有 35 种在统计上是显著的——"在 $p < 0.05$ 的水平上"(这意味着这些相关关系有 1/20 的可能性是偶然存在的),只有看过本书附录部分的那些人才清楚这个事实。在本书的重印版中,这些附录被删掉了。

② 有的理论可能提出,坏天气会使股票交易者沮丧,导致他们卖出股票。然而,有学者提出,当把坏天气定义为乌云覆盖率为 100% 时,他们得到了一个相反的结果。当把坏天气的定义变为乌云覆盖率在 80% 以上时,这种相关关系的迹象就神奇地逆转了。

③ 我有两次亲身经历。我第一次去纽约时买了两张百老汇门票,一个是根据胖子沃勒(Fats Waller)的音乐创作的演出,另一个是关于杜克·艾灵顿(Duke Ellington)的演出。门票所剩无几,我只能有什么就买什么了——结果两场演出我都买到 H 排,130 座。这次经历还只是有些异乎寻常,另一个巧合则让我感觉更重大。我有两个仅发生过一次的经历。一个是受邀去一个晚宴结果忘记自己被邀请了。另一个是受邀参加晚宴结果在晚宴开始前半个小时主人打电话给我,告诉我他因为生病不得不取消晚宴。巧合就在于这两个经历居然是同一个晚宴,这让我有一瞬间感觉冥冥中有人在照看着我。

④ 因此,用相关关系来引导因果关系有三个问题。首先,相关关系也许仅是偶然发生,并没有因果含义。其次,如果两种相关的现象是一个"第三因素"的共同结果,那么相关关系可能有一个间接的因果含义。再次,因果关系的指向可能是模棱两可的。

结果,而非它之前的源头。这是因为,除了那些最先启发学者想起该假设的观察(observation)之外,该假设还能在其他无限多的观察中得到检验。在社会科学中(还有人文学科中),大部分解释使用的是一个有限的数据集。因为数据收集的程序通常是非标准化的,所以学者们可能无法检验那些与新数据相悖的假设。[1] 如果程序**是**标准化的,这些数据可能无法反映不断变化的现实。例如,要在不考虑旧产品不断变化的价格和新产品的情况下解释消费模式是不可能的。

毫无疑问这种不够诚实的研究操作的确会发生。我不知道这种行为有多普遍,只知道其分布之广足以引起思维缜密的社会科学家的担心。这个问题的主要原因也许在于我们没有充分理解包含多种因素的因果关系。如果我们对几个原因能如何相互作用以产生一个结果有着强烈的直觉,那么当相加模型失败时我们就不需要依赖"添加一个相互作用项"这一机械的程序了。但由于我们的直觉是很弱的,我们并不真的知道要寻找什么,这样一来修补模型似乎就成了唯一的替代性选择——至少当我们还抱有提供类规律解释这一雄心壮志时,情况是如此。鉴于修补的风险,也许我们反而应该给我们的野心降降温。

参考文献

本章的许多观点改写自我的 *Alchemies of the Mind*（Cambridge University Press，1999）一书的第一章。

在那本书中我也引述了雷蒙德·布东（Raymond Boudon）、南希·卡特赖特（Nancy Cartwright）、保罗·韦里纳（Paul Veyne）的著作,其所提倡的主张与本书相似。

最近的一个陈述出自 P. Hedström 的 *Dissecting the Social*（Cambridge University Press，2005）。

---

[1] 你可以通过践行自我约束来绕开或者至少减轻这个问题。如果你有一个足够大的数据集,你可以忽略其他的数据,先把精力集中在一个有代表性的样本上。一旦你已经尽你所能解释了观察资料的子集,你就可以去解释整个数据集,看它是否站得住脚。如果站得住脚,它就不太可能是伪命题。另一个让学者诚实的方式就是,除非要被检验的假设和检验这个假设的程序(比如说)提前两年得到编辑的担保,否则期刊可以拒绝考虑该文章的发表。酒精研究者凯特尔·布鲁恩(Ketil Bruun)就采用了这种做法。

解释社会行为:
社会科学的机制视角

还有几条思考心理机制的有益途径，包括 F. Heider, *The Psychology of Interpersonal Relations* (Hillsdale, NJ：Lawrence Erlbaum, 1958) 和 R. Abelson, *Statistics as Principled Argument* (Hillsdale, NJ：Lawrence Erlbaum, 1995)。

后者也对统计分析的潜在难点提供了聪明机智的评论。C. Hempel, *Philosophy of Natural Science* (Englewood Cliffs, NJ：Prentice-Hall, 1966) 对那种以普遍规律进行科学解释的思想有一个标准而简短的解释。 50

方法论个人主义的原则在 M. Brodbeck (ed.), *Readings in the Philosophy of the Social Sciences* (London：Macmillan, 1969) 一书的第四部分和 M. Martin and L. McIntyre (eds.), *Readings in the Philosophy of Social Science* (Cambridge, MA：MIT Press, 1994) 一书的第六部分被详细论述；该原则也可参见 K. Arrow, "Methodological individualism and social knowledge," *American Economic Review：Papers and Proceedings* 84 (1994), 1-9。

在 J. Baechler (ed.), *L'acteur et ses raisons：Mélanges Raymond Boudon* (Paris：Presses Universitaires de France, 2000) 里的 "Science et sagesse：Le rôle des proverbes dans la connaissance de l'homme et de la socie 'te'"一文中，我对谚语有更具条理的讨论。

"暴政心理学"的观点来自 J. Roemer, "Rationalizing revolutionary ideology," *Econometrica* 53 (1985), 85-108。

有关被承诺给予唱片的研究对象的研究可参见 J. Brehm et al., "The attractiveness of an eliminated choice alternative," *Journal of Experimental Social Psychology* 2 (1966), 301-13。

对于对抗理论的大体介绍可参见 R. Wicklund, Freedom and Reactance (New York：Wiley, 1974)。

对引起逆转效应的相互作用的怀疑论点可在 R. Hastie and R. Dawes, *Rational Choice in an Uncertain World* (Thousand Oaks, CA：Sage, 2001) 第三章中找到。脚注中关于6%的显著相关关系的内容在 C. Perris, W. A. Arrindell, and M. Eisemann (eds.), *Parenting and Psychopathology* (New York：Wiley), pp. 113-14 中的 R. R. McCrae and P.T.Costa, "The paradox of parental influence"中有讲到。

脚注中关于坏天气对股票市场交易者影响的例子来自 P. Kennedy, "Oh no! I got the wrong sign! What should I do?" *Journal of Economic Education* 36 (2005), 77-92,该文章还包含关于数据挖掘的代价(和收益!)的更一般性的有益评论。 51

3

诠 释

诠释与解释

在人文学科的许多著作中,焦点一直都是**诠释**(interpretation)而非解释。按照德国的传统,通常要对"精神科学"(Geisteswissenschaften)与自然科学(Naturwissenschaften)加以区别。在前面这个领域里,我们被告知适当的程序是去诠释或"理解"(Verstehen)。而在后者中,解释(Erklären)才是恰当的语言。例如,马克斯·韦伯就曾写道:"自然科学的目标可不是去'理解'细胞的行动。"

于是我们可能会问,社会科学是依靠理解还是依靠解释?我认为这个问题本身就提错了。在我看来,诠释**就是**解释。诠释只不过是假设演绎法(参见第1章)的一种特例。例如,人文学科的学者不能以"移情"(empathy)作为一种特有的诠释行动的捷径,因为不同学者的移情性理解可能各不相同。要想在互相冲突的诠释之间做出抉择,他们必须让这些诠释性的预感或假设接受**经验**的检验(因为它们本来也就只是预感和假设而已)。正如我在第1章所提出的,经验不仅包括我们正在试图理解的事实,也包括我们可能原本没想过要调查研究的"**新颖事实**"。①

诠释针对的是人类行动以及人类行动的产物,例如艺术作品。在第14章中,我谈到对文学作品的诠释问题,更具体地说,是对那些我们

---

① 在实验科学中,例如当实验者让老鼠或人类面对一些并非自然发生的条件时,"新颖事实"可以意指那些字面意义上的"新"(new)事实。在人文科学与非实验社会科学中,"新颖"则必须指认识论意义上的"尚未发现",而不是指本体论意义上的"原本没有"。

解释社会行为:
社会科学的机制视角

既需要理解其作者的选择又需要理解其人物角色的文学作品的诠释问
题。而当我们试图理解其他文学作品,以及理解绘画、雕塑或器乐这些
"无言的艺术"的时候,这种双重的问题就不会出现。但即使在这些艺
术形式中,原则上讲,艺术家的选择也都大致符合我对作者式决定
(authorial decision)的分析。这些艺术家依据某种"更优"标准来做选
择,而该标准无论是他们还是我们可能都没法确切地说明,但当艺术家
抛弃一张草稿、一幅草图或者一盘录音而保留另外一件时,这种标准就
会显露在实践之中。然而这种更优标准与人类心理之间的关系更为复
杂,并且在无言的艺术中不像在(古典)小说中那样容易被人理解。我
不打算去探讨它们。

理性与可理解性

本章余下的部分将指向**行动**的诠释。要诠释一个行动,我们必须
以行动者事先的信念和欲望(动机)来解释该行动。此外,在解释这些
心理状态本身时,我们还应该采取一种能让人理解它们的方式——将
它置于一个完整的"欲望—信念"复合体中。一个孤立的欲望或信
念,如与其他心理状态没有通常意义上的连带关系,那就不过是一个
"基本事实"(brute fact),它允许我们解释行动,但却不能理解行动。

有一种解释行动的范式是去说明一个行动之所以被做出来是因为
它是**理性的**(参见第 11 章)。要做这种解释,展示行动能给行动者带来
好结果是不够的:该行动还必须是一个从行动者的视角出发被理解为
最佳的选项。例如,有这样一个事实,即如果人们给当前行为的未来结
果附加高价值,也就是说如果他们有一个低的时间贴现率(rate of time
discounting)(参见第 6 章),那么他们的生活会变得更好。此外,更多的
教育可能会将人们的时间偏好(time preferences)朝着这个方向来塑造,
这似乎也是可信的。然而,这两个前提加起来并不等于对人们为什么
决定接受教育的理性选择解释。要开始一个解释,我们必须表明人们

对于教育会影响他们延迟满足的能力有着必要的信念,并且要表明他
们在主观上有获取这种能力的动机。① 那种试图以选择的有益结果来
解释选择的做法是一种"理性选择功能主义",它集我在导论中提醒大
家要加以防范的那两种研究路径于一身,无法揭示行动的含义。

如果行为是理性的,那么据此它也就是可理解的。然而,非理性行
为也能是可理解的。我将区分三种可理解但非理性的行为,并把它们
与几个关于不可理解行为的案例进行比较。

第一种出现在决策系统(参见图 11.1)被以某种方式 **截短**
(truncate)的时候。强烈的情绪可能会因其特有的紧迫性而使行动者
无法在行动之前先"四下打量"(即搜集信息)。此时行动者不是像古
罗马将军"拖延者(犹豫者)费边(Febius)"②那样采取等待策略,而是
没花时间考虑结果就仓促行动。另一种"截短"发生在意志薄弱时,它
在传统意义上被理解为人们违背自己的更优判断来行事(参见第 6
章)。一个人已经决定戒烟却又接受别人给的香烟,他这么做是基于一
个理由,即吸烟的欲望。然而,如果一个行动想成为理性的,它就必须
是人们考虑所有理由后做出的最优选择,而非只考虑这些理由中的一
个。不过,我有理由质疑对意志薄弱的这种理解。

第二种出现在决策系统"**短路**"(short-circuiting)的过程中,当行动
者的欲望使其信念形成(belief formation)产生偏差时,这种短路就发生
了。例如,一厢情愿是非理性的,但却是完全可理解的。当行动者到目
前为止搜集到的证据都支持自己所愿意相信的那个信念时,他就会停
止搜集信息,此时一种微妙的受动机驱使的信念形成就会出现。③ 这些
受动机驱使的信念都在以自己的方式使过程最优化:它们最大化了行

---

① 我在第 11 章中提出,人们积极主动地想要被长期后果所激励这种观念在概念上就是前后
矛盾的,但这独立于我在这里所提出的观点。

② 费边,古罗马将军,以在第二次布匿战争中采用拖延战术对抗迦太基大将汉尼拔,挽救罗
马于危难之中而著称于史册。当时速胜派讥讽他这种战术,称他为"拖延者"
(Cunctator)。——译者注

③ 在人们对统计学更为无知的年代,遗传定律的发现者格雷戈尔·门德尔(Gregor Mendel)
显然在他的实验中运用了这种"见好就收"的方法。

解释社会行为:
社会科学的机制视角

动者从他关于这个世界的信念中得来的那种愉悦,而不是他在遭遇这个世界时预期得到的那种愉悦。

54

第三种我们或许可以称之为决策系统中的"**交叉线**"(wire-crossing)。我们很容易理解人的心灵为何会消减认知失调(一厢情愿就是这样一种情况),但心灵为何还要去**生产**失调呢?我在第2章提到的那种我们容易相信自己所畏惧之事的观点就是一个例子。为什么对某个坏结果的恐惧会使我们超出实际证据的支撑去相信这个坏结果更有可能发生?如果这种信念既不受证据支持也不受我们的欲望支持,那我们是因为什么才接受它的呢?显然,它并没使任何东西得到优化。从一定意义上说,这种行为比发生在"截短"或"短路"中的那些行动更难理解,因为对行动者而言**它并没有任何好处**,没有实现任何局部目标或短期目标。但即便如此,它还是可理解的(按照我对这个概念的理解),因为它产生于行动者的"信念—欲望"系统。

难以诠释的行动包括由强迫(compulsions)和执着(obsessions)所致的行动、恐惧(phobic)行为、自残(self-mutilations)、厌食(anorexia),等等。诚然,这类行为可以舒缓行动者因不做它们而感到的那种焦虑,这解释了行动者为何做出这类行为。但一天洗50次手或为避免乘电梯而爬五十段楼梯跟服用镇静剂可不一样。服用安定或许如同服用阿司匹林一样是理性的和可理解的,但强迫性行为和恐惧性行为却是难以理解的,因为它并不属于那种信念与欲望相互联系的**系统**。或者,借用约翰·罗尔斯的一个例子,我们会发现要理解某人花时间来数草有几片叶子的行为是很难的,除非这行为还关联着某个其他目标,例如赢得一场赌局。

与反一厢情愿式思维(counterwishful thinking)一样,一厢情愿式思维也是可以理解的。一个心理失常的人认为隔壁的牙医在对他放射X光以摧毁他的心智,这种信念不是可理解的。对比之下,政治中的偏执信念却是可理解的,因为它们根植于行动者的欲望。假设某人有强烈的反犹欲望,这会驱使他持有一些荒谬信念,即认为犹太人在本质上就是无所不能和邪恶透顶的(参见第7章)。不是说他想让犹太人**拥有**这

3 诠释 | 051

些特征,而是说他受动机驱使去**相信**他们是这样的,因为这一信念能将其毁灭犹太人的冲动合理化。相互矛盾的信念甚至也可能是可理解的。一个反犹分子可能会在此一场合把犹太人描述成"寄生虫",而在彼一场合又断言他们无所不能。正是那些说"犹太人总想拼命挤进那些不欢迎他们的地方"的人,同样也相信"犹太人非常排他,总是抱成一团"。

55　理解内战

为详细说明可理解的信念与可理解的欲望这两个概念,让我举两个大一点儿的例子,二者都取自对内战的研究——一个是过去的内战,一个是当前的内战。随后我将利用这些以及另外一些研究来提出一个基本的阐释学(hermeneutic)问题①:我们如何才能归因或确立动机和信念。

先来思考一下对预定论(predestination)的信念,在宗教战争中,这是分隔加尔文教派和天主教派的一个主要议题。它的起源是,宗教改革之前很多信徒都因无法确定自己是否会获得救赎而感受到强烈的宗教方面的焦虑。人们怎样才能确定——如果他们能够确定的话——自己的所作所为已足以使自己获得救赎? 回顾自己的早年岁月,加尔文于 1539 年写到,即使他已经满足了教堂的要求去忏悔自己的罪恶,并通过行善和救赎来抹去上帝对其罪恶的记忆,但"我却已远离内心的确定与安宁。每逢我内顾己心或仰望上主,我都感到一种极端的恐惧,生怕无论是涤罪还是开脱都无法使我得到医治"。

使他得以消除这种焦虑的是一个概念上的转变:从认为上帝是内

---

① 本章主要讨论了三个概念,explanatory, interpretive, hermeneutic。在作者看来,首先,理解(understand)就是解释(explanatory);而 interpretive 又等同于 understand,都着重于对文本或行为的"理解";hermeneutic 相较 interpretive/understand 在程度上又进了一步,强调"基于理解的阐述",它既包含 interpretive 的意思,又包含 explanatory 的意思。在翻译过程中,为了对这几个词语加以区分,暂将 explanatory 翻译为"解释",将 understand 翻译为"理解",将 interpretive 翻译为"诠释",将 hermeneutic 翻译为"阐释"。——译者注

在（immanent）于这个世界的——一种残酷的和威胁性的存在，转成认为上帝是绝对超然的（transcendent）。关键就在于，后面这种思想联系着双重预定论（double predestination）的教义：既然上帝已经从永恒里选定了谁会被拯救、谁会被定罪，那么人们对自己的救赎也就**无能为力**，因而也就没理由去担心自己的所作所为是否已经足够。关键的诠释性问题在于对预定论的这种信念和从焦虑中的解脱这二者之间究竟有何联系。按理说，双重预定论教义这种使人解脱的效果似乎是不可理解的。加尔文告诫说，上帝拣选的只是一小部分人，人数范围（加尔文使用的是几种不同的表述）为1%~20%。有什么能比自己非常有可能属于要被定罪的那部分人，且毫无办法逃避地狱之火的永恒焚烧这样的信念更让人焦虑的呢？

56

沿着马克斯·韦伯最先留下的那些线索，我们可能会找到问题的答案。在给定的加尔文教徒对预定论的信念之下，他们无法相信理性而系统的努力能给他们带来救赎，但却可以并且确实相信这会带给他们对于救赎的主观**确定性**。加尔文自己也写道："选民的使命感乃是对自身被拣选的一种论证与辨明。"而且事实上看起来改信加尔文教确实有效地消除了人们对于救赎的不确定性。第7章我会再次讨论这种"异想天开"（magical thinking）。这里我只想强调"一厢情愿"和"异想天开"这对孪生机制是如何使预定论信念具有可理解性的。

接下来，我们要探讨动机的可理解性。为什么某些年轻的巴勒斯坦人愿意献身于自杀式任务呢？他们的主要动机——夺回或捍卫民族故土——并不难理解。[①] 这可能是一个如同为捍卫民主而参加反抗希特勒的斗争一般令人不得不信服的理由。貌似可能会令我们感到迷惑的是这种动机的**强度**。要使这种动机可理解，我们还需要一些额外的因果因素。我将讨论六种这样的因果因素，并给出结论表明自己支持

---

① 虽然我主张这是他们的主要动机，但我并不否认还存在其他动机，例如对死后获得荣耀或声誉的欲望、自杀式袭击者的家庭将会获得的物质利益、为被以色列人杀害的朋友或亲人报仇、要求个人志愿参与任务的社会压力。如我在第Ⅱ篇的引言中所表明的，我对获得去往天堂的特权这一宗教利益其作为动机的力量持怀疑态度。

其中哪一种。

在"9·11"事件之前，普遍存在着这样一种信念，即典型的自杀式爆炸袭击者都是单身的年轻失业男性，这些人可能在性方面还很饥渴；对他们而言，宗教运动可以填补本该由家庭和工作来占据的心理空虚。世贸中心遭袭击，使得研究恐怖主义问题的专家们一夜之间不得不做出"推倒重来"的决定。然而，即使在那之前，女性自杀式爆炸袭击者的频繁活动（虽然频次有波动）本就应该让学者们去质疑这种刻板印象了。在第二次巴勒斯坦大起义（the second Intifada）①中，对女性自杀式爆炸袭击者的利用就已经很值得引起注意了，她们当中一些人已经是母亲或受过高等教育。

贫穷和文盲这两个经常被引用的因素似乎也只有很有限的因果效力，至少在把它们作为自杀式袭击者的个人特征时是这个样子的。事实上，巴勒斯坦自杀式爆炸袭击者的收入和受教育水平往往比一般人高。从贫穷这个角度得出的解释同样不能令人满意，因为我们不清楚到底要多穷才会产生那种必需的动机。常见的观点认为，炸死自己的收益必须抵得过炸死自己的代价——自己的生命。如果人们把生命的价值看得不高，那这个代价就会很小。照这样的分析路径，悲惨而贫穷的生命对个人来说价值太小了，小到自杀的代价都变得微不足道。我对这种观点表示怀疑，因为我认为穷人会觉得他们的生命和其他任何人的生命一样都值得活下去。人们会调整他们的愿望来适应自己的环境，这样一来他们就或多或少地保持了稳定的满足水平（"享乐适应证"），这是一个深受肯定的心理学发现。

一个比绝对剥夺更令人信服的因素是**相对剥夺**，也即期望与现实之间的差距，很多巴勒斯坦人体验到的现实就是他们受过教育，但现在却没希望找到任何体面的工作。向下的社会流动可能也有这样的效果。但最为重要的特征似乎还是持久的**自卑**感和**愤恨**感。这两种情感中的第一种基于自己与他人的**比较**，第二种则基于自己与他人的**互动**。

---

① 第二次巴勒斯坦大起义，也被称为阿克萨群众起义，是指从 2000 年 9 月开始爆发的巴勒斯坦与以色列之间的冲突。——译者注

一般而言,基于互动的情感比基于比较的情感更有力。很多描写巴勒斯坦自杀式爆炸袭击者的作者都强调,他们的这种强烈愤恨来源于其与以色列军队互动时所受到的那种日复一日的羞辱。除了要服从那些有辱人格的检查和管制之外,巴勒斯坦人还意识到,很多以色列人都认为一切阿拉伯人都是"懒惰的、懦弱的和残忍的"。20 年前一名耶路撒冷的出租车司机就对我说过这样的话。

如果这种解释没错的话,那么了解了巴勒斯坦自杀式袭击者对于当前那些占据了他们所向往的家园的以色列人的那种强烈愤恨,我们也就能够**理解**他们为什么愿意去送死了。打击以色列人的欲望在被嵌入到一个更大的动机复合体之后自我增强了。然而,还存在一种替代性见解。巴勒斯坦的自杀式袭击者往往受到其训练者的严格监控,这些训练者会做好施加额外压力的准备,以防袭击者的初始动机在行动到来时失灵。在伊拉克,一名险些成事的自杀式袭击者——他因表现得太紧张而被抓获和解除武装——说他自己在执行任务之前的三天里,都被关在一个房间,有一位毛拉(mullah)谈论着天堂并喂给他"一种能让他变强壮的特别的汤"。因此,那种真正触发袭击者引爆炸弹之举的心理状态可能都是很短暂的而且是人为的某种东西,而非这个人的一种稳定特征。尽管诸如"洗脑"或"催眠"这样的词可能说得太重了,但有证据表明,一些袭击者在死前的几分钟里处于一种恍惚状态。就此类案例所显示的,当某人的某个意图孤立于这个人整个的"欲望—信念"系统之外时,诠释就是不可能的了。当然,这些任务中的训练者以及更宽泛意义上的组织者还是可以成为诠释的对象。

一种阐释学的困境

行动必须以那些导致其发生的事先的心理状态——欲望和信念——来解释,这样的主张固然很好,但我们怎样才能确定这些事先的原因呢?为了避免循环论证之苦,我们不能把行为本身当作证据。我们必须去找别的证据,例如行动者关于自己动机的陈述,他们的非语言行为与这些陈述的一致性，其他人归加到他身上的动机以及**这些其他人的非语言行为**与他们所作归因的一致性。然而，我们怎样才能排除这样一种可能，即这些语言的和非语言的行为形式是被故意选出来的，为的是让观众错误地相信起作用的是某个特定动机？对动机的宣称或断言可能本身就是有动机的。这个问题在集体决策过程中至关重要。正如我在第 25 章提出的，所有把个体偏好合为一个社会决策的方法都会让参与这一过程的人们产生蓄意伪装自身偏好的动机。

59

举个例子，我们来思考一下内战中的领袖和追随者的动机。内战的各派都自称持有——或者被他们的对手扣上——三种动机中的一种：**宗教、权力**或**金钱**。那些自称持有宗教动机的派别往往被指控为拿宗教来掩盖自己的真实动机——不管是政治上的还是金钱上的。法国宗教战争（1562—1598 年）期间，交战双方不断地指控对方用宗教作为自己追逐政治甚至金钱目标的托辞。这些指控是有一些根据的。纳瓦拉国王亨利（Henri de Navarre，即后来的亨利四世）一生中六次改变宗教信仰，他在 1593 年的那最后一次改变被广泛怀疑为投机主义。他的父亲安托万·波旁（Antoine de Bourbon）曾明确宣称自己的信仰会卖给出价最高的人。安托万·波旁既陪摄政女王参加弥撒，又陪自己的新教徒妻子参加圣餐仪式。在临终之际，他既寻求大主教的安慰，又寻求新教的慰藉。改革派领导者、红衣主教科利尼（Cardinal de Chtâillon）在改变宗教信仰后结了婚，但他既保留了红衣主教的头衔，又保留了教区的收入。另一位高级教士、特鲁瓦主教安托万·卡拉乔洛（Antoine Carraciolo）也想把新教的牧师职务和他做主教的收入结合起来。还有一位天主教领袖亨利·吉斯公爵（Henri duc de Guise），他非常愿意寻求与加尔文教的结盟来对抗国王亨利三世。

当今世界亦是如此，宗教有时被用作政治的托辞，而政治被用作金钱的托辞。车臣的叛乱分子和某些巴勒斯坦的组织（如著名的法塔赫）的目标原本就只是政治性的。他们披上宗教外衣主要是想吸引更多的追随者。在巴勒斯坦，要与无可非议的宗教性组织哈马斯竞争，他们就必须这样做才能让组织生存下来。在菲律宾，恐怖组织阿布沙耶夫

（Abu Sayyaf）以建立独立伊斯兰国家这一需要为借口来绑架人质勒索巨额赎金。在哥伦比亚，人们一直不确定哥伦比亚革命武装力量（Revolutionary Armed Forces of Colombia，FARC）是否还保留着它最初的反对社会不公的动机，不确定它如今是否已经堕落成了黑手党。在所有这些案例中，和法国宗教战争一样，对动机的归因常常充满不确定性。特别是我们可能很难知道领导者的动机与追随者的动机是否完全一致。

为什么人们可能会想要歪曲自己和对手的动机呢？原因有很多。 60 一方面，每个社会都有一个规范的动机等级结构（参见第4章），它促使人们想要将自己呈现为一副受到高尚而非卑劣动机激发的样子，而把低级动机归到对手头上。法国宗教战争和英国内战一样，其中的每一方都将自己呈现为受到宗教的驱使而让对方看起来只是在贪求权力。另一方面，如果某人能使别人相信他对某一特定动机的标榜，那么他可能会更容易实现自己的目的。因为恐怖分子的形象会比普通罪犯的形象更令人望而生畏，所以那些图钱图利的绑匪如果打起某种旗号可能会增大使对方让步的可能性。在哥伦比亚，很多绑架案都是普通罪犯干出来的，这些罪犯试图通过宣称自己属于某个游击队来引起受害者家属的恐惧。一旦恐怖分子被想成是只要出了差错就会采取极端手段并且不太愿意就最后期限或钱的问题讨价还价，那么绑架案就会使人更加惊恐。如果他们没能获得自己要求的东西，那他们至少可以通过杀害受害者来"表明立场"。

"自我服务偏差"（self-serving bias）①的这种问题，在社会行动者意图的相关陈述中非常严重，但并非不可克服。一个绕开它的简单办法或许是：探究行动者的**客观利益**，并假定如果没有强大的证据支持反面论点，那么这些客观利益就与他的主观动机一致，不管他对于自己的动机有何说法。或者，我们或许能鉴别由他的行动所带来的**实际结果**，并假定如果没有强大的证据支持反面论点，那么这些结果就是他有意要

---

① 自我服务偏差是指一种因维护或增强自尊而歪曲了的认知或感知过程，例如将成功归因于自己的努力而把失败归因于外部因素。

造成的。（这两种做法每一种都适用于之前我们讨论过的选择更多教育的问题。）然而，这是**两种转移举证责任**①的程序，这表明二者都是不可接受的。客观利益与实际结果都是只能暗示关于主观动机的有用假设，但二者都缺乏支持自身的真实假定。

历史学家和社会科学家已经发展出其他一些处理这种问题的方法，用这些方法可以合理地得出一些确定的结论，特别是在我们结合使用这些方法的时候。一种办法是绕过人们在观众面前所做的陈述而去找寻那些不太可能受误传欲望驱动的陈述。信件、日记、谈话报告、草稿，等等，这些都会是非常宝贵的信息来源。从 1789 年法国制宪议会的代表们写给他们妻子的信件中我们得知，他们之所以投票反对两院制和君主否决权，是因为他们认为如果不这样投他们可能就会有生命危险。而在议会中，他们则拿公共利益来为自己的投票辩护。在尝试挖掘 1582 年圣巴托罗缪之夜（St. Bartholomew's night）大屠杀背后的动机的过程中，历史学家们发现一个有用的办法，就是绕过参与者那些带偏见的记述而去借助那些想要正确报告该事件的他国外交官所写的报告。在 19 世纪的英国，临终陈述不受那些关于传闻证据（hearsay evidence）②的一般规则约束。一份文件的初稿与后来公开的版本相比，可能包含更多作者的信念与动机。例如，将马克思《法兰西内战》一书的草稿或他写给沙索里奇（Vera sassoulitch）的书信的草稿与官方版本相比较，我们会获得很多启发。

同样，行动者在公开场合说的话和他们关起门来说的话可能也会形成鲜明对比。尽管公开发表的 1789—1791 年法国制宪议会辩论有着无穷的迷人魅力，但有两个因素共同导致它们尚未可靠到足以成为与会者心理状态的证据。一方面，由于公共场合的限制，这些代表们只能采用公共利益的论点，赤裸裸的集团利益是不可接受的。另一方面，

---

① 基于法律规定，通常应由提出主张的原告承担举证责任。而转移举证责任是指将原告的举证责任转移给被告，由被告负责举证证明原告的主张不成立，如果被告不能举证证明，则推定原告的主张成立。——译者注

② 传闻证据是指证人在本案法庭审理之外做出的用来证明其本身所主张的事实的各种陈述。一般只有在法定的例外情形下才允许采纳这种庭外陈述。——译者注

解释社会行为：
社会科学的机制视角

当站在上千名代表和旁听席内上千名听众的面前发言时,他们的虚荣心会受到刺激。从两个方面来看,美国制宪会议都要更有益于提高真诚度。由于代表人数很少(与巴黎的 1 200 名代表相比,55 名是个小数目)以及会议进程处于保密状态,使得基于利益的讨价还价能够出现而且也确实出现了。与此同时,正如美国前总统麦迪逊多年后所写,"要是会议代表一开始就公开亮明自己的观点,那么他们之后就会拿一致性来要求自己保持自己的立场,而如果讨论是秘密进行的,那么除了顾及体面和合乎真理以外,人们完全不觉得必须要坚持自己的观点,他们会以开放的心态应对辩论的压力。"他们也没有因害怕将来与人辩论时会遭到披露而畏首畏尾,因为秘密被认定要永远保守下去,事实上这些秘密也只是由于几十年后麦迪逊笔记的公开发表才被打破。如果真诚是无成本的,那么误传的策略性原因也就被削弱了。

社会科学家也可以通过创造人为的无知之幕(veil of ignorance)来去除这种真诚的成本。假设一位学者想研究性取向与某些其他利益变量之间的关系。针对是否曾有过同性性经历一类的问题,要诱导他们说出真实答案可能是很难的,即使你向研究对象保证答案都将被匿名。要绕开这个难题,调查者可以指示研究对象:如果他们有过任何这样的经历,那就要如实作答,而倘若他们从未有过,那就抛个硬币来决定回答"是"还是"否"。如果他们服从要求——他们没理由不服从——并且如果样本足够大,那么获得的数据就会好到像是每个人都如实回答了一样。

另一种观察行动者的非语言行为与其所声称的动机是否一致的手段即是询问:他们有没有为自己说的话而采取行动? 当 2003 年布什政府声称自己入侵伊拉克的主要理由是他们已确定萨达姆政府拥有大规模杀伤性武器时,他们有没有也安排了必要的措施来保护美国士兵免受这一威胁? 某些行为模式可能会暴露绑匪的真实动机。1996 年在哥斯达黎加,绑匪(主要是前尼加拉瓜反政府武装人员)除了要求保证工人的工作、降低食品价格、提高哥斯达黎加的最低工资标准、释放关在监狱里的叛乱同伙以外,还要求当局支付 100 万美元的赎金。而当给

62

了他们 20 万美元的时候,他们就满足了并且不再坚持那些政治要求,这一事实使当局相信他们的罗宾汉式/叛乱分子式姿态只是一个诡计,钱才是他们一直的目标。又如,我们来探讨法国大革命期间伦敦那些法国流亡贵族的行为。在这个滋生君主制即将复辟的谣言以及人们争相攀比"谁比谁更保皇主义"的温床里,表达自己服务于反革命事业的意愿是生死攸关的。口头保证是不够的。任何人租房子时只要租期超过一个月,人们就会对他有不良印象;最好是按周租房,从而让人相信你随时准备被召回法国参加反革命。

不仅当时的人,历史学家也习惯于利用这样的行为指标来评判那些对忠诚的公开宣示究竟有多么真诚。例如,临近第二次世界大战结束时,一种对于德国终会胜利的明显的怀疑主义弥漫在被占领的法国。把这种态度表达出来或许是不太安全的,但人们已将其反映在行为中。1939 年至 1942 年,高中生中外语科目选择德语(或者父母替他们选择德语)的人所占的比重增加了一倍,而之后这个数据急剧下滑。很多出版者曾迫切签约争取德语著作的翻译权,后来却又选择不用这些版权。

法官和陪审团也常常采用相同的程序。有时他们会问:"被告是否具有做×的动机?"并希望这个问题的答案会帮助他们决定他是否真的做了×。在这个案例中,"具有动机"是一种客观的概念,即被告是否会以某种方式从做×中得利。在另外一些案例中——这些案例更切合我们此处的讨论——人们已然确定被告做了×,此时的问题是"他这样做是出于何种动机?"要确定一次凶杀是激情犯罪还是冷血行动,法官和陪审团主要不是寻找客观利益,而是试图确定被告主观的心理状态。如果被告声称自己是在盛怒或嫉妒之下做出的这些举动,而后来又被发现提前购买了谋杀凶器或在杀人时表现从容,[①]那么他的可信度就会被削弱。

这些手段中的每一种如果单独使用,都有可能失效。一名代表可

[①] 在 1957 年英国的一次法庭裁定中(R. v. McPherson),戈达特爵士(Lord Goddard)委婉地问道,"上诉人并非只开了一枪,而是开了四枪,并且这四枪每一次都得把枪拆开、拿出弹药筒、装入新子弹,这怎么能说是上诉人出于突然爆发的激情而做出的举动呢?"

解释社会行为:
社会科学的机制视角

能不愿意向他的妻子承认他担忧自己的生命安全,或者他可能为了隐藏某个不太光彩的动机(例如接受贿赂)而宣称自己只是出于害怕。在19世纪的印度,临终陈述被认为不可靠,因为人们有时会利用他们垂死的时刻来伤害他们的敌人。在流亡贵族的那个例子中,真正相信复辟即将到来的人与那些不相信的人**都**有动机去按周签订租约,前者是为了便于自己在那一天来临的时候返回法国,而后者是为了避免自己被批评为失败主义者(defeatist)。然而,人们编造复杂的欺骗谎言而又不暴露自己真实动机的能力是有限的。萨默塞特·毛姆(Somerset Maugham)说,伪善是一种全职专业。连答尔丢夫(Tartuffe)最后都摔了跟头。① 亨利四世的传记作家为了替亨利四世宗教信仰的真诚度辩护,不仅引用了"很多次他都毫不做作地表现出自己的宗教精神"这样的积极证据,而且还论述道,"如果真有任何伪善的成分,它会在这样或那样愉快的场合露出犄角。"沿着这种思路,我们或许可以引用蒙田的话:

> 有些人对我的声明不以为然,他们说,我所谓的坦率、真诚和单纯其实是手段和策略,我所谓的善良其实是谨小慎微,我所谓的顺其自然其实是机灵乖巧,我所谓的幸运其实是合情合理,这些人并不能损伤我的荣誉,倒是给我脸上抹金。他们确实对我的聪慧和精明太过奖了。然而他们的学派中没有一条准则能体现如此合乎自然的运动,能在如此曲折复杂的道路上保持这种始终如一和不可改变的自由与宽容,而且他们运用全部精力与智力也到不了这种境界,这一点,谁若是在密切跟踪和窥察我之后而依然不承认,我就算他赢了。②

尽管蓄意伪装(misrepresentation)的收益可能是很可观的,但它的成本也会令人望而却步。在某种程度上,用作手段的动机声明是有自身限制的。因为任何给定的动机都内嵌在其他动机和信念的巨大网络之中。维持伪善所要做出的调整的数量会大到让人吃惊。单是一个错

64

---

① 答尔丢夫是莫里哀名著《伪君子》的主人公,他伪装成圣洁、虔诚的修士混进商人奥尔恭家,图谋勾引其妻子并夺取其家财,最后真相败露,锒铛入狱。——译者注

② 蒙田.蒙田随笔集(下卷)[M].潘丽珍,等,译.北京:译林出版社,1996:7-8.——译者注

误可能就足以摧毁整个"工程"。很多谚语都表明信誉破产是无法挽回的。尽管"一个谎要一百个谎来圆"这样的常识信念需要加以严格限定（参见第 10 章），但事实上这种**不加限定**的信念却为人们所普遍持有并且在某种程度上成了对撒谎的一种威慑。抛开别的理由不说，只看这条理由的话，笛卡尔说的"最大的狡猾就是从不狡猾"可能是对的。

65

参考文献

对**解释**（Erklären）与**理解**（Verstehen）的争论见于 M. Martin and L. McIntyre （eds.）, *Readings in the Philosophy of Social Science*（Cambridge, MA: MIT Press, 1994）一书的第三部分。

Dagfinn Føllesdal 的书中 "Hermeneutics and the hypothetico-deductive method" 一章所主张的立场与我很接近。

关于韦伯的引文出自其论文 "The interpretive understanding of social action", in M. Brodbeck （ed.）, *Readings in the Philosophy of the Social Sciennces*（London: Macmillan, 1969）, p.33。

反犹态度的前后不一致性在 J. Telushkin, *Jewish Humor*（New York: Morrow, 1992）一书中略有涉及，我另外的那些对于犹太人的或者由犹太人所做之事的特征的有关评论也来源于这本书。

我对教育选择的评论间接批判了 G. Becker and C. Mulligan, "The endogenous determination of time preferences", *Quarterly Journal of Economics* 112 （1997）, 729-58。

对作为证据的临终忏悔的价值的讨论请参见 J. F. Stephen, *A History of English Criminal Law*（London: Macmillan, 1883; Buffalo, NY: Hein, 1964）, vol. 1, pp. 447-9。H. Sass, "Affektdelikte", *Nervenarzt* 54 （1983）, 557-72 列举了那种对自己是出于激情而犯罪的声明为何可能是缺乏可信度的 13 种理由。

针对法国宗教战争动机的一项杰出的诠释性探讨是 D. Crouzet, *Les guerriers de Dieu* （Paris: Champ Vallon, 1990）。

对于自杀式袭击者的动机和信念的诠释性分析可以在 S. Holmes、L. Ricolfi 和我的论文 D. Gambetta （ed.）, *Making Sense of Suicide Missions*（Oxford University Press, 2005）中找到。

对于亨利四世的宗教信仰的评价出自 J. -P. Bahelon, *Henri Ⅳ*（Paris: Fayard, 1982）, p.554。对动机的过度怀疑主义在 G. Mackie, "Are all men liars?" in J. Elster （ed.）,

66 *Deliberative Democracy*（Cambridge University Press, 1998）中有讨论。

解释社会行为：
社会科学的机制视角

心　智

　　本书是围绕行动的"信念—欲望"模型来组织内容的。要理解人们如何行动与互动，我们首先得理解他们的心智如何运作。这在很大程度上是一个内省心理学与大众心理学的问题，被心理学家以及越来越多行为经济学家做的更系统的研究所完善与修正。这一模型不仅对解释行为至关重要，它对判定赞扬、责备和惩罚也极其重要。定罪通常要以犯罪意图（mens rea）、目的（intentions）和信念为前提。严格责任（strict liability）——仅仅根据行为的实际后果而被归咎的罪过——很少出现。事实上，有时我们仅仅根据意图就认定别人有罪，即使这个人的行为并没有产生任何后果。蓄意谋杀就是犯罪。约翰·多恩（John Donne）声称"女巫有时认为她们杀害了别人但其实并没有，而她们却因此像真的做过一样被定罪。"霍布斯（Hobbes）写道："谈到女巫，我认为她们那种巫术根本没什么真正的魔力；但由于她们自以为能使用这种魔法的错误信念，再加上她们有蓄意利用这种魔法的意图，我认为她们所受的惩罚也是公正的。"①

　　"信念—欲望"模型虽然不可或缺，但却很脆弱。我们用以向他人归加心智状态的模型并不总能产生稳定的结果。如果我们想衡量一座建筑的高度，不管我们从屋顶往下量还是从地面往上量，结果都一样。

---

① 霍布斯.利维坦[M].黎思复，黎廷弼，译.上海：商务印书馆，1985：17.—— 译者注

而要测定信念和欲望,其结果就可能取决于测量方法这样的无关因素。例如讨论人们"使预期效用最大化"的观点(第2章)。为了使这一观点精确,我们必须假定人们对某一行为每种可能的结果所锚定的价值以及他们对那一结果的发生分配的概率都有清晰且稳定的想法。这一假定通常是合理的,但有时并不如此。

我们首先考虑行为者的信念。在探得个体对某一事件附加的主观概率时,标准的程序如下。以 P 为始点,我们询问这个人是偏好能获得一笔钱的中奖概率为 P 的彩票,还是偏好只要某件设定的事件发生①就能获得同样一笔钱的彩票。如果他偏好前者,我们就向下调整概率使他面临一个新选择;如果他偏好后者,我们就向上调整概率。按照这个方法继续下去,我们最终会得到一个概率 P^*,此时能获得奖金的概率为 P^* 的彩票和如果事件发生就能获得奖金的彩票对他已经没有区别,那么我们就可以确定显露或探得他对那件设定事件附加的概率是 P^*。原则上,P^* 应该独立于初始的 P,也就是说,探得的概率应该独立于探得概率的程序。而实践中,情况并非如此:更高的 P 导致更高的 P^*。这一发现表明,至少在某种程度上,不存在所谓的事实,不存在程序所捕捉到的那种稳定的心智状态。②

其他的程序甚至更脆弱。学者们常常基于行为者在对情况知之甚少时会为每种可能的状态分配相同概率的假定向行为者加设主观概率。对这种程序的辩护应该是"理由不充分"原则(principle of insufficient reason):如果你没有肯定的理由认为一种状态比另一种状态更有可能,逻辑就会促使你对这两种状态分配相同的概率。但世间的各种状态可以以多种方式被概念化以及被计算。假设你正在追捕一个小偷且追到一个三岔路口,两条路上坡,一条路下坡。因为你没有理由

---

① 我们必须假定所考虑事件是那种如果发生也不会影响行为者本身的事件,例如,在其他星球上发现生命。如果事件是他最喜爱的球队获胜,那他可能会下输钱的注,那样无论发生什么他都有值得高兴的事情。

② 这一陈述可能语气太强。操纵程序或许能探得 50%~80%(不出其外)任意的概率分配。在这种情况下,我们就有理由说实验对象相信事件更有可能发生,但并不确定它是否真的会发生。然而这种测量要比决策的标准模型所需要的粗糙得多。

认为他更有可能走一条路而不走另一条路,那么根据上文提到的原则他选择下坡那条路的概率应该是1/3。但由于你同样没理由认为他要上坡而不是下坡,下坡这件事的概率应该是1/2。至少在这个案例中,"理由不充分原则"有太多不确定性,它对建构或分配概率没什么帮助。

接下来考虑对偏好的探得。在实验中,实验对象被问到他们是否会用跟他们社会保险号码最后两位数值相同的钱去购买各种物件(电脑配件、瓶装红酒等)。其后,他们被要求说出他们最高愿意为那一产品支付多少钱。结果显示他们的社保号码对他们愿意支付多少有显著影响。例如,社保号码在前1/5之列的实验对象平均愿意为一个无线键盘支付56美元,而那些社保号码在后1/5之列的实验对象只愿意支付16美元。尽管这些程序本应该窃听或探得先在的偏好,结果却显示没什么可探得的,不存在所谓的事实。这些数字更多取决于由社保号码提供的锚定而不是任何"真正的"偏好。

也有证据表明,人们对价值的**权衡**(trade-offs)极不稳定并且受程序的作用可能不比受某种潜在的心理现实的影响小。权衡既可以通过试验中的**选择**(choice)获得也可以通过实验中的匹配(matching)获得。实验对象可能被给予在以高单位成本拯救很多生命(A)与以较低单位成本拯救较少生命(B)二者间的选择。或者,他们可能被要求指明当单位成本为多少时以这一成本拯救更多生命(选项C)和选项B对他们将毫无差别。假设一个给定的实验对象说出一个比A选项成本低的成本。因为他对C和B已经无所谓而且可以被假定偏好C多于A(因为C以更低的成本拯救同样多的生命),他应该偏好并选择B而不选择A。实验对象中压倒性的多数确实说出了一个成本低于A的C选项,然而2/3的人却声称他们将选择A而不是B。此时更重要的价值——拯救生命——在选择中比在匹配中作用更显著,尽管逻辑上这两种程序应该是相当的。

还有其他原因能说明为什么我们不应该对关于信念和其他心理状态的说法信以为真。宗教信念在这方面尤其显著。17世纪早期的英国,高级教士——例如安德鲁斯主教——可以一面宣称瘟疫是上帝对

69

罪人处以的惩罚,一面从伦敦逃命到农村。在法国,国王借助其神圣的起源能够通过触摸病人治好淋巴结核的信念到了 18 世纪末明显衰弱,这时传统的公式("国王触摸你;上帝治愈你")被替换为虚拟语气("愿国王触摸你;愿上帝治愈你")。王室法院迫不及待地搜寻成功治愈的有记载的证据,同样暗示这是一种对自身并不确定的信念。

　　举一个当代的例子,我们来讨论这样一种观点:自杀式袭击者的行为(至少部分地)可以通过牺牲能使他们获得去往来世的特权的信念来解释。有人可能会问这种信念是否和我们认为"太阳明天会升起"的信念性质相同,也就是说,我们是否有同样的信心将它作为行动的前提。这不是一个确定性对比可能性的问题,而是一个有信心对比没信心的问题。我可能对一种建立在过去发生的很多事情基础之上的概率信念有很大的信心——并且愿意根据它赌一把。而多数人所持有的对来世的信念可能并不如此。相反,它可能是一种模糊的"准信念",人们持有它是因为其消费价值而非因为它是行动的前提。如果所有声称相信来世的人都对自己抱有的信念有十足把握或者有"置信概率"(confident probability),我们将看到比我们实际看到的更多的牺牲。尽管有些信徒可能是这种类型,而且自杀式袭击者可能是不成比例地从这个子集里招募来的,我仍怀疑,其实对很多人而言一旦决定自杀,宗教就只是

70　一种慰藉而非决定的前提。[①]

　　相似地,人们可能经历或声称经历"准情绪"(quasi-emotions),它们因对行为没有影响而不同于真正的情绪。一些声称对第三世界的贫困深感愤慨而又从来没有从自己的腰包里掏出点钱来的人,可能将他们的愤慨作为一种消费品来享受,因为它使他们自我感觉良好。同样,很多声称对戴安娜王妃的去世感到悲痛(或"准悲痛")的人,他们可见的享受并不符合对真正悲痛的可怕感受。我认为对于他们的感受恰当的用词应该是"滥情"(sentimentality)(德语 *Schwärmerei* 一词更合适)。奥斯卡·王尔德(Oscar Wilde)将滥情者定义为"一个渴

---

① 将宗教视作"人民的鸦片"的思想同样表明宗教是一种消费品而非行动的前提。然而,此时宗教能够成为互动的一个前提。

　解释社会行为:
　　　　社会科学的机制视角

望不付出代价就得到一种感情的奢侈享受的人"。无论代价是以向乐施会(Oxfam)捐款的形式还是以煎熬的形式,我们都可以根据它的缺席得知我们不是在应对"正品"。①

一个相关问题是关于自我暗示(autosuggestion)的巨大力量。一旦我们知道某个 X 本应该是 Y,我们就会断言并相信它显然是 Y。全世界研究弗米尔(Vermeer)画作的顶尖专家都被范·米格伦(Van Meegeren)(现在看起来)明显的伪造品欺骗了。普鲁斯特将自我暗示比作"一种天资,能让你读了说明书才发现一部交响乐作品的主旨,知道孩子的父母是何许人才发现他哪些地方像他父母。"一名欧洲的爵士乐迷在得知杰克·蒂加登(Jack Teagarden)不是黑人后完全转变了曾对他的高度喜爱。如果我们对某位作家怀有好感,我们可能会从中立的读者可能认为无关紧要的文字中读出深刻的含义。我们将自己的预期投射到这个世界,而后断言这个世界肯定并证明了我们的信念。

以上这些评述的结论是:我们应该警惕将信念、欲望、偏好、情感等看作和行星一样稳定、持久的实体的思想。之后的章节会提供很多难以捉摸、不稳定或依情况而定的心智状态的例子。虽然我警告要避免这种虚假的精确、虚假的严密,读者可能还是会找到一些看似能为我警告的这种做法提供例证的陈述。要超越那些缺乏界定意义的定性陈述,例如"行动者为当前福利附加的权重大于为未来福利附加的权重",我们得说出行动者为当前附加了多少权重。一旦这样做了,我们将不可避免地做出比我们从行动者行为中观察到的东西更能精准区分的陈述。这其中的技巧——比起科学更像是一种艺术——是要知道这样的简化什么时候能为我们提供洞见,什么时候它们会失真。

心智状态与心智运作。在本书中,我会重复提到心智无意识的运作。例如失谐消减(dissonance reduction)(第 1 章)、一厢情愿(wishful

71

---

① 还有一种相关的现象,会出现在人们对自己采取第三人称视角的时候。有谚语说:"德不自知。"同样,人不能前后一致地断言自己天真,因为正是这一观点预先假定了他缺乏自我意识。如尼罗·沃尔夫(Nero Wolfe)在雷克斯·斯托特(Rex Stout)以他为主角的系列小说之一中所说的:"坚持尊严就是为丧失它做准备。"

thinking)(第 7 章)和动机的转变(第 4 章),都是由无意识的机制引发的。我们可能无法理解它们如何运作,但我发现否认它们的存在是不可能的。还有很多人争论过无意识心智**状态**(states)是否存在。自我欺骗与一厢情愿不同,前者预先假定有无意识的信念。弗洛伊德认为我们都有一些无意识的和未坦诚(unavowable)的欲望。同样还可能有无意识的情感和成见。

就无意识心智状态具有因果效力这一点来说,我们应该能根据其效应来鉴别它们。例如,如果对一个观点的否定不寻常地强烈:"我觉得那女人在表白心迹的时候,说话过火了一些。"①我们可能会推断说这句话(虽然无意识)的人本人正是那个表达心迹过火的人。有一个故事(其来源我无处得知),说西格蒙·弗洛伊德受邀去见一位在国际犹太人运动中表现杰出的人物 X 博士,在他们的谈话中,X 博士问道:"告诉我,弗洛伊德博士,你认为当今世界谁是最重要的犹太人物?"弗洛伊德礼貌地回答:"为什么这样问? 我想那肯定是您本人啊,X 博士。"X 博士回应:"不,不。"弗洛伊德问:"光说一个'不'还不够吗?"双重否定就能等同于肯定。

我们还能以因果效应来鉴别无意识的成见。实验中,实验对象被要求迅速地(通过轻叩左膝盖或右膝盖)将一列名字中的每个都进行分类:最常被认为是黑人的一类(例如 Malik 和 Lashonda),和最常被认为是白人的一类(例如 Tiffany 和 Peter)。接下来,他们被要求将一列词语中的每一个分为含义令人愉快(例如"爱"和"婴儿")和含义令人不快(例如"战争"和"呕吐")两类。下一步,他们被要求将一列随机排列的包含黑人名字、白人名字、令人愉快的词和令人不快的词进行分类。首先,他们被要求在遇到任何黑人名字或令人不快的词时轻叩左膝盖,在遇到任何白人名字或令人愉快的词时轻叩右膝盖。然后,实验指令变了。他们被要求在遇到白人名字和令人不快的词时轻叩左膝盖,在遇到黑人名字和令人愉快的词时轻叩右膝盖。虽然前后两个任务在客观

① 莎士比亚.哈姆雷特[M].朱生豪,译.北京:人民文学出版社,1977:第三幕第二场.——译者注

解释社会行为:
社会科学的机制视角

上难度相同,但实验对象完成后一个任务的时间是完成前一个任务的时间的两倍。

无意识情感的存在常常被观察者从典型的生理特征和行为表现中推断和鉴别出来。大多数人都听过,并且很多人都说过一句愤怒的表述——"我没生气"。妒忌能从尖锐的语气和贬损歪曲的倾向——对于观察者而言很明显,对当事人则并非如此——中显现出来。《红与黑》中马蒂尔德在怀疑于连·索黑尔是否爱上她的侍女时才发现自己对他的感情,于是一种情感(嫉妒)揭露了另一种情感(爱情)的存在。

而相较之下,自我欺骗(参见第 7 章)在因果效力这个角度上更有问题。假设我建构并压抑了我的妻子与我最好的朋友有外遇这一信念。尽管他们是情人的这一信念是无意识的,它仍然引导了我的行为——例如,使我避开城里我最好朋友居住的地方,以免碰见我的妻子与他幽会。这听起来像是个可信的故事,但据我所知,并没有证据表明这些无意识的信念具有因果效力。很多认为自我欺骗存在的观点都依赖于:(1)能强有力地证明当事人不希望为真的信念存在的证据曝光;(2)行动者宣称有一个更合人意的信念并基于它行动的事实;要获得不合人意的信念无意识存留的直接证据;(3)这些不合人意的信念也可以引导人的行为,正如上文假设的例子表明的。再重复一遍,我还不知道有能证明这种因果效力的论证。

73

我的预感是,以上这些现象并不存在。我的无意识的信念能够辅佐我有意识的信念,这种想象是一种令人愉快的自负,它使我避开那些可能摧毁这种想象的证据,但它只不过是一个"正是如此"的故事。沿着相同的推理路径,我们还能想象无意识的心智状态能够引导出间接的策略(退一步,进两步)。比如,让孩子通过自我伤害来获得父母的关注。这些暗示使无意识具有了代表未来(第 6 章)和他人的行动、意图(第 19 章)的能力,使无意识和有意识太过相似。我们不自知的心智状态也许能引发自发的行动,例如回答"不,不"而非简单的"不",但我不知道有任何证据能表明这些心智状态能导致理性的行为。

参考文献

概率评估锚定的证据出自 A. Tversky and D. Kahneman, "Judgment under uncertainty: Heuristics and biases," *Science* 185(1974), 1124-31。

偏好锚定的证据出自 D. Ariely, G. Loewenstein, and D. Prelec, "Coherent arbitrariness," *Quarterly Journal of Economics* 118(2003), 73-105。

对安德鲁斯主教例子的引用来自 A. Nicolson, *God's Secretaries* (New York: Harper Collins, 2003),对皇室治愈疾病的引用来自 M. Bloch, *Les rois thaumaturges* (Paris: Armand Colin, 1961)。

对滥情的有益探讨出自 M. Tanner, "Sentimentality," *Proceedings of the Aristotelian Society* n.s. 77(1976-7), 127-47。

对无意识成见大规模的(网络)实验引自 B. Nosek, M. Banaji, and A Greenwald, "Harvesting implicit group attitudes and beliefs from a demonstration website," *Group Dynamics* 6 (2002), 101-15。

认为弗洛伊德使心智的无意识和有意识两者太过相似的观点,参见 L. Naccache, *Le nouvel* 74 *inconscient* (Paris: Odile Jacob, 2006)。

解释社会行为:
社会科学的机制视角

4

动　机

这一章以及接下来的两章将专门讨论各种动机。当前这一章的讨论还相当广泛。在接下来的两章,我会关注两个特定的议题:自利与利他,时间上的短视与远见。这两个议题是相辅相成的,前者是一种人际对比(interpersonal contrast),后者则是前者的一种跨期形式(intertemporal version)。正如我们将会看到的,从远见可以**假装**利他这一点来看,上述两个议题很大程度上也是相互关联的。

如果人类的动机集合是一张馅饼,那么它可以有很多种切法。尽管没有一种切法能够宣称自己就是标准,但我发现有四种方法很有用。第一种提出一个动机连续统,第二种和第三种都是三分法,第四种是简单的二分法。这四种分类法既有些类似又有些有趣的不同,使我们能从不同的角度来阐释同一个行为。

从本能性到理性

2001年9月11日,一些人迫于难以忍受的热焰从世界贸易中心跳向自己的死亡。"这不该被视为一种选择。"纽约市消防大队队长路易斯·加西亚说道,"如果你把人们放到窗边,再加上温度那么高的火焰,很有可能大多数人都会觉得自己不得不跳。"这里不存在真正的替代选项。主观地讲,这可能也是那些因为没有淡水而去喝海水的人的体验。他们可能知道即使喝一丁点儿海水也会踏入凶险:喝得越多,渴得越厉害。然而对于一些人来说,这种诱惑似乎无法抗拒。对致瘾物质的渴望也可能给人这种体验。18世纪的作家本杰明·拉什(Benjamin Rush)给出了一个戏剧性的例子:"当(一个酒鬼)被朋友强烈劝说戒酒 75

时,他说,'如果你在房间的一角放上一桶朗姆酒,再放一架加农炮在我和酒之间持续开炮,我也会按捺不住地穿越炮火奔向那桶朗姆酒'。"性欲也可能会强烈到扼杀人们进一步审慎思考的能力。

一些情感也可能强烈到让我们的大脑里没有任何思考的余地。例如,羞耻感可能会让人痛苦到难以忍受。1996 年一名美国海军将领因为即将被揭露出他无权佩戴身上的某块勋章而自杀,1997 年被披露购买了恋童癖用品的法国人中有六人自杀。愤怒也可能非常强烈,例如,在 2006 年 7 月 9 日世界杯总决赛的最后几分钟里,齐内丁·齐达内在场内七万名观众和全世界大约一亿名电视观众的注视下,用脑袋撞击一名意大利对手以报复他的挑衅。假如他停下来反思半秒,他就会意识到这一行动的代价可能是输掉球队的比赛与断送自己的声誉。

或许,除了从世贸中心跳下来的冲动以外,以上这些欲望是否真那么无法抗拒还很可疑,一块从山坡上滚下来的巨石对于试图把它停在半路上的人来说才叫无法抗拒。(睡觉的冲动可能是无法抗拒的,但睡觉并不是一种行动,这就是为什么努力去睡觉反倒睡不着的原因。)瘾君子们对成本多少有些敏感:毒品价格上涨了他们就消费得少。① 救生艇里的人有时能够阻止彼此喝海水。性诱惑和因羞耻而想要自杀的冲动肯定都是可以抗拒的。尽管如此,这些本能性渴望由于自身的强度还是占据着人类动机谱的一极。它们有一种(并非总能实现的)可以阻碍人们深思熟虑、权衡甚至选择的潜力。

在动机谱的另一极,我们看到的是一种理性行动者的范式——准确地说是一幅夸张的漫画,这种行动者不受包括情感在内的本能性因素的干扰。他只有在仔细地——但不会超出环境所需要的程度——权76 衡过每个可用选项的结果之后才行动。一名理性的将军、首席执行官或者医生关心的只是如何找到最好的办法来实现诸如打赢战争、将利润最大化、救人性命之类的客观目标。主观欲望及其本能性的根源并没有进入到这个方程之中。虽然我们将在第 11 章中看到,合理性

① 然而,这也可能是因为他们的预算不允许他们再在原有的价格水平上消费(参见第 9 章)。

（rationality）的概念要比这种冷血的理性观点宽泛得多，但我们还是可以把这种观点当作一个基准来用。

本能性**恐惧**与慎思后的**恐惧**之间的差异为我们区分本能性动机与理性动机提供了一个例子。尽管人们普遍把恐惧视为一种情感，但它或许只是一种信念—欲望的复合体。当我说，"恐怕天要下雨"，我的意思**只是**说我相信天要下雨并且希望它别下。如果这种"恐怕"激发了行动，例如我带上雨伞以防淋雨，那么这就是一种理性行为的范式（参见第 11 章）。情感（参见第 7 章）的典型特征统统没有出现。对比之下，本能性恐惧则可能引发非工具理性的行动。例如，据统计，2001 年 9 月 11 日后有 350 名美国人为了躲避飞机失事的风险而死在了公路上，如果乘坐飞机的话他们本来是不会死的。相反，2004 年 3 月 11 日的马德里火车袭击案后，由火车转乘汽车而带来额外死亡的现象似乎并没有在西班牙发生。这可能是因为西班牙人在长期袭扰之下，已对恐怖性炸弹袭击形成了一种审慎的而非本能性的恐惧态度。对他们来说，恐怖袭击可能仅仅是众多风险中的一种，类似于（尽管要危险于）下雨的风险。

在这个本能性—理性连续统的两极之间，我们发现人的行为部分受本能性因素的驱使，在某种程度上也会受成本—收益考虑的影响。一个人可能想要报仇（一种本能性欲望），但也会等待时机直到可以出其不意（一种审慎的考虑）。如果他（像荣誉规范所要求的那样）向敌人挑战决斗，那么他可能会秘密地上击剑课（一种不光彩但却有用的练习）。如果给某人一个方案，该方案虽不合乎公平但却对他很有利——就是说接受它会比不接受让他过得更好，那么他有可能接受也有可能拒绝，这取决于他的利益与愤慨的强度对比。[①] 在更复杂的情况下，一种本能性因素可能会抵消另一种本能性因素。对婚外性关系的欲望可能会被负罪感消解掉。恐惧产生的逃跑冲动可能会被愤怒引发的战斗冲动所抵消或取代。

---

① 在一个经过广泛研究的案例中（参见第 20 章），拒绝会导致提议的人也遭受痛苦，这一因素会强化人们愤恨的动机。

利益、理智与激情

　　17世纪法国的道德学家们在分析人类动机时,对利益、理智与激情进行了富有成果的区分。利益是对个人好处的追求,不管是金钱、名誉、权力还是救赎,甚至我们帮助子女的行动也算是对利益的追求,因为我们的命运是如此紧密地与他们绑在一起。父母把子女送到一所能够让他们获得最好教育的昂贵的私立学校,并不是在牺牲而是在追求自己的利益。激情被认为既包括饥饿、口渴、性渴望或上瘾性渴望之类的本能性冲动,也包括情感。古人还将疯癫状态包括在这个一般范畴里,因为疯癫状态像情感一样,是无意识的、自发的,并且会颠覆理性的深思熟虑。出于种种目的,我们可能还会把醉酒状态也包括在激情之中。从法律的角度出发,人们对愤怒、醉酒与疯癫往往会等量齐观。

　　理智是一个更为复杂的概念。道德学家在使用这个概念时大多把它和那种促进公共利益而非私人目标的欲望联系起来(此处我也将这样使用它)。偶尔,他们用它指那些区别于短期(短视的)考虑的长期(审慎的)动机。这两种观点都可以被概括在**公正**(impartiality)的标题之下。在设计公共政策的过程中,人们应该公正地对待每个个体,而不应偏袒某些群体或个体。同样,个体也可能出于这一动机来行动。一些父母可能会牺牲自己的利益把子女送进公立学校,因为他们信奉机会均等的准则。同时,政策制定者与个体一样,都应该公正地对待连续时期内可能发生的各个结果,当做决策时要给予所有结果以同等的重视,而不是只偏重近期会发生的结果。事实上,一些道德学家认为人们对长期利益的关注也总是会促进公共福利。例如,在费城制宪会议(Federal Convention in Philadelphia)上,乔治・梅森(George Mason)提出:

　　　　我们应该照顾到每个阶层人民的权利。他们常常感到费解,社会上层对这种人道的原则和政策为何如此冷漠。要知道,无论他们的家境有多富裕,地位有多高,也就几年的工夫,他们的子孙

解释社会行为:
社会科学的机制视角

不仅可能而且必然会散落到社会底层中去。因此,出于自私的动机也好,出于家庭纽带的考虑也好,他们都应该要求建立一套体制,使对下层人民权利和幸福的关心不得少于对社会最上层的关心。①

每种形式的公正都有程度之分。我们对他人的关心程度不仅与族系关系的疏远程度成反比,还与地理位置的疏远程度成反比。与此类似,即使审慎的人对较近未来的重视也通常多过对更远未来的重视,对这一事实的解释只能是,他们认为自己可能活不到享受遥远未来的那一天。

我们可以引用 1783 年纽约大法官罗伯特·利文斯顿写给亚历山大·汉密尔顿的一封信来作例子说明如何用这三种动机来理解行为,利文斯顿在信中如此评论对那些独立战争中支持英国者的迫害:

> 我真是和你一样为此间盛行的迫害所表现出来的暴力深感痛心,并且害怕它的后果会影响到该州的财富、商业和长治久安。更让我伤心的是,我在这种暴力之中几乎看不出一丝**较为纯粹的爱国动机**。有些时候,它是一种盲目的**复仇与愤慨**的精神,但更多的时候,它就是最为**龌龊的利益**。

我标黑体的这些词组分别对应着理智、情感与利益。这些形容词告诉我们:理智是纯粹的,激情是盲目的,利益是龌龊的。之后我会再回到对这些评语的一些含义的讨论上来。

79

本我、自我与超我

弗洛伊德在其对人类动机的分析中也提出了三种基本形式,其中的每一种都联系着心灵的一个独立子系统。这三个系统是本我、自我与超我,分别对应着快乐原则、现实原则与良心。本我与超我分别

---

① 麦迪逊.辩论:美国制宪会议记录(上)[M].尹宣,译.沈阳:辽宁教育出版社,2003:27-28.译文有改动。——译者注

代表冲动与冲动控制,而自我"在两个方向上都很无助……徒劳地捍卫着自己的权利,同时对抗着凶残本我的怂恿与严厉良心的责备。"在出自同一篇论文(《自我与本我》)的一段更具启发性的陈述中,弗洛伊德写道:自我是"一个服从三个主人的可怜的造物,且常常受到三种危险的威胁:来自外部世界的、来自本我力比多的和来自超我的严厉的"①。然而即使是这样的构想,也还是没有充分捕捉到我所认为的弗洛伊德思想的那个有用的内核。该内核是这样一种主张:自我在驾驭外部世界(现实原则)的同时,还不得不进行两线作战——既要对抗来自本我的冲动(快乐原则)又要对抗由超我(良心)做出的惩罚性的严厉的冲动控制。②

　　这种主张是富有创造性、深刻而且真实的。它缺少的是机制。为什么自我本身无法做出任何可能需要的冲动控制?为什么道德和良心常常表现为严规苛律的形式?我们需要指明一些独立的、准自主性的(quasi-autonomous)的精神功能的存在吗?本书借用乔治·安斯利(George Ainslie)的开创性研究为这些问题提供了令人满意的答案。我将在第 13 章中讨论他的观点。这里我只想把注意力集中于这样一个事实,即许多冲动都需要压制,因为如果不加以控制,它们可能造成**累积性伤害**。③ 在任一给定的时刻,过度饮酒或摄食、挥霍钱财或拖拖拉拉(例如完不成家庭作业)并不必然对行动者造成大的伤害。伤害发生在反复的过度行为(或反复的完不成)之后。因此,对冲动的控制绝不能集中于某一个别的时刻,因为某人可以一直对他或她自己说:明天又会开启崭新的、更美好的生活。控制冲动必须应对这样一个事实,即我们可以预见冲动会在任何时刻发生。要想解决这个难题就得对难题进

80

---

① 弗洛伊德.自我与本我[M].林尘,张唤民,陈伟奇,译.上海:上海译文出版社,2011:253.译文有改动。——译者注
② 将弗洛伊德的这两个隐喻合起来说就是,自我像是骑在一匹难以驯服的马(本我)上的骑手,该骑手同时又被一个梦淫妖(超我)骑在身下。
③ 还有一种关于累积性**风险**的事实。因未作防护的性行为而导致人们不想要的结果的可能性在任一给定时刻里是很小的,但一辈子的风险却是相当大的。不系安全带在车祸中受伤的可能性在任一给定的旅途中是很小的,但一辈子的概率却约达三分之一。

行重构,使冲动在任一时刻的失控都被看成在以后所有时刻都会失控的预兆。"没错,我是可以在不引起重大伤害与风险的情况下把对冲动的控制推迟到明天,但明天凭什么就该与今天不同?如果我现在做不到,那么明天也做不到。"通过建立一个**内部的多米诺骨牌效应**来抬高风险,使行动者能够获得一种控制自己冲动的动机,而要是他一次只考虑一天的话他就会一直缺少这种动机。硬币的另一面则是这种控制必须是毫不手软的,就像维多利亚时期的道德学家所提出的那样,"绝不容忍哪怕一次例外。"

考虑结果

最后,动机可能是结果主义的,也可能是非结果主义的,也就是说,动机要么指向行动的结果,要么指向行动本身。大多数经济行为都是纯粹的结果主义行为。当人们为晚年存钱或者当股票经纪人买卖股份时,他们并没有赋予行为本身以(积极的或消极的)内在的价值;他们关心的只是结果。相反,即使是要对付最邪恶的敌人,一个无条件的和平主义者也会拒绝服兵役,他是不考虑自己行为的后果的。对他来说重要的是要无条件禁止杀人害命这样的特定行为。不是他**没意识到**结果(例如人在情感性行动中可能就意识不到结果),只是结果对于他所做的事毫无意义。

公共政策也可能基于这两种动机中的一种得到采纳。如果一个政策制定者假定赋予某一有价值的新资源的发现者以所有权会导致更多有价值的资源被发现,那么他可能就会采用"谁发现,谁拥有"原则。这 81 是一种结果主义的论点。同样针对这项政策,非结果主义的论点可能认为,一个人发现了新资源——不管是一片土地还是一种抗癌药物——就拥有占有该资源的自然**权利**。又例如,我们可以想一下狄翁·克瑞索斯托莫斯(Dion Chrysostomos)的那篇演讲(第 31 篇),他在演讲中反对罗得人(Rhodeans)将旧的青铜雕像重新利用拿来表彰城市捐助者的做法：他认为，这既侵犯了起初树立这些雕像所要表彰的那些人的权利，也使得潜在的新捐助者泄了气，因为他们知道为表彰他们而立的铜像可能很快又会被循环利用来表彰别人。结果主义的论点（似乎）可能为对恐怖分子采取粗暴手段提供了辩护，即使采取这些手段会违背那些与人权与公民自由有关的非结果主义价值。[1]

非结果主义动机有一个特殊例子，即我在后文会反复提及的一条原则——日常生活康德主义（everyday Kantianism），也称绝对命令（categorical imperative），或者异想天开（magic thinking）：**做那件假如所有人都做就会达至最优的事**。从某种意义上说，这一原则与结果是连在一起的，因为行动者所做的是一件假如其他每个人都做就会带来最佳结果的事。然而，这些结果并非出自**他**的行动，而是出自一个假设出来的他与其他人的行动集合。在给定的情况下，要是其他人**不**跟风的话，那么基于这种原则的行动会给所有人带来灾难性的后果。国际政治舞台上的单边裁军就是一个例子。

另一个例子是犹太伦理中的服从原则。假设敌人站在门外说，"给我你们当中的一个，我会饶了其他所有人；如果你们拒绝，我就把你们全宰了。"《塔木德经》（*The Talmud*）要求犹太人在这种情况下要让敌人把他们全杀掉，而不是指定一个人去送死以挽救其他人。然而，如果敌人在同样的条件下说，"把彼得交给我"，那么把他交出去就是可以接受的。经书并不禁止让一个人被杀来挽救其他人，而是禁止挑选谁去送死。小说《苏菲的抉择》呈现的就是这种困境。

社会规范（参见第 22 章）给非结果主义行为提供了一个更特殊的例子，是个重要的转折。社会规范命令人们做一些事，例如受到侮辱要报仇或者禁止食用以母羊奶水煮熟的羊羔，不是因为这些行动能够产

---

[1] 括号里的"似乎"反映出"暴政心理学"（参见第 2 章）的一种可能情况。威慑的一个经典困境即是，它最后激起的**愤恨**远远抵消了它所意图引起的**恐惧**。

　解释社会行为：
　　社会科学的机制视角

生任何人们想要的结果,而是因为行动本身就是这么规定的。① 人们采取这类行动并不是为了**产生**任何结果,它们可以被看成是为了**避免**结果,也即为了避免因不采取它们而遭到他人的责备。然而,我们可能会接着问,那些提出责备的人,是否也是因为类似的结果主义的理由(如果他们不谴责这类行动就会受到其他人的责备)才这样做的? 一般来说,我会主张:它们不是。而且,就像我们在实验环境中所看到的那样,即使在完全匿名的一次性互动中,人们在因其他人的行动而受到伤害时也会报复。因为互动是一次性的,他们在以后的相遇中并不得到什么,又因为互动是匿名的,他们也不需要害怕第三方的责备。我将在后面的章节里再来讨论这些实验。

即使对于一个自称是非结果主义者的人而言,结果可能也是很关键的(如果它足够重要的话)。考虑一下禁止折磨小孩这条原则,很多人认为这是无条件的。让我们来设想一下,在一个"定时炸弹"的剧情里,一个对于阻止曼哈顿中心的核装置爆炸而言的必要且充分的条件就是当着恐怖分子的面折磨他的小孩。**要是**这一剧情足够可信的话,很多非结果主义者或许就会默许折磨的行为。其他人则会说因为剧情里的这些条件在实践中从来都不会具备,所以绝对禁令依然有效。还有一些人,就算这种剧情当真发生了,也会禁止折磨小孩。这里我的任务不是去为这些结论中的哪一个辩护,而是给出一个经验上的观察:在真实的生活情境里,风险很少会高到迫使一个非结果主义者考虑自己行为后果的地步。他在风险更高的情境下放弃自己的原则是有可能的,但由于这种情境并没有出现,我们没法确定地分辨出自己是仅仅在权衡一次严肃的取舍呢,还是在考虑彻底拒绝被置于取舍之中。 83

这四种分析动机的方法都捕捉到了一些相同的现象。本能性因

---

① 谈及这些饮食方面的规定,禁止食用以母羊奶水煮熟的羊羔只是一个历史上的例子,人们曾经认为它的合理性是源自卫生学。而据我了解,今天这些规定受到推崇是出于这样一种理由:做某些既困难又没意义的事对人是有好处的。这种想法似乎包含了我后文将会讨论的那种副产品谬误:**仅仅**为了某一行为的品格塑造效应而做该行为就会连这些效应都得不到。不过,我并不知道那些服从规定的人中有多少人是出于这种理由而服从规定的。

素、激情与快乐原则显然有着许多共同之处。其中快乐原则适用的案例范围更广,因为它除涉及求乐以外还涉及避苦。学生做家庭作业时拖拖拉拉不一定是因为他们有其他事迫切想要去做。往往,他们只是在选择一条阻力最小的路。超我、理智与非结果主义动机也有一些共同的特征。尽管并非所有的道德体系都是严苛无情的,但有些是。同时,对于那些不受模糊规避(ambiguity aversion)①影响的个体而言,道德可以超越严苛。事实上,容忍模糊经常被看成健康自我的标志。相反,合理性、利益、自我与结果主义四者之间的关系更为脆弱。如果有人宣称健康自我的标志就是理性地追逐自身利益,就会很荒谬。

想要与希望

通常我们会认为动机的表现形式是**想要引起某种事态**。然而,它们也可能表现为**希望某种事态出现**。如果我们分析一下情感(参见第7章)的动机成分,就会知道区分想要与希望是很重要的。事实上,伴随情感而发生的可能要么是一种想要做出某事的动机,要么是一种希望某事成真的动机。在愤怒或者暴怒(Wrath)中,C 对 B 做了 A 打算对 B 做的事或者 B 遭遇了事故,并不能让 A 想要报复 B 的那种冲动得到满足。问题的关键不只在于 B 吃到苦头这一结果,而在于 B 所吃的苦头是由 A 的行动造成的。虐待狂(sadism)也是如此,关键在于**使**另一个人遭受痛苦,而不仅仅是这个人遭受了痛苦。相反,在**憎恨**(hatred)中,关键是被憎恨的那个人或群体从地球上消失,不管这是由我造成的还是由别人造成的。**恶意**(malice)也是如此,关键是对方遭受痛苦,而不是我让他遭受痛苦。事实上,一个怀有恶意的人在积极采取行动让他人受苦之前可能会退缩,这不只是因为他害怕自己的害人之举被人看见,也是因为害人之举可能不符合他的自我意象(self-image)。这一点

---

① 模糊规避指人在不确定性中做选择时规避未知风险、偏好已知风险的态度。——译者注

在**嫉妒**中更加清楚。很多喜欢看到自己的竞争对手损失财产并且在能够阻止这种损失发生的时候也毫不作为的人从来不会采取积极的行动去摧毁对手的财产，即使这么做不用承担任何代价和风险。[①] 一个不会放火烧掉邻居房子的人如果看到它着火了，或许不会打电话给消防队。

一厢情愿（参见第 7 章）的基础是希望而非想要。在某些情况下，行动者不去艰苦奋斗以使世界符合自己的欲望，而是选择一条捷径——对这个世界采取一种适当的信念。如果我想获得晋升却不愿意付出努力，那么作为替代我可能会拿一些无足轻重的迹象来说服自己相信晋升就要来了。在其他情况下，实际行动对人们而言不是一个选项。我可能没法让自己的爱得到回报或者让自己生病的孩子恢复健康。在这种情况下，我可能要么放纵幻想，要么面对现实。我们还可以进一步区分两种情况：一种是这些幻想未对行动产生进一步的效果，另一种是幻想被当作行为的前提。我可能骗自己一个我认识的女人暗恋我，但她没有任何爱的表示行为，这要么是由于我受到道德（或自利）的约束，要么是由于这种自欺的信念主要是因其消费价值才被我拿来消遣。[②] 人们也可能会把这种自欺公开表达给对方，例如约翰·梅纳德·凯恩斯的秘书对他说，她情不自禁地意识到他对她有着强烈的爱意。 85
这女人的生活被自己毁掉了。

本质上是副产品的状态

有一个因素让"希望—想要"的区分变得复杂，即在某些情况下我可以通过做 A 得到 X，但这只发生在我是为得到 Y 才做 A 的情况下。如果我为了解释情感与成功的神经生理学基础而努力工作，我可能会赚得很高的声誉。如果我为一项政治事业积极工作，在这个

---

① 老实说，一些善妒之人没有这种不安。他们可能生活在一个感觉嫉妒没有那么可耻的社会之中或者他们可能仅仅是不懂羞耻。

② 在后面的叙述中（参见第 23 章）我们可能注意到，反一厢情愿不可能具有任何的消费价值。因此，它在出现时可能充当了行为的前提。

过程的最后我可能会发现自己也获得了一种"品格"（character）。如果我钢琴弹得好，我可能会令他人印象深刻。这些间接的收益都是寄生在活动的主要目标上的。如果我当学者的动机是赚取名誉，我不太可能赚得到。**仅仅**为了实现提高自身觉悟或塑造自身品格的效果而投身一场政治运动是注定要失败的，或者只能碰巧获得成功。就像普鲁斯特所说的，一个音乐家"有时可能会为了优雅的缘故而背离［他真正的使命感］，但当他以这种方式追求优雅时，他离优雅却更远了，只有当他转身背对优雅时才能发现优雅"。自我意识（self-consciousness）会妨碍人的表现。普鲁斯特还说道：尽管"使人受追捧的最佳途径很难找到"，但他绝不会给任何人提出达到这种效果的建议，因为"那种实现社会成功的法子只有在一个人不是为了成功而使用它时才会奏效"。

音乐带给人的优雅或社会成功属于一些**本质上是副产品的状态**的范畴，这些状态是没法靠那些仅仅为想要实现它们的欲望所驱使的行动来实现的。这是一些可以**出现**，但不可以用一个简单的决定来有意**引发**的状态。它们包括对遗忘的欲望、对相信的欲望、对欲望的欲望（例如克服阳痿的欲望）、对睡觉的欲望、对发笑的欲望（人不能把自己胳肢得发痒）与对克服口吃的欲望。实现这些欲望的企图可能是徒劳的，甚至可能让事情变得更糟。道德学家和小说家的一个老生常谈的话题就是，意向性的享乐主义会适得其反。① 没有任何事情会像企图忘掉一次经历那样把这次经历深深地铭刻在记忆之中。虽然我们可能**希望**这些状态实现，但我们应当心自己是**想要把它们实现**。

很多人关心（死后的）拯救（salvation）与（对他们所犯之错的）补赎（redemption）。他们可能也相信自己能通过行动来实现这些目标。

---

① 普鲁斯特在可能反映了他自己生活的《追忆似水年华》最后一卷中写道：尽管追求幸福是徒劳的，但它可以帮我们洞见一些可以"带来某种欢乐"的人类境况。对本质上是副产品的状态的追求可以间接地产生这些状态，就像一个孩子在指导某人如何发笑时会使此人因这种滑稽的要求放声大笑。

解释社会行为：
社会科学的机制视角

以殉道者的死法捐躯于对抗异教徒的战争可能会带给人一张通往天国的通行证，或者说一些人相信是这样的。一个人早先与纳粹合作，后来又反抗纳粹可能会补赎其错行。而如果这些行动是出于实现拯救或补赎的**目的**，可能就会失效。在天主教神学中，那种想用自愿的殉道在天国买下一席之地的意向是一种买卖圣职罪（sin of simony）。一些伊斯兰学者对那些为自己会在天堂获得一块特许之地的信念所驱使的自杀式袭击者作出了类似的批评。蒙田写到，当斯巴达人"不得不决定他们中哪一人应该独自享有当天最英勇的荣誉时，他们认定阿里斯托得摩斯（Aristodemus）让自己直面危险的表现最为勇敢，然而他们绝不会把奖章颁给他，因为他的勇气是被一种想要洗刷自己在温泉关之战所招致的骂名的欲望激发的"。法国的传媒巨头让·普罗沃斯特（Jean Prouvost）曾在法国沦陷期间与德军合作，他在德国人明显将要输掉战争的时候，试图通过签一张大额支票给抵抗组织来赎罪。法国解放后，高等法院准许他**免予起诉**（一种对案件不进行审理而直接宣布暂不执行、无效或撤销的判决），这样的事要是斯巴达人就不会做。①

推与拉

人们为什么离开一个国家去另一个国家？学者为什么离开一所大学去另一所大学？往往，我们的答案被按照"推与拉"来分类。一个人移居国外可能要么是因为国内的境况让人难以忍受，要么是因为国外的境况具有难以抗拒的诱惑力，至少这是一种常见的看这种问题的方式。然而，在大多数情况下，这种方式是误导人的。通常，人们之所以迁移是因为他们在**比较**了国内国外两种情况之后发现，即使把迁移本

---

① 他获释的原因可能是，抵抗组织当时需要这笔钱，而且后来发现自己有义务履行在接受这张支票时所默许的赦免承诺。

身的成本也考虑在内,二者的差异也大到了足以表明迁移是合理的地步。① 不过当推的动机更靠近动机连续统的本能性一端,而拉的动机更靠近理性一端的时候,将推的动机与拉的动机区别开来可能就是有意义的了。有时那些被强烈的恐惧攫住了的人们是为了摆脱危险而不是为了向往安全才逃跑的。他们脑子里唯一想的是要逃开,并没有停下来思考自己是否可能正从油锅奔向火坑。瘾君子们之所以离不开毒品,可能要么是由于快感(可卡因)的拉力驱使,要么是由于焦躁(海洛因)的推力驱使。另外,自杀行为可能要更多地归因于推而不是拉。自杀是摆脱绝望,而非奔向任何事物。

　　社会规范(参见第 22 章)的运作也可以用推与拉的方式来看待。那种想要以社会认同的方式出类拔萃的欲望对许多个体造成了强大的拉力,不管他们的拼搏是为了**风光**(glory)(成为最棒的人),还是为了**荣誉**(honor)(赢得比赛或格斗)。其他的个体更关心避免因违背社会规范而造成的羞耻。在一些社会中,有一条普遍规范是这么说的,"脖子不要伸太长"。在任何事情上出类拔萃都是越轨,而越轨是社会普遍非难的对象:"他以为自己是个什么货色?"这两种动机的相对强度在各个社会之间及其内部是各不相同的。古典时期的雅典是一个为出类拔萃而努力争胜的例子。② 在现代社会,小城镇经常出现那种因敌视出类拔萃而造成的令人压抑的氛围。让我们冒险概括一下吧,总体说来出自羞耻的推力似乎是一种比朝向风光的拉力更为重要的动机,但这并
88　不是说后者就不可能强有力。

---

① 这一构想预先设定:迁移的成本与迁移的收益一样,是迁移的总效用的决定因素。然而迁移的成本也可能是人们做决定时的一个**约束因素**。如果穿越大西洋的路费超过了一个贫穷的意大利农民所能节省和借得的最大金额,那么不管搬到美国能让他过得多好,他都会留在意大利。(参见第 9 章)
② 例如,埃斯库罗斯为了在戏剧竞赛中争表现而写作戏剧。当年轻的萨福克里斯打败他时,他非常懊恼以至于离开雅典出走西西里。

动机冲突

竞争性动机的存在是老生常谈的话题了：

我如此强烈地需要一本书以至于想把它从图书馆偷出来，但我也想自己的行为合乎道德。

面对流氓时我既害怕又愤怒：我想逃跑但也想揍他。

我想让所有的孩子都接受公共教育，但我也想让自己的孩子去私立学校获得最好的教育。

我想要一个支持堕胎合法化的候选人，也想要一个支持降低税收的候选人。

我想抽烟，但也想保持健康。

如果我面临一个对我有利但却不公平的方案，"要么接受，要么放弃"，那么我既因为它不公平而想要拒绝它，又因为它对我有利而想要接受它。

我想捐款给慈善机构，但也想增加自己的利益。

我想来一场婚外恋，但又想维持自己的婚姻。

这些动机之间的冲突是如何解决的？ 一般的解答可能会像接下来这样展开。如果情况是"胜者通吃"，那么任何（物质上的）妥协都是不可能的，此时最强的动机就会获胜。① 如果我对自己孩子的关心强于我对儿童总体上学情况的关心，我就会把自己的子女送到私立学校。如果我对堕胎合法化的关心强于我对减税的关心，并且没有候选人对这两个立场同时予以支持，那我就会投票给一个虽然主张加税但却支持堕胎合法化的候选人。如果某人从总共 10 美元的公共存款中拿出 3 美元给我而意图把剩下的钱据为己有，我会接受。如果他只给我 2 美元，我就会拒绝。② 当妥协有可能的时候，较强的动机要比较弱动机有着更大的影响。一名 89

① 至少在原则上，通过在各选项间设置一个经过加权的彩票机制，并且利用他们所偏爱的理由的强度作为权重，人们可能达成一个或然的妥协（probabilistic compromise）。一些机构以此为基础来派发稀缺资源，但我还没有遇到任何以这种方法来解决个人动机冲突的案例。

② 注意，通过拒绝这个提议，我可能也确保了这个提议者会一无所获。

吸烟者可能会把自己的烟草消费量从一天 30 支削减到一天 10 支。我可能会把自己收入的 5% 花在慈善上,这反映了我的利他主义动机的强度。①

上述这种解答确实没什么错,但是它太简单化了,因为"动机强度"的概念要比这些随手举出的例子所展示的更为复杂。一个动机可能要将其强度归功于其绝对的精神力量。例如,本能性动机往往要比麦迪逊所谓的那种"出自理智的温和之声"更强烈就是这样一种见识。然而,强动机也可能是那种因被社会赋予高价值而受到行动者强烈支持的动机。事实上,每个社会或每种文化都受到规范的动机等级结构的塑造。在其他条件相同的情况下,如果动机 A 在等级结构中排名更高的话,一个人就更愿意为了动机 A 而非动机 B 来采取一个给定的行动。这是一些**超越性动机**(metamotivation)——一些被某种特定的欲望激活的欲望。② 即使它们从本能性的意义上看是比较弱的,它们也可能在最后超过其他的动机而胜出。

利益与激情尤其会经常表现出一种特定的**对理智的服从**。③ 正如塞涅卡所说,"理智希望它所做出的决定是公正的;愤怒却只希望它做出的决定看上去公正。"④由于存在着太多听起来似乎有道理的理智、正义、公平的概念,做出一个发乎愤怒却合乎理智的决定当然是有可能的。在那些曾在第二次世界大战期间被德国占领的国家,对通敌者的审判在很多情况下都根植于深层的复仇欲望。然而出于对理智的服从,再加上那种想把自己与占领者那些无法无天的行径划清界限的欲望,这些国家的新领导人都拿出了一些基于正义而非基于情感的严格

---

① 在第 6 章,我讨论了在意志薄弱中所观察到的那种令人更迷惑的现象——"败者通吃"。

② 超越性动机的思想与那种超越性偏好的概念并没有关系。后者的一个例子是,一个人持有两种**不同**的偏好排序,一种是吃饭胜过节食,一种是节食胜过吃饭,超越性偏好将会偏爱后者。顺着拉布吕耶尔的洞见——"人很虚荣,而且在所有事中最讨厌的一件事就是别人认为他虚荣"——来说,超越性动机相当于这样一种偏好:人出于健康理由而偏好吃饭胜于节食,这超越了那种**同样**是对于节食的但却出自虚荣的偏好。

③ 正如我们将在第 12 章所看到的,行为者有时可能也显示出对**理性**的过度服从。

④ 塞涅卡.强者的温柔——塞涅卡伦理文选[M].包利民,等,译.北京:社会科学出版社,2005;21.译文有改动。——译者注

　解释社会行为:
社会科学的机制视角

措施。某人可能拥有不向慈善机构捐款的一阶利益(first-order interest)和不想看到自己只为利益所左右的二阶欲望(second-order desire)。出 90
于对理智的服从,接下来他可能会采用一种能为少捐款辩护的慈善哲学(参见第2章)。如果其他人捐得多,那么他将采用功利主义方针来为少捐款辩护,而如果其他人捐得少,他会采用基于公平的方针来为少捐款辩护。

在这些例子中,理智没有起到独立的因果作用。它仅仅为那些已经基于其他理由而做出的决定提供事后论证。动机冲突没有得到解决,但是被隐藏起来了。在其他的案例中,寻求基于理智的辩护可能会改变人的行为。如果我因为其他人捐得少而采取一种基于公平的慈善方针,而他们突然开始比以前更为慷慨地捐款,那么我就不得不跟着他们多捐。起初出于自尊的需要我以基于公平的考虑来为自利行为辩护,而**同样是这一对自尊的需要**又使我没法在自己的公平概念不再对自己有利时改变它。我们可以想象,《李尔王》中的勃艮第公爵和法兰西国王起初都是因为考狄利娅的大好前景才爱上她的,但只有前者很少关注自我意象以至于能在情感不再符合利益时丢掉情感。这是一个利益服从激情而非服从理智的例子,它暗示出激情,或者说这种特定的激情,在规范的等级结构中位列利益之上。其他的激情,例如嫉妒,则可能位列利益之下。我们或许还会看到,人们会努力让那些仅仅是出于忌妒的行动表现得像是出于利益一样。那些无法被人们如此看待的行动则不会去做。

认知失调理论预测说,当一种动机只是**轻微地**强于另一种时,它会试图招揽盟友以使自己这边的理由压倒性地变强。可以说,无意识的心灵会货比三家地去寻找一些额外的论据来支持有意识的心灵所做出的试探性结论。[①] 在这些情况中,不能将动机的"强度"当成给定的,而 91

① 相反的现象——有意识的心灵试图给无意识的心灵所做出的决定寻找理由——也会发生。一个简单的例子就是催眠所导致的行为。或者想一下情人们为给自己心仪的对象多打电话而编出来的那些解释。这种形式的自我诠释或自我错误诠释不应与变形(transmutation)相混淆,后者发生在行动之前,而非之后。

应该——至少在某种程度上——将其视为决策过程自身的产物。假设我在买车时会对每辆备选车带有的性能(速度、价格、舒适度、外观)进行赋值,并且通过比较这些值的加权总和来得出一个整体评价。比方说,我可能给 A 牌车赋以 50 分的总值、给 B 牌车赋以 48 分的总值。由于这一比分太过接近令人不快,我于是无意识地修改了权重从而使 A 以总值 60 分比 45 分的成绩成为显著的赢家。在决定买下 A 牌车之前,我又看到了 C 牌车,如果按照旧的权重计算,它本可以得到 55 分,但是按修改后的新权重计算,它只拿到 50 分。如果我是以 C—A—B 的顺序看到这些备选车的,我本来会选择 C。但因为我是以 A—B—C 的顺序看到它们的,所以我选择了 A。这种**路径依赖**削弱了那种认为动机冲突将按照给定的动机强度得到解决的简单想法。

从这种我称为简单化观点的角度看,我们可以像接下来这样呈现是否要从图书馆偷书的决定。天平的这端是能够使用这本书的收益;天平的那端是负罪感的成本。我最终的选择仅仅取决于是成本超过收益,还是收益超过成本。但这种分析不可能正确。假设有人给我一片"免罪药",可以消除偷书带来的任何让人痛苦的负罪感。如果负罪感仅仅作为一种心理成本进入我的决定过程,那么吃下这片药将是理性的,就像我吃一片解酒药以免自己被计划好的狂饮弄得难受一样是理性的。然而,我认为大多数**人会觉得吃下这片免罪药与偷书一样令人产生负罪感**。① 我并非认为在某种意义上道德与自利之间不能有一种权衡,我只是认为权衡不能用这种简单化的方式来呈现。

这里有一个更复杂的情况。我希望自己没有希望过自己不想吃奶
92 油蛋糕。我想吃奶油蛋糕,因为我喜欢它。我希望我不喜欢它,因为作为一个有点虚荣的人,我认为保持苗条更重要。但我又希望自己别那么虚荣。可是**这个希望只是在我想吃奶油蛋糕时才被激活吗?** 在我想

---

① 在第 11 章,我提出一个有着短期视野(a short time horizon)的人会出于与此有些类似的理由而拒绝服用一片赋予当前行动的未来结果以更多重要性的"贴现药"。这两种药都阐明了一条普遍原则,即理性人不会想要把那些他们一步就能做完但却不想做的事情分成两步来做。

吃奶油蛋糕的欲望、想保持苗条的欲望和想不虚荣的欲望三者的冲突中，第一种与最后一种可以结成联盟共同打击（或偷袭）第二种。它们如果趁我不备，可能就会得逞，但如果我**理解到**自己那种想不虚荣的欲望是因想吃蛋糕的欲望引发而冒出来的，我或许能够对抗它们。在另一种情况下，我对短期满足的欲望与我对率性自然的长期欲望可能会形成联盟来对抗我对自我控制的中期欲望。当多于两种的动机在影响两个选项之间的选择时，那种"动机强度"的观点可能就模糊不清了，除非我们知道动机会结成哪种联盟。

　　17 世纪的法国道德学家拉布吕耶尔总结出两种形式的动机冲突："对于激情来说，没有什么事比冲破理智更容易；而它最大的成就是征服利益。"我们已经看到当激情"冲破理智"时，它可能依然想让理智站在自己一边。尽管圣保罗说，"我所愿意的善，我反不去做；我所不愿意的恶，我倒去做"，但更常见的反应却可能是，一个陷于激情之中的人会说服自己去相信自己想做的事情合乎善或正义。当激情"征服利益"时，它可能是通过以下两种方式做到这一点的。行动者可能因为**紧迫感**（urgency）——一种典型的情感（参见第 8 章）——而没花时间找出自己的利益所在。或者，情感的力量可能太强了，以至于行动者**故意**与自己的利益对着干。这种行为可能相当于意志薄弱（参见第 6 章）。

参考文献

　　本能性动机的理论来自 G. Loewenstein，"Out of control：Visceral influences on behavior," *Organizational Behavior and Human Decision Processes* 65（1996），272-92。

　　对 2001 年"9·11"事件之后"超额的车祸"的估计来自 G. Gigerenzer，"Dread risk，September 11, and fatal traffic accidents," *Psychological Science* 15（2004），286-7。西班牙缺少类似的超额车祸可以在 A. López-Rousseau，"Avoiding the death risk of avoiding a dread risk：The aftermath of March 11 in Spain," *Psychological Science* 16（2005），426-8 中得到文献支持。

　　对"利益—理智—激情"这种三分法的分析请见 A. Hirschman，*The Passions and the Interests*（Princeton, NJ：Princeton University Press, 1977）。M. White，*Philosophy*，*The Federalist*，*and the Constitution*（Oxford University Press, 1987）以及我写的 *Alchemies of the Mind*（Cambridge

93

University Press，1999）。George Ainslie's *Picoeconomics*（Cambridge University Press，1992）提供了弗洛伊德的洞见所缺少的那些机制。

对推与拉的经典研究请见 D. Gambetta，*Did They Jump or Were They Pushed?*（Cambridge University Press，1983）。我选取的狄翁·克瑞索斯托莫斯的观点来自 P. Veyne，*L'empire gréco-romain*（Paris：Seuil，2005），p.217。我从犹太伦理中引用的那条原则在 D. Daube，*Collaboration with Tyranny in Rabbinic Law*（Oxford University Press，1965）与 D. Daube，*Appeasement or Resistance*（Berkeley：University of California Press，1987）中有所探究。我发展了 *Sour Grapes*（Cambridge University Press，1983）第 2 章中关于本质上是副产品的状态的思想，并把它运用到"Redemption for wrongdoing,"*Journal of Conflict Resolution* 50（2006），324-38 中的补赎问题和"Motivations and beliefs in suicide missions," in D. Gambetta（ed.），*Making Sense of Suicide Missions*（Oxford University Press，2005）中的拯救问题上。也可参见 L. Ross and R. Nisbett，*The Person and the Situation*（Philadelphia：Temple University Press，1991），pp. 230-32。我在 *Closing the Books*（Cambridge University Press，2004）的第 8 章中讨论了在第二次世界大战后审判通敌者时人们"对理智的服从"。

关于赋在备选项各种性能之上的权重值变化的证据请见 A. Brownstein，"Biased predecision processing,"*Psychological Bulletin* 129（2003），545-68 与 J. Brehm，"Postdecision changes in the desirability of alternatives,"*Journal of Abnormal and Social Psychology* 52（1956），384-9。

94

解释社会行为：
社会科学的机制视角

5

自利与利他

动机与行为

自利（self-interested）动机和利他（altruistic）动机之间的对比乍一看很简单。大体上，我们可以把**利他动机**理解成即使自己损失净福利也要提高他人福利的欲望，把**利他举动**理解成由利他动机提供了充足理由的行动。如果我看到你给街头乞丐钱，那么我会因为这个行动**有可能**出于利他动机就称它为利他举动，不论它是否真是这样。

举个更复杂的例子，想想那些关于"利他惩罚"的实验（我们后面还会多次讨论到）。在这些研究中，实验对象 A 有在自己付出一些代价的条件下去惩罚另一个实验对象 B 不合作行为的选项。A、B 双方没有面对面的互动且以后也不会再见面，但是许多实验对象还是使用了这个惩罚选项，这导致 B 在随后与第三方 C 打交道时更合作。如果 A 预料到他对 B 的惩罚会给 C 带来好处而且还受此驱使，那么这个惩罚就**有可能**是出于利他动机。而实际上，A 更有可能是受复仇欲望的驱使。

实验室之外有很多这种行为的实例。18 世纪的法国，农民通常会答应乞丐和流浪汉吃饭借宿的请求。因为如果一个农民拒绝了，他可能就会看到自己的树木被砍、牲口被宰、房子被烧，乞丐和流浪汉的这种破坏举动不但对他们自己没有任何好处，还会给他们带来被逮捕的风险。尽管没有理由相信乞丐干这些实际上就是被那种想让农民收留的欲望所驱使，但是这种动机足以解释他们的这些行为。前工业化时期英格兰的农民起义总是达不到他们即时的目标，而且他们的领袖通常都受到了严酷的处罚。但通过起义的扰乱作用，他们获得了一个长 95

期成就,即让有产阶级改变原来的做法,更加温和地行事。

　　用福利的牺牲而不是物质的牺牲来界定利他动机,是因为要排除像下面这样的情况。如果我为孩子的大学教育支付了 100 000 美元,这也许是因为孩子的福利与我自己的福利联系太紧密了,这个"牺牲"让我们俩的境况都更好。① 这个动机尽管是涉他的(other-regarding),但却不是利他的。真正利他的情形是,当我轻易就能负担得起私立学校的费用并相信这会对孩子更好时,我却把孩子送到公立学校。这么做我将牺牲的不仅仅是孩子的福利,还有我自己的福利。同样地,给血库献血(区别于给近亲献血)更有可能出于真正的利他动机。不过在实践中,辨别一个动机是利他还是只是涉他也许不可能做到。

　　更复杂的情况是,一些人就是**喜欢捐赠**,因为这让他们感觉良好("暖流效应"(the warm glow effect))。如果这种暖流为他们助人或捐赠提供了**理由**,我们就不会想称他们为利他主义者了。他们捐赠是因为,考虑到方方面面,捐赠让他们更好。这并不是说利他主义者就不会感觉到暖流,只是说它没有成为他助人或捐赠的(无意识的)动机。然而,还是那个问题,在实践中区分这个似乎是不可能的。我会在第 15 章进一步讨论这一点。

　　不管鉴别利他动机有什么样的难题,还是有大量的证据显示利他**行为**是存在的。卡耐基基金会定期颁发奖章给那些冒很大风险救了他人生命的人。很多人在没有报偿的情况下献血。② 在挪威,大部分用于移植的肾脏都是由接受者的亲属捐献的。肾脏的摘取有医学风险,却没有金钱回报。③ 很多人,尤其是女人,除了保住工作和照顾自己的家庭之外,还要照顾他们年迈的父母。在很多国家,有超过一半的成人定期为慈善目的捐款。2004 年的海啸过后,我们观察到很多发达国家都出现了捐献高峰。战争时期,有些人设法隐瞒自己的残疾以便能被允

---

① 也有可能即使支出这笔学费让我的福利更糟,我也会支付。在这种情况下,涉他动机先于利他解释了那个相对低费用的支付。

② 事实上,有人认为无偿的一个重要作用是可以排除那些可能为钱而献血的传染病患者。

③ 在多数国家,实际上活人卖肾是非法的。在这个例子里,这个法律背后的动机可能是在防止穷人出卖自己器官的同时,也要防止接受者遇到低质量的身体器官。

解释社会行为:
社会科学的机制视角

许参战。很多士兵自愿参与危险任务(一些人甚至自愿参与自杀式任务)。人们在全国大选中投票从而为民主的活力做贡献时,他们要为此担负一些成本而且还几乎得不到任何私人收益。这样的例子不胜枚举。

我们不能从利他行为中推断出存在利他动机,这是因为其他的动机可能会**假装**利他。用第 4 章的概念来说,我们可以把利他视为一种**理智**,利益或激情都可以有效地伪装成它。("假装"或"伪装"这个词也许,但不一定,暗含了一种有意地向他人欺瞒自己真实动机的努力。)很多人不关心自己是否无私,却非常在意自己是否因无私而被赞扬。这样一来,当休谟说"爱上出自美德之举的荣耀就是爱美德本身的**确凿证据**"(黑体是我标注的)时,他无疑就错了。与之相反,蒙田坚称"行为越光彩夺目我就越会认为它没什么道德价值,因为我怀疑它展露自身更多的是出于炫耀而非为了善的目的:商品一旦被摆出来就已经被卖掉了一半"。在这个极端上来说,唯一的美德行为就是那些从未被众人所知的行为。在普鲁斯特的小说中,叙述者的那位天使般的外婆已经将这个原则彻头彻尾地内化了,以至于她把自己所有的善行都归结于利己动机。就美德这种自我否认(self-effacing)的特性而言,也许在我们所见之外还存在着更多的美德行为。当然,就其他理由而言,也许更少。

虚荣心与羞耻感

蒙田区分开了真假动机"硬币"——因为什么是对的而行事和因为别人怎么看而行事,他也认识到了美德的稀有。由于前一种动机很少见,政策制定者们可能不得不依赖于后者:

> 要是那个错误的看法[担心他人的看法]有助于大家约束自己,使之履行义务来为公众利益服务……,那么就让它广为传播,我们也应该竭力推波助澜……由于人们不够聪明,并不总能获得

真币的报酬，于是让假币来充数。这个方法被所有的立法者采用。①

拿破仑对1802年设立的法国荣誉军团勋章的辩护呼应了这一观点，他说，"这种小玩意就能让人听话。"（他的共和国军老兵们强烈抵制这个发明。）**虚荣心**——想要得到他人赞扬的欲望——是一枚假币，它可能不得不去替代利他和道德这枚真币。或者，**羞耻感**——不想被他人贬低的欲望——也可能充当着这枚假币。社会规范可以使人们控制自己不去做那些他们原本可能会做的事。然而，遵从规范还不足以让别人赞扬他们。赞赏（approbation）是预留给**分外的**举动的，也就是那些高出规范的举动。某个举动在这个社会是义务性的，在那个社会可能就是分外的。在挪威和美国，有一条（温和的）社会规范：如果一个人需要（并且适合）移植肾脏的话，②那么其兄弟姐妹就应该捐献肾脏；而在法国这样的行为或许就被视为是分外的。在某些社会圈子里，慈善捐款是强制性的。

这些动机可以通过18世纪政坛中两个相互对照的例子来说明。如在法国第一届制宪议会时期（1789—1791年），议员们数次牺牲重大利益——从放弃封建特权到更进一步声明自己没有资格进入首届普通立法机关。尽管他们的动机很复杂，但其中一个重要的部分是他们想被他人视为是无私的。用他们中某个人在自己的传记中的话来说，他们"陶醉于无私"。大约在同一时期，在美国，乔治·华盛顿一再表示他害怕其他人认为他是受私利驱使。（同时，他知道过于在意自己的美德可能会显得失德。）还有一对例子，即荣誉的两种界定。一种认为，荣誉必须靠光荣的事迹来**获取**；另一种则将荣誉假定为人的底线，而人们会因可耻的行为而**丧失**这个底线。

虚荣心或羞耻感能不能假装利他取决于他人用来评价行为的实际

---

① 蒙田.蒙田随笔全集（第2卷）[M].马振聘，译.上海：上海书店出版社，2009：290-291.译文有改动。——译者注
② 在美国，医生经常帮助潜在的捐献者去抵抗这种压力，他们会提前告诉捐献者，如果他或她提出拒绝捐肾的要求，他们愿意为此提供一个医学借口。

标准。有些社会可能非常看重——并也因此促进了人们去表达——一些并未倾向于以任何系统的方式来假装利他的美德。对荣誉的渴求也许会引发各种各样的社会浪费行为。拿破仑的小花招是用来鼓励士兵冒死为法国增光的，可不是为了提高法国人的福利。有人可能因为社会对宗教大师赠予的赞扬而选择自我克制的生活，但隐士和修道士经常更关心礼拜的仪式而不关心他们的同胞。据我所知，十分看重教育和学习的团体并没有倾向于比其他团体产生更多的利他行为。现代西方社会对美的狂热激发了以自我为中心的行为，这似乎对关心他人是不利的。在受所谓的"无道德的家庭主义"（amoral familism）影响的社会中（意大利南部一直被引用为一个范例），存在着反对帮助困苦的陌生人或反对遵守法律的社会规范。所以，总的来看，很难说想要获得赞扬或避免责备的欲望是否倾向于假装利他。 99

变　形

如前一章所讨论的，行动者最初的动机也能从利益**变形**（transmute）成理智。这种炼金术背后的机制是"**自尊**"（amour-propre）或**自爱**（self-love），对尊重（esteem）和自尊（self-esteem）的渴望。尽管源于渴望尊重的虚荣心和羞耻感只影响外在的行为，但是对自尊的渴求却能影响他们内在的动机。大多数人不想看到自己只为个人利益所动。即便是在为满足自己的利益而行动时，他们也努力给自己的行动披上一层非自利的虚假外衣。在美国内战前的几十年间，老南方的奴隶制度已经不再是一个单纯的利益问题，而是变成了基于原则要去捍卫的**事业**。这是一种典型的政治意识形态。如马克思所写："一个人不应该狭隘地认为，似乎小资产阶级原则上只是力求实现其自私的阶级利益。相反，它相信，保证它自身获得解放的那些**特殊**条件，同时也就是唯一能使现代社会得到挽救并使阶级斗争消除的**一般**条件。"①

---

① 马克思,恩格斯.马克思恩格斯选集(第一卷)[M].中共中央马克思恩格斯列宁斯大林著
作编译局,译.北京:人民出版社,1995:614.——译者注

尽管我们可能很难分辨这件非自利的虚假外衣是真心的还是伪善的，但认为它通常是后者的话就错了。事实上，在人们努力向自己论证自己行为的合理性时有两个自由度。一方面，有很多**看似合理的因果理论**可以用来支持这种主张：利己行动也将利他。例如，经济增长的"涓滴"(trickle-down)理论得出，如果富人享有低税收，穷人也会受益。另一方面，有那么多的正义、公平或共同利益的**看似合理的规范性概念**，要是都找不出一个(依据某些看似合理的因果理论)符合自身利益能归为己用的，那我们只能是自认倒霉或自认无能。在第4章我写道，人们可能会在基于公平和基于效用的慈善理念中选取其一来论证低捐赠的合理性。[①] 在这类案例中，人们自然而然地、无意识地转向因果理论和规范性概念的一种结合，这种结合能表明符合他们自身利益的行为是合理的。尽管我们不理解它是如何发生的，但我们知道它确实发生了。

"假装"利他不一定要依赖伪善或变形。自利的逻辑推理可以通过完全公开的机制(比如**无知背后的选择**、**互惠**)产生利他行为。在第4章我引述了乔治·梅森的论点作为前一种机制的例子，即家庭的长期利益应该引发人们关心社会中所有阶级的福利。[②] 类似的论点在个人生活中可能也适用。在低失业率但正经历着快速结构性变化的社会中，如果大众相信他们的工作有可能会消失，那么他们也许会投票给提出高失业救

---

① 在这个例子里，如果其他人捐得多，因果理论就用捐赠会降低接受者的边际效用来论证低捐赠的合理性。如果其他人捐赠得少，那基于公平的理论来论证低捐赠合理时就不需要因果前提了。

② 古维诺尔·莫里斯(Gouverneru Morris)在就参议院中各州的代表权问题进行辩论时提出了一个相似的论点："州际依附关系(state attachments)与'一州独大'(state importance)一直以来都是这个国家的一大忧患。我们不可能彻底消除它；但或许可以拔掉'这条毒蛇'的牙齿。他希望我们的观念能放大至人的真正利益，而不是局限在一个特定的狭隘的范围里。而且毕竟在这样的政策上，自私又能产生多大的动力呢？谁能说准明年他是这个州还是那个州的居民，更别提他的孩子了。"在另一个场合，有人对古维诺尔·莫里斯提出了同样的论点。在回应埃尔布里奇·格里(Elbridge Gerry)对古维诺尔·莫里斯限制未来西部州的代表权这个建议的支持时，罗杰·谢尔曼(Roger Sherman)说道："我们正在为我们的后代，我们的子辈和孙辈做准备，他们成为这些新的西部州公民的可能性和成为老州公民的可能性一样大。单是基于这个考虑，我们就不应该提出议案的。"

济金的政党。看起来是"团结"的东西可能只是一种保险而已。

互 惠

互惠可能是一种简单的二元关系,比如在一组关系中的每一方面是选择合作还是不合作。一个农民可能 8 月收割,另一个农民可能 9 月收割,每个农民都能从另一个农民的帮助中得益。如果先收获的农民获得了另一个农民的帮助,然后到了 9 月却拒绝帮助另一个农民,那来年的 8 月他就不可能再获得帮助了。稳定的互助关系不依赖于交情(feelings of fellowship),但有可能培养出交情。第一次世界大战期间,一些德国部队和英国部队达成了一种休战默契,双方采用一种和平共存的做法——向对手开炮时不那么竭尽全力。[①] 在这个例子里,随着时间的推移,双方都对对方产生了好感,但这是合作的**结果**,而不是合作的原因。

笛卡尔描述了一个更复杂的多边或间接互惠的形式:

> 那些眼中只看到自己效用的人,如果他们希望自己能审慎一些,那么他们也应该像别人一样为造福他人而工作,并且尽可能地去取悦每一个人。我相信这一点的原因在于我们通常看到这些被视为乐于助人且积极取悦他人的人也获得了一些来自他人(甚至来自那些从未受过他们恩惠的人)的善行。如果没有得到这些善行,他们就把这视为生活中的另一种幽默;取悦别人所付出的痛苦要少于这些了解他们的人的友情所带来的便利。他人只期待在没有给我们自己带来不便的情况下给予回报,我们对他们也不多期望什么;但若他人付出甚微却能使我们获益颇丰,甚至可能会挽救我们的生活。确实,有时人在为善时费尽辛劳;另一方面,有时人在为恶时大获收益,但那也不能改变只涉及最常见情况的审慎原则。

---

① 尽管统帅部设法制止这种行为,但这事很难去监督。

在直接的互惠中,当且仅当 B 帮助了 A 时 A 才会帮助 B。在间接的互惠中,如果 B 帮助了 C,A 就帮助 B。在随后的章节中我们也会看到,类似的区分对"消极互惠"也适用:如果 B 伤害了 A,A 可能会伤害 B,而且如果 B 伤害了 C,A 也可能伤害 B。间接互惠的存在表明人们或许会为了树立利他的**名声**而表现出利他。这样的话,别人将不得不去判断这个行为反映的是真正的利他主义,还是仅仅是一种想要建立利他名声的策略性的欲望(第 20 章)。在这种情况下,名声因工具性的理由而非内在的理由被重视。尽管是虚荣心本身使行动者渴求被尊重,但对名声的追求却是为了其有可能产生的物质报酬。

在随后没有报酬机会的一次性情境中,人们也可能给予回报。如果 A 对 B 表现出利他,即使两个人都知道他们不会再有深入的交流,B 也可能有回报行为。在 8 月份收割的农民也许会帮助在 9 月份收割的农民,即使他原本计划在秋天之前搬走。当然,人们能为这种回报设想自利的理由。也许早收割的农民害怕如果他不回报的话,另一个农民会用某种方式惩罚他,或者他所依赖其帮助的第三方可能会排斥他。但是,在实验的条件下,我们可以排除这些效应。在随后(第 15 章和第 20 章)将讨论的实验游戏中,实验对象通过电脑终端匿名互动,这样就排除了任何面对面的效应,比如羞耻或尴尬。这些游戏也经常被设计成使实验对象和其同伴只互动一次。

即使条件这么苛刻,我们也观察到了互惠。在信任博弈中,一个参与者——"投资人"(investor),可以将他 10 货币单位的初始金额选择 0~10 的任意数量送给另一个参与者——"受托人"(trustee)。实验者将送出的钱数放大 3 倍,这样一来如果投资人送出 10 货币单位,受托人会收到 30 货币单位。这个受托人可以决定在 0 到被放大的数目(投资人送出数量的 3 倍)之间回赠任何数量给投资人。在一次实验中,投资人平均送出大约初始金额的 2/3 给受托人,受托人平均回赠的稍微多点。"前面"送出的越多,"后面"回赠的也越多。这些发现符合很多动机假设,**除了**这个假设——两个行动者都受物质自利驱使并且知道对方也是如此。在这个假设下预计回赠为 0 货币单位的投资人将会先送出 0 货币单位。既然这个结果没有出现,那也一定是"涉他"动机或"社会偏好"在起作用。这些可能还算不上利他或公平,因为在一些实验中受托人回赠的数额没有超过他们收到的数额,而他们实际回馈的那个数额也已经大过自利会引导他们送出的数额。

道德规范、社会规范和准道德规范

在随后的几个章节我会再讨论这个实验和相关实验的推论。在这里我只是要区分三种"涉他"动机。**道德规范**包括帮助困苦之人的规范、平等分配规范和"日常康德主义"(做大家都做就会达到最好结果的那件事)规范。**社会规范**(第 22 章)包括礼仪规范、复仇规范和金钱交易规范。我所说的**"准道德规范"**包括互惠规范(帮助助你之人,伤害害你之人)和有条件合作规范(如果他人合作则合作,否则不合作)。社会规范和准道德规范都是有条件的,从这个意义上来说它们是被他人的出现或行为所触发。我认为,当别人可以观察到这个行动者在做什么时社会规范就会被触发,当这个行动者可以观察到别人在做什么时准道德规范就会被触发。① 相反,道德规范是无条件的。当然,道德规范要求我们去做的事可能要看其他人做了什么。如果我怀着基于效用的慈善理念,那么我能做多少善事(和因此我将捐赠多少)得看别人捐了多少。但是,这个规范本身并未提及其他的捐赠者,只是提及了这些接受者。

有两个个人对水资源短缺反应的案例将会说明社会规范和准道德规范的区别。在波哥大安塔纳斯·莫库斯(Antanas Mockus)这个极有想象力的市长的管理下,人们在减少用水量时遵守着准道德规范。尽管对个人的监督不可行,但是把这个城市的用水总量在电视上播出,这样人们就能知道是否其他人大多都在遵守规范。看来有足够多的人遵

---

① 当行动者可以观察到观察者在做什么时,这两种规范能彼此强化。如果我看见你乱扔垃圾,我可能就不会介意我乱扔垃圾被你看到。但是,如果我看到你小心翼翼地把冰激凌的包装纸放进口袋里,公平和害怕不被认可的心理机制可能会共同作用,使我做出与你一致的行为(也可参见第 22 章)。

守了规范来维持这个有条件的合作。人们对自己说:"既然其他人在削减自己的用水量,那么我也只有这么做才公平。"相反,当加利福尼亚缺水时,似乎是社会规范在让人们限制用水量。比如浇灌草坪这类户外用水当然能被监督,不仅是邻居,市督察员也可以监督。室内用水能被访客监督,他们可能而且确实会因抽水马桶很干净而谴责主人。[1] 事实上,波哥大也有对个人行为的监督,因为如果父母不节约用水,孩子们有时会让他们难堪。[2]

准道德规范在引发利他行为上的力量显然是可以很强大的。它们仅仅是**假装**利他还是它们**就是**利他动机呢?我把它们称为准道德而不是道德的理由也是我偏向前一个答案的原因。互惠规范允许你**不**帮助困苦的人,除非他们先帮助过你。一种典型的道德规范是无条件地帮助困苦的人,即使之前他们没有帮助过你。有条件合作的规范允许一个人在其他人都没有减少用水量的情况下使用正常的水量,而功利主义和日常康德主义都会支持单方面的削减。我们可以说,道德规范是**先发性的** (proactive);准道德规范却是**反应性的**(reactive)。表达二者不同的另一种方式是,不公正的感觉似乎比正义感有更强的动机力量。正如我们稍后(第20章)将看到的,实验中回应者因不公平而倾向于拒绝的分配方案——拒绝的结果是他们和提议者都 无所获——和当提议者不受被拒的恐惧感约束时趋向于提供的分配方案竟是同一个量级。

如果下面两个条件都满足的话,我们似乎可以确定是真正的利他动机在起作用。首先,利他行动是先发性的,不是反应性的。其次,它是匿名的,这就意味着不管是受益者还是第三方都不知道这个好心肠

---

[1] 在正常年景节水也是要担忧的事。纽约通过法律确定马桶水箱的最大水量来达到这个目标。欧洲的大部分地区通过在马桶上安装两个给不同用途分配不同水量的按钮来节约用水。后一个系统很有意思,它起作用靠的既不是机会也不是激励(第9章),而是靠无法观察到的自愿。

[2] 实验发现也表明了这种机制。在一场节能活动中,浴室里贴上了标志来敦促学生在打肥皂时关掉喷头,只在冲洗的时候才打开喷头,以此来节省能源。这些标志起到的效果很小。但是,当一个或两个实验人员有意开始遵守规范时,其他遵守规范的沐浴者突然大大增多。尽管这些实验人员有意没有对别人说什么,但是他们的行为也许就是对不遵守规范之人的心照不宣的责备。

解释社会行为:
社会科学的机制视角

的行为者的身份。① 例如,我们可以想象一下,一个人给乐施会寄去一张匿名汇票,或者把钱投入一个空无一人的教堂的募捐箱。第二个例子不如我们想要的那么鲜明,因为这个人也许是被上帝在观察他并且会奖励他的信念所驱动。这个信念可能是不合逻辑的(一个"副产品谬误"的实例),但也许依旧很常见。第一个例子可能看起来更明确无疑。但即使是最纯粹的利他举动,比如对陌生人的匿名捐赠,也可能源于隐秘的动机。正如康德所说,

> 绝不可能凭着经验完全确定地找出这样一个事例,即在此事例中,一个行动的格准,无论其本身如何正当,竟是只基于道德依据和义务观念上。有时以最锐利的自我检视,我们也不能在义务的道德原则之外,发现有什么其他东西力量强大到足以激励我们去做出这样或那样的行动以及做出如此重大的牺牲;可是我们仍不能由此确定地推断说:那不是某种在义务的伪装之下的隐秘的自我贪恋之冲动才是这个意志实际的决定原因。我们喜欢以虚伪的更高尚的动机来自我诌媚;而事实上,我们通过最严格的检视,也未能完全猜透这行动的秘密动力;因为当这个问题是道德价值的问题时,我们所关切的,不是我们所见得到的行动,而是我们所见不到的那些行动的内部原则。②

康德要说的是,即使我们不是在演给外部观众看,我们也永远无从得知我们是否在演给**内心的观众**看。蒙田觉得把自己的美德隐藏起来的举动非常高尚,但不可能连你自己都不知道你在隐藏。如同拉·罗什富科提到的:"自尊(amour propre)总是找得到补偿,即使放弃虚荣也不会有什么损失。"他还说:"如果不掺杂其他激情的纯粹的爱存在的话,那它肯定隐藏在我们心灵的深处,甚至连我们自己也觉察不到它。"普鲁斯特说,充其量,我们也许能从他人身上认识到我们的真实动机:

---

① 在实验中,实验者不清楚实验对象的身份。在慈善捐赠中,慈善组织的官员不清楚捐赠者的身份。
② 康德.康德的道德哲学[M].牟宗三,译.西安:西北大学出版社,2008:28.译文有改动。——译者注

"我们只熟悉他人的激情,而且我们只能通过学习他人的激情来认识自己的激情。激情在我们身上只是间接地——通过我们的想象——起作用,它们作为更能令人接受的替代性动机取代了我们最初的动机。"

确定动机

除了行动者自己的动机,对他行为的解释一定经常诉诸他对他人动机的信念。在这些信念形成的过程中,他面临着与历史学家或社会科学家同样的阐释学困境。既然他不能以表面价值来理解这个他人声称的动机,他可以用我在第 3 章讨论的那种常见的三角测量法①。另外,他可以利用那种仅适用于面对面互动的技巧。其他人也许能通过肢体语言(或肢体语言的缺乏)来鉴别出一个外行的撒谎者,因为集中于他所说的话会导致他忽视通常自然的伴随着言语的手势。而且,我们可以给行动者下个套来证实他所声称的动机。尽管历史学家不能对他们正在研究的人设套,社会科学家基于伦理通常也不能这么做,但是员工、配偶或父母也许就不会受这么多约束。

对他人的动机认定经常被恶意所破坏。在相信利他举动是由利他动机引起的还是相信它是基于自利的这两个给定的选择之间,我们经常假定是后者,即使这个信念毫无客观依据。尽管这种不信任对谨慎理由(第 26 章)来说是有道理的,但在很多情况下我们得不到这个正当理由。例如,嚼舌似乎经常是受到(奥古斯丁之后法国的道德学家们所
107 称的)**恶毒**和人性**弱点**的驱使。② 拉·罗什富科说:"如果我们没有缺点,我们就不会在看到他人的缺点时感到如此快乐。"事实上,他也写道:"我们想要发现他人缺点的这一欲望强大到它经常帮着我们去发现它们。对手对我们所做的判断,比我们自己对自己所做的判断更接近

---

① 三角测量法是使用两种方法来搜集资料或从不同立场、情境搜集资料的一种技术。第 3 章提到的三角测量法是指搜集行动者的日记、书信等非公开资料来分析他所声称的动机。——译者注

② 我不同意那些人想用嚼舌在执行社会规范上的作用来解释嚼舌。确实,嚼舌能作为维持社会规范的非正式制裁的倍增器,但是我相信它的起源有更深层次的原因。

真实。"而即使我们的对手更接近真实,从相反的角度来看,他们也会做错事,即使他们犯的错更少。在一个 0~10 的范围内,如果我是 6,我会认为我是 9,我的对手会认为我是 4。

对这种态度的分析——有时被称为"怀疑阐释学"(hermeneutics of suspicion)——杰里米·边沁(Jeremy Bentham)的引述(从他生硬的法语翻译而来)已经做得很好了:

> 不管国王[路易十六]采取何种立场,不管国王做出何种牺牲,他永远都无法让这些诽谤者保持缄默:即使在最健康的政治团体里,他们这类害虫的暴躁和虚荣也将会有地方滋养。这种不公正最主要的来源就是虚荣。人们想要巧妙地处理好一切……而且他们更愿假定事情都是被精心策划的,而不愿为曾经相信公众人物的行为可能有一个值得赞赏的动机而感到羞愧。如果华盛顿坚持要退休,这只可能是用无政府状态来开辟专制道路的一种手段。如果内克尔(Necker)没有像其他人一样接受任何报酬,而是为了报答他们而自掏腰包,这只可能是一种高明的满足贪婪的手段。如果路易十六为他的人民放弃立法权,这只可能是他的精心策划,他要在一个合适的时机全部拿回来,或者甚至是要回的更多。

讽刺的是,到 1790 年的秋天,这段文本(写于 1789 年早期)引述的最后一个似是而非的指控可能得到了证实。国王最亲近的一个顾问,圣普里斯特(Saint-Priest)写到,到那个时候路易十六已经不再抵抗立法机关对他权力的侵犯,因为"他已经确信议会将会因它自己的过失而名誉扫地。"阴谋论可能是准确的,因为阴谋存在。发现阴谋不应过多归于经验,而要更多地归于人们恶意地不愿去承认公众人物可能因善而行。 108

参考文献

这一章借鉴了在 S. C. Kolm and J. M. Ythier (eds.), *Handbook on the Economics of Giving, Reciprocity and Altruism* (Amsterdam: Elsevier, 2006) 里的我的 "Altruistic motivations and altruistic behavior" 一文。

在这卷书的其他章节里,值得注意的是 Kolm 的序文提供了丰富的经验信息和理论分析。

对法国乞丐的引用来自 G. Lefebvre, *La grande peur* (Paris: Armand Colin, 1988), p.40,对英格兰农民起义的引用来自 E. P. Thompson, "the moral economy of the English crowd in the 18th century," *Past and Present* 80 (1971), 76-136。

一个对"暖流"利他的分析是 J. Andreoni, "Impure altruism and donations to public goods: A theory of warm-glow giving," *Economic Journal* 100 (1990), 464-77。

关于对肾脏捐赠的态度参见 H. Lorenzen and F. Paterson, "Donations from the living: Are the French and Norwegians altruistic?" in J. Elster and N. Herpin (eds.), *The Ethics of Medical Choice* (London: Pinter, 1994)。我采用了 A. O. Lovejoy, *Reflections on Human Nature* (Baltimore: Johns Hopkins Press, 1961) 中"虚荣心"这个想法(和这个词)。

法国大革命中无私的作用在 B. M. Shapiro, "Self-sacrifice, self-interest, or self-defense? The constituent assembly and the 'self-denying ordinance' of May 1791," *French Historical Studies* 25 (2002), 625-56 中有讨论。

在美国相同的情况可参见 G. Wood, "Interest and disinterestedness in the making of the constitution," in R. Beeman, S. Botein, and E. Carter II (eds.), *Beyond Confederation: Origins of the Constitution and American National Identity* (Chapel Hill: University of North Carolina Press, 1987)。

109　变形机制参见我的 *Alchemies of the Mind* (Cambridge University Press, 1999), Chapter 5。

第一次世界大战中"一报还一报"的例子出自 R. Axelrod, *The Evolution of Cooperation* (New York: Basic Books, 1984)。信任博弈参见 C. Camerer, *Behavioral Game Theory* (New York: Russell Sage, 2004), Chapter 2.7。

关于测谎,见 P. Ekman, *Telling Lies* (New York: Norton, 1992)。

边沁的那段话取自他的 *Rights, Representation, and Reform* (Oxford University Press, 110　2002), pp. 17-18。

6

短视与远见

超越梯度攀爬

弗洛伊德的快乐原则(第4章)是指一种寻求欲望被即时满足的倾向。这种倾向的一种表现是,人们会接受自己希望为真的信念而不是那些被证据所支持的信念。一厢情愿能让我在当下感到满足,即便它可能随后就让我一落千丈。快乐原则的另一种表现出现于人们在引起不同时间效用流(temporal utility streams)的两类行动之间进行选择的过程中,它引导人们考虑选择最初效用最高的效用流,而不考虑效用流在后来如何变化。

更一般地讲,决策者——不论是一条蚯蚓还是一家公司——都可能进行**梯度攀爬**(gradient climbing)。在任意一个时间点上,决策者审视**附近**的选项,观察其中是否有一项能产生比现状更多的**即时**利益。局限于附近选项是一种"空间短视":眼不见,心不念;局限于即时利益是一种时间短视:快乐原则。蚯蚓会环顾四周,看看附近是否存在一处比当前所在之地更为潮湿的地点,如果找到就爬到那里。公司会环顾与现行事务比较接近的常规业务"空间",寻找有望带来更好短期业绩的业务,如果找到就予以采纳。不久,蚯蚓或公司可能就会在一个(短期内)优于附近所有位置的地方停下来。它们获得了一个**局部最大值**(local maximum)。

人类是能够做到更好的。意向性(intentionality)——一种代表不在场事物的能力——让我们能够超越快乐原则,将当前选择的远期结果计入考虑。提前计划能够让我们做出比分秒间仓促做出的更优的选择。在某些案例中,采取这样的具有远见的行动是为了更好地满足当前需求,例如一个酒鬼不去附近的餐馆里小酌,如此一来,他可以以同样的价钱在距离较远的商店买到一整瓶酒。在另一些案例中,采取有远见的行动则是为了满足未来需求,例如我为自己的晚年存款。前一种远见在动物中也常被观察到,但是后一种通常被认为超出了它们的能力。然而,最近的一些证据显示,灵长类动物可能也能够基于预期而不仅仅基于现实需求来制订计划。即便是这样,基于预计的需求而行动显然也是一个更为复杂的操作。

111

我将给出四个基于远期后果而行动的例子,前三个例子在后面的章节也会讨论。

RECULER POUR MIEUX SAUTE。这个法语短语大致同义于"退一步,进两步",这一道理通过经济生活中的一个基本事实就能得到说明——为了给未来的更高消费投资,人们必须减少当前消费。行动者接受一个次于现状的状态,是因为这是一个能让他在未来实现某个更优选项的条件。不用说,只有次优状态能使行动者生存下去并且从更优状态得到的收益足以证明调整至次优状态伴随的损失是合理的,这两个条件都满足时这种行为才有意义。

等待(waiting)。尽管许多红酒在装瓶时就已经非常好了,但随着时间的流逝它们会更加醇美。为了获益于这个事实,行动者不得不拒绝一个优于现状的选项(立即将酒喝掉),因为现在拒绝是在未来得到更优结果的条件。问题又来了,推迟消费未必总是有意义的,例如有的行动者并不指望自己能活到可以享受陈年美酒的那一天。让我们考虑一个影响更深远的例子:配偶的选择。人们可能不会在第一个可以接受的对象出现时就提出或接受求婚,而是可能会等待更加合适的人出现。这一选择的风险在全世界大量的文学著作中都有阐述,那就是更合适的人可能永远也不会出现。

向目标的前方射击(shooting ahead of the target)。要击中移动中的

解释社会行为:
社会科学的机制视角

目标,人们不应瞄准目标当前的位置,而应瞄准目标被击中时将会出现的位置。与此类似,要追击移动中的目标,一个人应该直线瞄准目标将 112
会出现的地方,而不是时刻瞄准目标当前的位置,随着目标的移动而曲线移动。

在图 6.1 中,即便猎人的移动速度与猎物相比有些慢,他也可以通过直接奔向猎物在未来某个可计算时间内将会出现的地点而追上猎物。然而,如果猎人一直瞄向猎物的当前位置,沿着图中的曲线进行追踪,他将永远追不上猎物。我们将会看到(第 17 章),我们还可以从这个角度来审视变化环境中的自然选择问题。

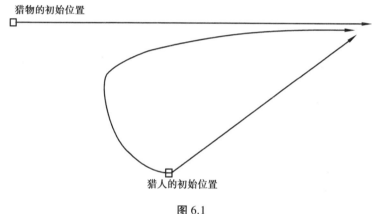

图 6.1

走直线并非总是最快的。当人们试图到达某个静态的目标时,直线并非总是最有效率的路线。在图 6.2 中,营救者可能会冲动地直接跑向溺水者,直至到达岸边并游完剩下的距离。然而,如果他能停下来(但不要太久!)反应一下,他或许就会意识到,由于跑步比游泳的速度更快,如果选择一个总路程增加但水中路程减少的非直线路径,他将更 113
快地到达溺水者身边。这样的行为方式也发生在我们选择高速公路而不是选择在地图上看起来更短的其他路径时。在经济计划中,这样的"大道行为"(turnpike behavior)往往是最佳选择。

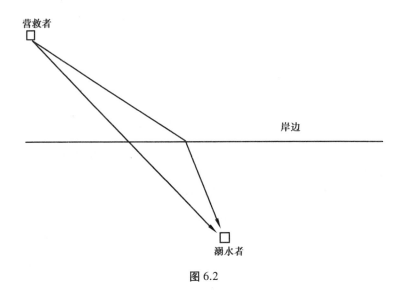

图 6.2

时间贴现

人拥有制订长期计划的能力并不意味着他就会去使用这种能力。若想要行动者用已经意识到的长期结果对其当前行为发挥影响,行动者必须要考虑它们的**动机**(motivated)。用心理学家的话说,他们必须甘于**延迟满足**(defer gratification)。用经济学家的话说,他们必须不受制于过度的**时间贴现**(time discounting)。[①] 认知因素和动机因素都是必需的。如果未来结果被笼罩在不确定性之中,它们便无法驱动当前114 行为;如果伴有风险,它们的驱动力也会被削弱。未来结果塑造当前行为的能力既受**其发生时间**的影响,又受**其发生概率**的影响。它们对选择发挥影响的机制分别是时间贴现和风险态度。

时间贴现(或短视),顾名思义,是指人们给远期未来回报赋予的重

[①] 在本书中,"高时间贴现率"(high rate of time discounting)一词是指未来回报具有低额现值。"高贴现因子"(high discount factor)是指未来回报具有高额现值。为了说明和启动这个看似奇怪的术语,我们假定行动者对明天的 3 单位回报和今天的 2 单位回报无偏好差异。未来回报贴现(减少)了 1/3,贴现因子(用该数值乘以未来回报即可得到其现值)是 2/3。

要性低于给近期未来或当前回报赋予的重要性的倾向。① 如果要在今天获得 100 美元和一年以后获得 110 美元之间进行选择,大部分人会偏好前者。然而,这种偏好可能是出于很多原因:

有些人偏好早期回报或许是因为他们能够将资金用于投资,并在一年的时间里获取超过 110 美元的回报。

另一些人现在就拿走 100 美元或许是因为他们需要这笔钱来维持生存。如果他们预期自己根本活不到一年以后,到那时再得到更大一笔钱就没有任何价值。或者假设我要用手从小溪中捉鱼和制作一张能让我捉到更多鱼的网之间进行选择,而我因为无法一边做网一边捉鱼,制作渔网的机会成本可能会高得让我负担不起。

还有一些人接受较少回报或许是因为他们身患一种疾病,有 10% 的可能性会在一年内死去。更一般地讲,在为未来计划时,我们要考虑的是我们已知自己会死这一事实,而不是去考虑(未知的)何时会死。

如果未来金额是一个期望回报,有 50% 的可能性得到 130 美元和 50% 的可能性得到 90 美元,出于风险规避的考虑,人们可能会偏好今天就确定无疑地得到 100 美元。

最后,有些人偏好早期回报可能仅仅是因为它来得更早。这便是纯时间贴现。就像一个远处的大房子看起来比近旁的一个小房子还小,未来的一大笔钱在主观上看起来也许比当前的一小笔钱还要少。在接下来的论述中,我将只考虑这一种情况。

纯时间贴现是非理性的吗? 假设一个人会对未来回报进行大幅度折现。他没有接受会暂时牺牲收入但会在以后带来更高收入的大学教育,而是读完高中后立刻就找了一份晋升机会很小的低等工作。由于

---

① 有些人,例如病态的吝啬鬼,对未来效用的赋值可能超过当前效用。对他们来说,消费的时机永远不够成熟。

他忽视吸烟和高胆固醇食物带来的长期影响,①他的预期寿命可能很短;如果他在道德层面上没有守法的理由,那么即便经过谨慎考虑他也不会阻止自己违法。换句话说,他的生命很可能会短暂而悲惨。如果这都不是非理性的行为,什么才是?

在我看来,纯时间贴现就其本身而言并不是非理性的。与给予未来更多关注的情况相比,纯时间贴现可能会导致行动者的生活每况愈下,但是这种说法可能同样适用于自私动机。一个只关注自己的人可能最终以悲哀和赤贫了此一生,但是我们不应该以此为由就说自私是非理性的。我会在第 11 章讨论这些问题。本章我关注的是将时间贴现概念化的恰当方法。我们有几种含义完全不同的路径可以采用。

为了将时间贴现模型化,决策理论家们依照惯例假定人们**按指数律**(exponentially)对未来效用进行贴现。1 单位效用在未来 t 个时间段后的现值为 k^t,这里的 $k < 1$ 是每段时间的贴现因子。从规范角度来看,指数贴现的贴现因子十分诱人:它为**一致性计划**(consistent planning)提供了支持。如果一股回报的现值在时间轴上的某一点比另一股回报的现值高,那它在时间轴上的所有其他点上都会具有更高现值。由此行动者永远不会接受通常(在行动者没有改变想法的理由时)被视为非理性标志的偏好逆转。

然而,从经验上看,一致性计划的概念没有什么意义。非正式的观察和系统性的观察也证实了,我们当中的大部分人都会频繁发生偏好逆转。我们会想存钱、想做晨练、想练钢琴、想守约,而我们常常没能落实这些意向。我可能在 3 月 1 日打电话预约了 4 月 1 日去看牙医,结果却在 3 月 30 日打电话将预约取消,(不诚实地)声称我不得不去参加一场葬礼。为了对这些各种各样的日常非理性行为(以及大量其他现象)给出解释,我们可以将指数贴现的假定替换为**双曲线贴现**(hyperbolic discounting)。

116

---

① 五十年前的人们可能会"忽视"这些结果,因为他们对此一无所知。即便今天人们仍然可能"忽视"它们,因为他们在自己的选择中不太重视这些结果。在比较少见的情况下,他们也可能对这些结果处于一种"有动机的忽视"(某种形式的一厢情愿)状态。

解释社会行为:
社会科学的机制视角

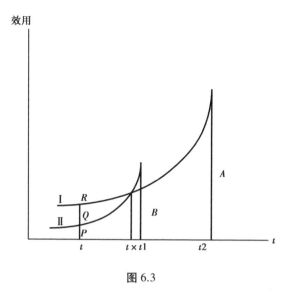

图 6.3

假设 1 单位效用在未来 t 个时间段后的贴现现值等于 $1/(1+kt)$。（在下面的例子中我假定 $k=1$，但在更一般的案例中，k 可能是任何正数：其数额越大，行动者对未来的关注就越少。）再假设当 $t=0$ 时，行动者要在 $t=5$ 时得到 10 回报与 $t=10$ 时得到 30 回报之间选择。在 $t=0$ 时，前者的现值为 1.67，后者的为 2.73。取最大现值的行动者将会形成选择延迟回报的意向。在 $t=1$ 时较早回报的现值为 2，较晚回报的现值为 3。$t=2$ 时现值分别为 2.5 和 3.3；$t=3$ 时为 3.3 和 3.75；而 $t=4$ 时为 5 和 4.29。在 $t=3$ 和 $t=4$ 之间的某个时候，较早回报不再是最小回报，它成了最优先的选项，而**仅仅是纯粹的时间流逝所产生的结果**。实际上，显而易见，转变发生在 $t=3.5$ 时，也就是我打电话给我的牙医取消预约时。

117

这一模式通过图示甚至更好理解。在图 6.3 中，行动者可以在 $t1$ 选择小回报 B 也可以等到 $t2$ 获得大回报 A。双曲线 I 和 II 代表在较早的不同时间对这些回报评估出来的现值。它们实际上是**无差异曲线**（indifference curves）（第 9 章），体现了取得回报的时间与回报的大小之间的平衡。例如，在时间点 t 当即获得回报 PQ 与在 $t1$ 获得较小回报对行动者来说是无差异的，当即获得回报 PR 与在 $t2$ 获得较大回报也是无差异的。由于在时间点 t 时 A 的现值比 B 的大,行动者就会形成选择 A 的意向,而因为双曲线在 t^* 相互交叉,偏好逆转也在那个时刻发生,他便转而选择 B。①

帕斯卡尔赌注

我们可以运用帕斯卡尔赌注(Pascal's wager)来阐述指数时间贴现与双曲线时间贴现之间的关系。帕斯卡尔想要说服他的朋友中那些思想自由、怀疑宗教的赌徒把赌注押在上帝存在这一边,因为即便最小可能性的永恒极乐(eternal bliss)也能抵消最大可能性的世俗乐趣。帕斯卡尔的论证包含了很多复杂问题,我们将在下一章关注其中的某些问题。这里我只想让读者关注一个帕斯卡尔没有提及的问题:永恒极乐的(贴现后)现值是有限的还是无限的? 如果它是有限的,赌徒可能更偏好于取得现世的乐趣而不是等到来世。

为了简单起见,我们假设来世的每个阶段提供 1 单位的体验效用(experienced utility),且某人预期在距今起的第 n 年死去,最后,他以因子 $k(0<k<1)$ 对未来福利进行指数贴现。如果上帝存在并且根据这个人的信仰而赐予他拯救,那么他在死后第一年获得的极乐的现值为 k^n 单位的效用,第二年的为 k^{n+1},以此类推。这是一个初等代数问题,$(k^n+k^{n+1}+k^{n+2}+\cdots)$ 这个无穷和等于一个有限总和 $k^n/(1-k)$。我们可以想

---

① 双曲线贴现有另一个稍有不同的表现方法。它建立在这样一个直觉性观点上:通过给予现阶段的福利以高于所有后来阶段福利的重视,人们彻底区分了当前时间与所有其他时间。此外,他们也在较晚阶段**之间**进行区分。在一个三阶段的例子中,我们将 i 阶段体验到的福利记为 u_i,效用的现值或效用的贴现总额为 $u_1+b(du_2+d_2u_3)$。这里包含了两个贴现因子。相比于当前,所有的未来效用——不考虑何时会得到体验——以因子 b 进行贴现。此外,所有的未来效用以因子 d 按指数律进行贴现。当前时刻具有一种本能性的显著性使它比其他时间都更为突出,而后来阶段由于某种更近似于错觉的东西渐渐失去了它们的驱动力。这种模式叫作"准双曲线贴现",它与准确意义上的双曲线贴现的相同之处在于能够引发偏好逆转,不同之处在于准双曲线贴现在同样一股回报的无限效用流(如在帕斯卡尔赌注中)上的现值是一个有限总和。一些来自神经生理学的证据表明,尽管准双曲线贴现只是作为双曲线贴现的有益近似(useful approximation)被提出,但它实际上是更为准确的表述。

象,这个总和至少可能会低于在现世过 n 年享乐生活的现值。相比之下,如果行动者遵从双曲线贴现,那么无穷和 $1/(n+1)+1/(n+2)+1/(n+3)+\cdots$ 会增长至超越任意确定的有限值,这意味着如果我们对现值进行比较,任何世俗乐趣最终都将被拯救的极乐所超越。即便后者要与上帝存在的小概率(随便多么小)相乘,其结果仍然会增长至超越任意有限数额。

然而,假设帕斯卡尔的对话者经常有参与赌博的机会。在事先考虑时,他可能更偏好于参加弥撒而不是去赌博,因为前者将最终使他相信无限极乐并使他确信自己有这样的前景。然而,从双曲线贴现的逻辑出发,赌博机会的迫近会引发偏好逆转。他将会形成再赌博一次就开始做弥撒的意向。如果是圣奥古斯丁(St. Augustine),他会说:"请赐予我纯洁与自制,但不是现在。"下一周,同样的推论仍然适用。如此一来,恰恰是这种确保永恒极乐具有最大现值的时间贴现结构,将阻止赌徒采取行动去实现永恒极乐。

意志薄弱

如这个例子所示,双曲线贴现也许能阐明意志薄弱(weakness of will)的经典问题。一个意志薄弱的(或**无自制力的**(akratic))人的特征如下:

> 1. 此人有做 X 事的理由。
> 2. 此人有做 Y 事的理由。
> 3. 根据此人自己的判断,做 X 事的理由大于做 Y 事的理由。
> 4. 此人做了 Y 事。

119

尤其是情感,经常被认为有能力导致行为违反行动者的更优判断。当欧里庇得斯(Euripides)剧作中的美狄亚(Medea)将要杀死她的孩子们时,她说:"我的确知道我要犯下的是一件多么可怕的罪行,但我的愤怒已经战胜了我的理智。"在该剧的奥维德(Ovid)版本中,她说:"一种未知的冲动支撑着我,所有的抵抗都是徒劳。面对这种种驱使……我看到并认同一条更好的路,但结果却走上了更糟糕的路。"

这些言词如同描述意志薄弱所用的四条陈述一样,全部都是模棱两可的,其中没有提及它们**何时**应被认为是真的。让我们定义一个**意志薄弱的严格概念**,如下:

1. 此人有做 X 事的理由。
2. 此人有做 Y 事的理由。
3. 此人做了 Y 事,并**在行动的瞬间**认为做 X 事的理由大于做 Y 事的理由。

想象一个已决心戒烟的人去参加聚会,在那里有人给了他一支烟。他接受了这支烟——明知道自己不该如此。一个正在节食的人可能会接受别人给他的甜食——明知道这样做并不明智。尽管这种意志薄弱的概念含义甚广,它还是碰上了两个经验上的难题。相较于确定"较优的判断"在行动前的一瞬间发生了改变,确定这个行动和判断恰好在同一时刻共存要更困难。此外,据我所知没有人明确说明过这样一种因果机制,通过它,做 Y 事的欲望比做 X 事的欲望获得了更大的因果效力。

为避开这些问题,我们可以定义一个**意志薄弱的广义概念**,它包含了行动者判断自己应该做 X 事以及选择做 Y 事在不同的时刻发生的情况:

1. 此人有做 X 事的理由。
2. 此人有做 Y 事的理由。
3. 在此人自己冷静和深思熟虑的判断下,做 X 事的理由大于做 Y 事的理由。
4. 此人做了 Y 事。

苏格拉底否认了严格意义上的意志薄弱的可能性。亚里士多德也几乎持相同观点。他认可广义的意志薄弱,并援引了某个人行动时的判断受酒精影响的例子。假设我去参加办公室聚会,喝了太多的酒,冒犯了我的老板,并且向他的妻子求爱。在当时,采取这些行动似乎完全

解释社会行为:
社会科学的机制视角

是自然而然的。然而在此之前,如果有人建议我应如此行动,我会因为这不符合我冷静的、深思熟虑的判断而拒绝。如果当时有人说服了我让我认识到自己的判断力或许已经被酒精侵蚀,我就会自己逃离现场。在事发以后,我会为自己的行为感到深切的悔恨。

这个案例——如图 6.4 所示——是关于**暂时偏好逆转**(temporary preference reversal)而并非关于严格意义上的意志薄弱。至少有三种机制可以引起这样的转变。一种是**时间邻近**(temporal proximity),就像我们在双曲线贴现的讨论中所解释的那样。另一种是**空间邻近**(spatial proximity),就像线索依赖(cue dependence)现象所说明的那样。这种机制解释了诸如在吸毒者中存在的众多复发案例。即便经过了数年的戒毒努力,只要一个与毒品使用具有习惯性关联的环境线索就有可能引起复发。仅仅看到电视里的吸毒用具可能就足够了。人们进行节食的决心可能因为看到甜点手推车的出现就被削弱。在这些案例中,总的来看,行动者同样是根据他**在选择瞬间**最偏好什么的想法做出了选择。最后,**激情**——由于其短半衰期的属性(第 8 章)——也有引发暂时偏好逆转的能力。它们也可能通过致使行动者不太重视远期未来而引起偏好逆转。①

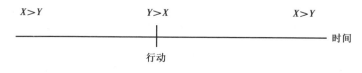

图 6.4

我们可以扩展这一想法以将行动者**信念**的暂时(且有动机的)变化包含在内。从这个非常宽泛的概念出发,意志薄弱也可能起因于自欺(或一厢情愿的想法)。为了能够安全地驾车回家,一个人在聚会前决

---

① 实际上,由情绪性因素引发的指数时间偏好中的贴现因子变化是可以模拟双曲线时间偏好引发的偏好逆转的。假设行动者面临两个选择,A 和 B,二者在三个连续阶段内分别提供 $(2,5,6)$ 和 $(5,4,1)$ 的相应回报。以每阶段的贴现率为 0.8(两个阶段贴现率为 0.64)计算,两个选项(在第一阶段进行评估)的现值分别为 9.84 和 8.84。以每阶段的贴现率为 0.6(两个阶段贴现率为 0.36)计算,现值分别为 7.16 和 7.96。毫无意外地,当情绪导致行动者不太重视未来时,他便不再偏好于具有更优长期结果的选项。

定只喝两杯酒,而在想喝第三杯酒的欲望影响下,他可能会不顾证据地告诉自己多喝点酒不会对他的驾驶技术有什么影响。[1] 他的(安全驾驶)偏好保持不变,但他对能使自己安全驾驶的条件的信念改变了。当然,如果他认定在聚会中尽情快活的重要性抵消了酒后驾车的风险(这是他可以准确意识到的),他也可能经历一次暂时的偏好改变。

参考文献

有关灵长类动物可能具有为未来需要(非当前经历的)进行计划的能力的证据请见 N. Mulcahy and J. Call, "Apes save tools for future use," Science 312 (2006), 1038-40。

关于时间贴现和跨时间选择的其他方面的两本原始资料是 G. Loewenstein and J. Elster (eds.), Choice over Time (New York: Russell Sage Foun dation, 1992), 以及 G. Loewenstein, D. Read, and R. Baumeister (eds.), Time and Decision (New York: Russell Sage Foundation, 2003)。

我在 "Pascal and decision theory," in N. Hammond (ed.), The Cambridge Companion to Pascal (Cambridge University Press, 2004) 中以更长的篇幅讨论了帕斯卡尔赌注。

准双曲线时间贴现的神经生理学证据参见 S. McClure et al., "Separate neural systems evaluate immediate and delayed monetary rewards," Science 306 (2004), 503-7。

意志薄弱的现代讨论取自 D. Davidson, "How is weakness of the will possible?", 该文收录于他的 Essays on Action and Events (Oxford University Press, 1980)。

我在 "Davidson on weakness of will and self-deception," in L. Hahn (ed.), The Philosophy of Donald Davidson (Chicago: Open Court, 1999) 中评论了他的观点。

对有动机的信念形成的讨论请见 D. Pears, Motivated Irrationality (Oxford University Press, 1984)。

我在 "Weakness of will and preference reversal," in J. Elster et al. (eds.), Understanding Choice, Explaining Behavior: Essays in Honour of Ole-Jørgen Skog (Oslo Academic Press, 2006) 中以更长的篇幅讨论了意志薄弱和偏好逆转的关联。

---

[1] 相比之下,如果他担心的是被警察拦截而不是发生事故,要使自己相信第三杯酒不会导致血液酒精含量超过法定限制是更为困难的。如同我在下一章论证的,即便一厢情愿的想法也(在某种程度上)受制于现实约束。

解释社会行为:
社会科学的机制视角

7

信　念

什么是"相信"某事？

为了理解信念(belief)在产生行动方面所扮演的角色，我们必须了解其本质、成因和结果。正如我在第Ⅱ篇的引言中提到的，所谓"相信"(believe)某事正是如此，其意味并不总是明确的，例如，相信人死后有灵魂。许多宗教界的大人物都写过他们与疑惑的持续斗争。在他们相信的那些时刻，他们的信仰是像一个从不知疑惑为何物的人那样简单且无条件的吗？我们又如何区别一个总是相信最坏情况会发生的天生悲观者和一个仅仅假设(as if)最坏情况会发生而行动的审慎决策者呢？

此外，日常用语中"信念"的含义要弱于完全的认同。我**相信**明天会下雨，但也知道我可能是错的。我不只是相信我结婚了，我**知道**(know)我结了。在哲学分析中，知识(knowledge)通常被定义为得到辨明(justified)为真的信念，是一种既联系这个世界(为真)又联系行动者所持有的大量证据(得以证实)的特定关系中的信念。然而，知识的这两种属性都没有捕捉到通常潜藏在一般话语"我知道"这一短语背后的那种主观上的确定性。这种确定性并不是简单的概率极限为97%、98%、99%、99.9%，等等。它与任何确定性不足的事物都有着质的不同。①

下述实验就体现了这种"确定性效应"(certainty effect)。一组受试者被要求表达他们对不同选项的偏好(括号中的数字表示偏好某一选

124

---

① 此时情况更为复杂。当人们面临很高的数字概率(如99.9%)时，两种不同的机制(参见第2章)可能被触发：不确定性与高概率之间的差异或者被忽视或者被夸大。(相似地，很低的概率也会被忽视或被夸大。)然而，这种复杂情况在文中关于确定性效应的例子中并不会出现。

项的受试者比例)。

> 50%的机会获得三周的英法意之旅(22%)。
>
> 一周的英国之旅,并且确定能去(78%)。
>
> 对另一组则给出了如下选项:
>
> 5%的机会获得三周的英法意之旅(67%)。
>
> 10%的机会获得一周的英国之旅(33%)。

第一组受试者倾向于偏好"只去英国"这一选项,因为**一定**(for sure)能去。而一旦它的概率降低到与替代选项一样,后者就会看起来更具吸引力。被问及是否志愿参加高危任务的士兵的犹豫程度可能要比被问及是否志愿参加自杀式任务的士兵的犹豫程度低得多。当然,前者或许还会受一厢情愿("这事儿不会轮到我身上")机制的影响,而这种机制对后者则不起作用。

四种认知态度

即使搁置这些问题,我们对信念的看法仍然是含糊不清的。我们可以将对世界的认知态度区分为由强到弱的四种类型。第一种是**确定**(certainty)型。第二种是**风险**(risk)型,行动者基于自己的判断或以前发生的频率,将概率分配给一组互斥且完备的结果中的每个结果。第三种是**不确定**(uncertainty)型,人们知道这组互斥且完备的结果,但却
125 无法将任何(基数)概率附加给这些结果。[1] 最后是无知(ignorance)型,不管是可能的结果还是其发生的概率都是未知的或不完全知道的。美国国防部前部长唐纳德·拉姆斯菲尔德(Donald Rumsfeld)说过一句令人难忘的话:我们面对的不只是已知和未知,还有"未知的未知"(unknown unknowns)。[2]

---

① 他们也许能够为结果分配序数概率,也就是说,他们能说出一个结果比另一结果更有可能发生,即便他们说不出更有多大的可能。

② 更复杂的情形也是有可能出现的。我也许能够把概率分配给一些结果,但我可能连还有哪些其他的结果都无法说明。

我集中关注确定型和风险型，并非因为它们总是恰当的认知态度，而是因为它们最为常见。即使在既定的主题上人们没有理由持有**任何**信念，他们也经常难以抗拒地觉得非要形成某种观点不可——并不一定是某种具体的观点（如一厢情愿那样），但**总得有这样或那样的观点**。这种倾向在某种程度上是由文化因素决定的。阿尔伯特·赫希曼（Albert Hirschman）曾说大多数拉美文化"相当看重一个人从一**开始**就对几乎**所有的事**持有鲜明的观点的能力"。在这类社会中，承认无知就等于承认失败。这种倾向其实是普遍存在的。蒙田曾说道："这世上的许多恶习，或者草率一点说，这世上的所有恶习，之所以产生是因为我们被调教得害怕承认自己的无知，以及我们被要求对任何无法反驳的事都得接受。"对不确定和无知的无法忍受不光来自傲慢，还来自人类普遍存在的到处寻找意义和模式的欲望。心灵是厌恶真空的。

　　这种在宇宙中寻找意义的倾向的一个具体版本是，把那些也许归因于偶然才合理或者更合理的事件归因于**能动性**（agency）。在法兰西旧政权统治下，民众绝不会接受只有大自然才需要对他们的苦难负责的观点。粮食短缺时人们普遍假定是囤粮者一直在哄抬价格，哪怕实际原因其实是收成不好。有时，粮食的短缺甚至被阐释为是精英阶层想要饿死民众，是持续存在的阶级斗争的一部分。根据《哈马斯宪章》（*Hamas Charter*）的第 22 条，犹太人"隐藏在法国大革命及我们过去听说和现在听到的大多数革命的幕后，他们无处不在。他们在世界各地出资组织秘密社团（诸如共济会、扶轮社、国际狮子会），阴谋搞破坏，实现犹太复国主义者的利益。凭着手中的钱，他们得以控制帝国主义国家并煽动其对许多国家实施殖民统治，使帝国主义国家能够剥削资源，传播腐败。"这种阴谋论或妄想式的思想对他人的反驳基本上是免疫的，因为阴谋论的信徒们会发现缺失的证据甚至相反的证据都恰恰**证实**了他们的观点，他们将其诠释为阴谋家奸诈狡猾本质的标志。

　　这些生产错误的机制（error-generating mechanisms）都以某种方式建立在**动机**的基础上。然而错误还可能出自**无知**。这点看似明显，但实际上有点微妙。例如，达尔文写道："无知比知识更频繁地使人产生

126

信心。"无知加自信就是生产错误的好配方。与之相反,当知识光环扩大时,周围的黑暗区域也会随之扩大,从而使人更加谦卑。实验表明,实际上无能不仅导致一个人的认知能力差,更会导致他不能认识到自己的能力差。无能者受到了双重的阻碍。

然而还有一种可能,即"危险的"其实是"**有点儿知识**",而不是无知。蒙田写道:"在有知识之前,有一个幼儿园级别的无知,在有了知识以后,还有一个博士级的无知。"帕斯卡尔对此则说得更为详细。随着所得信息的增多,一个人的信心起初会增长,但最终会减少。我推测"蒙田—帕斯卡尔"的假设比达尔文的假设更合理。不是我们增长的知识**水平**,而是水平的**增长**导致了我们的头脑越过其自身,产生了超出数据支持的信心。

概率的主观评估

概率判断可以源于对客观频率的观察,也可以是纯粹的主观评估。[①] 当行动者有大量对相似情境的观察资料可以利用时,用频率论的方法就能得出好的结果。如果我计划在下个月生日那天去野餐,需要判断一下那天的天气可能会怎样,我所能做的大概最多是查一查过去几年里同一天的天气统计资料。但如果我需要判断明天的天气,最佳的单一预测依据就是今天的天气。然而,它并不是唯一的预测依据。过去的记录能告诉我在那天出现晴天是罕见事件还是正常事件。如果罕见,今天的晴朗天气就失去了一些预测价值。我可以读一读墙上的气压计,看看气压是在上升还是在下降,或者看看夜空以及燕子的飞行等。

要把所有这些信息整合成对明天天气的一个全面的概率判断是件困难的事。我们大多数人对此不是很在行。通常,问题不在于缺少信

———————————

[①] 从更深入的分析来看,前一种(客观的)方法归根结底也就是后一种(主观的)方法,因为客观数据总是需要通过主观诠释才能起作用。不过,出于许多实用的目的,这种区分还是既清楚又有用的。

解释社会行为:
社会科学的机制视角

息,而在于有大量的信息,但却缺少能把它们整合为一个方方面面都能考虑到的观点的正规程序。然而,有些人能比大多数人更好地把相关程度不一的大量分散的信息整合为全面的评估。他们拥有令人难以捉摸但又十分关键的素质——**判断力**(judgment)。成功的将军、商人和政治家往往拥有这种能力——这就是他们成功的原因。一名优秀的中央银行家需要有这种能力,而大多数经济学家并不需要这种能力。[①] 我们其余的人能做的最多只是认识到我们不具备这种能力,并学会不去信任直觉。例如,我可能会认识到,当我逐渐了解人们后才发现自己经常因为毫不相关的理由而不信任他们。("他长得像我五年级时认识的一个恶霸")这样我可能就变得不信任我的不信任了(distrust my distrust)。[②]

然而,我们往往认为判断力不只是成功的将军、政治家和商人才有,经过训练的专家也有这种能力。在复杂的诊断或预后(prognostic)问题中,例如对精神疾病进行鉴定或对请求提前释放的犯人再次犯罪的可能性进行评估,我们会信任专家。一些观察者会忽视一些迹象或不明白其意义,而专家则因为有经验会对这些迹象很敏感。而且,当不同的证据指向不同的方向时,专家能利用他们的经验在任何一个给出的案例中决定哪一证据应该被赋予最多的权重。至少我们就是这么看待专家的。我们中的大多数就总把自己看作这个或那个领域的专家——至少在预测我们的老板、配偶或孩子的行为方面。我们对专家具有高人一等的认知能力的这种印象赋予了很大的分量。

而不幸的是,**这种印象完全是虚假的**。在许多研究中,专家的诊断或预后表现被拿来与基于若干变量的简单机械的公式的表现进行比

128

---

① 保罗·克里格曼(Paul Krugman)(《纽约时报》,2005年10月28日)曾评论说艾伦·格林斯潘(Alan Greenspan)具有质疑正规模型的同时"从破碎且有时自相矛盾的数据中察觉经济动向的能力"。

② 知道人可能会受制于偏见是一码事;有能力去纠正偏见则是另一码事。研究表明,刻意地尝试纠正一个人的判断是没有多大价值的,因为一个人轻易就会掉入不充分纠正、不必要纠正或过度纠正的陷阱中。一个人可以学会怀疑自己的判断,难的是提高自己的判断。如果有人能做到后者,他可能也就没有这样做的必要了。

较。本质上,这等同于将客观(频率论的)方法与主观方法相比较。给变量赋予的权重来自统计技术,统计技术通过加权来最大可能地预测可观察的结果。公式几乎没有例外地表现得至少和专家一样好,而且经常更好。① 只举一个例子,在对基于智力测验的进行性脑功能障碍(progressive brain dysfunctioning)诊断展开研究时,由一组案例导出的公式在应用于新样本时正确识别了这些新案例中的83%。而一组有经验的和一组没有经验的临床医生只分别正确识别了63%和58%。不只如此,专家们还经常强烈地反对彼此的意见。在另一项研究中,看过同一场精神病学访谈的经验丰富的精神病学家们无法在病人的诊断结果、动机或感受上达成共识。一些心理治疗师把病人对模糊的墨迹的应答当作诊断的线索。② 似乎心理治疗师看病人就像病人看墨迹一样,

129 都是模糊不清的。

统计推断的一些错误

　　专家犯错的可能性并不比外行人少,因为他们可能忽视明显或不太明显的统计推理原则。在一项研究中,实验者向受试者描述了一名留着长发、爱好读诗的年轻人,并问他们,认为这名年轻人更有可能是管弦乐队的小提琴手还是一名卡车司机。大多数人表示他更有可能是一名小提琴手,而这就忽视了两个群体的**基础比率**(base rate),即每个群体中个体的绝对数。这个国家里卡车司机比管弦乐队的小提琴手要多得多(卡车司机之间也是千差万别的),因此这名有诗人气质的年轻人事实上更有可能是开卡车的。

　　信念形成中另一个出错的根源是选择性偏差(selection bias)。透析中心的病人往往并不愿意被列在肾脏移植手术的等候名单上,这令

① 即使我们简单地给所有的变量赋予相等的权重,这种优势仍然存在。

② 墨迹测验(inkblots),是非常著名的一种心理学测验,通过向被试者呈现标准化的由墨水偶然形成的模样刺激图版,让被试者自由地看并说出由此所联想到的东西,然后将这些反应用符号进行分类记录,加以分析,进而对被试者人格的各种特征进行诊断。——译者注

　解释社会行为:
　　社会科学的机制视角

人感到意外。一个原因是,他们所见过的所有做过移植手术的病人都是那些因手术失败而不得不回来继续做透析的人。蒙田在提到迪亚戈拉斯(Diagoras)时引述了此类偏差,有人"指着幸免于难的人捐赠出的许多物品和图画,……说:'喂,您觉得众神对人间的事很不关心,可是这么多人都被他们仁慈地救了下来,您对此做何解释?'——'这么说吧',迪亚戈拉斯答道:'那些淹死的没有被画下来,人数远远超过画上的。'"[①]与之类似,一名声称"从来没有虐童者能阻止自己的虐童倾向"的精神病学家会忽视这样一个事实——如果一些虐童者做到了,他就不太可能会见到他们。

以色列空军的领导者在评估飞行员训练中奖励与惩罚的相对功效时犯了一个不太明显的错误。他们注意到飞行员因为表现差而受到惩罚时其表现会有所改进,但因为表现好而得到奖励时则不然,于是他们得出结论认为惩罚更有效。他们的这种做法忽略了"趋均数回归"(regression to the mean)的现象。在任何全部或部分地由随机因素所决定的系列事件中,存在着这样一种趋势,一次极值后会接着在下一次里出现一个低于极值的值。高个子的父亲会有比他矮的儿子,飞行员差的表现后也会跟着出现不太差的表现,这与奖惩是无关的。某一季度里表现异常出色的运动员在下一季度里表现得不太好时,粉丝与教练往往会说他们被成功冲昏了头脑,而我们所观察到的可能只不过是趋均数回归。

赌徒谬误(gambler's fallacy)及其(未命名的)反面为我们提供了另一个例子。地震保险的购买量会在地震后激增,但之后又会随着人们对地震记忆的消退而稳步下降。与赌徒错误地相信如果红色已经连续出现了好几次那么就更有可能再次出现一样,购买者通过**可得性启**

130

---

① 蒙田.蒙田随笔集(上卷)[M].潘丽珍,等,译.北京:译林出版社,1996年:45.译文有改动。——译者注

发法(availability heuristic)①形成信念。他们对一个事件的可能性的判断取决于事件被回想起来的容易程度,近期事件比早期事件更能轻易地被想起。情感随时间的减弱(第 8 章)可能也是一个因素。与之相反,住在洪水频发地区的人们则往往相信如果在第 n 年里已经发过洪水,那么在第 $n+1$ 年里就不太可能再次发生。与赌徒错误地相信如果红色已经连续出现了好几次那么就不太可能再次出现一样,他们基于**代表性启发法**(representativeness heuristic)②形成信念。他们相信,或表现得好像相信,一个短的事件序列很有可能代表了包含着它的一个长的事件序列。

人们经常无法把握随机过程与结果分配之间的关系。第二次世界大战期间,许多伦敦人坚信德国人在有组织地集中轰炸城市的某几个地方,因为炸弹是集群落下的。他们不明白基本的统计原则,即随机过程容易产生集群,而当炸弹以整齐密集的网格状落下时,才更能说明这是敌军有意的目标选择。一个总能令那些之前从未遇到过下列情况的人吃惊的事实是:在一个只有 23 人的群体中,两人生日相同(同月同日)的概率大于 50%。

异想天开

接下来考虑不同形式的**异想天开**(magical thinking),即相信一个人
131 能够对事实上无法控制的结果施加因果影响的倾向。例如,相比一枚已被投掷并被遮住结果的硬币,人们会把更大的赌注押在一枚尚未被投掷的硬币上。在普鲁斯特的作品中,叙述者的朋友罗伯特·圣卢普被"某种迷信的信念:情妇对他的忠诚也许取决于他对她的忠诚"所支

---

① 心理学上"启发法"是指人根据一定的经验,在问题空间内进行较少的搜索,以达到问题解决的一种方法。可得性启发法是指,在使用启发法进行判断时,人们往往会依赖最先想到的经验和信息,并认定这些容易知觉或回想起的事件更常出现,以此作为判断的依据。——译者注
② 代表性启发法是指,在使用启发法时,人们首先会考虑到借鉴要判断事件本身或事件的同类事件以往的经验,即以过往出现的结果作为判断的依据。——译者注

解释社会行为:
社会科学的机制视角

配。同样,人们可能无法把握**因果性关联与症状性关联**(causal and diagnostic relevance)之间的区别。在一项实验中,实验者诱使受试者相信,把胳膊撑在刺骨的冷水中的时长是长寿的最佳指标,这些受试者把胳膊撑在水里的时间就会比那些没有收到这一(错误)信息的受试者长。[①] 再如,用自己的行为来预测他人如何行动,人们可能会在囚徒困境中选择合作策略,好像他们能以某种方式让其他人也合作似的。在一项实验中,合作的受试者被要求预测互动搭档的选择和与另一个人搭配的非搭档者的选择,他们更有可能预测(并且对自己的预测有很大的信心)选择合作的是与自己互动的搭档而不是那名非搭档者。[②]

加尔文主义为这种异想天开提供了一个例子(第3章)。给定加尔文主义在预定论上的信念,一个加尔文主义者似乎没有理由不耽于各式各样的世俗快乐,因为按假定这样做对他们死后的命运并没有影响。马克斯·韦伯称,加尔文主义仍然使其信众接受了一种禁欲的生活方式,并非为了获得救赎,而是为了获得自己被选中的主观上的确定性。我们可以把韦伯的话理解为,加尔文主义者混淆了他们行为的因果关系与症状性关联。这在流传于18世纪70年代英国浸礼会信徒中间的一封书信里体现得颇为明显:"每个来到基督面前寻求拯救的灵魂……都将受到鼓励……来了的灵魂不必害怕自己未被选中,因为只有那些会被选中的灵魂才会愿意来。"如果上帝已将我选入被选中者之列,他同时也会**导致我愿意**做出特定的行为。

这些(以及其他许多被广泛记录的)错误绝大多数都是"冷"的或不受动机驱动的错误,在某些方面类似于视觉幻象。其他的错误,或"热"错误,它们的出现是因为行动者的信念**被动机所驱动**,即,受到自

132

---

① 原因与征兆间的区别并不总是明显的。直到1959年,伟大的统计学家R.A.费歇尔(R. A. Fisher)才提出假定,说有一种遗传特征使得个体既易吸烟又易罹患癌症,他认为吸烟是肺癌的特征而非原因(他当时确实从烟草公司那里拿到了报酬)。或者我们想想第2章讨论到的那个发现,个体失业的时间越长,他在既定的时间内找到工作的可能性就越小。失业时间可能仅仅是就业能力的特征,而它也可能对找到工作的概率(以使人堕落、颓废等方式)产生因果性的影响。

② 这种不一致使我们排除了把对互动搭档的合作行为仅仅归因于"错误共识效应"(false consensus effect)的做法(第23章)。

身欲望的过度影响。在第 11 章中我们将看到,欲望对信念的因果影响在本质上并不是非理性的。欲望可以为在信息获取上投入一定量的资源提供理由。以这种方式获得的信息可能会成为持有某种信念的理由。尽管这一欲望并未给持有这种信念提供理由,但这一欲望进入了信念形成的理性复合体之中。隔在最初的欲望与最终的信念之间的是这样一个事实:信息搜索的结果,根据其定义,在决定去搜索的那一刻是未知的。

受动机驱动的信念形成

无可争议,刚才我提到的欲望对信念的影响是符合理性的。帕斯卡尔赌注则提供了一个更有争议的观点。正如我在上一章解释的,帕斯卡尔认为一名相信上帝存在的概率大于零(不论多小)的行动者会出于使期望值最大化的纯工具理性而尽力获得一种认为上帝(以确定型形式)存在的坚定信念,因为如果上帝的确存在,那么这一信念就会确保他得到永恒的幸福(eternal bliss)。这一论点的前提是确定型信念确定会提供救赎,以及信仰的工具性来源并不减损其救赎的功效。尽管从神学角度看两个前提或许都是不可靠的,但此处我们不必关心这一点。问题是这种"去相信的决定"(decision to believe)是否是一项理性的规划。从某种意义上说答案是否定的:我不能像决定举起手臂那样随意地决定相信某事。然而,一个人可能会采用一种间接策略。帕斯卡尔认为,通过表现得**好像**相信,一个人最终会真的相信。然而发生这种情况的机制却有点让人难以理解。[①]

在其他案例中,一个人可能想获得一种他相信是错误的信念,因为持有这种信念会带来好的结果。如果我想减少饮酒量,但却发现成为一名酗酒者的危险不足以驱动自己戒酒,我可能便会渴望去相信这种危险比我现在认为的大。然而,一般来说,并不存在获得这类信念的可

---

① 基于后面将会解释的原因,失谐消减并不是一个看上去合理的机制。

靠技术。除非这一过程含有一个**自我擦除构件**（self-erasing component），能使信念的源头，即想要获得这一信念的欲望从有意识的思维中消失，否则这一欲望就可能只是单纯的希望。

在"无可争议"的案例中，行动者的欲望导致了一定层面上的信息搜集，这种信息搜集反过来又总是会导致这样或那样的信念。在"有争议的案例"中，欲望导致特定的行为，这一行为反过来又导致了行动者想持有的特定信念。这二者都是间接策略。现在我转而讨论直接由动机塑造的信念。它能以两种方式产生，分别对应动机的两种基本属性：唤起（arousal）与内容（content）。正如我们说石头打破冰是因为石头的重量而不是颜色，我们还可以说一个动机对信念的影响并非是通过内容，而是通过伴随而来的唤起水平。通过集中注意力和刺激想象力，适度的生理唤起可以提高信念形成的质量。"当一个人得知自己将在两周内被绞死时"，约翰逊博士（Dr. Johnson）说："这会极好地集中他的思想。"然而，当唤起超过一定水平后，认知就会恶化。人在极度的饥饿、压力、恐惧或成瘾物渴求的状态下很难进行清醒的思考，因为唤起使人很难在大脑中保持先前的推理步骤。可以推测，当只剩一天就要执行绞刑时，人的精神集中度就会钝化。在学术能力测验（scholastic aptitude test，SAT）中，一个非常强的想要做对的动机可能实际上导致一个人做错，正如一名射手想要射中标靶的强烈欲望可能会导致他的手发抖，从而脱靶。[①] 在下一章我将谈到，许多情感可能会因为其自身的紧迫性而 导致行动者绕过理性信念形成的正常机制。这样，信念可能会**被动机所塑造**，但并不**受动机的驱动**，因为行动者并没有特定的欲望去相信这些信念为真。唤起会**蒙蔽**思维，但不会让它**偏向**任何特定的信念。

134

合理化

由内容产生（content-generated）的信念有两种主要类型。正如我之

---

① 别人或自己告诉自己放松一些并不起作用，因为放松的状态和睡觉的状态一样，在本质上都是一种副产品。

前提到的,因为需要了结(need for closure)而且无法忍受承认自己无知,行动者可能会受动机驱使从而在特定的主题上持有**这样或那样的信念**。或者,他也可能受动机驱动而持有某种**特定**的信念,比如他的配偶忠诚于他的这种信念。[1] 产生这种不同的最重要的机制是合理化(rationalization)、一厢情愿和自我欺骗(self-deception)。前一种与后两种的区别在于它们与行为之间的关系。在合理化中,行为发生在前而信念在后(这并不是说信念一旦被接受之后就不会产生新的行为)。在一厢情愿与自我欺骗中,我们则观察到与之相反的顺序。

作为合理化的一个例子,让我们来看看一个标准的"认知失调"实验。两组受试者被要求就反对/赞成堕胎的议题写一篇文章来为自己所**反对**的立场进行辩护。其中一组受试者得到了数目可观的钱作为参与的报酬,而另一组受试者的参与则是权当帮实验者一个忙。写完文章后,后一组而不是前一组受试者对其所辩护的立场表现出更为赞同的态度。看上去可信的解释是,所有的受试者都渴望为自己的行为找一个**理由**。前一组成员可以简单地把钱当作理由。[2] 后一组成员则可以把其(调整后的)信念当作他们为什么这样辩论的理由。[3]

法国谚语说:"冒犯他人之人,不能原谅别人。"如果我不公正地伤害了别人,我可能无法向自己承认我犯了错误。相反,我会在对方身上挑出一个错误,使我的行为正当化或至少被原谅。强奸者总是会说:"她的穿着很挑逗人"——一个有时会被法庭所认同的借口。参与暴力反犹的人会想出一个故事,说犹太人以不道德或非法的手段获得成功,他们理应受到惩罚。行为产生信念,而不是信念产生行为,这在合理化惊人的灵活性里得到了清晰的体现。

---

[1] 或者,像奥赛罗(Othello)那个案例那样,相信配偶是不忠诚的。这种"反向的动机驱动信念"在第2章中我曾简要提到过,在第23章会有进一步的讨论。

[2] 对不参与的惩罚也可成为一个充足的理由。

[3] 在帕斯卡尔赌注中,某人表现得好像真的相信的理由是如此不可抗拒的强烈(对永恒幸福的期望),以至于这名相信者不需要为自己的行为寻求另一种解释。

一厢情愿

让我转向讨论一厢情愿与自我欺骗。这两种没被充分理解的现象的共同之处在于,想要 p 是事实的欲望导致了认为 p 是事实的信念。在一厢情愿中这是一个只需一步的过程:希望是思想之父。证据与其说是被拒绝,不如说是被忽略了。结果,如果我们查证,一厢情愿形成的信念可能正好就是会被证据所证实的那个信念。按照通常的构想,自我欺骗包含四个步骤:第一步,证据被纳入考虑之中;第二步,形成恰当的信念;第三步,这一信念因为与我们的欲望不一致而被拒绝或抑制;第四步,欲望导致另一个更能被接受的信念作为替代而形成。自我欺骗是一种自相矛盾的现象,其存在甚至可能性都受到质疑,所以让我从较为简单的一厢情愿入手吧。

在提出一个导致一厢情愿发生的机制之前,我首先声明,与自我欺骗的情况不同的是,我们不可能否认一厢情愿的存在。有人或许会否认一厢情愿会在高风险情境下发生,或否认其对诸如股票交易或选举这类集体行为的影响,但我们不能否认它会发生。即使其他的东西证明不了,世界文学也会证明它的存在。而且,许多一厢情愿形成的信念充当了**行动**的前提,因而不仅仅是"准信念"。一些吸烟者骗自己相信,吸烟一般来说或对他们而言并不危险,如果他们持有更多理性的信念,本是会戒烟或者尝试着戒烟的。① 有些过于自信的人,一厢情愿地相信自己比实际上更有能力,他们可能会涉足本应避免的冒险活动。那些欺骗自己,认为自己和别人一样成功的人可能会失去自我提升的激励。下面是一个普遍的机制。首先,一个人在动机的驱动下相信自己是成功的。其次,他找到生活中他的确做得好的一些地方。再次,他强化了这些地方的重要性以告诉自己他总的来说是成功的。最后,他放松了在生活的其他领域里取得成功的努力。

---

① 和戒酒的那个案例一样,戒烟可能需要一种非理性的信念——吸烟比事实上**更**危险。

拥有确切的信念对于在生活中航行有着工具性的作用。同时,信念可能内在地令人愉快或令人不愉快,即引发积极或消极的情感。如果我得知自己患了癌症,我可以寻求治疗,但这个信念也会让我感到非常糟糕。按弗洛伊德的话说,受现实原则支配的人寻求确切的信念,而受快乐原则支配的人则寻求令人愉快的信念。这一区别只适用于严格意义上的信念,而不适用于准信念。有些人形成不现实的信念,认为他们会因自己的成就而获得一大笔奖金,然而他们在拿到奖金之前是不会先把这笔钱花出去的,他们最坏也只是受制快乐原则的一种无害形式。更为有害的情况则是,他们对获得奖金的确信竟然真的导致他们陷入了债务之中。

信念的形成也会有成本。如果信念的形成是基于其内在收益,那么成本就是放弃了工具性收益。这一成本既取决于受动机驱动的信念错误时产生的结果(与信念正确所产生的结果相比),又取决于信念出错的概率。我将把这二者称为成本的**结果成分**(outcome components)和**概率成分**(probability components)。与之相反,因工具性收益而形成的信念可能会有放弃内在收益的成本。我将讨论一些案例,其中理性信念的形成有着短期的内在成本和长期的工具性收益,而受动机驱动的信念则有着短期的内在收益和长期的工具性成本。在讨论中,我将对比分别由经济学家和心理学家提出的对受动机驱动的信念形成的解释,以说明这二者都应该成为我们论证的基础。

经济学家关注**成本**。例如,有人认为,工人关于工作安全的受动机驱动的信念,取决于信念的收益是否超过了其成本。如果压制对特定行为的恐惧所带来的心理收益超过了事故发生概率增加的成本,工人就会相信该行为是安全的。这里暗含的一点是,行动者下意识地仔细察看了证据,以确定自己是否能承担得起接受类似动机驱动的信念的后果。其进一步的假定是,信念的形成不受限制:这名工人能够不受可利用信息的影响而相信他做出的任何一个选择。我认为这是个错误的模型，不仅因为其中没有加入限制条件，而且其成本的进入方式也是错误的。受动机驱动的信念的收益发生在当下，而可能的成本发生在之后。这一论证要想成立，我们就必须假定这个下意识的头脑有能力进行这种跨期的权衡。正如我在这部分的引言里所论述的，并没有能支持这一观点的证据。

在我看来，看似更为可信的观点是，一厢情愿**被成本的已知结果成分**（by the known outcome component of the costs）所触发。在风险很小的情况下，行动者可能不考虑成本的概率成分就形成了信念，也就是说不考虑证据。此时并没有权衡，只是一个两步骤的过程。首先，行动者会考虑风险。如果风险低，他就会接受更令人愉快的信念；如果风险高，他会考虑证据，并且在必要时搜集更多的证据。当然，所谓的风险"低"是因人而异的。我们只能说，对于一个指定的个体而言，在其他条件相同的情况下，一厢情愿更有可能在风险低时发生。

心理学家关注**约束因素**（constraints）。一名开始吸烟的行动者可能受到诱导，形成了一厢情愿的信念，认为吸烟并不危险，或者至少对他来说并不危险。然而与此同时，他可能就会被他之前有关吸烟危害的信念所限制。一个人第一次考得很差，他可能会对自己撒谎说是运气不好，但是如果同样的结果在接下来的四次考试中都出现，当他第六次考试失利时，这个谎言就不大可能起作用了。或者考虑一下我在第1章所介绍的关于昂贵的百老汇演出门票的例子。如果我花 75 美元买了票而演出十分糟糕，我对所花的钱的记忆很可能会太过生动，以至于无法被一厢情愿的下调性修正所支配。鉴于审美的不可捉摸性与多维性，更容易的做法是调高我对演出的评估。类似地，尽管可能会发生的事件更令人向往以及令人向往的事件更可能发生两者都有证据支持，但后一种效应会比前者受到更多的约束。

在一个颇有意义的实验里，一场历史知识竞答游戏中受试者期望与某个固定的人做搭档或做对手。在看过这个人成绩不俗的若干表现后,那些期望与他做搭档(因而希望他能力强)的受试者比那些期望与他做对手(因而希望他能力弱)的受试者更倾向于认为他擅长历史。同时,受试者明显受到他们所得信息的属性的约束,因为即使是期望做他对手的受试者也认为他优于平均水平。该实验的一个局限在于,它没有给受试者机会去根据这些信念做出**行动**,承受因低估对手而造成的潜在严重后果。因为那些信念可能仅仅是准信念。

在刚才的例子中,一厢情愿是被先前基于事实的信念所限制的。在其他的案例中,它可能会被看似合理的因果信念限制。一厢情愿常常含有"给自己讲故事"的情况,所谓故事,其含义跟我在第 2 章讨论过的机制的一个含义是紧密联系的。可用机制的数量之多使一个人很容易找到这样或那样的故事来证明任何自己想要为真的信念。我可能会因谚语"传言总是不实的"而不再去想一个令人不愉快的传言,又因为谚语"传言并非空穴来风"而欣然接受一个令人愉快的传言。或者假设我在一份社会工作院校的申请材料上看到,情感的稳定性对这一专业的人来说是不可或缺的。如果我的母亲在我出生后辞去工作来照顾我,我可能会对自己编一个故事说父母全天候的照顾有益于儿童,以此来加强我对情感稳定性的信念。如果她保留工作而把我送到了日托,我可能会转而接受另一个故事——与其他儿童在一起以及父母在外面有职业成就更有益于儿童。[①] 假设我喜爱的球队表现很差,如果另一支球队因为一次侥幸(被说成是这样)而获胜,我就可以保持自己信念的优越性,"如果不是裁判把球挡偏,侧翼球员就会接到传球并射门了"。如果我的马跑了第二,我可以说它"差点儿就赢了",从而保持住对自己赌技的信念。举个一厢情愿更明显的非理性的案例,如果我把钱押在32 上而结果是 33,我也可以说我"差一点儿就赢了",即使这两个数字

---

① 事实上,我们并没有发现在这两种环境中长大的儿童其日后发展有什么前后一致的差异。

在转盘上相距甚远。①

　　然而,有时我们并没有随时可用和看似可信的故事。假设某人把钱押在 24 上。实际出来的号码是 15,在转盘上与 24 相邻;这样他就证实了自己在赌技上的信念。或许他还会把其他结果算作对自己信念的证实,如 5、10、33,因为它们在转盘上都接近 24。他也可能把结果 22、23、25 和 26 当作对信念的验证,因为它们在数值上接近;或者 20、21、26 和 27,因为它们在赌桌上靠近 24。这样,37 种可能的结果中就有 13 种可以被他拿去用作对自己赌技的证明。但这也意味着有 24 种结果没有现成的简单的故事可用。如果其中一种结果发生了,那即使一个容易一厢情愿、极易受动机驱动而接受某个具体信念的人也可能不得不面对事实。

自我欺骗

　　现在来看一看棘手的自我欺骗问题。在日常生活中,人们似乎会在诸如体重、健康、嗜酒习惯、拖延倾向或配偶的忠诚等问题上欺骗自己。一种典型的情境是,他们得到信息暗示什么地方出了问题,接着却不能采取进一步的措施来形成一个更确定的结论。看着镜子,我知道自己超重了,但很难说重了多少。在拒绝称重的情况下,我可以对自己说只不过是几磅的重量,只要我想减就能减掉。一名妇女感觉到胸口有一个肿块,但却没有去看医生以确认肿块是良性的还是恶性的。在这些案例中,自我欺骗因缺乏准确的知识而变得更为容易。这名妇女并不是先下结论认为自己可能患了癌症,继而又抑制这一信念。更为确切地说,她对自己患癌症的**可能性**就已经表示了怀疑。

　　以这一案例作为示范,它具有以下特征:

　　　1.对癌症最开始的怀疑在形式上表现为低概率信念。

　　　2.与之伴随的是一个确定的信念,即如果她真的患了癌症而

---

① 而同时,如果我的数字接近中奖号码,我也可能会更失望。有些国家的彩票会为那些"差一点儿就赢了"的人设置小额的"安慰奖"。

又什么都不做,那结果无疑是致命的。

　　3.另一个与之伴随的确定信念是,如果她真患了癌症并采取了一定的措施,结果可能仍然是致命的,就算不致命,治疗过程也将是非常痛苦的。

　　4.这名妇女从没有基于任何理由询问过自己治疗的痛苦(与未经治疗的病痛相比)与降低致命风险二者是否能相抵消。

　　5.相反,她就这样放弃了看医生以检查是否患癌症的选项。

在这个例子中,决定性的特征是 1 和 3。因为那个最初的信念是低概率的,所以重塑它的成本很低。这名妇女会轻易地把心思放在她听到的众多关于无害肿瘤和没有必要的担惊受怕的故事上。**但是如果没有特征 3,她就没有重塑自己信念的动机**。假如她知道有一种没有成本且没有痛苦的治疗肯定能治愈她,她就不会有不去看医生的动机。没有哪种已知的非理性会阻碍人们不花成本地避免低概率灾难,例如,把一个较低的主观概率变为零概率。

这样形成的自我欺骗并不能包括两个同时起作用且相互矛盾的信念——一个是有意识的,一个是无意识的。当最开始的概率估计被另一个代替时,前者就**永远消失了**(disappears for good),而不是被降级到了无意识之中。许多作家将这一矛盾视为自我欺骗的核心特征。然而,这并不必然属实。自我欺骗的人不像是(或不必像是)一个讨厌猫,而又发现要从猫身上转移目光就必须首先注意到它的人。他更像是一个在暗处看到一个可能是只猫,但也很有可能是其他东西的影子的人。他先是重新解释那个影子,却又不会走到跟前去确定那是否真的是猫,这样他对猫的厌恶感就得到了满足。

我怀疑心理学或哲学对自我欺骗的生动呈现不会比文学好到哪儿去。在《在斯万家那边》(Swann's Way)一书中,普鲁斯特描写了当斯万听到"人们在他面前把奥黛特(他的情妇)描述成由人供养的女人"时的反应,他人的描述听起来与他所知道的奥黛特相比是那么不一致。在一连串的联想之后,他想到了收存着他股票的那位银行家,这提醒他该上他那儿取点钱,好帮助奥黛特渡过经济困难。

解释社会行为:
社会科学的机制视角

接着,他突然想到这儿的意思是否就是指"供养"呢……在他看来跟她毫不相容的"由人供养的女人"这个词……能否用到奥黛特身上。但他不能再顺着这个思路想下去,因为他生来就是懒于思维,这股懒劲也是一阵阵的,说来就来,这会儿正是来到的时候,于是就马上把他的智慧之火全部熄灭,就像后来到处用电气照明的时代,一下子就能把全家的灯统统灭掉一样。他的思想在黑暗中摸索了一会儿,他摘下眼镜,擦擦镜片,用手揉揉眼睛,直到找到一个新的思想时才重见光明——这新的思想就是下个月给奥黛特的不是五千而是六七千法郎,好给她来个出乎意料,感到异常快乐。①

参考文献

本章所提及的许多研究发现可在下列原始资料中找到依据:D. Kahneman, P. Slovic, and A. Tversky (eds.), *Judgment Under Uncertainty* (Cambridge University Press, 1982); D.Bell, H. Raiffa, and A. Tversky (eds.), *Decision Making* (Cambridge University Press, 1988); T. Connolly, H. Arkes, and K. R. Hammond (eds.), *Judgment and Decision Making* (Cambridge University Press, 2000); D. Kahneman and A. Tversky (eds.), *Choices, Values, and Frames* (Cambridge University Press, 2000); T. Gilovich, D. Griffin, and D. Kahneman (eds.), *Heuristics and Biases*: *The Psychology of Intuitive Judgment* (Cambridge University Press, 2002); C. Camerer, G. Loewenstein, and M. Rabin (eds.), *Advances in Behavioral Economics* (New York: Russell Sage, 2004); I. Brocas and J. Carillo (eds.), *The Psychology of Economic Decisions*, *vols.* 1 *and* 2 (Oxford University Press, 2003, 2004)。

关于搭档者合作的倾向大于非搭档者合作的倾向的文献可以在 L. Messe' and J.Sivacek, "Predictions of others' responses in a mixed-motive game: Self-justification or false consensus?" *Journal of Personality and Social Psychology* 37 (1979), 602-7 中找到。

143

关于无知的双倍无能性可参见 J. Kruger and D. Dunning, "Unskilled and unaware of it," *Journal of Personality and Social Psychology* 77 (1999), 1121-34。

关于某些专家("刺猬")的判断不可靠而其他人("狐狸")的判断则更可靠的成熟的研究,参见 P. Tetlock, *Expert Political Judgment* (Princeton, NJ: Princeton University Press, 2005)。

有关地震与洪水的数据,参见 P. Slovic, *The Perception of Risk* (Sterling, VA: Earthscan,

---

① 马塞尔·普鲁斯特.追忆似水年华Ⅰ:在斯万家那边[M].李恒基,徐继曾,译.江苏:译林出版社,1989:268.译文有改动。——译者注

2000）。

有关怀疑论逻辑，参见 B. Keeley, " Of conspiracy theories," *Journal of Philosophy* 96 (1999), 109-26。有关饥荒的理论，参见 S. Kaplan, "The famine plot persuasion in eighteenth-century France," *Transactions of the American Philosophical Society* 72 (1982), and F. Ploux, *De bouche àoreille*：*Naissance et propagation des rumeurs dans la France du XIXe siècle* (Paris：Aubier, 2003）。

有关阴谋论思维的研究，参见 R. Hofstadter, *The Paranoid Style in American Politics* (Cambridge, MA：Harvard University Press, 1964）。

对阴谋的恐惧在中东扮演的角色是 D. Pipes, *The Hidden Hand*：*Middle East Fears of Conspiracy* (New York：St. Martin's Press, 1998) 一书的主题。

我对两位经济学家(George Akerlof and Matthew Rabin) 和一位心理学家(Ziva Kunda) 如何对待受动机驱动的信念形成的评论在" Costs and constraints in the economy of the mind," in I. Brocas and J. Carillo (eds.), *The Psychology of Economic Decisions*, *vol.* 2 (Oxford University Press, 2004) 一文中有进一步的阐述。

144   对自我欺骗的最佳概述是 *Behavioral and Brain Sciences* 20 (1997)中的一个特殊议题，围绕着 A. Mele 的一篇论文"Real self-deception"而形成。

解释社会行为：
社会科学的机制视角

8

情　感

情感的作用

情感以三种方式进入人类的生活,其程度最强烈时,情感是**幸福与痛苦**最重要的**来源**,其重要性远超出享乐性的愉悦和身体上的疼痛。在《劝导》(*Persuasion*)一书的结尾,安妮·埃利奥特(Anne Elliott)热情洋溢的爱情就是一种无法逾越的幸福。相反,羞耻感也可能有巨大的毁灭性。伏尔泰就曾写道:"没有什么能比成了与自己朝夕相处的人所鄙视的对象更令人难以忍受,而且永远也不会有什么能比这更令人难受。"

羞耻还能展示情感发挥作用的第二种方式,即它们**对行为的影响**。在第 4 章,我引用了人们因压倒一切的羞耻感而自杀的几个案例。在这一章,我将主要探讨与情感相联系的**行动倾向**(action tendencies)。而这些倾向在何种程度下被转化为实际行为是我们在之后的章节要关心的问题。

另外,情感会因为它们对**其他心智状态**的影响,特别是对信念的影响,而发挥作用。当一种希望某种特定状态存在的欲望被一种强烈的情感所支持时,相信这种状态确实存在的倾向可能就会令人无法抵抗。正如司汤达在《论爱情》(*On Love*)一书中所说的:"即使最明智的人,一旦他们坠入情网,就看不到事物的**本来面目**了……他不再把一切归结于机缘,也失去了对其可能性的感觉;从爱情对他的幸福的影响来看,他的想象全都成了现实。"①在《追忆似水年华》一书中，普鲁斯特用了几百页的篇幅探究这同一个的主题，其描写的变化与曲折之多，超出人们的预想。

什么是情感？

　　在更详尽地逐一探讨情感的这些面向之前，我需要谈谈**什么是情感**以及**存在哪些情感**。对什么算是一种情感，并没有一个大家一致认可的界定，也就是说，并没有一个公认的充要条件列表。甚至都没有一个公认的必要条件列表。尽管我将讨论我们不经分析而理解为情感的那些状态的大量共同特征，但所有这些特征都有反例，即对于任何这样的特征，都有一些情感或情感性事件是缺乏这一特征的。我们可能认为行动倾向是情感的关键特征，但审美情感（aesthetic emotions）却提供了一个反例。我们可能认为"短半衰期"（short half-life）——一种快速衰退的倾向——是情感必不可少的一个特征，但在某些情况下，得不到回应的浪漫爱情（例如大鼻子情圣的爱情）或强烈的复仇欲望却可以持续数年。我们可能认为情感是由信念激发的，但接着我们又该如何解释人们读（看）显然是虚构的故事（或电影）后会心烦意乱这种现象呢？据称，普遍存在而最后在一些案例中却没有出现，像这样的特征我们还能给出很多其他例子。②

　　考虑到这个问题，自然的反应是否认"情感"是一个有用的科学范畴。按照哲学家的说法，情感似乎并不构成一个**自然种类**（natural kind）。尽管鲸鱼与蝙蝠二者有差异，但作为哺乳动物，它们还是属于同一个自然种类。而鲸鱼与鲨鱼虽然很相似，它们却不属于同一自然种类。蝙蝠与鸟类也不属于同一自然种类。愤怒与爱情都具有蒙蔽心智和使心智产生偏见的能力，但这个相似点并没有使它们被划为同一

①　司汤达.爱情论［M］.罗国祥,杨海燕,译.长沙:湖南人民出版社,1988:27.——译者注
②　出于诊断的目的,人们或许会规定某一心智状态如果具有（比如说）12种定义性特征中的8种或更多,它就是一种情感。但如果是出于解释的目的,这样做就无法令人满意了。

个自然种类。要看清这种类比推理是如何使人误入歧途的,我们可以注意到吸食安非他命与陷入浪漫爱情会产生很多相同的效果:意识变得敏锐,能量得以提升,对睡眠和食物的需求降低,产生欣快感。然而我想没人会声称这两种状态属于同一自然种类。[①]

出于社会科学的解释目的,这一难题可以搁置不解。我们可以集中注意力于那些我们通常能观察到一定数量的特征的情感的发生,并询问这些特征怎样才能帮助我们解释行为或其他心智状态。其他我们直觉认定为情感的情况会缺少一些特征,从概念的角度出发,这一事实很有意思,但这并没有削弱这些情感在它们出现的案例中的解释效力。我想让大家注意的特征如下:

● **认知前情**(cognitive antecedents)。情感由信念激发,通常由行动者获取一种新信念的行为激发。情感可能还有其他因果条件(我们疲劳时更容易恼怒),但这些条件的出现本身并不会导致情感产生,就像湿滑的路并不一定会导致车祸一样。

● **生理唤起**(physiological arousal)。情感与心率、皮肤电传导、体温、血压、呼吸以及其他众多变量的变化相伴发生。

● **生理表现**(physiological expressions)。情感与典型的可观察迹象相伴发生,例如身体姿态、音调、(因为羞愧而)脸潮红和涨红、微笑或露齿、大笑和皱眉、流泪和哭喊、气得面色惨白或脸红脖子粗(如脸色苍白和脸红时分别表现出的样子)。

● **行动倾向**(action tendencies)。情感与实施特定行动的倾向或冲动相伴。尽管这些倾向可能不会导致实际行为,但它们并不仅仅是意向——它们是行为早期的表现形式,而不仅仅是行为发生的潜在可能性。

● **意向客体**(intentional objects)。与其他本能性现象(例如疼痛或饥饿)不同,情感是与某事**相关**的。它们可能有"命题对象"("我对……这件事感到愤慨")或非命题对象("我对……这个人

---

① 但它们可能启用了一些相同的神经回路。

感到愤慨")。

• **效价**(valence)。这是一个从"痛苦—幸福"维度衡量我们所经历的情感的技术术语。如我们之前所说的,效价的范围可以从安妮·埃利奥特发光发热的幸福感延伸到被曝光的恋童癖物品购买者压倒性的羞耻感。

难道情感不像颜色那样也有特定性质的**感觉**(feelings)吗?例如,看上去羞耻和内疚让人**感觉**不同,而这种不同并不能化约成羞耻在程度上更令人不悦。有证据表明,人们可以往我大脑里嵌入一块电极并让我在无法辨别出这些感觉的原因或对象的情况下仍能感觉到悲伤、
147 尴尬或害怕。虽然这一角度可能最终对我们理解情感很重要,但它还没有被人足够理解,不能表明任何特定的因果假设。

存在哪些情感

我会列出并简要介绍 24 种情感,我并不主张这种分类方法比其他众多已经被提出来的分类方法优越。我的目标在于为那些在社会生活中具有固有的重要性或因果重要性的情感提供一些理解,而不是试图满足情感理论家们(真正)关心的问题。我尤其不会谈到哪些情感是"基本的",哪些是"非基本的"这个问题。

首先,一组重要的情感是**评价情感**(evaluative emotions)。它们包含一种对自己或其他某人的行为或性格特征的正面或负面的评估。[①]如果一个人的某种情感是受另一个人的行为激发,那么那种行为要么是指向这个人本身要么是指向一个第三方。这些区分产生了总共十种(或十一种)情感:

• **羞耻**:由对自身性格的消极信念引发的情感。
• **鄙视和仇恨**:由对他人性格的消极信念引发的情感。鄙视源于

---

① 对自己的负面评估所激发的情感总是具有负面的效价。而那些对他人的负面评估造成的情感在这个方面则较为模棱两可。

解释社会行为:
社会科学的机制视角

认为他人次于自己的想法,仇恨源于他人是邪恶的这种想法。

- **内疚**:由对自身行动的消极信念引发的情感。
- **愤怒**:由对他人针对自己的行动的消极信念引发的情感。
- **笛卡尔式的愤慨**(indignation)①:由他人对第三方的行动的消极信念引发的情感。
    - **高傲**(pridefulness):由对自身性格的积极信念引发的情感。
    - **喜欢**(liking):由对他人性格的积极信念引发的情感。
    - **骄傲**(pride):由对自身行动的积极信念引发的情感。
    - **感恩**(gratitude):由对他人对自己的行动的积极信念引发的情感。
    - **赞赏**(admiration):由对他人对第三方的行动的积极信念引发的情感。

148

其次,有一组情感是由他人拥有其应得的(deserved)或不应得的(undeserved)②好东西或坏东西这样的想法引发的。这些情感的目标对象既不是个人行动也不是个人性格,而是一种事务的状态。依据亚里士多德在《修辞学》中的讨论,我们可以区分出六种(或七种)案例。

- **嫉妒**:由他人应得的好东西引发的情感。
- **亚里士多德式的愤慨**(indignation):由他人非应得的好东西引发的情感。③ 与憎恨(resentment)联系最紧密的情感是由声望等级的反转——一个原本处于较低地位的团体或个人成为主导的一方——引发的。
    - **同情**(sympathy):由他人应得的好东西引发的情感。
    - **怜悯**(pity):由他人非应得的坏东西引发的情感。

---

① 这种情感最初是由笛卡尔界定的,笛卡尔添加了一条重要的限制条件,即当行动者爱着(love)第三方时,互动就是愤怒而非愤慨。

② 我把"非不应得的(nonundeserved)"纳入"应得的"之下。因此当某人中了彩票大奖时,我会说这是应得的,这与一般惯例颇有不同。

③ 尽管亚里士多德对这种情感的用词常被翻译为"愤慨",我们还是应该分清楚此处亚里士多德式的愤慨与笛卡尔式的愤慨有什么区别。

- **恶意**(malice)：由他人非应得的坏东西引发的情感。
- **幸灾乐祸**(gloating)：由他人应得的坏东西引发的情感。

再次，还有一些积极的或消极的情感——**愉悦与悲伤**，以及各种变形和同源词——源于对发生在或即将要发生在某人身上的好事或坏事的想法。如很多人已经观察到的，过去的不好的事件也可能在现在产生积极的情感，而过去好的事件可能在现在产生消极的情感。因此，在古代主要的谚语集锦《格言集》中，我们既可以找到"对过去困难的回忆是快乐的"，也可以找到"过去的欢乐加剧今日的痛苦"。

至此我们讨论过的所有情感都是由以（或可能以）确定性的模式（mode of certainty）持有的信念引发的。同样还有本质上以可能性的模式（modes of probability or possibility）持有的信念引发的情感——希望、恐惧、爱情、妒忌。这些情感是由关于好事或坏事可能或可能不在未来发生的想法，以及关于好的或坏的事态当前可能或可能不能达成的想法产生的。① 总的来说，这些情感要求所考虑的事件或事态不仅仅被看作是可信的，也就是说，必须要有可能真实发生的"顺理成章的因果故事"，或者有可能真能获得的不可忽视的机会。赢得彩票大奖的想法可能会使人产生希望，而从一个不知名的百万富翁那里得到一份大礼的"非顺理成章"想法则没有这个效果。这些情感看似还要求所考虑的事件或状态又不足以被看作是确定的。如果我**知道**自己即将被行刑，我可能会感到绝望而非恐惧。正如司汤达说的，爱情中的人一旦确定爱情是相互的或者一旦确定它不是相互的，爱情都将枯萎。根据拉·罗什富科所说的，爱情中的人一旦**知道**他所爱之人爱着别人，妒忌就将消失。

有些情感是由人们对可能发生的事情或他人可能做过的事情的反

---

① 情感可能还会由（可能更少见）对过去的不确定所激发。前德意志民主共和国垮台之后，很多公民要求查看他们的安全档案以确定其中是否有关于他们的朋友和亲属的信息。更具深意的是，有的人是想要搞清楚他们的个人失败（没能获得晋升或者被爱人抛弃）到底是因为他们自己的失败还是因为他人受到政府安全部门的指使故意排挤他们。

解释社会行为：
社会科学的机制视角

事实(counterfactual)思维引发的。失望(disappointment)这种情感会在所期待的事件没能实现的情况下发生。① 当我们意识到如果当时自己做了不同的选择,所期待的正面事件可能即将发生的时候,后悔的情感就会出现。这些情感(由负面事件的不发生引起)的正面的对应部分有时被分别引用为兴奋(elation)和欣喜(rejoicing)。(在我们的日常语言中,这两个词在"欣慰"(relief)这个大类下常常混淆。)失望和兴奋这两个词源自对在既定的选择下不同的事态导致的不同结果进行的比较,后悔和欣喜这两个词源自对单一状态下不同选择的比较。在某些案例中,负面的事件可以有以上两者中的任意一种源头。如果我在上班路上淋了雨,我既可以将其归咎于气象事件的发生又可以归咎于自己没带雨伞。尽管我可能更偏好前一种表述,但这种一厢情愿可能还要受现实条件的约束(第 7 章),比如我出门之前听到了天气预报说有雨。

150

情感与幸福

情感在生产幸福(或痛苦)的过程中起到的作用,会让人想到"国民幸福生产总值"这样一个概念。当然,惯常的衡量经济效益的手段要更客观一些。但物质测量层面上的客观性并不是我们最在意的。我们想要了解经济产出是因为它会产生主观的福利与幸福。此外,幸福还可能产生于那些不适用任何客观的定量测量的源头。1994 年挪威主办冬季奥林匹克运动会,这个国家不得不花费相当大一笔钱去建造新的竞赛场所和参赛者住房。从收入方面来说,我们可以既把这些建设未来会产生的收入算进来,又把来主办国旅游和看比赛的人们的花费算进来。进行了这些计算的经济学家不相信这些比赛能不赚不赔。然而我却很肯定(但当然我没法证明),如果我们把挪威人民在情感上的收益算进来,这些比赛有庞大的盈余。挪威出人意料地出了大批金牌得主,

---

① 功亏一篑(near-misses)的情况会使人产生强烈的情感,据报道,奥林匹克竞赛的银牌获得者要比铜牌获得者更不快乐。

这制造了一种集体欣快感，而这种欣快感**因为**比赛胜利太出人意料而更强烈。比赛胜利的"客观"数量能有这样的影响力，这得归功于主观的惊喜感（surprise）。① 更近一些的1998年和2002年足球世界杯，法国队先后的胜利和失败分别制造了欣快感和沮丧感，这些感受之所以这么强烈，大部分是惊喜感在起作用。

151

总的来说，把福利（welfare）或福祉（well-being）中的情感成分与其他成分相比较很难。积极情感在其最强烈的时候对幸福的作用比简单的享乐福利的作用大，这不能说明什么，除非我们知道这种强烈的情况多久出现一次。而且，我们也不明白情绪高昂的趋向是否与情绪低落的趋向相伴出现，以及在多大程度上它们相伴出现。如果它们是相伴出现的，那么一种稳定的心满意足的生活是否要比一种欣快感与焦虑感交替出现的生活总体上更令人幸福呢？如蒙田所写的，问题的答案取决于环境提供的时机（occasions）。"如果说我们面临苦痛时麻痹自己的感情使之迟钝的做法还会损害我们对愉悦、好的快乐的敏感，这我承认。但考虑到人类的可怜处境，我们能享受的东西比我们应避开的东西少得多。"

情感与行动

情感与行动之间的中间链条是行动倾向［或行动预备（action readiness）］。我们还可以把行动倾向看作一种暂时的偏好。上文列出的主要情感中，每一种情感看上去都有一种（或几种）这样的倾向与之相联系（参见表8.1）。

---

① 假设先在的成功的概率为 p，因成功而获得的满足感比率为 $1/p$（因为 p 越低惊喜感就越强）。在这个具体的惊喜感模型下，**预期**的对成功的满足感独立于成功的概率。而实质上惊喜感的影响要更复杂一些。

解释社会行为：
社会科学的机制视角

表 8.1

情　感	行动倾向
愤怒或笛卡尔式的愤慨	使情感对象受苦
仇恨	使仇恨的对象不再存在
蔑视	排斥；躲避
羞耻	"钻进地缝"；逃避；自杀
内疚	坦白；弥补；自我伤害
嫉妒	摧毁被嫉妒的对象或其所有者
恐惧	逃跑；战斗
爱情	靠近和触摸对方；帮助对方；取悦对方
怜悯	安抚或减轻对方的不幸
感恩	帮助对方

　　虽然愤怒与笛卡尔式的愤慨会导致相同的行动倾向,但愤怒导致的倾向要更强烈。实验表明,相比较伤害那些伤害过自己的人和伤害那些伤害了某个第三方的人,实验对象愿意为前者支付更大的成本。

　　愤怒、内疚、蔑视和羞耻的情感与道德和社会规范联系比较紧密。违反道德和社会规范的人可能会饱受内疚或羞耻之苦,而看到违反行为规范的人则感到愤怒或蔑视。这种情感间关系结构的变化体现在图8.1 中。

　　社会规范(我们会在第 22 章进一步讨论)的实现是通过将个人的行为暴露在他人面前。这也就是为什么本章开头提到的自杀行为只有当令人羞耻的行动公布于众时才会发生。我在第 5 章提出,在这个角度上道德规范与社会规范有所不同。[1]

152

---

① 我猜想,违背准道德规范的行为会触发与违背道德规范相同的情感,但我的这种直觉还不够坚定。

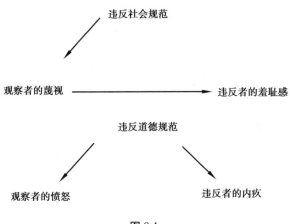

違反社会规范

观察者的蔑视 ──────────────▶ 违反者的羞耻感

违反道德规范

观察者的愤怒　　　　　　　　　违反者的内疚

图 8.1

　　有些行动倾向看似指向"恢复世间的道德平衡"。伤害那些伤害过你的人以及帮助那些帮助过你的人,这看似是一种寻求公平的做法。这在某些案例里是成立的。然而前景理论(prospect theory)(第 12 章)指出,和"一报还一报"相比,"双倍奉还"可能是对愤怒的行动倾向更好的描述。[①] 尽管很多人的感激行为仅仅是为了使自己卸下一笔人情债,但也有很多人可能是出于对捐助者真诚的善意。"道德平衡"的这种视角在内疚的案例中更有说服力,此时补偿的行动倾向明显是恢复性质的。此外,当行动者无法收回自己做的伤害别人的事时,她可以通过以同等的程度伤害自己来恢复平衡。如果我在自己的所得税上撒了谎,而国税局不接受我寄去的自己欠的钱的匿名汇票,我可以通过把这笔钱烧了的方式来恢复平衡。

　　情感的行动倾向不仅会引发行动的欲望。它们还会引发一种**尽快行动**(act sooner than later)的欲望。我们把这种思想放到具体的语境之下,来区分一下**不耐烦**(impatience)和**紧迫感**(urgency)。我将不耐烦界定为喜欢奖赏早来的偏好,也就是某种程度的时间贴现。如我在第 6 章提到的,情感可能会导致行动者对当前行动暂时遥远的结果赋予较少的重要性。我将紧迫感界定为另一种情感效果,即一种喜欢较早行

──────────

①　塞涅卡观察到,对待恶行,不过分就不能算报仇。

动的偏好。这种区分体现在表 8.2 中。

表 8.2

t1	t2	t3	t4
A	3		
B		5	
案例 1：不耐烦			
A		3	
	B	4	
案例 2：紧迫感			
A		3	
	B		6
案例 3：不耐烦并且/或者紧迫感			

在表 8.2 的这几个案例中，行动者都可以并只能在两种行动中选择一种，A 或 B。案例 1 中，这两个选项同时可选。案例 2 和案例 3 中，这两个选项分布在连续的两个时间点上。在案例 2 中，A 和 B 的回报（其大小由数字表示）发生在稍后的一个相同的时间点；在案例 1 和案例 3 中，回报发生在稍后两个连续的时间点上。假设行动者在不受情感影响的状态下在所有案例中都选择了 B，在受情感影响的状态下又都选择了 A。在案例 1 中，行动者选择 A 是因为他情感上受不耐烦的影响。在案例 2 中，他选择 A 是因为情感上受紧迫感的影响。在案例 3 中，他选择 A 可能是因为不耐烦，也可能是因为紧迫感，或者还可能是基于这两种情感的相互作用。

不耐烦是我们讨论了很多的一个问题，它是第 6 章的中心。虽然我们讨论紧迫感的频率没那么高，但我相信它是相当重要的。尤其，情感的紧迫感为情感影响信念形成提供了一种机制。我们在第 11 章会看到，理性的信念形成需要人们最有效地搜集信息。理性的行动者不

154

会仅靠手头已有的证据就下定论,如果他们所要做的决策足够重要,并且等待的成本足够低,他们就会在行动前搜集额外的证据。紧迫的情感常在等待成本非常高的情境下(如面临切实的人身危险时)被激发。在这种情况下,不加停顿地迅速搜集更多信息是关键。但当一个重要的决策可以因等待而优化时,情感引发的想要立即行动的欲望就会是有害的。塞涅卡曾说道:"理性给了双方申辩的机会,然后试图推迟行动(即使是它自己的行动),以便获得一些时间筛选出真相;但愤怒是鲁莽的。"谚语"匆匆结婚,时时悔恨"既体现了情感的刺激作用,又指出了无法抗拒这种刺激将得到的不幸结果。①

我在前面提到,并不是所有情感都有短半衰期这个特征。通常情况下情绪会随时间迅速衰减。在某些案例中,情绪衰减仅仅是因为激发它们的情境已经不存在了。当我安全逃离威胁我生命的熊时,恐惧就不再必要了。更常见的情况是,随着单纯的时间推移,情感会随记忆的消逝而衰退。愤怒、羞耻、内疚和爱情这些情感很少能维持起初的那种强度。例如,2001 年 9 月 11 日之后,美国表现出服兵役兴趣的年轻男性的数量增加了 50%,而实际入伍的年轻男性数量却没有明显上升。这些事实符合我们的假设——最初的兴趣剧增是源于情感,而后几个月入伍注册的过程中,这种兴趣就减弱了。美国年轻女性参军的兴趣几乎没有上升,这一事实并没有明显的解释。

有人说,人们往往无法预测到自己情感的衰变。当人们受到一种强烈情感的支配时,他们可能会错误地相信这种情感会永远持续下去,甚至可能失去对未来的感觉。如果我之前提到的自杀的个体知道自己的羞耻感(以及他人对他的蔑视)会衰退,他们可能就不会放弃自己的生命了。如果年轻夫妻知道他们对对方的爱情可能不会永远持续,他

_____

① 2001 年 9 月 11 日之后,西方一些国家政府制定的削减公民自由的政策就是一个很好的测试案例。我们可以检验一下这些政策是对迫在眉睫的危险的反应,还是一种恐慌的应激反应。后者甚至使政府在敌人眼中显得越发可恶,从而增加而非减少了进一步恐怖袭击的可能性。我们还可以比较之前章节中针对"心理暴政"(psychology of tyranny)的几种观点。

解释社会行为:
社会科学的机制视角

们可能就不会那么心甘情愿地许下承诺,尤其不会那么情愿地走进"契约婚姻"了(婚姻更难持续)。

现在让我来做个总结,我要指出两种情感引发的现象——偏好逆转与被混淆的信念形成——之间的一种互动。从比较乐观的角度看,这两种现象可能会相互抵消:因为偏好逆转会使人想违背自己冷静思考后的判断而行事,但混淆的信念会让人无法实现这种意向。我认为更频发的情况是,这两种现象会相互加强。复仇就是一个例子。我不去报复他人对我的挑战,此时风险最小;如果我要报复但会等待时机,此时风险更高;如果我不考虑任何风险立刻就去复仇,此时风险最高。蒙田提出了类似的观点:"当年我们惩罚那些给我们带来伤害的人时,哲学告诉我们要避开愤怒,不是为了减少我们的报复,而是(正相反)为了使报复效果更好、瞄得更准;哲学将强烈的情感视为对报复的阻碍。"而这种观点忽视了这样一种悖论:如果我们没感觉到情感,我们可能就不会想报复;如果我们感觉到了情感,我们还可能无法有效地将报复付诸执行。

情感与信念

情感既能直接也能间接地影响信念的形成。直接影响产生带有偏差的信念,间接影响产生低品质的信念。司汤达的**结晶**(crystallization)理论就描绘了一种形式的偏差。"结晶"一词的起源如下:"在塞尔茨堡附近的哈兰盐矿,工人们把一根无叶的冻枝扔进一个已经废弃的矿坑。经过两三个月的盐水浸泡以后,把树枝取出并晾干,工人们发现树枝上覆盖着闪闪发亮的一层晶体,即使那些大小不超过猫的爪子的枝条上也同样包裹着无数的晶体,晶莹闪烁。"类推到爱情上会很明显:"一旦你真正对某个女人开始感兴趣,你就不会再以其真实的样子看待她,而是以适合于你的方式看待她。这种初生的兴趣形成了一种比真容更加美丽的幻想,然后你把它与里面包裹着光秃秃树枝的细小晶体进行比较——只有爱上她的那个年轻人（与你不同）才会以这种眼光看待她。"①

　　前文中我引用了一句法国谚语，之后我还会再用到，我们易于**相信我们所惧怕的事情**。这也是一种形式的偏差。我们自然而然地（甚至在非情感状态下）倾向于对低概率风险赋予过度的重要性（第12章），本能性恐惧同样会致使我们相信危险比它们的实际程度更高。晚上我们踏入一座森林，一个声音或一个动静都可能触发恐惧，而恐惧继而导致我们将之前忽略了的其他声音和动静解读为令人恐惧的东西。恐惧"自我喂养"（feeds on itself）。我们还可以把这看作"奥赛罗效应"（the Othello effect）。我会在第23章对此做更多论述。

　　情感的紧迫感作用于信念形成之前的搜集信息阶段，而不是信念
157　本身。其结果是产生低质量信念，它建立在比理想状态要少的信息之上；而不是产生对行动者希望为真的某个具体结论有偏差或与其对立的一种信念。然而，实践中这两种机制往往同时发生并且相互加强。行动者最初形成一种情感引发的偏差，而情感的紧迫感阻止她搜集可能更正这一偏差的信息。如我们在之前的章节中看到的，一厢情愿在某种程度上服从于现实的约束。反一厢情愿同样也受到这种约束。因此，如果行动者搜集到更多信息，他可能会难以坚持最初偏差的信念。

　　然而，我要重复的是，如果搜集大量信息的机会成本很高，这样做可能就不理性了。如果你花太多时间去决定路上的那个东西是木棍还是蛇，你可能就会死掉。需要补充的是，在非情感状态下，人们会有**忽视机会成本而更注重已付成本**（out-of-pocket expenses）的倾向（第12章）。当面对一个可能的风险时，如果行动者没有足够重视不作为也可能损失惨重这一事实，他可能会因为直接成本而不采取大量预防措施。因此，在某些情况下，情感的紧迫感会为这种非理性倾向提供一种有用的更正。与此同时，需要重复的是，紧迫感和低质量的信念会制造问题而不是解决问题。

---

① 司汤达.爱情论[M].罗国祥,杨海燕,译.长沙:湖南人民出版社,1988:336.——译者注

情感与变形

因为动机具有规范等级(参见第4章),所以人们可能会对自己的情感感到羞耻。例如,嫉妒(envy)就是一种大多数人都不承认自己有的情感。当伊阿古(Iago)说"要是卡西奥活在世上,他那种翩翩风度,叫我每天都要在他身边相形见绌"①时,他是异常甚至令人难以置信地坦率。人们对自己感知到的自己的嫉妒最常见的反应就是在心里耸肩。人们表达一种痛苦的自卑感,一种破坏欲一闪而过,然后这件事就过去了。然而,有时候这种情感可能非常强烈、令人难以忽视。而与此同时,它又不能被承认。解决这种冲突的办法就是,通过适当地改编脚本把嫉妒变形为正当的愤慨。我可以给自己编个故事,说对方是通过 158 非法的和不道德的手段——可能还以牺牲我的利益为代价——才达得令人嫉妒的目的,这样我就把嫉妒变形为亚里士多德式的愤慨或愤怒。

在第7章,我讨论了动机驱动的信念形成。如图8.2显示,这一现象可能内嵌于我在第4章讨论过的**动机驱动的动机**(motivated motivation)过程。为了让行动者能够感受到一种不会令他感到羞耻的动机,这种认知上的改编或许是必需的。

嫉妒向正当愤慨的这种形变还能以一种更直接的方式发生。嫉妒不仅令人羞耻,它还令人痛苦。别人获得成功的那件事,如果我当时更努力,本也可以获得成功,这一信念会让人非常不快。为了缓解这种痛苦,我可以接受一个相似的、关于对方成功的见不得人的原因的故事。内疚同样会令人难以忍受,尤其当人受到高傲心理影响的时候。高傲的人会很容易就编出怪罪受害者而非他们自己的故事:"他们所伤害的人,也是他们痛恨的人"(塞涅卡)。这一规律在文艺复兴时期的诸侯、古代暴君和其他专横的人身上似乎很常见。对自我形象的关心可能还 159 会导致回避后悔。对某些人而言,承认自己犯错这件事太痛苦了,他们

---

① 莎士比亚.奥赛罗[M].曹未风,译.上海:上海译文出版社,1979:第五幕第一场。——译者注

宁愿继续某个无利可图的活动而不是听从理性放弃。这是"沉没成本谬误"（the sunk-cost fallacy），有时还被称为"越南谬误"或"协和谬误"（the Concorde fallacy）。关于这一点我在第 12 章会更详细地讨论。

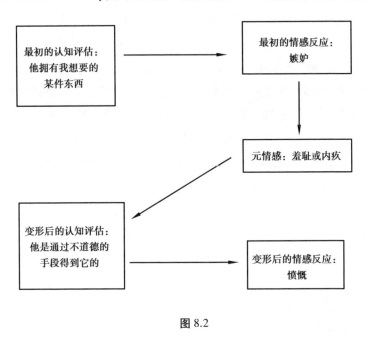

图 8.2

文化与情感

所有情感都是共通的（universal）吗？如果不是，那么是否存在一些共通的情感呢？对后一个问题，我的回答是肯定的，对前一个问题，我暂且回答"是"这样的。

有一些情感看起来明显是共通的。有六种情感——高兴（happiness）、惊喜（surprise）、恐惧（fear）、悲伤（sadness）、厌恶（disgust）和愤怒（anger），其所对应的面部表情能被来自不同文化的人们识别。如果人们像我一样相信社会规范存在于所有社会之中，那么支持这些规范的情感——轻蔑与羞耻——肯定也是共通的。有人可能会设想一个社会中的人在自己受到冒犯时会感到愤怒，而看见第三方受到冒犯

解释社会行为：
社会科学的机制视角

却不会感到(笛卡尔式的)愤慨。我很难相信这样的社会能存在,但或许是我错了。如果爱情是共通的(参见稍后的讨论),妒忌(jealousy)不也应该是一样吗?

据说日本人有一种情感"甘ぇ"(amae,大致表现为一种无助并渴望被爱的感受),这种情感在其他社会中就不存在。还有人提出古希腊是一种"耻感文化"(shame culture),不同于现代的"罪感文化"(guilt culture);"浪漫的爱情"是一种现代发明;厌倦感(如果它是一种情感的话)也是最近才产生的。然而,我们不能排除这种可能,即那些据说缺席的情感或许在我们所说的那些社会中是存在的,只是这些社会中的人们并没有将其概念化。某种情感,或许一个外部观察者也认识它,但这个观察者所在社会的成员却对它没有认知。在塔希提岛(Tahiti),如果一个男人的女性朋友离开了他,他会表现出悲伤的行为症状,但他只会说自己是"累了"。在西方,"浪漫的爱情"是一个相对较晚近的**概念**,可以追溯到行吟诗人(troubadours)的年代。在那个年代之前,只有"纵情声色或疯狂"。不过,即使当时的社会对浪漫爱情这种情感还没有概念,浪漫爱情的**体验**也有可能已经发生了,在我看来也是这样。个人可以在对爱无意识的情况下陷入爱河,同时他们的情感可能无论对于与他们同处一个社会的观察者还是来自另一个社会的观察者都是显而易见的。古希腊人表现出一些与内疚相关的反应——愤怒、原谅和赔偿,这些反应意味着内疚这种情感存在,即使古希腊没有一个词能对应这一情感。人们思考情感的方式可能受特定文化的影响,尽管这些情感本身并没有文化特殊性。

虽然如此,我们还是应该补充一点,如果某一种情感没有被明确地概念化,那么它可能也较少有行为上的表现。拉·罗什富科写道:"如果有些人从来没有听到过'爱情'一词,那他们就永远不会谈恋爱。"同样,在那些人们从小就被告知在某些情况下应该有罪感的社会中,内疚可能更常见。

参考文献

　　有关情感的最好的著作是 N. Frijda, *The Emotions*（Cambridge University Press, 1986）。我大量引用了他在 *Alchemies of the Mind*（subtitled *Rationality and the Emotions*）（Cambridge University Press, 1999）中做的研究，读者可以从此书中找到对我们讨论的概念更深入的内容。紧迫感的概念，与不耐烦相区别，是对这本书讨论框架的补充。对情感在解释行为时扮演的角色，支持的讨论有 R. Petersen, *Understanding Eastern Europe*（Cambridge University Press, 2002），以及我的 *Closing the Books：Transitional Justice in Historical Perspective*（Cambridge University Press, 2004）一书的第 8 章。

161

解释社会行为：
社会科学的机制视角

行　动

　　尽管我主要把"行动"(action)、"行为"(behavior)、"决定"(decision)与"选择"(choice)当作同义术语来使用,但有时对它们加以区分还是很有用的。**行为**的范畴最广,它可以被理解为任何源于行动者内在而非外在(例如当一个人被山体滑坡卷走时)的人体活动。**行动**是指由行动者的欲望与信念引起的意向性行为。因此反射行为不是行动;勃起不是行动(但它可以被某一行动引发,例如服用伟哥);入睡不是行动(但可以通过服用安眠药来引发)。行动之前可能有也可能没有一个有意识的**决定**。当我开车沿着自己的常规路线去上班时,我并没有有意识地决定在这里右转或在那里左转,虽然我的每个行动都是意向性的或目标导向的。然而,当我第一次或最初几次开车去上班时,在这些行动之前我是有明确的决定的。其实,这些行动之前是我在几条备选路线之间进行的明确的**选择**。尽管所有的选择都是决定,但这话反过来说就不对了。当我决定拿起我最近在读的那本书时,我的脑子里不一定得有任何明确的替代选项。我看见书放在桌子上;这一情境使我想起阅读它的快乐;于是我决定拿起它。这里并未涉及任何选择。

　　上面这个概念性图景最重要的特征可能是:**并非所有的决定都会导致行动**。我可能会决定不做某件事,例如,不搭救某个溺水的人,如果介入这件事会让我面临风险的话。如果这个人溺死了且当时没有第三方在场，那么我对这个结果不负有因果责任，我可能负有道德责任，在某些国家可能还负有法律责任，不过那是另外一回事了。① 但假设有第三方在场，或者像基蒂·吉诺维斯案那样有很多方在场。如果第三方看到我有能力救助溺水的人但却没有伸出援手，那么他或她可能会合理地推断情况似乎没有那么严重，于是也不伸手帮忙。这样一来，我决定什么都不做就会引发另一个人也决定什么都不做。因此，即使决定不产生行动，它也能具有因果效力。

第三篇的大量内容都是围绕理性选择理论组织起来的。就像我在本书导论中所解释的那样，相较于过去，我变得对行动（或者不行动！）的理性选择解释更怀疑了。然而，虽然很多行为是非理性的，但无论如何理性从某种程度上看仍然是根本性的。人类**想要**自己是理性的，我们不会以偏离理性为傲，相反，我们会试图避免或纠正这些偏离，除非我们的自傲让我们认识不到自己偏离了理性。

---

① 在美国，除了一些有严格限制的情况之外，人们没有责任去当一个好撒玛利亚人（Good Samaritan）。在欧洲大陆，如果撒玛利亚人去救人的风险小于那些需要救助之人的危险，那么"不向身处危险的人伸出援手"可能会遭到严厉惩罚。一些美国的法律学家认为美国的法律更有效力，因为给人们强加普遍性的援助责任会促使潜在的救援者避开那些可能需要救援的地点，因为他们害怕被追究责任。事实可能如此，也可能（更有可能）并非如此；看似肯定的是，美国这一制度的产生既不是因为效力，也不是因其他理由产生后再因其具有效力而继续运行。

解释社会行为：
社会科学的机制视角

9
欲望与机会

力求做到最好

在对行为的特征进行描述时,我们有时会说:"他尽其所能做到了最好。"如果我们把这个句子分解一下,它包含两个要素:欲望(desires)和机会(opportunities)。欲望为行动者界定出什么算是"最好"。机会是行动者"能够"挑选的选项或手段。这种描述也可以用作对行为的一种基本的理性选择**解释**。如果我们问:"他为什么做这件事?"那么"这是他所能做到的最好"的回答可能就完全足够了。在许多案例中,要拿出一个令人满意的理性选择的解释,我们还需要做得更多。特别是,我们可能需要诉诸行动者的信念,而不仅仅是欲望和机会。我将在第 11章考虑这些复杂的情况。这里,我讨论的是简单的"欲望—机会"分析框架能带我们走多远。① 我还将说明这个分析框架有时并不像它看起来的那样简单,因为欲望和机会并非总(像我们有时假定的那样)是相互独立的。

针对"他为什么做这件事"的问题还有一种与"欲望—机会"分析框架相当的思考方式。在理解行为时,我们可以从个体可能会采取的所有理论上具有可能性的行动着手。我们可以将实际观察到的行动视为连续两次过滤操作的结果。第一次过滤由行动者面对的全部**约束因素** constraints)——身体上的、经济上的、法律上的以及其

---

① 此时我采用了一个隐含的假设,即行动者**相信**自己能够进行选择的那个选项集与这个"客观的"机会集是重合的。

他——构成。① 符合全部约束因素的行动就构成了一个机会集（opportunity set）。第二次过滤是一个决定机会集内的哪个行动会被实际执行的机制。此处，我假定行动者会按照自身欲望（或偏好）进行评估来挑选一个能产生最好结果的行动。在后面几章，我会讨论第二次过滤的其他几种机制。

过滤式的分析路径给我们带来了以下问题：如果约束因素强到没有留下任何行动可供第二次过滤的，那么情况会怎样？这些约束因素可以单独确定一个并且是唯一一个与它们都相符的行动吗？在巴黎，富人和穷人同样都有睡在桥下的机会，但穷人可能也没什么别的机会。② 对一个穷困的消费者来说，经济上的与热量上的约束因素或许共同决定了一个唯一的商品束。③ 对于社会科学界那些**结构主义**思想的捍卫者们，我们可以这样来理解：他们认为约束因素往往强到留下很少或者根本就没留下供人选择的余地。④ 然而，情况**为什么该是这样的**却依然是未解之谜。举例来说，我们无法反驳有钱有权的人能保证无钱无权的人除了为他们工作之外别无选择，因为这种说法预先假定了有钱有权的人至少是有选择的。

在一些案例中，"欲望—行动"的分析路径是不完备的（incomplete）。我可能有机会采取一个最能实现自身欲望的行动，例如在考试中选择正确答案或者在射击比赛里打中靶子。但我却不具备鉴别最能实现欲望的行动是什么的**能力**。在一些案例中，人们可以将这种无能追溯到一个更早的阶段，那时行动者要么缺乏获取能力的机会，

---

① 我提到的法律上的约束因素，并非指法律会使某些行动比其他行动的代价更高（这属于第二次过滤），而是指法律决定行动是否具有可能性。我无法在选举日以外的时间投票或在法定场所之外的地点结婚。

② 如果我们更细致地描述一下这个机会集的话，那么穷人对睡在哪个桥下还是有选择的。这一点是很普遍的：就任何对选项的描述而言，人们可能都能明确说出一个"行动者只有一个可行选项"的情境；而就任何情境而言，人们可能又都能找到一种"选项不止一个"的描述。

③ 然而，要想维持最低的生活水平，人们通常有若干种策略。与选择睡在哪个桥下不同，这些策略的差别往往并非无足轻重。

④ 另外，我们在第1章探讨过与此无关的结构主义观点。

解释社会行为：
社会科学的机制视角

要么缺乏获取能力的欲望。在另外一些案例中,这种无能源于硬性的精神生理学上的(psychophysiological)约束因素。我可能既有机会也有欲望挑选一个能够让我的长期福利最大化的行动,但却不具备当场确定哪一个才是这个行动的能力。当经济学家和具有数学头脑的政治学家试图确定什么才是给定情境中的最优行为时,他们经常需要用许多页的数学计算才能把它讲清楚。不管受过多少训练,有些人可能从来无法做出这些计算,要么是计算所费的精力超过了任务的价值,要么是计算所需的时间超出了允许的范围。

166

机会解释

即使当行为是由欲望与机会共同导致的时候,行为随时间发生的**变化**可能还是主要靠机会来解释。一般来说,酒的消费量是由人们对酒的欲望强度(与他们的其他欲望相较而言)和对酒的支付能力共同决定的。当酒价急剧上涨时,例如在战争时期,消费量会急剧下降。

我们可以用无差异曲线(图 9.1)的形式对此做一个解释。比方说,有个消费者不得不在酒和某一些日常消费品之间分配他的收入。起初,相关的价格和他的收入使他面对一个位于三角形 OAA′ 之内的机会集。假定他把自己所有的收入都花掉,我们可以将自己的分析限定在预算线 AA′ 上。① **无差异曲线 I、I′ 与 I″** 的形状体现了她对酒的和对消费束的欲望强度的对比。无差异曲线反映的是这样一种思想:消费者认为在任一给定的无差异曲线上所有由酒和其他商品构成的组合都是无差异的,然而与较低曲线上的任一组合相比,他们更偏好较高曲线上的组合。② 消费者要想在自己可得的选项中挑出最好的一个,就必须选择

167

---

① 换句话说,我忽略了人们可能会加班、自己酿酒,或者买走私货。在执行政策时,这些议题都很重要。

② 曲线的形状对应着这样一个事实,即行动者当前消费越多的酒,他就需要用越多的酒来补偿(并保持在同等福利水平上)对消费束的相应削减。

预算线与无差异曲线相切的那个点,因为这个点是那些含有他买得起的组合的曲线上的最高点。图 9.1 中,在这一点上产生的酒的消费量是 OX。

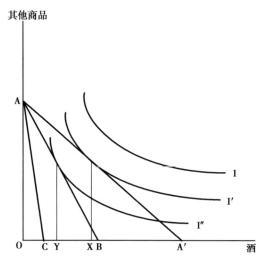

图 9.1

假设现在酒价上涨,消费者面对的预算线是 AB。由于切点移到了左边,消费者现在对酒的消费量将成为 OY。如果酒价进一步上涨使得预算线移到了 AC,我们可以做出同样的推理。然而即使我们对无差异曲线的形状一无所知,我们也能预测此情况下消费者对酒的消费量不会超过 OC,就算他把所有的收入都花在酒上,他对酒的消费量也就是 OC。我们单单靠机会集就可以解释消费量随时间发生的大量变化。事实上,第二次过滤可以是任何事情——使行为最优化、对酒的无法抗拒的渴望、风俗或者随便什么事情,而消费者依然会受到第一次过滤的严格限制。

我挑了下面这个特定的例子来探讨所谓的"无法抗拒的"欲望问题,例如吸毒者、烟鬼和酒鬼对其所痴迷之物的欲望。毒品是更像胰岛素——不管价格高低糖尿病人都得买;还是更像糖——涨价消费者买的量就少了?有人经常引用毒品消费量会随着价格上涨而减少的事实作为毒品更像糖的证据。然而如我们已经看到的,这种情况可能仅

解释社会行为:
社会科学的机制视角

仅是由于吸毒者没有能力超出自己的预算去消费。(如果胰岛素涨价的话,糖尿病人或许也没有能力购买他所需要的胰岛素。)因此看起来酒在战争时期消费量之所以会下降往往是因为酒很难得到,至于欲望究竟是无法抗拒的,还是可以抗拒的,这依旧是未解之题。然而,我们基于其他理由确实知道,酒的消费量对价格**是**很敏感的,即使当消费者的支付能力足以让他面对更高的酒价时还能保持先前的消费量水平,他们也不会继续买那么多酒。

有时人们用另一项论据来表明机会比欲望有着更大的解释力。一些经济学家声称所有的个体都有着本质上相同的欲望与偏好:只有机会才是不同的。尽管看起来人们对于古典音乐的爱好仿佛各不相同,但我们所观察到的这一消费量的差异(据说)只是由于这样一种事实:一些人拥有比其他人更多的"音乐上的消费资本",因而能从古典音乐中得到更多的快乐。当然,一双受过熏陶的耳朵更像是一种能力而不是机会,但这种能力得靠机会才能得到。每个人获取这种能力的欲望则被假定是相同的。然而,最后这句话露出了这一论点的软肋。今天,用广播收听古典音乐的机会基本上是无成本的,即使我们把机会成本也考虑在内(你能边听音乐边做其他事)。因为并非每个人都想获取一双受过熏陶的耳朵,所以我们必须在人们获取这种耳朵的主观意愿上寻找解释,而这是一个古典音乐给不同**未经熏陶的**耳朵带来的冲击有何不同的函数(不考虑其他因素)。

机会比欲望更重要的其他情况

机会更容易观察,不仅对于社会科学家而言如此,对于社会中的其他个体而言亦是如此,从这个根本的角度上说,机会是更为基本的。在军事战略中,有一条基本的格言:人们应该根据对手的(可证实的)机会而不是他的(无法证实的)意向来制订计划。[①] 如果我们有理由相信对

---

① 然而,人们对苏联和伊拉克军事力量的高估或许提醒我们,即使是机会也很难被证实。

手**可能**心怀敌意,那么由这条格言就可以推导出对最坏情况的假定:对手将会伤害我们,如果他有这个能力的话。[1] 以下事实又让这一情况变复杂了,即我们之所以相信我们的对手心怀敌意,可能是由于我们认识到**他**相信我们有着伤害他的手段而且可能还有伤害他的意向。在这样一个主观性的泥潭里,客观机会似乎为我们制订计划提供了唯一坚实的基础。

169

另一个使机会看起来可能比欲望更为根本的原因与它们影响行为的可能性有关。改变人们的环境和机会往往要比改变他们的思想更加容易。[2] 这是对备选政策的经济效果的成本—收益讨论——不是关于相对解释力的讨论。即使政府有一个能兼顾预测与解释的好理论,它可能也没法做多少控制,因为它所能影响的那些因素从因果上看可能并不重要。假设疲软的经济表现可以归因到规避风险的商人和强大的工会头上。政府可能十分确信经理们的心理态度是更重要的原因,但却对其无能为力。相反,就像里根和撒切尔时代所表现的那样,工会是可以被政府的行动破坏的。

让我们举个重要的例子,想一下自杀行为。一个人要想自杀,仅有自杀的欲望还不够:他还必须找到自杀的手段。例如,医生的自杀率很高的部分原因可能是由于这个群体很容易拿到致命药物,而这正是他们所偏爱的自杀手段。[3] 尽管政府试图通过提供救助热线或者说服媒体淡化有关自杀的报道——这些报道可以通过传染触发自杀——来限制人们的自杀意向,但最有效的成果是通过让人们更难获得自杀手段而取得的。[4] 政府的政策包括设置障碍物以使人们更难从桥上或高楼

---

① 即使我们没理由认为其他国家现在心怀敌意,我们也可能制订一个针对未来情况的应变计划。美国国防部可能就深藏着一个关于如何入侵加拿大的计划。
② 另外,就像后面提到的那样,改变他们思想的最好方式可能是改变他们的环境。
③ 与我们普遍的信念相反的是,警察容易获得枪支,但这却未使其自杀倾向比其他人更高。
④ 当英国的自杀率在 20 世纪 70 年代骤降时,起初人们将这一变化归功于撒玛利亚中心(Samaritan Centres)所建立的救助热线,但后来人们在家庭炉灶燃料的转变——从致命的煤气变为没那么致命的天然气——上找到了解释。

　解释社会行为:
　　社会科学的机制视角

上跳下去,更加严格地控制特定的处方药,限制购买手枪,将厨房炉灶中的一氧化碳换成天然气,以及安装催化转换器以减少机动车尾气中一氧化碳的排放量。未来,我们可能会看到那些"协助自杀"的网站遭到封禁,甚至仅仅将扑热息痛①由瓶装改为泡罩包装也有助于减少以扑热息痛中毒来自杀的人数。降低药片在个人制剂或处方药中的上限剂量也可能会降低重度中毒的可能性。在法国,每包扑热息痛的法定药量被限制在 8 克以内,但在英国没有这种规定。这被认为是法国人比英国人更少出现由扑热息痛中毒所致的重度肝损伤和死亡的一个原因。

诚然,一个决心寻死的人总会找到法子。当我们清除掉一种常见的自杀手段时,随之而来的自杀率下降从某种程度上看可能只是暂时现象。然而至少在某些案例中,成效似乎如人们所期待的那样持续了下来。如果某人自杀的冲动只是一时的而非铁了心的,那么等到他终于获得合适的自杀手段时这种冲动或许就已经烟消云散了。② 因此,仅仅**延迟**(而非阻碍)人们对自杀手段的获取就能有效地阻止一时冲动的自杀。要求人们在买枪之前等上一段时间既能降低凶杀率,也能降低自杀率。③

各种"欲望—机会"的互动

我们可以从《联邦党人文集》中麦迪逊对党争所做的分析里找到一个更为复杂的"欲望—机会"互动的例子。他认为在普遍存在于直接民

---

① "扑热息痛"(Paracetamol)是一种常用的解热镇痛药,又名对乙酰氨基酚。过量服用会产生肝脏的毒副反应,甚至导致死亡。——译者注
② 我不认为提高获取自杀手段所需的**成本**可以阻止自杀。或许人们在自杀时会作成本—效益式考虑,例如行动者可能会衡量自杀给他人带来的痛苦与给自己带来的解脱,但是对一个决心寻死的人来说,寻找恰当的自杀手段所花费的成本不会有什么影响。
③ 事实上,美国大多数的州都强迫人们在买枪之前等上一段时间,这么做是为了给当局一些时间去查看一下想买枪的人是否有犯罪记录或者精神病史,而不是为了给买枪者提供一段冷静下来的时间。

主国(必然是小规模的)或小型代议共和国当中的那种政治制度里,**党派**既有动机也有手段去为非作歹。一方面,"几乎在每一种情况下,整体中的大多数都会感到有共同的情感或利益。"①另一方面,较小的人口规模为多数人提供了压迫少数人的机会,因为此时的多数人能更轻易地聚在一起。相反,在一个大的共和国里,"全体中的多数有侵犯其他公民权利的共同动机的可能性也就少了;或者,即使存在这样一种共同动机,所有感觉到它的人也比较难以发现自己的力量,并且彼此一致地采取行动。"②"欲望—机会"的论点在从个体层面到集体层面的这种转换中表现出一种略有不同的形式。麦迪逊认为,尽管制度设计对于改变个体动机而言是无效的,但它却能改变多数人共享同一种动机的可能性。严格来说制度设计无法影响一个有派性(factious)的大多数(如果它果真存在的话)中的人们协同行动的机会,但它可以通过减少这些人知晓彼此存在的可能性来削弱他们这么做的**能力**。在民意调查出现之前,事实上一定有过无数次沉默的大多数认识不到自己是大多数的情况。

麦迪逊的论点似乎有着双重意图:大共和国不仅会阻止有派性的大多数出现,还会阻止协同的行动。我们可以在托克维尔的《论美国的民主》中找到大量带有这种"不仅"(not only)式结构的论点。例如,我们来考虑一下他关于奴隶制对奴隶主的影响的讨论。首先,与自由雇工制相比,奴隶制的收益很低。"自由工人得到的是工资,而奴隶得到的是抚养、食物、医疗、服装;奴隶主为养活奴隶所支付的费用,是一点点地零散给的;他自己几乎都注意不到。而自由工人的工资却要一下子整笔地支付,看似得钱的人发了财;但事实上使用奴隶的成本要高于

---

① 参见汉密尔顿,杰伊,麦迪逊:《联邦党人文集》(北京:商务印书馆,1995),程逢如,在汉,舒逊,译,第48页。——译者注

② 参见汉密尔顿,杰伊,麦迪逊:《联邦党人文集》,第50页。译文有改动。——译者注

　解释社会行为:
社会科学的机制视角

雇用自由工人,而且他们的生产效率很低。"①②但"奴隶制的影响甚至还不止于此,它渗入奴隶主的灵魂,特别是左右了他们的思想和爱好"③。由于劳动是与奴隶制联系在一起的,南部的白人轻视的"不仅是劳动本身而且还有那些必须靠劳动才能成就的事业"。④ 他们既缺少致富的机会又缺少致富的欲望:"奴隶制……不仅阻碍了白人发财,而且甚至让他们连发财的意愿也丧失了。"⑤如果托克维尔是对的,那么关于奴隶制社会的经济停滞的经典论争就站不住脚了。我们无须去问缺少投资欲望与缺少投资机会哪一个才是正确的解释:二者可能都是正确的。

172

麦迪逊和托克维尔的论点有一个共同的结构:同一个第三变量既塑造了欲望又塑造了机会,这二者又一同塑造了行动(或者阻止了行动,这要视情况而定)。从理论上说,这里存在着四种可能性(加号和减号代表积极的和消极的因果影响)(参见图9.2)。

情况(A)可以借由麦迪逊对直接民主国或小型共和国的分析得到阐明。情况(B)的典型例子是他支持大共和国的论点和托克维尔关于奴隶制对奴隶主的影响的分析。

173

情况(C)可以在许多这样的案例中观察到——在这些案例中资源的匮乏有着双重效果:强化人们改善自身境况的激励,减少人们改善自身境况的机会。虽说"需要是发明之母",但这话只有在困难强化了创新动机这一意义上看才是真的。但由于创新往往还需要资源(由此我们或许可以把资源称为"发明之父"),所以仅靠动机自身可能会寸步难行。创新通常需要进行一些有着不确定且会延迟的收益的高成本投资——而这恰恰是一个濒临破产的企业难以负担的。兴旺的企业能够

---

① 这个论点并不是特别难懂。还有一个更简单的论点,即除了某些农业部门以外,奴隶制的收益是很低的,因为它无法为奴隶提供让他们全身心投入劳动的激励。
② 参见托克维尔:《论美国的民主(全两卷)》(北京:商务印书馆,1991),董果良,译,第404页。译文有改动。——译者注
③ 参见托克维尔:《论美国的民主(全两卷)》,第404页。译文有改动。——译者注
④ 参见托克维尔:《论美国的民主(全两卷)》,第405页。译文有改动。——译者注
⑤ 参见托克维尔:《论美国的民主(全两卷)》,第405页。译文有改动。——译者注

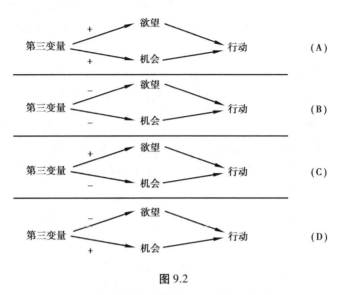

图 9.2

负担创新成本却又可能懒得去创新。正如经济学家约翰·希克斯（John Hicks）所言："垄断带来的最大利润是安逸的生活。"

与此类似，在祖国的贫困强化了人们移民欲望的同时，同样的贫困也可能阻碍人们移民，因为移民的旅行是有成本的。直到 19 世纪早期，迁往美国的移民还可以用自己的身体作抵押。他们未来的雇主会替他们付旅费以换取他们一段时间的契约苦役。今天，偷渡人口的贩子们会利用非法移民对移民局的恐惧来防止他们违背自己以迁入国的劳动收入偿还旅费的承诺。19 世纪 40 年代的爱尔兰人因为大饥荒而逃离祖国时，那些最穷的人则留在了老家等死。

情况（C）的一个进一步的例子来自对农民起义的研究：尽管贫农有着最为强烈的造反动机，但他们可能没有造反的资源。参加集体行动要求人们得有从生产活动中抽出时间的能力，而这恰恰是贫农们拿不出来的。中农倒是可以挤出一点时间来参加造反，但他们的动机又不够急切。马克思认为文明之所以在温带地区产生，是因为进取的欲望只有在那里才与进取的机会匹配在一起。在自然资源过于富饶之地，人们没有欲望；在自然资源过于贫乏之地，人们没有机会。这个例

解释社会行为：
社会科学的机制视角

子表明,资源的多寡可能会有一个范围,在这一范围内欲望与机会都会
发展到足以产生行动的地步,但我们却不能先验地说出这个范围的宽
窄,甚至不能先验地说它就存在。

我们在第二章已经看到过情况(D)的一个例子。图 2.1 的上半部
分展现了托克维尔是如何论辩民主抑制了公民参与无秩序行为的欲望
的,这些行为因新闻自由与结社自由等民主制度而有了发生的机会。
托克维尔一个更为常见的观察依靠的是(C)与(D)的结合,年龄的大小
是其中的第三变量:"在美国,大多数富人都是先穷而后富;几乎所有清
闲之辈年轻时都忙忙碌碌;结果,当他们可能有学习兴趣的时候,他没
时间学习;而当他们有时间学习的时候,兴趣又没了。"①②

欲望和机会还可能直接影响彼此:想一想图 9.3 中的第一种情况
(E)。我在第二章提到过机会可以通过几种方式来影响欲望:人们终
归可能最想要他们能得到的东西,或者与自己没有的东西相比,他们更
偏好已有的东西。我们可以再次引用托克维尔的观点,他是这样谈奴
隶制的:"这种让人们对自身痛苦的根源怀有一种堕落嗜好的灵魂禀
性,究竟是上帝的赐福,还是他的诅咒?"③这一机制为人们主张机会比
偏好更为根本提供了进一步的理由。机会与欲望同是行动的近因,但
深挖一层来看,只有机会才是关键的,因为它们还塑造着欲望。"适应
性偏好形成"(adaptive preference formation)机制(失谐消减的一种形
式)确保了人们对机会集外任何选项的偏好都比不上机会集内那个他
们最偏好的选项。

有人或许会问,这一机制对行为来说是否**关键**,因为根据定义,机

---

① 参见托克维尔:《论美国的民主(全两卷)》,第 58 页。译文有改动。——译者注
② 一条法国谚语则表达了一种与此不同的不匹配情况,"Si jeunesse savait, si vieillesse
pouvait."(其字面意义为:如果年轻人有经验,老年人有精力,那该多好),这条谚语暗示出
行动的两个必要条件——知识和精力——从来不能两全。挪威的一条谚语则提供了一种
与此不同的转折:"人到中年,既足够成熟可以去增广知识,又足够年轻可以将这些知识
付诸实践。"
③ 参见托克维尔:《论美国的民主(全两卷)》(北京:商务印书馆,1991),董果良,译,第 370
页。译文有改动。——译者注

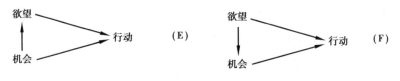

图 9.3

会集之外的选项是不会被选择的。[1] 假设行动者起初按照 A、B、C、D 的
顺序排列选项,后来他得知自己是拿不到 A 的。根据适应性偏好形成,
现在他将选项的顺序排为 B、A、C、D。要是他对选项的偏好维持这个
样子,那么他将挑选 B。然而,假设新的排序为 C、B、A、D,这就会导致
他选择 C。这种情况或许会发生在人们"过度适应"(overadaptation)有
限机会的过程中。托克维尔宣称这是法国人特有的性格:"他们一旦受
到奴役,就会超越奴役的思想。"更有可能的是,我们正在分析的是一种
在许多身份等级化的社会里都能观察到的普遍倾向。此外,新的偏好
排序也可能是 B、C、D、A。如果我跟美女示爱遭到拒绝,我可能会用这
样一种想法来安慰自己,即这些女人实际上是最不值得交往的对象,因
为她们都太自恋了。

最后让我们考虑一下情况(F),在该情况中机会集受到行动者欲望
的塑造。这要么通过意向性选择(我会在第 13 章加以探讨)来实现,要
么通过非意向性的因果机制来实现。正如我在第 4 章所提到的,人们
对一些本质上是副产品的状态的欲望可能会妨碍这些状态的发生机
会。这可能是一种心灵内部的(intrapsychic)机制,例如越想睡着就越
睡不着;或者像下面这个例子一样,是一种人际机制。在我曾执教过的
某个大学院系里有这样一条潜规则:任何教员如果明显地表现出一副
想当首席教授的样子,就会因此葬送坐上这个位子的机会。托克维尔
的政治生涯为这种观点的正反面都提供了例子。早年,他的政治抱负
受了挫折,因为他太过显露自己的抱负(就像那句话所说的:"参加宗教
选举秘密会议的人,进去像个教皇,出来则是个红衣主教。")。晚年,他

---

[1] 这种适应对于行动者的**福利**来说可能是很关键的,它给予行动者心灵的平静。然而这种
效果是不确定的,因为从一个更广的视角来看,伴随在很多"酸葡萄"和"甜柠檬"(例如我
在第 1 章里提到的百老汇演出)情况中的那种心灵的自我茶毒或许会减损福利。

在评论自己 1848 年成功当选制宪会议议员时这样写道:"没有什么比抑制自己的成功欲更能让你成功的了。"

参考文献

在"Disordered appetites: Addiction, compulsion, and dependence"一文中,G. Watson 有效地推翻了"无法抵抗的欲望"的思想,参见 J. Elster (ed.), *Addiction: Entries and Exits* (New York: Russell Sage, 1999)。

个体偏好是相同的,不同的只是他们所面临的机会,这种主张明显与 G. Stigler and G. Becker, "De gustibus non est disputandum," *American Economic Review* 67 (1977), 76-90 相关。

适应性偏好和对约束因素明显的过度适应的思想来源于 P. Veyne, *Le pain et le cirque* (Paris: Seuil, 1976) (partial translation in Bread and Circuses [New York: Penguin, 1982])。

关于英国把煤气改为天然气后(总体的)自杀率下降的文献可以在 N. Kreima, "The coal gas story", *British Journal of Social and Preventive Medicine* 30 (1976), 86-93 里找到。

减少某人接近一种自杀手段的渠道会在多大程度上导致他利用其他手段的可能性增大这一问题在 C. Cantor and P. Baume 的"Access to methods of suicide: What impact?" *Australian and New Zealand Journal of Psychiatry* 32 (1998), 8-14 中有讨论。

M. White, *Philosophy*, The Federalist, *and the Constitution* (New York: Oxford University Press, 1987) 分析了麦迪逊对"机会—欲望"差异的运用。

我在 *Political Psychology* (Cambridge University Press, 1993) 的第 4 章中讨论了托克维尔对这种差异的运用。

177

10

人与情境

羞耻与内疚,或轻蔑与愤怒的不同之处在于,每对情绪中的前者指向一个人的**性格**(character),后者指向这个人的某种**行动**(第 8 章)。同样,自傲所依赖的信念是自己是一个出众的人,而自豪所依赖的信念是自己做了某件杰出的事。然而,当我们在谴责或赞扬某一行动时,难道不是因为我们相信它反映了这个行动者的性格吗? 这一行动还可能归因于其他什么因素呢?

当常识心理学出错时

这本书要谈的不是对行为的赞扬或谴责,而是对行为的**解释**。由此而论,我们要探讨的问题是性格在解释行动时有多大效力。我们通常假定人们既具有人格特质(personality traits)(内向、胆小等),也具有美德(virtues)(诚实、勇敢等)或恶习(vices)(七宗罪等)。常识心理学假定,就算时间推移、情境变迁,人的这些特征都将稳定不变。所有语言中的谚语都印证了这个假定。"一个谎得一百个谎来圆。""说谎者也必行窃。""小时偷针,长大偷金。""小事守信,大事不欺。""一朝被抓,永不可信。"如果常识心理学是对的,那么预测和解释行为应该很容易。仅一个行动就可以揭示潜在的特质或性情(disposition),而且还可以让我们在某人性情得以显露的任何其他场合预测这个人的行为。这个步骤并不是同义反复,要是我们将一次考试作弊当作不诚实的证据,然后用这个不诚实的特质来解释这个作弊行为,这才是同义反复。相反,这个步骤相当于把考试作弊当作某人具有某种特质(不诚实)的证据,而这种特质也将致使此人对配偶不忠。如果我们接受"一好百好"这个更

解释社会行为:
社会科学的机制视角

极端的常识理论,那么这次作弊或许还能被用来预测酗酒或战场上的怯懦。

178

人们经常从他人束身自修的个人行为中得出很强的推论。据说法兰西学院(French Academy)①的一名院士因为戴高乐的私生活值得尊敬而投票支持他,这里有一个不言而喻的前提——会背叛自己妻子的人也有可能背叛自己的国家。越南共产党领导人之所以能够赢得"人民全心全意的支持",是因为其清廉的个人作风,他们和其他那些没这么自我克制的政治团体的组织者形成了鲜明的对比。在黑手党中,外遇被认为是性格上任性妄为和软弱的表现。

从某种程度上说,常识心理学是能够自我实现的。如果人们**相信**其他人会基于他们在 B 类情境中的行为来预测他们在 A 类情境中的行为,那么他们在情境 B 中采取行动时就会把情境 A 纳入考虑范围。如果公私道德之间有关联的这个信念普遍存在(且人们都知道是这样),假定任何不端行为都会被选民们知道,那么这个信念会产生一种激励,让政治家们在私生活中诚实行事。或者假设众人相信人们在所有情境中都有相同的时间贴现率。如果他们因不在乎未来而不照顾好自己的身体,那么(照常识心理学的说法)他们也可能违背承诺转而去实现巨大的短期收益。因此,为了能够对长期的互惠合作做出可信的承诺,人们还应该把自己的外表塑造得苗条而健康。

然而,从更深的程度上说,**常识心理学明显是错的**。② 如果我们能消除常识心理学自身的影响,使人们没有动力去实现跨情境一致性这个预期,那么我们将找不到什么一致性。那些只注意到孩子在家里的行为的父母往往很惊讶地发现,孩子在学校或去同学家做客时表现得要好得多。再有,与未受干预的控制组相比,用来改善孩子在家里的行

---

① 法兰西学院:拥有 40 名法国学者和作家的协会,由黎塞留主教建于 1635 年,主要致力于保持法语的纯洁性。——译者注
② 不只是常识心理学:那些坚称通过行动者的行为就能看出他们是"好人"还是"坏人"的社会科学家也高估了一致性。

10　人与情境　　171

179 为所做的干预并没有引起他们在校行为的改善。① 在实验室的实验中，大部分人（大约有三分之二的实验对象）能被诱导做出无情的行为，其程度可以达到向实验者的搭档施加（实验对象认为）剧烈（约450伏）电击的地步。然而，我们并没有理由认为实验对象的行为应归于他们潜在的虐待狂、残暴或对他人的苦痛漠不关心的特质；事实上，做出无情行为的很多实验对象都因自己的所作所为而感到心烦意乱、痛苦不堪。当我们把一个迟来的但更大的奖励和一个马上就能拿到但更小的奖励都藏起来不让孩子们看到时，他们更乐意等着拿迟来的大奖励。任何一位学者都会认识一些在研究中认真尽责，但在教学或行政工作中却没那么认真尽责的其他学者。饭桌上的夸夸其谈和其他场合中的滔滔不绝之间其实没有多少关联。一个人可能在打扫房间时拖拖拉拉，但在工作上却绝不这样。②

在"论人的行为变化无常"这篇随笔中，蒙田将小加图（younger Cato）③的行为和普通人的行为进行了对比，比如他写道："拨动［加图的］一根心弦，也就是拨动他的每一根心弦；他内心的和谐之声非常协调一致，人人都承认这一点。然而我们呢，每一次行动都需要做出一个单独的评论：依我的看法，把这些行动放到即时的环境中去是最为稳妥的，不要前后对照，也不要借题发挥。"④他还写道："如果［一个人］无法忍受诋毁中伤，却能在贫困中坚定不移；如果在理发匠的剃刀下吓破了

---

① 有一个意想不到的发现扭转了这些结果。听从干涉主义者建议的父母的孩子在学校的表现比那些不听从建议的父母的孩子要好，有些人引用这个事实来支持行为从家庭溢出到了学校这一说法。但这个发现可能仅仅是出于这样一种事实：听话是可遗传的。认真听从干涉主义者指导的父母更可能有一个认真听从老师指导的孩子。

② 在一封写给道德学家兰迪·科恩的信（《纽约时报杂志》，2006年1月15日）中，一位学者问，他的一个不享有终身职位的同事曾在其并不具备会员资格的教授俱乐部自称他享有折扣，这个事实是否说明应该投票反对他获得终身职位，"因为他不诚实且这种不诚实可能会蔓延到研究上。"科恩的答案是否定的，理由是"在某些情境中表现很差的人在其他情境中常常表现得很好"。

③ 小加图是罗马共和国末期的政治家和演说家，是一个斯多葛学派的追随者。他因为其传奇般的坚忍和固执而闻名，他不受贿、诚实、厌恶当时普遍的政治腐败。——译者注

④ 参见蒙田：《蒙田随笔全集（第2卷）》（上海：上海书店出版社，2009），马振骋，译，第3页。译文有改动。——译者注

胆,却在敌人的刀剑前威武不屈,那么可敬的是这种行为,而不是他这个人。"

让我再举一些来自艺术和艺术家们的例子。普鲁斯特写道:"我们或许认为在《追忆似水年华》中那些因使絮比安妓院的客人遭受痛苦而付出了代价的年轻人一定在本质上就很坏,但他们不仅在战争中是了不起的士兵、真正的'英雄',而且在日常生活中也常是友善大方的。"在评论斯万"对白金汉宫的邀请潇洒地保持缄默"而又大肆炫耀小公务员的妻子曾拜访过斯万夫人的这种明显对立时,普鲁斯特写道: 180

> 主要原因(而且这普遍适用于人类)在于这一点,即我们的美德也不是时时听任我们支配的某种与场合无关的、自由浮动的东西;事实上,在我们的思想中,美德与我们认为应该实践美德的那些行动场合紧密相连,因此,当需要出席另一种类型的活动时,我们束手无策,根本想不到在这类活动中也可以践行同样的美德。①

一名熟识爵士音乐家查理·帕克(Charlie Parker)的医生把他描绘成"一个过一刻算一刻的人。一个为快乐、音乐、美食、性、毒品、快感而活的人,他的人格[**原文如此**]停留在婴儿水平。"另一位伟大的爵士音乐家——姜戈·莱恩哈特(Django Reinhardt)在日常生活中甚至持有一种更极端的注重当下的态度,大笔的收入他从不存下来,而是把它们花在心血来潮的念头和马上又会撞毁的豪车上。在很多方面他都是典型的"吉卜赛人"的化身。然而,如果你在**各方面**都活在当下,你可成不了像帕克或莱恩哈特这样高水准的音乐家。多年的全情投入和专注才能达到精通。在莱恩哈特这个例子中,这一点就得到了戏剧般的体现。他在左手被大火严重烧伤后重新训练自己,用两个手指就能比那些用四个手指的人取得更大的成就。如果这两位音乐家事事都冲动任性、无所顾虑——如果他们的"人格"一贯地"婴儿"下去——他们永远也成不了技艺如此高超的艺术家。

---

① 参见普鲁斯特:《追忆似水年华(上卷)》(南京:译林出版社,2008),李恒基,等,译,第312页,译文有改动。——译者注

1945 年过后,战时曾和纳粹合作过的挪威小说家克努特·汉姆生(Knut Hamsun)接受了精神病观察,看他在精神上是否具备接受审判的能力(那时他已 86 岁)。当精神病学教授要求他描述一下自己"主要的性格特质"时,他是这么说的:

> 在所谓的自然主义(naturalistic)[①]时期——左拉(Zola)以及他的时代,人们写下的人物都有主要的性格特质。他们用不着细致入微的心理学。人们具有控制自己行动的主导性能力。陀思妥耶夫斯基和其他一些作家则告诉我们关于人的不同的一面。在最开始的时候,我认为在我所有的作品中绝没有一个人有这种主导性的、整体性的能力。他们都没有所谓的性格 ——他们是支离破碎的,不是好或坏,而是既不好也不坏。他们的心智和行动是微妙的、变化着的。毫无疑问我自己也是这样的。我很可能是咄咄逼人的,而且也可能有点这个教授提到的其他特质——脆弱、多疑、自私、慷慨、忌妒、正直、有逻辑、敏感、生性冷酷。所有这些都可以是人的特质,但我没法说哪一种特质在我身上占优势。

在第 14 章,我会讨论小说作品中的性格或"性格缺失"问题。这里我只是要指出汉姆生没有提及这样一种可能性,即他或许在一类情境中一贯慷慨,而在另一类情境中一贯自私。我现在来讨论这个议题。

情境的力量

"花钱很冲动"和"对音乐全情投入""在饭桌上滔滔不绝"或"在研究中认真尽责"当然也是性格特质。但是,它们是特定情境的或**局部的特质**,而不是在所有情境中都会显露出来的总体的人格特质。与常识

---

① 此处的自然主义是指自然主义文学,自然主义文学是现实主义文学吸收了实证主义、遗传学说和决定论的观点而发生演变的结果。左拉是自然主义文学的创始人,他倡导一种追求纯粹的客观性和真实性、从生理学和遗传学角度去理解人的行动的创作理念。体现在文学作品中,自然主义文学力图无巨细地描绘现实,既不需进行任何评价也不需深入事物本质,给人一种实录生活和照相式的印象。

心理学相反,系统的研究发现,性格特质的跨情境一致性程度非常低。尽管存在相关性,但这种相关性通常低到"肉眼"都探测不出来。精神病患者(psychopath)可能会处处都表现得不关心别人,[1]小加图可能一贯有英雄气概,但是绝大部分人都介于这些极端之间,我们不指望他们能有这种一致性。认为"一好百好"的这种更极端的常识心理学观点还没有被深入细致地检验,这也许是因为它看起来明显太不可信了。但它或许还是会影响我们的心智,比如我们会对"对病人态度"好的医生的医术有信心。在古典时期,有个很常见的观点,即在某个竞技场上出类拔萃是在其他竞技场上也会出类拔萃的绝对可靠的预示或"标志"。心理学家把这称为"晕轮效应"(halo effect)。

因此,我们通常会在**情境**中而不是**人**身上找到对行为的解释。举个例子,我们来考虑一下一些德国人在纳粹政权下营救犹太人的这个事实。依据"性格学"理论,我们会假定施救者身上有种利他主义人格,而未施救者身上没有这种人格。但是,最后我们却发现解释力最强的因素竟是"**被请求**"去救人这个"**情境**"事实。这里可能有两种因果关系。一种是,只有人向你求救时你才能获得作为施救者去行动所必需的**信息**。另一种是,"被请求"这个面对面的情境可能使人答应去救人是因为要是拒绝的话他们会感到**羞耻**。[2] 第一种解释假定人们是利他主义者,但却否认这就足以解释这个行为。第二种解释否认人们是利他主义者,并且用社会规范代替了道德规范。就任一种解释而言,使施救者与未施救者不同的都是他们觉察到的自己所处的情境,而不是他们的人格。

基蒂·吉诺维斯案是情境力量的另一个真实案例。基于这一凶杀案中所有目击者的不作为而认定他们对人类的苦痛麻木不仁,这难以让人信服。相反,他们中有很多人可能以为其他人会去报警,或者认为

---

① 注重未来的明智自利者常常有兴趣**假装**关心别人(第 5 章),因此,对精神病行为最终的解释或许是精神病人对未来进行了过度贴现。

② 同样地,募捐活动成功地使人们捐款靠的并不是对利他动机的呼吁,而是上门当面请求捐款这个事实。在这个案例中,基于信息的解释显然是不够的。

既然大家都袖手旁观,那情形或许没有看起来那么严重("这可能只是家庭纠纷"),或者认为别人的不作为意味着直接干预或许有危险。①
消极旁观者的人数越多,这些推理就看起来越合理。例如,在一个实验中,实验对象通过内部通话系统听到实验者的搭档假装癫痫发作的声音。当实验对象相信只有自己听到了声音时,有85%的人进行了干预以提供帮助;当他们相信还有另一个人听到了声音时,有62%的人干预;当他们相信还有四个人听到了时,有31%的人干预。在另一个实验中,旁观者独自一人时有70%的人进行了干预,而当他们旁边坐着一个不动声色的实验者搭档时,只有7%的人进行了干预。当在场的是两个"天真的"(naive)实验对象时,有40%的"发病者"获得了帮助。因此,**不仅给定的**(given)旁观者干预的可能性随着旁观人数的增多而下降,**而且任一**(some)旁观者干预的可能性也都会随着旁观人数的增多而下降。② 换句话说,因他人的存在而引起的干预责任的淡化发生得太快了,以致连增多潜在干预者的人数都不能将它抵消。

在另一个实验里,神学院的学生被告知要准备在附近的大楼里做个简短的演讲。实验者告诉一半的学生演讲的主题应和好撒玛利亚人的寓言(!)有关;而另一半人则接到了一个更中立的演讲主题。一组学生被告知要快点,因为那栋楼里的人正在等着他们;而另一组学生被告知他们的时间还很富余。在去往附近那栋大楼的路上,实验对象撞见有人在门口重重地跌倒了,看起来很痛苦的样子。在被告知已经迟到了的学生里,只有10%的人提供了帮助;在另一组学生中,63%的人提供了帮助。被告知要围绕好撒玛利亚人的寓言来准备演讲的这组学生

① 那些害怕亲身干预、去保护受害者不受袭击者伤害的人本还是可以报警的。然而那时警方并没有接到匿名电话,这样看来旁观者或许是怕惹麻烦。在其他的此类情境中,人们可能没办法报警。

② 至少这是众多已做过的此类实验中的普遍趋势。在刚才引用的那个实验(通过内部通话系统听到癫痫发作)里,结果表明如果我们假定其他听者是听到了相同信息的没有实验经历的、真正的实验对象(且不只是实验者的搭档或实验者制造的假象),那么至少会有一个人干预的可能性基本不变,大约是85%。在有五个实验对象(一个主要的实验对象和四个听者)的案例中,任意的一人不会干预的可能性是0.69。所有人都不干预的可能性是$(0.69)^5$,或0.156,由此得出至少会有一人干预的可能性是0.8444。

解释社会行为:
社会科学的机制视角

做个好撒玛利亚人的可能性并没有更高。学生们的行为和他们对问卷——意在测试他们对宗教的兴趣是出于渴望得到个人救赎还是出于渴望帮助他人——的回答也没有相关性。[①] 情境因素——着急与否——的解释力比任何性情因素的解释力都要大得多。

说这类"着急"的学生如此表现是因为他们受"**时间约束**"(time constraint),从而把这个分析归入前一章的分析之下是不准确的。他们面对的并不是客观的或"硬性"的约束,而且事实上这组学生中的确有10%的人伸出了援手。反而,情境对行为的塑造是通过影响竞争性**欲望**的显著性来实现的。面对面的请求加强了涉他动机的强度,而被告知要快点则减弱了这一强度。与那些只能延迟得到的奖励相比,马上就能得到的奖励因为**看**得见而更有吸引力,就如同亲眼看到街头的乞丐能刺激人们慷慨解囊,而对贫穷的抽象认识则没有这个效果。基蒂·吉诺维斯案中的情境既改变了助人的感知成本(perceived costs)[②]又改变了助人的感知收益。服从冷漠实验者的指令——"你必须继续"施加明显让别人痛苦且可能致命的电击——的欲望战胜了不想让别人遭受不必要的痛苦的欲望。

情境对行为的影响并没有一个一般或常见的机制。情境的范围很广泛,大到营救犹太人这一面对面的请求,小到一些最不重要的事,比如某人因在投币式公用电话投币口发现一个25美分的硬币而心情大好,这使得他去帮助陌生人(实际上是实验者的搭档)捡回一堆散落在人行道上的文件。这些来自现实生活和实验室的观察给我们的只是这样一个重要经验:**行为通常还不如塑造了它们的情境那般稳定**。有的人也许在放松地和老同事吃午饭时侃侃而谈,在陌生人面前却结结巴巴。有的人也许一贯施舍乞丐,但另一方面却从不关心穷人。有的人也许在没有其他人能帮忙的情境中总是出手助人,在有其他潜在的助

---

① 就像被诱导向同伴施加电击的实验对象一样,那些从这个痛苦的人身边匆匆路过的学生中有很多人也因这个情境而表现出明显的痛苦。

② 经济学中的感知成本,是指顾客在消费产品或服务的整个过程中涉及的时间、金钱、体力、精力、心理等成本的总和,而不仅仅指顾客实际支付的商品价格。——译者注

人者在场时却总是冷眼旁观。有的人也许一贯对妻子咄咄逼人、尖酸刻薄，而面对他人则冷静宽容。他的妻子或许也表现出了同样的双重行为。他的咄咄逼人使得她也咄咄逼人，反之亦然。① 如果他们极少看到配偶和其他人之间的互动，比如在工作场所的互动，他们也许会相信他或她本质上就咄咄逼人的，而不是只有在他们在场的情境中才这样。

自然而然地诉诸性情

继续探究上文的最后一个例子，婚姻治疗师常试图让这些向他们求助的夫妻将性格语言转换为行动语言。不要说"你是个坏人"，这样就没给希望或改变留下余地，而应该尽量说"你做了件坏事"。后一种措辞表示这个行动是有可能被特定的情境因素触发的，比如配偶的挑衅言辞。治疗师用这种方式重构冲突很少成功的原因（之一）在于，人们会自然而然地认为性格解释优于情境解释。如果我们得知某人赞助了"同性恋权利"广告，我们会倾向于假定这个人**就是**同性恋或自由主义者，而不是假定有人以一种让人难以拒绝的方式向他提出了**请求**。在面试求职者时，我们倾向于根据我们（过分自信地）归加给他或她的性情来解释这个人的言行，而不是根据访谈情境的特殊性质来解释。语言本身就反映了这种性情偏见。适用于行动的形容词（"有敌意的""自私的"或"咄咄逼人的"）通常也可以用在这个行动者身上，但没有几个对行动的描述是同时还可以用于情境的（"困难的"是个例外）。

心理学家把这种对性情解释的不当使用称为**基本归因错误**（fundamental attribution error），即把由情境引发的行为解释成是由行动者持久的性格特质引起的。当我们要求实验对象去预测神学院的学生碰到遭受痛苦的人会怎么做时，他们（错误地）认为那些将宗教信仰建立在助人欲望之上的学生会更有可能去做一个好撒玛利亚人，而且（还错误地）认为这个人着急与否对行为完全没有影响。另一些实验对象

---

① 打个比方，他们处于一种"不良的心理均衡"。而（根据博弈论的均衡观点）咄咄逼人不一定就是对咄咄逼人的"最好回应"，这只是一个在心理上可以理解的回应。

解释社会行为：
社会科学的机制视角

则高估了最初那个电击实验中如果没有那个特定的情境因素，实验对象施加电击的可能性，这表明他们相信性情解释。当实验者安排一个学生写一篇亲卡斯特罗的文章时，其他学生明明知道这个作业是如何被安排的，还依然把这篇文章理解成是这个学生亲卡斯特罗态度的体现。假设我们要求学生自愿参与报酬有高有低的任务，结果产生了或少或多的志愿者，此时观察者即使知道有报酬差异，还是预测**所有**志愿者比非志愿者都更有可能为了非报酬因素而自愿参与任务。换句话说，这些观察者将志愿行动归因于志愿者的性情而不是这个情境中的报酬结构。

有些社会中的人似乎没有其他社会中的人那么容易犯基本归因错误。实验表明，与美国人相比，亚洲人在解释行为时更重视情境而不那么重视个人性情。现实生活中的情境也呈现出了这种差异。比如，1991 年一名失意的中国物理专业学生开枪射杀了他的导师和几名同学，然后自杀。同年，美国一名失业的邮政员工枪杀了他的上司、几名同事和旁观者，然后自杀。英文报纸和中文报纸分别广泛地报道了这两件事，前者一直用性情（"心理不正常""脾气坏""精神不稳定"）来解释，而后者则用情境（"易拿到枪支""刚丢了工作""受成功的压力之害"）来解释。其他发现也证实了这种差异。然而，这或许是因为情境因素确实在亚洲人行为的产生过程中起了更大的作用。可能并不是他们更善于克服这种性情偏见，而是他们没那么多偏见要去克服，或者这二者都在起作用。

克服基本归因错误可以让我们更自由。一些大一新生被告知大部分新生的成绩都不好但随后成绩会提高，而事实上这些学生在随后几年的表现比没被告知这个信息的学生要好一些。后者更有可能把他们糟糕的表现归咎于自己能力差，而不是归咎于陌生的、让人分心的校园环境。他们不相信自己能做得更好，所以也没那么大的动力去努力。当被压迫群体甩掉压迫者向他们灌输的本质主义（essentialism）思想——认为女人、黑人或犹太人本质上就低人一等的观念——的时候，他们就可以更轻易地摘掉自己身上的镣铐。

这种基本归因错误是"热"错误还是"冷"错误——是动机性错误还是更多跟着视错觉(optical illusion)①走呢？就动机进入归因过程这一点来看，动机没有理由始终引导我们过分强调性情。基于自我服务(self-serving)的理由，我们应该把我们的成功归因于自身持久的性格特质，把我们的失败归因于不幸的环境。② 如果我们相信法国道德学家的观点，那么就应该把他人的成功归因于他们的好运气，把他们的失败归因于他们的性情。基于认知，重视人而不是情境的这种倾向也许是注重活动的前景而不是静止的背景这一更一般倾向的一个例子。如此一来，在前景和背景得到同等重视的文化中，这个错误应该更少见，亚洲文化似乎就是如此。

人的回归

我叙述的这些发现削弱了人格研究中那些或许被称为"粗糙的本质主义"的东西。人们在各个场合都是咄咄逼人的、没耐性的、外向的或健谈的这些说法就不是事实。与此同时，这些发现并不意味着在解释行为时情境就是万能的。相反，我们必须把"性格"分解成一组权变(contingent)反应倾向。我们不直接说某人是利他的，而是用"有人求助就帮忙，但不会主动帮忙"或"没有压力时帮忙，有压力时就忽略"这种措辞来描述他或她。这两种措辞或许都是在描绘人的某一方面，由此提供了一种更精细的本质主义。一个人或许会责骂配偶从不做家务("你很懒")或只在别人要求时才做家务("你不体贴")。在后一种情况下，这个配偶或许在其他事情上是主动的而不是被动的，比如监督家里孩子的健康状况。并不存在一种表现于所有场合的被动特质。

从这种视角来看，对行为的解释依赖于特定的情境以及情境和行

---

① 视错觉是指当人观察物体时，基于经验主义或不当的参照形成的错误的判断和感知。——译者注
② 尽管如此，有时我们也可能有动机地把我们的失败归咎于自身的性格。一个赌徒或酒鬼为了有借口继续赌博或酗酒，也许很乐意告诉自己他"就是忍不住"。

　解释社会行为：
　　社会科学的机制视角

为习性（behavioral propensity）这二者的因人而异的关系。一个人或许
对他控制下的人极为咄咄逼人，但对控制他的人却异常友好，而另一个
人可能表现出相反的模式。如果我们观察到他们二者都表现出一副友
善的样子，这或许会诱使我们得出结论说他们的性情都是友善的。然
而，现在我们应该很清楚了，行为之所以相似或许是因为情境差异和权
变反应差异恰好相互抵消了。

参考文献

G. Ichheiser, "Misunderstandings in human relations: A study in false social perception,"
American Journal of Sociology 55 (1949), Supplement 清晰地陈述了"过高估计人格统一性的
趋势"。

淡化"性格"的近期的研究取自 W. Mischel, *Personality and Assessment* (New York: Wiley,
1968)。

我当前的阐述很大程度上依赖于 L. Ross and R. Nisbett, *The Person and the Situation*
(Philadelphia: Temple University Press, 1991) 和 J. Doris, *Lack of Character* (Cambridge
University Press, 2002)。

对越南共产党领导人和黑手党的引用分别来自 S. Popkin, *The Rational Peasant* (Berkeley:
University of California Press, 1979) 和 J. Elster et al. (eds.), *Understanding Choice, Explaining
Behavior: Essays in Honour of Ole-Jørgen Skog* (Oslo: Academic Press, 2006) 中的 D. Gambetta,
"Trust's odd ways"。

对干预效果的引用来自 J. R. Harris, *No Two Alike* (New York: Norton, 2006)。

S. Milgram, *Obedience to Authority* (New York: Harper, 1983) 的经典研究中描述了施加电
击的意愿问题。

两位音乐家的信息是在 R. Russell, *Bird Lives: The High Life and Hard Times of Charlie
(Yardbird) Parker* (New York: Charterhouse, 1973) 和 M. Dregni, *Django: The Life and Music of
a Gypsy Legend* (Oxford University Press, 2004) 中找到的。

汉姆生的那段声明是从 G. Langfeldt and Ø. Ødeg ård, *Den rettspsykiatriske erkloeringen om
Knut Hamsun* (Oslo: Gyldendal, 1978), p. 82 翻译而来。

古典时期把行为用作"标志"在 P. Veyne, *Le pain et le cirque* (Paris: Seuil, 1976), pp.
114, 773 中有讨论，也可参见 P. Veyne, "Pourquoi veut-on qu'un prince ait des vertus privées?"
Social Science Information 37 (1998), 407-15。K. Monroe, M. C. Barton, and U. Klingemann,
"Altruism and the theory of rational action: Rescuers of Jews in Nazi Europe," *Ethics* 101 (1990),

189

103-22 主张对拯救犹太人中的意愿的"性格学"解释。

F. Varese and M. Yaish, "The importance of being asked: The rescue of Jews in Nazi Europe," *Rationality and Society* 12 (2000), 307-24 主张"情境主义"解释。

在对基蒂·吉诺维斯案例的博弈论分析中, A. Dixit and S. Skeath, *Games of Strategy*, 2nd ed. (New York: Norton, 2004), pp. 414-18 认为我们应该预料到, 当潜在的干预者人数增多时, **任意一人**会干预的可能性都会下降。

J. L. Hilton, S. Fein, and D. Miller, "Suspicion and dispositional inference," *Personality and Social Psychology Bulletin* 19 (1993), 501-12 对从行为中推断出性情这个倾向持怀疑的态度。

R. Nisbett, *The Geography of Thought* (New York: Free Press, 2004) 中总结了美国人和亚洲人的对比。

我所说的"人的回归"是 W. Mischel 在 "Towards an integrative science of the person," *Annual Review of Psychology* 55 (2004), 1-22 中所主张的。

190

11
理性选择

理性行动的结构

理性选择论者想要基于行动者是理性的这一基本假定来解释行为。该假定包含了这样的假设:行动者会形成理性的信念,包括关于可用选项的信念。因此,我们无须将行为的决定因素分为主观的(欲望)或客观的(机会)。理性选择理论彻头彻尾是主观的。

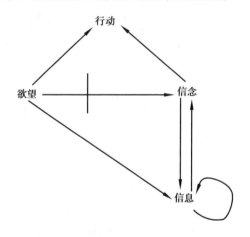

图 11.1

图 11.1 展示了理性选择解释的结构。在这个图解中,一个行动如果满足了以下三个**最优条件**(optimality requirements),它就是理性的:给定信念,这个行动必须是最优的;给定证据,这个信念必须得到尽可能充分的支持;这些证据必须是对信息搜集进行最优投入的结果。图11.1中的箭头具有双重释义,不仅包含最优性,还包含因果性。例如,行

动应该是由使之理性的欲望和信念所引起的;侥幸做对了事是不够的。类似地,如果一个信念是两个相反的偏差过程恰好彼此抵消的结果,这个信念就不是理性的。举个例子,吸烟的人和不吸烟的人在处理吸烟危害的相关信息时,都相信吸烟的危害比实际危害更大。而与此同时,吸烟的人又受到一种自我服务的偏差的影响,使他们低估吸烟的风险。如果吸烟的人最终形成了与无偏差的观察者相同的信念,[1]这也不能证明他们就是理性的。社会科学对理性有过几次最具影响力的探讨,其中马克斯·韦伯犯了从"结果最优"推断"过程理性"的错误,具体体现在这段话中:

> 从类型学科学分析的目的出发,有一种做法十分便捷,即将所有非理性的、由情感决定的行为视为对理论界定的纯粹的理性行动的偏离。例如在分析"股市恐慌"时,最便捷的做法是:首先确定如果没有非理性因素的影响,股市本来会是怎样的;如此一来,我们才能用非理性因素来解释我们观察到的实际情况对理论情况的偏离。同样,在分析政治或军事行动时,已知参与者的目的以及参与者对全部环境因素的充分认识,便捷的做法是:首先确定当参与者严格按照理性原则行动时,行动路线应该是怎样的;**只有这样**,我们才能评估实际行动对纯粹理性路线的偏离与非理性因素之间是否有因果关系。[2]

韦伯认为行动偏离理性路线是非理性起作用的充分条件,尽管在这一点上他是正确的,但他断言(如我标黑体的语句所示)前者是后者的必要条件,这点却是错。类似的错误还有,我们断言本能的出于恐惧的反应是理性的,但其实它们只是**适应性的**(adaptive)行为。当我在路上看到一个形状像树枝又像蛇的东西时,合理的做法是立刻跑开,而不是再多搜集些信息。实际上,这样做似乎是人类生来就有的本能。从严格意义上讲这种逃逸行为不是理性的,因为它并非理性决策机制

---

① 实际上,吸烟的人的第二个偏差并不能完全抵消第一个偏差。

② 参见马克斯·韦伯:《社会学的基本概念》(上海:上海人民出版社,2000),胡景北,译,第4页。译文有改动。——译者注

解释社会行为:
社会科学的机制视角

的产物,然而它又与理性极为相似,如果将理性决策机制置于这一情境中,会产生与它一模一样的行为。当搜集信息的机会成本(第12章)很高时,理性的行动者将不会搜集太多信息。然而,往往这种逃逸倾向不是由这样的计算引发,而是先于计算发生。①

偏好与序数效用

第一个最优条件可以被更完整地阐述为:给定行动者对可用选项及其结果的信念,行动必须是满足行动者欲望的最佳手段。"最佳"(best)是通过"更优"(betterness)或偏好来界定的。最佳就是,根据行动者的判断,没什么能比这更好。这并不意味着欲望是**自私的**。混淆理性与利己主义是一个拙劣的错误,尽管一些理性选择论者的做法助长了这一错误。我们也不必要求欲望是**稳定的**,即使是排除了暂时的偏好改变的最低限度的稳定。一个行动者在受情绪或毒品影响时比起B更偏好A,她此时对A的选择就是理性的,即使她在其他情境下比起A更偏好B。典型的例子(参见第6章)还有,当行动者受到上面提到的那些影响时,他们对当前选择的未来结果赋予的权重就会降低。

要想成功地展开分析,我们必须先好好界定"最佳"这一概念。有两个条件能确保我们做到这点。② 首先,偏好必须是**可传递的**(transitive)。假设有三个选项:A、B、C。如果一个人认为A至少和B一样好且B至少和C一样好,那么他应该会认为A至少和C一样好。而如果传递性失效,例如,如果这个人对A的偏好完全超过B,对B的偏好完全超过C,对C的偏好完全超过A,那么他可能就没有一个"最佳"选项。此外,他人可能会利用这一事实,通过为行动者提供一个将较少偏好的选项替换为更加偏好的选项的方案,从中获取一定的金钱

<page margin: 193>

---

① 对老鼠来说,不假思索的反应与思考后的反应之间的延迟大约是10微秒。

② 我忽略了选项集合必须是紧致(compact)且闭合(closed)的这一技术条件。如果对任意一个可行选项而言,存在一个比它更优的替代选项,这就违背了选项集合的紧致性;如果可行选项有任意一个序列的极限本身不在这个选项集合内,这就违背了选项集合的闭合性。

回报。而由于偏好是循环的,这种操作可以无限重复下去,一系列的逐步改善最终会导致这个行动者破产。[1]

如果行动者用"算方面"的方法来为选项排序,可能就会出现上面提到的那种情况。假设所考虑的苹果的三个方面——例如价格、味道和抗腐烂性——中至少两个方面上都比另一个苹果更胜一筹,那么我就会更偏好这个苹果。如果苹果 A 在价格和味道上胜过苹果 B,苹果 B 在价格和抗腐烂性上胜过苹果 C,且苹果 C 在味道和抗腐烂性上胜过苹果 A,可传递性就被打破了。尽管这种可能性在个人选择中相对来说不那么重要,仅仅反映了拇指法则(a rule of thumb)[2]的失效,但我们将看到(第 25 章)它在集体选择中有着更为显著的意义。

偏好无差异的可传递性失效引出了另一个问题。我可能对 A 和 B 以及 B 和 C 的偏好无差异,因为每一对中两个选项之间的区别小到不可察觉,但我对 C 的偏好会超过 A,因为它们之间有着可以察觉的区别。在这里"最佳"选项是存在的,也就是 C,但是他人还是有可能通过向行动者提供一系列的选择方案——将 C 换成 B 再换成 A——从而使他的境况变糟,他没有理由拒绝这些方案,因此很有可能会接受。把偏好不可传递的行动者称为非理性行动者之所以合理,并不是因为他没有"最佳"选项,而是因为这样一个事实:他可能会接受使自己境况变差的选择方案。

为了确保"最佳"这一概念始终有意义,我们还必须要求偏好是**完备的**(complete):针对任意两个结果,行动者应该能够说出他是对第一个的偏好超过第二个,还是对第二个的偏好超过第一个,还是对二者的偏好无差异。如果这三种回答他哪一个都做不出来,那么他可能就无法确定哪个选项是最佳的。在本章的结尾我还会讨论不完备性。这里我只想指出,不同于可传递性的缺失,完备性的缺失算不上任何一种失败。假设我想把一支冰激凌送给两个小孩中最享受它的那一个。对**我**

---

① 另一种"自我改善至死"(improve oneself to death)的方式可参见第 18 章的脚注 1。

② 拇指法则,又称经验法则,是指依靠经验和直觉来搜集信息、进行推理和解决问题的方法。——译者注

　解释社会行为:
　　　社会科学的机制视角

来说,为了在两个选项之间形成偏好,我必须能够比较**他们**被赠予冰激凌后的偏好满足程度。然而通常来说,这是个不可能的任务。从我本可以做得更好这一意义上讲,无法完成这一任务的失败并不是什么失败,而只是反映了一个无法改变的事实。

就很多用途而言,我们只需要偏好的可传递性与完备性就足够确认理性行动了。然而,用数字来表示偏好通常是很方便的,这些被赋予各选项之上的数字通常被称作**效用值**(utility values)。为了确保这种可能性的实现,我们给偏好加一个进一步的条件:**连续性**(continuity)。如果行动者对一个数列 A_1、A_2、A_3……中每个选项的偏好都超过 B 并且这一数列收敛于 A,那么他对 A 的偏好应当超过 B;如果行动者对 B 的偏好超过数列中的每个选项,那么他对 B 的偏好应当超过 A。一个反例是"字典式偏好"(lexicographic preferences):行动者对一个由 A、B 两种商品组成的数量为(A_1,B_1)的商品束的偏好超过另一个数量为(A_2,B_2)的商品束的情况当且仅当 $A_1>A_2$ 或者 $A_1=A_2$ 且 $B_1>B_2$ 时成立。在这种偏好排序中,行动者对商品束(1.1,1)、(1.01,1)、(1.001,1)……的偏好都超过(1,2),而对(1,2)的偏好超过(1,1)。不严格地讲,我们可以说商品束的第一部分有着第二部分不可比拟的重要性,因为不论多少额外数量的商品 B 都不能补偿商品 A 哪怕最低程度的损失。[①] 或者更简单地说,抵换(trade-off)是不可能的。因此这些偏好是无法用无差异曲线来表示的。尽管字典式偏好极少适用于普通消费品,它们对政治选择却可能至关重要。一个选民可能对候选人 A 的偏好超过候选人 B——当且仅当 A 反对堕胎的态度更强烈,**或**二者在这一问题上态度相同而 A 主张征收的税比 B 主张的少。对这样的选民来说,生命的"神圣价值"可能是无法被金钱的世俗价值抵换的。

如果行动者的偏好是完备的、可传递的并且连续的,我们就可以用一个连续效用函数 u 来表示它们,该函数为每个选项(A)赋一个数值

---

① 因此,不可比性这一直觉性的概念可以用偏好不完备或偏好不连续这两种不同的方法加以阐述。

11 理性选择 | 187

$u(A)$。我们现在就不说行动者是选择了最佳的可用选项,而是说行动者**将效用最大化**了。在这个短语里,"效用"仅仅是对带有特定属性的偏好的一种简略表达。要弄清楚这一点,我们可以这么说:用函数 u 表示偏好顺序的唯一条件就是当且仅当$u(A)>u(B)$时行动者对 A 的偏好超过 B。如果 u 一直是正数,$v=u^2$ 也可以表示同样的偏好顺序,尽管 v 所赋的效用值比 u 更大或(当 $u<1$ 时)更小。绝对数字没有意义;只有它们的相对(relative)量级或**序数**(ordinal)量级才有意义。因此,"效用最大化"的概念并不意味着行动者致力于获取尽可能多的某种精神的"东西"。然而这一概念确实排除了字典式偏好体现的那种价值等级。事实上,字典式偏好无法用效用函数来表示。

基数效用与风险态度

通常,行动者面对的是**有风险的**选项,即那些不止有一种(概率已知的)可能结果的选择。凭直觉讲,似乎一个理性的行动者会选择**期望效用**(expected utility)最大的选项,期望效用的概念包含了每个结果的效用及其发生的概率。对每一个选项,行动者会先根据每个结果的概率对该结果加权并将所有加权后的效用加总,然后选择总和最大的那个选项。

然而,序数效用**不**支持我们对这一概念进行详细阐述。假设有两个选项,A 和 B。A 能以 1/2 和 1/2 的概率产生结果 O_1 或 O_2,而 B 能以 1/2 和 1/2 的概率产生结果 O_3 或 O_4。假定现在有一个效用函数 u,它分别给 O_1、O_2、O_3、O_4 赋值 3,4,1 和 5。A 的"期望序数效用"是 3.5 而 B 的是 3。如果我们代之以函数 $v=u^2$,数字则变成了 12.5 和 13。每个函数都同另一个函数一样表现了行动者的偏好,然而它们挑出的"最佳"选项却是不同的。显然,这种办法行不通。

要做到更好是有可能的,但得在概念上花些成本。约翰·冯·诺依曼(John von Neumann)和奥斯卡·摩根斯特恩(Oskar Morgenstern)提

解释社会行为:
社会科学的机制视角

出的那种研究路径①表明人们可以赋予选项具有**基数**(cardinal)意义而
不仅仅是序数意义的效用价值。采用基数赋值的一个实例就是温度。
无论我们用摄氏还是华氏温标来测量温度都不影响"巴黎的平均温度
高于纽约的平均温度"这一陈述的真值。(如果温度是按序数方法测量
的,这个陈述将没有意义。)相比之下,"巴黎比纽约热两倍"这一陈述的
真值则**的确**取决于测量标准的选择。然而,尽管这一关于强度的特定
陈述的真值易受测量标准的影响,其他陈述则不然。例如"纽约与巴黎
的温差大于巴黎与奥斯陆的温差"这一命题的真值就不取决于温标的
选择。与此类似,我们可以构建效用的基数测量方法,别的先不说,我
们将会看到,它反映的是偏好的强度而不仅仅是选项的序数排序。这
些基数测量方法使我们能够比较从 x 到 $(x+1)$ 和从 $(x+1)$ 到 $(x+2)$ 的效
用收益(或损失),也就是讨论边际效用递增或递减——一些对序数效
用测量方法毫无意义的概念。

196

　　这一构建过程的技术细节无须我们担心,因为其基本构想很简单,
而且就当前目的而言已经足够了。我们首先假定行动者不仅对选项有
偏好,而且对选项的**彩票**②(包括"退化彩票"(degenerate lotteries),它包
含一个确定会获得的基本选项)也有偏好。对任意给定的基础选项或
"奖品"的集合,彩票指明了获得其中每一个奖品的概率,这些概率加起
来等于 1。行动者被假定对这样的彩票具有完备的、可传递的偏好。偏
好还被假定遵从"独立性公理"(Independence Axiom):当 p 和 q 两注彩
票分别以同样的方式与第三注彩票 r 组合时,行动者对 p、q 二者的偏好
不会受到 r 的影响。我在第 7 章引用过并会在第 12 章进一步讨论的
"确定性效应"则违背了这一公理。

　　最后,我们假定偏好表现出一种连续性,连续性的定义如下。假设

---

① 20 世纪 50 年代,冯·诺依曼和摩根斯特恩建立了不确定条件下对理性人选择进行分析
的框架,即 VNM 效用函数理论。如果某个随机变量 X 以概率 P_i 取值 $x_i, i=1、2\cdots\cdots n$,而
某人在确定地得到 x_i 时的效用为 $u(x_i)$,那么,该随机变量给他的效用便是:$U(X) = E = P_1u(x_1) + P_2u(x_2) + \cdots + P_nu(x_n)$。其中,$E$ 表示关于随机变量 X 的期望效用。因此
$U(X)$ 被称为期望效用函数,又称为"冯·诺依曼—摩根斯特恩"效用函数(VNM 函数)。
② 此处彩票(lottery)是指选项发生结果已知的概率。——译者注

基础选项中包括一个最佳要素 A 和一个最差要素 B。我们任意地将效用数值 1 和 0 赋给它们。连续性意味着,对任意一个中间选项 C 来说,存在着一个概率 $p(C)$ 使得行动者在确定得到 C 和投注一个有 $p(C)$ 的概率得到 A、有 $1-p(C)$ 的概率得到 B 的彩票这二者之间偏好无差异。[1]

197 然后我们定义**基数效用** $u(C)$ 等于 $p(C)$。当然了,这一数值是任意的,因为端点的效用取值是任意的。假设我们给 A 和 B 分别赋上效用数值 M 和 $N(M>N)$。然后我们定义 C 的效用为这个彩票的期望效用:

$$pM + (1-p)N = Mp + N - Np = (M-N)p + N$$

由此得出的效用函数的类范围远小于序数效用的类范围。[2] 显而易见,如果根据一个函数选项 X 的期望效用大于选项 Y,那么根据任何其他函数它也同样会具有较大的期望效用。如此一来我们就能确定无疑地断言,一个理性的行动者会将期望效用最大化。

基数效用函数有一个重要性质,即它是一个**概率的线性函数**。我们引入记法 XpY,它表示一个有 p 概率得到 X 和 $1-p$ 概率得到 Y 的彩票。以 1~0 为端点范围,效用 $u(X)$ 就等于行动者在 X 和彩票 AqB 之间偏好无差异时的概率 q。同样的,效用 $u(Y)$ 等于行动者在 Y 和彩票 ArB 之间偏好无差异时的概率 r。因而 XpY 提供的效用等于以 q 概率得到 A 的可能性 p 加上以 r 概率得到 A 的可能性 $1-p$。XpY 的效用为 $pq + r(1-p)$,即 p 倍的 X 的效用加上 $(1-p)$ 倍的 Y 的效用。举例来说,有 3/5 可能性得到 X 和有 2/5 可能性得到 Y 这一概率组合的效用为 $3/5q + 2/5r$。

有人可能会提出下述异议。假设一个农民可以在两种作物之间做出选择,一种是传统品种,它有一半一半的概率会获得丰收或者收获平平,这取决于天气;另一种是现代品种,有一半一半的概率会收获极佳或者歉收。假设就旧品种而言基数效用是 3 和 2,新品种则是 5 或 1。由于新品种的期望效用更高,它应该是农民会选择的品种。但是——

---

[1] **确认**(identifying)这一概率的过程引出了第二篇的引言提到的锚定问题。

[2] 事实上,任意两个这样的函数之间的联系就像摄氏度和华氏度之间的联系一样,这两种温标赋予水的沸点和冰点以不同的值(与文中的 M 和 N 相应)。

解释社会行为:
社会科学的机制视角

反对声可能就来了——这难道不是忽视了农民可能会规避风险而不愿接受任何可能导致效用等级低至1的选项吗？然而，这种反对包含了双重计算，因为风险规避**已经**被纳入基数效用的构建之中。假定 A、B 和 C 取值为 100、0 和 60，对一个规避风险的人来说，$u(C)$ 可能是 0.75，这意味着他在确定得到 60 与一个使他有 25% 的可能性一无所获和 75% 的可能性得到 100 的彩票之间偏好无差异。类似的论证在对作物的实际产量进行基数效用赋值时也是适用的。 198

我们再看一个例证，考虑一下儿童监护权的分配问题（参见图 11.2）。横轴可以从两方面来理解，它可以是对监护权的一种实际划分（与孩子共处的时间比例）也可以是一种概率性的划分（在法庭上被判定获得完全监护权的可能性）。平

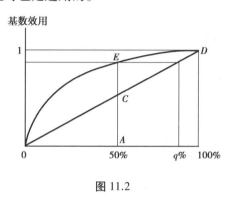

图 11.2

均分配监护时间的基数效用是 AE，它大于有 50% 可能性获得完全监护权的效用 AC。（这里我们诉诸于基数效用是概率的线性函数这一事实。）原因是这一情境中的大部分人都会表现出风险规避。他们愿意接受共同监护权，因为有 50% 的风险完全见不到孩子是他们无法忍受的。只有当父母中的一方相信他或她取得完全监护权的可能性大于 $q\%$ 时，他们对打官司的偏好才会大于共同监护。如果说监护权诉讼案的数量相当可观，那不是因为父母们喜欢冒风险，而是因为一厢情愿的想法使他们夸大了自己被判得监护权的可能性。 199

风险规避与边际效用递减

前文的论述很准确，但也可能有误导性。现有的一些文献存在着一种区别模糊风险规避与边际效用递减的倾向。为了深入讨论这一

点,我需要引入一个在直觉上很有意义的概念,尽管(到目前为止)还没有适合它的测量方法。这个概念就是商品的**内在效用**(intrinsic utility),它反映了行动者的偏好强度。通过内省,我们可以强烈地意识到有些商品或经历让人极为享受,有些只是令人满意,有些有点儿让人讨厌,还有些简直糟糕透顶。仅仅用序数偏好来表现它们之间的不同——"我对天堂的偏好超过地狱,就像我对四个苹果的偏好超过三个"——显然是在用一个非常贫乏的概念来描述福利或效用。我们没有一个可靠的方法为内在层面的满足或不满足赋值,但这一事实并不能证明这个想法就毫无意义,最多只能证明:我们在量化和比较不同个体满足水平时的无能为力表明了对福利进行人际比较的想法毫无意义。

很多商品的边际效用是递减的这一想法可以从这样一个角度来理解。对一个穷人来说,第一笔钱产生的效用是非常大的,但是随后相继增加的每一额外美元从主观上来说价值都更小。每个吸烟者都知道早上的第一支烟是最棒的,如果你放慢节奏,别抽得那么频繁,你会更加享受每一支香烟。事实上,吸一支烟有两种效果:产生当前的享受以及减少之后的香烟带来的享受。

然而,第二种效果并不一定就是消极的。再来看一下儿童监护权的案例。对父母来说,每隔一周的周末与孩子共处一个下午产生的沮丧要多于满足。每周末共处一个下午产生的满足则会比前者的两倍还多,因为更频繁的相见建立了更强的情感纽带,这使他们更加满足。在时间谱的另一端,与孩子共处的时间由一周六天变为一周七天所带来的额外满足超过了由五天变为六天所带来的额外满足,因为完全监护权提供了计划不受限制这一收益。实际上,如图 11.3 所示,与孩子共处的边际(内在)效用是递增的。

我们可以将横轴诠释为与孩子在一起的时间比例。基于刚刚给出的理由,每一额外的小时都比前一小时更有价值。**这一陈述与图 11.2所蕴含的分析是完全相符的**。如果将效用理解为基数效用,与孩子共处时间的边际效用可能是递减的,但如果将其理解为内在效用,边际效

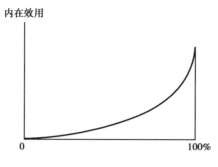

图 11.3

用则可能是递增的。我们只能对这个陈述中的前半部分做出可测量的诠释,但这并不意味着后半部分就毫无意义。

基数效用函数总是由两个潜在的心理因素产生,即风险态度和内在效用,但它们不能被分别测量。我们无法以任何严格的方式分辨出图 11.2 中的曲线 *OED* 是产生于与孩子共处时间的递减的边际内在效用和风险中性(risk neutrality)[①]的组合,还是产生于与孩子共处时间的递增的边际内在效用和风险规避的组合。在某个给定的案例中,直觉可能会告诉我们哪一种诠释更为合理。对于与孩子共处的时光,一些父母的体验可能与很多祖父母是一样的:短时间内还好,但时间一长就受不了。与此同时,这些父母可能并不太担心那种完全没有与孩子共处时间的风险(风险中性)。另一些产生了同样基数效用函数的父母或许在这两方面都与上述父母不同。再强调一次,或者说再次重申,这些陈述(到目前为止)都无法严格化,但它们显然言之有理。[②]

理性的信念

对理性选择的第一个组成部分的讨论可以总结为:基于给定的信

201

---

① 根据现代组合理论,风险中性是指投资者不关心风险,当资产的期望损益以无风险利率进行折现时,他们对风险资产和无风险资产同样偏好。在这里就是不考虑风险的意思。——译者注

② 因此用温标作类比只是部分有效的。这些标准**仅仅**测量了温度的强度。基数效用函数测量的是偏好强度与风险态度的共同结果。

念,选择最佳手段去实现自己的欲望。显然,这只是理性的一个必要条件,而不是充分条件。如果我想杀了我的邻居并相信杀人的最佳方法就是做一个人偶来代表要杀的人并用针将它刺穿,要是我做了一个人偶来代表我的邻居并用针将它刺穿,我就是在理性行事(至少就这第一个组成部分而言)。然而除非是在特殊情况下,这一信念几乎不可能是理性的。[1]

理性信念是运用长期和平均看来最可能产生真信念的程序来加工可用证据而形成的。假设我们想要形成一个关于11月29日下雨的可能性的信念,那一天距离今天还有一周。我们能做的可能最多也就是查看早年的降水数据并假定(预期的)未来也会像过去一样。但随着11月29日的临近,当前降水量可能会使我们调整自己的预期。如果本来11月份是经常下雨的,而现在却接连数日万里无云,我们可能会推断,一个高压系统的存在使得11月29日下雨的可能性变小了些。

这个信念修正的过程通常被称为**贝叶斯学习**(Bayesian learning)(以18世纪的牧师贝叶斯的名字命名)。假定我们对这个世界的种种不同状态有一个初始的("先验的")主观概率分布。在刚才给出的例子中,先验分布来自以往的频率。在其他案例中,它可能只是一种第六感而已。举例来说,凭着自己的直觉,我可能给国家首相称职的概率赋值60%,给他不称职的概率赋值40%。然后我们可以观察他在任期内采取的行动及其结果,例如经济增长率。假设我们在**给定首相称职与否**的情况下能够对这些观察结果的可能性做出一个估计。如果首相是称职的,我们对好结果有80%的期望,如果首相不称职则只有30%的期望。贝叶斯向我们展示了在**给定这些观察结果**的情况下,我们如何更

[1] 对巫术的信念可能是自我实现式的——如果被诅咒的人相信诅咒的效力并且仅因此就失去了活下去的意志。这种情况下,人们观察到的诅咒的效力可能会使人们对巫术的信念成为理性的,即便(就像超距作用理论一样)行动者无法明确指出它发挥作用靠的是什么机制。这也可能使得人们可以依据实际后果来惩罚巫术,而不是如多恩和霍布斯所提出的(见第二篇的引言)仅仅依据犯罪意图。

新自己关于首相是否称职的初始概率判断。

假定只有两种结果,好的或坏的,而我们观察到的是好结果。如果我将 a 发生的概率记为 $p(a)$,将给定 b 发生时 a 会发生的**条件概率**记为 $p(a|b)$。那我们就已经假定 p(首相称职)= 60%,p(首相不称职)= 40%;p(好结果|首相称职)= 80%,且 p(好结果|首相不称职)= 30%。我们要试图确定 p(首相称职|好结果)。用字母 a 和 b 分别表示称职和好结果,我们首先可以记下:

$$p(a|b) = p(a\&b)/p(b) \qquad (1)$$

用语言来描述,条件概率 $p(a|b)$ 等于 a 和 b 都发生的概率除以 b 的概率。这是从 $p(a\&b)$ 等于 $p(b)$ 乘以 $p(a|b)$ 这一更直观的想法推出的。等式的两边都除以 $p(b)$,我们就得到了等式(1)。

再次运用等式(1),但将 a 和 b 调换,我们得到:

$$p(b|a) = p(a\&b)/p(a)$$

或者相等地记为:

$$p(a\&b) = P(b|a) \cdot p(a)$$

将后面这个表达式代入(1),我们得到:

$$p(a|b) = p(b|a) \cdot p(a)/p(b) \qquad (2)$$

现在,b(好结果)有两种发生的方式,分别对应首相称职和首相不称职两种情况。由于两个互斥事件中的一个发生的概率等于每个事件发生概率的总和,我们可以记为:

$$p(b) = p(b\&a) + p(b\& \text{非} a)$$

根据(1)后那一段所述的推理,这一等式

$$= p(b|a) \cdot p(a) + p(b|\text{非} a) \cdot p(\text{非} a)$$

如果将 $p(b)$ 的这一表达式代入(2),我们便得出了**贝叶斯定理**:

$$p(a|b) = p(b|a) \cdot p(a)/[p(b|a) \cdot p(a) + p(b|\text{非} a) \cdot p(\text{非} a)]$$

将概率的数值代入等式的右边我们可以得到 $p(a|b)$ = 80%,这说明,观察到一个成功的结果将首相称职的可能性从 60% 提高到了 80%。

第二次和第三次观察到好的结果会将其提高到91%和97%。① 如果另一个人最初的估计是 $p(a) = 0.3$ 而不是0.6，连续三次好的观察结果会将她的估计先提到0.53，再提到0.75，最后到0.89。因此，初始直觉是否可靠也许并没有太大的关系，因为随着越来越多的信息补充进来，更新后的信念会变得越来越可信。随着时间的流逝，意见的初始差异可能会被新证据淹没。② 为供将来参考（第23章），我们也要指出每个新信息相较于之前一个的影响力都更小。

信息收集中的最优投入

理性行动的第三个组成部分是在获取信息时做到资源——例如时间或金钱——的最优投入。如图11.1所示，这一最优状态有若干决定因素。首先，要获取多少信息才算理性，这取决于行动者的欲望。③ 举例来说，一个不太在意远期未来回报的行动者不会在确定一个耐用消费品的预期使用寿命上投入过多。更明显的是，相比于在两瓶一样贵的红酒之间进行选择，在做出诸如购买一栋房子这样的重要决定之前

① 在这一推理中我们依赖于两种先验信念，关于首相类型的"前景信念"和关于一个给定类型的首相产生好结果的可能性的"背景信念"。背景信念自始至终保持不变，而前景信念会因我们接收到新的信息而被修改。我们也可以将前景移至背景，且反之亦可——如果我们感兴趣的是称职的政治家，事实上是否能够决定经济结果或者这些结果是否主要受到随机或外在因素的影响，那么我们可以从好政治家产生好结果的可能性这一前景信念和某个政治家称职的可能性这一背景信念开始。如果观察结果显示，经济在一个假定极有可能很称职的政治家的管理下发展得非常糟糕，我们或许就会给随机或外在影响这一假设赋以更大的可能性。

② 为了实现收敛，连续的新信息必须在统计上相互独立。在有关贝叶斯信念形成的典型案例中，已知一个罐子要么装着80%的黑球和20%的白球，要么装着20%的黑球和80%的白球，一个人通过从罐中取球来推断这两种情况分别有多大的可能性。由于抽取是随机的并且每次抽取后球都会被放回到罐子中，每次抽取的结果都独立于之前的结果。在正文所描述的那种政治情境中，要证实独立性则困难得多。而且，收敛预先假定了基本情境保持不变或至少不会改变得太快。如果环境变化迅速，更新信念的过程就类似于瞄准移动的目标了（第6章）。

③ 一厢情愿——其中"愿望是想法之父"——显然是非理性的。相反，图11.1所示的那种过程没有任何非理性之处，其中欲望可以说是信念的祖父。

收集更多的信息才是合理的。在选红酒的案例中,如果鉴别哪瓶酒更好所花的预期成本超过了品尝更好而非较差红酒的预期收益(基于行动者对等价红酒的品质幅度所持有的先验知识),那么人们或许更应该干脆用扔硬币的方式来决定。

欲望和先验信念共同决定了来源于新信息的预期收益。有时人们是有可能非常精确地说出进行一个特定的癌症检测会额外挽救多少人的生命的,或者转到行动者的层面上说,他或她有多大的可能性获救。生命的价值取决于行动者如何权衡生命与其他欲求。根据一项计算,要使从事采煤这类高风险职业的人接受每年千分之一意外死亡的可能性大约需要每年 200 美元的保险金。因此在进行这项计算的那个时期,生命的价值大约是 200 000 美元。[①] 新信息的预期成本取决于先验信念,这一成本有时也可以精确地确定。为了检查肠癌,常见的做法是进行一系列(包含六项)便宜的粪便检测。前两项检测的收益是显著的。然而,我们发现就后四项检测中的每一项而言,每检查出一个新的癌症(甚至是不可治愈的癌症)的成本分别为 49 150 美元、469 534 美元、4 724 695美元和47 107 214 美元。[②]

对信息的最优搜寻还可能取决于搜寻本身所产生的结果(如图11.1中的环状箭头所描述的那样)。当一个新的医药产品投入检验时,检验者们会有一个先验决定,即在特定的一段时间内将该药品提供给一组患者而另外一组则不给药。然而,如果该产品在检验初期就明显表现出极为成功的疗效,那么不将它提供给控制组就是不道德的。同样的论证也适用于单个的理性行动者。假设我去树林里采浆果,我知道浆果往往是丛生的,所以我准备在开始采摘之前花一些时间四处找找。如果我走运,一开始就找到了一块果实密集的地方,那么再继续找

---

① 进行这样的计算时稍有不慎就会出错,但它的总体思想是无法否认的:我们都给自己的生命赋以有限的价值。如果不是这样,我们现在所做的所有有趣或有利的高风险活动我们就都不会做了。

② 前两个化验就能成功检测出大部分的癌症了,越到后面的化验,参加的人数就越少,经过计算可知,越到后面的化验,要付出的**边际**医疗成本(医疗资源等)就越高,而化验向人们收取的费用是很低的,也就是说越到后面的化验效用越低。——译者注

下去就有点蠢了。

我们可以把信息收集看成是伴随着初始行动的**影子行动**。在决定如何做之前,我们必须先决定要收集多少信息。有时候,**影子行动与原始行动可能是重合的**,至少是部分的重合。假设一个国家的领导人正在权衡是否要与另一个国家开战。德国 1940 年对法国的入侵就可以作为一例。要做出是否进攻的最终决定,信息是至关重要的。领导人需要知道未来敌人的客观能力,还有"敌军的组织、风俗和习惯"(引自德国《总参谋部的职责》手册)。这些信息中的大部分都可以通过常规手段来收集,包括间谍活动。然而,要想确定敌人的**士气**——他们的斗志,除了真正同他们战斗以外别无他法。

不确定性

最后这两个例子,采摘浆果和策划战争,还会帮助我们看到理性选择
206 理论的**局限**,或者更确切地说是两个局限中的一个。作为一种解释工具,这种理论可能在两个方向上面临失败:一方面,它可能无法对人们在给定情境中会如何行动做出唯一的预测;另一方面,人们的行动可能并不符合它的预测,无论这个预测是不是唯一的。第二种失败——**非理性**,是下一章的主题。第一种——**不确定性**(indeterminacy),则是以下评论所围绕的主题。

行动者无法确定可行集(feasible set)中的最佳要素的原因可能有两种。一个消费者在两个同样较好的选项之间的偏好可能**无差异**。在琐碎的案例中,这表现为选项之间无差别,就好比超市里的消费者要在两个一模一样的汤罐头之间进行选择。在重要的案例中,两个选项可能在好几个维度上都有差异,以至于这些差异恰好相互抵消了。重要的案例很罕见,也许根本不存在。如果让我在价格、舒适度、外观、速度等方面都有所不同的两辆车之间进行选择,我或许不会更偏好哪一辆,但我对它们并不是无差异的。如果我是无差异的,那么就算其中一辆车只打了 5 分钱的折扣,我也会更偏好这辆车。直觉告诉我们这种情

况不太可能发生。

事实上，消费者的偏好可能是**不完备的**。假设我已经查看过了五种车型 A、B、C、D 和 E，并如图 11.4 所示为它们排序（箭头表示偏好关系）。我无法对 C 和 D 进行比较是无关紧要的，因为反正这两种车我哪种都不会买。相比之下，无法比较 A 和 B 让我非常头疼。确实，我可以试着收集更多的信息，但是我怎么知道

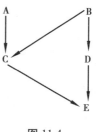

图 11.4

费这个劲是不是值得的呢？我会很快回到这一点上。然而首先请让我指出另外一点，它可能是不完备偏好更重要的来源。通常，对选项的偏好是由对结果的偏好导致的。我偏好一个选项是因为与其他选项的结果相比我更偏好它的结果，也就是它的期望效用。然而，如果我所处的情境是不确定型或无知型，而不是风险型（第 7 章），我可能就无法比较结果。[①] 用约翰逊博士(Dr. Johnson)的不朽名言来讲，"人生并不漫长，切不可花费太多时间徒劳地深思应该如何度过。这种深思，人们往往谨慎地开始、微妙地进行，在长期的劳神苦思之后，一定会以偶然终结。想要以合理的理由偏好一种而非另一种未来的生活方式，需要的是造物主并不乐于赐予我们的才能。"[②]

一种更深层的不确定性出现在我们难以决定信息收集的最优投入时。当我去未知的地方采浆果，我应该花多长时间寻找一片生长密集的浆果丛？我应该何时开始采摘？除非我马上就找到了一块果实密集的地方，否则花一些时间四处找找是有意义的。与此同时，我不想一直找到黄昏，因为那样我肯定要拿着空篮子回家了。在我应该用来寻找

---

① 在不确定中做决策时，如果一个选项的最差结果好于另一个选项的最好结果，我也许能够对选项进行比较。而在无知中做决策时，我们连这种程度不高的可比性都没有。

② 然而，我可能是"以偶然终结"然后又捏造了"合理的理由"。例如，我已做出的选择在哪些属性上明显占优势，我就赋予那些属性更多的权重。这可能造成我不想要的结果。假设我要在读法学院和读林业学院之间做出选择，在无法做出基于理性的选择的情况下，我多少出于偶然上了法学院并回过头来通过对这两种事业的收入维度赋予更大的权重来论证这一决定是否合理。在这种新产生的偏好的影响下，我可能会继续做出与我基于选择前的偏好本会做出的决定不同的其他决定。

浆果丛的时间上限和时间下限之间,可能有着一个巨大的不确定性区间。在策划战争的案例中出现了一个不同的难题。如果初始决定与影子决定同时发生,那么策划者注定会停留在一种(至少是部分的)不确定状态。在这些情境中理性选择理论无法很好地对我们进行指导。这个理论在那种大量信息已知的高度结构化的情境中很有用,例如癌症的检测,但在未知环境中就没那么有用了。

鉴于花费低于下限和高于上限的时间是非理性的,那么只要是行动者在这个区间**之内**做出的选择都不会被说成是非理性的。因此,或许有人会考虑丢弃理性的概念转而支持**非非理性**(nonirrationality)的概念。理性选择理论的这个修订版本能帮助我们理解更多行为,但它的预测力较弱。我相信理性选择理论的大部分践行者都不会愿意按这样的路线修订理论。这一理论最初吸引他们的原因恰恰就在于它能得出**唯一**的预测。理性选择理论能做到这点凭借的是这样一个基础性的数学事实,即在"良性"(well-behaved)机会集范围内定义的任意"良性"效用函数都能在机会集中唯一的一个对象上得到最大值。图 9.1 中机会集与无差异曲线之间的相互作用就很好地体现了这一概念所具有的吸引人的简洁性,"尽可能做到最好"。

信念的不确定性最重要的来源出自策略互动,每个行动者都必须针对他人基于**他们的**信念可能会如何行动形成信念,且行动者知道他人也在进行着类似的关于行动者自己的推理。在一些案例中,回报结构不允许行动者收敛于(converge)一个大家普遍持有的信念集合,我会在第 19 章进一步讨论这些案例。

理性彻头彻尾是主观的

让我再次强调理性选择理论**完全主观的本质**(radically subjective nature),以此来结束关于理性选择理论的讨论。的确,人们可能会从客观意义上理解"理性"这个词,也就是说一个理性的行动者在做出**使他的生活更好**的决定时,判断的依据是诸如健康、寿命或收入等客观的标

解释社会行为:
社会科学的机制视角

准。然而如果以这种方式来使用理性的概念，它将不会有任何解释力。就像我强调过的那样，决定的**结果**不能解释决定本身。只有先于这个决定的精神状态才能使我们从行动者的视角将行动**解释**为最优，而不是从外部观察者（或者行动者事后）的视角将行动**描述**为有用的或有益的。

假设我苦于严重缺乏延迟满足的能力，也就是说，我不能将当前行为的未来结果纳入考虑。再假设科学家发明了一种贴现药丸，它可以增加未来回报在当前决定中的权重。如果吃了这种药丸，我的生活会变得更好。我的父母会因为我吃了这种药丸而高兴。事后来看，我也会庆幸自己吃了这种药丸。但是如果让我选择是否要吃这种药丸，若我是理性的就会拒绝。药丸会引导我去做的所有行为都已经在我的能力范围之内。我可以立即戒烟、开始锻炼或者开始存款，但是我没有那么做。既然我不想那么做，我就不会想要吃下会让我那么做的药丸。同样地，自私的人会拒绝"利他药丸"，更有说服力的是，利他的人会拒绝"自私药丸"。如果我爱我的家人并愿意为了他们牺牲我的一些享乐福利，既然我会拒绝任何直接降低家人福利的一步到位的选项（例如自己吃一顿大餐），我也同样会拒绝通过吃药再去降低家人福利的两步到位的选项。

为了使这个论点更"犀利"，我们假定某个人今天消费 x 明天消费 y，她每个时间段的贴现率是 0.5（她对明天的一单位效用和今天的二分之一单位效用的偏好是无差异的）。为简单起见，假定 $u(x) = x$ 且 $u(y) = y$。她的消费流贴现后的现值为 $x + 0.5y$。假设这个人得知明天她会遭受痛苦，这种痛苦会按照 0.5 的贴现因子减少她的消费效用。消费的贴现后现值现在成了 $x + 0.25y$。要是给一个理性行动者提供没有成本且能消除痛苦的阿司匹林，她显然会服用，这样一来便恢复了初始现值。如果她服下使得贴现率为 1 的药丸（但不服用阿司匹林），那么结果与吃阿司匹林是相同的，因为在这两种情况下她对包含了两个阶段的效用流与阶段一的效用 $x + 0.5y$ 的偏好都无差异。既然行动者会服下阿司匹林且既然其效果与贴现药丸相同，那她为什么不会选择后者呢？原因在于服用贴现药丸的选择受到这样一个条件的限制，即**根据行动者未服药时的偏好来判断**，由药物引导的消费要优于非药物消费。对阿司匹林的选择则不受类似的限制，因为行动者服用阿司匹林之前的偏好和之后的偏好并没有什么区别。即便没有阿司匹林，我也更偏好于明天能免于受苦。当这种状态进入了我力所能及的范围时，我会选择实现它。相比之下，贴现药丸产生的效用流已经在我的能力范围之内，可我却选择不去实现它。①

换句话说，选择要通过行动者的眼睛去看。一个弄丢眼镜的近视眼可能会由于自身近视的限制而找不到眼镜。他"被困住了"。② 类似地，一个理性行动者可能会发现自己被困在了"信念陷阱"中，他无法摆脱某个虚假信念，也就是说，检验信念的成本被认为过高。接受了生殖器切割术的女性就可能陷入信念陷阱。在尼日利亚，一些族群相信在分娩过程中如果婴儿的头部碰到了阴蒂，这个婴儿就会死掉。在波兰很多人都相信正在使用皮下注射戒酒硫（安塔布司）的人如果喝酒就会死掉。实际上，注射的戒酒硫在药理学上是惰性物质③。虽然如此，虚假信念可能还会阻止人们对它进行检验。

信念的**理性**是一个与其**真实性**完全不同的问题。真实性这一特征反映的是信念与世界之间的关系，而理性这一特征反映的是信念与行动者所掌握的证据之间的关系。尽管理性可能要求行动者为获取新信息而进行投入，但这个投入始终受它的预期（即被行动者**认为的**）成本

---

① 如果一个行动者遵循双曲线贴现，他可能会接受贴现药丸。运用第 6 章的例子中的数值，假设药丸的效果是将 k 值从 1 降到 0.3。在较小回报可得时，它的现值就是 10（无贴现）。这时较大回报的现值是 $30/(1 + 0.3 \times 5) = 12$。因此服用药丸这种情况的预设（precommitment）使得行动者能够以符合其冷静的和反思性的判断去行动，因而防止了（广义上的）意志薄弱。这一陈述即便在行动者不得不购买药丸时也依然为真，只要药丸的成本（在效用层面）小于 2。如果预设中含有降低延迟回报的价值的效果（也许贴现药丸有降低感受快乐的能力的副作用），该陈述也依然可能为真，只要被降低的价值小于 5。如果我们用精神治疗来替代药丸，这些事实可能非常相关。

② 如果把眼镜给他，他会戴上。我已经论证过如果把贴现药丸给他，他不会服用。不同之处在于不需要贴现药丸他就已经能够做到任何一件服用药丸后能做的事，然而如果没有眼镜，有很多戴着眼镜能做的事他却做不了了。

③ 惰性物质具有不易与其他元素或化合物化合的性质。——译者注

解释社会行为：
社会科学的机制视角

和收益的限制。如果人们认为收集更多的信息具有很高的**机会**成本，就像面临一个正在迫近的可能的危险时，放弃投入也可能是理性的。如果行动者认为收集信息具有很高的**直接**成本，比如检验使用皮下注射戒酒硫时喝酒是否会有致命效果，只有不理性的人才会选择投入。更一般地说，很多信念是行动者必须间接地、根据表层理解去接受的，因为如果全部都要检验一遍我们可能会没命的。

对行为的任何基于选择的解释都是主观的，然而并不是所有的主观解释都假定了行动者会对自己保持诚实并且不懈地追求最优性——这是理性选择解释的标志。在下一章我会提出在其中一个或这两个方面都背离了理性选择理论的若干解释。

参考文献

我在法兰西学院(Collè ge de France)的首堂课中讨论了(第4章意义上的)理智(reason)与理性(rationality)之间的关系，参见 *Raison et raisons* (Paris: Fayard, 2006)。

更多关于韦伯和理性的内容参见我的文章 "Rationality, economy, and society", in S. Turner (ed.), *The Cambridge Companion to Weber* (Cambridge University Press, 2000)。

R. D. Luce and H. Raiffa, *Games and Decisions*(New York: Wiley, 1957)一书中有关于效用理论的经典阐述。

J. von Neumann 和 O. Morgenstern 的原作 *The Theory of Games and Economic Behavior*, 2nd ed.(Princeton, NJ: Princeton University Press, 1947)仍然值得参考。

R. Hastie and R. Dawes, *Rational Choice in an Uncertain World*(Thousand Oaks, CA: Sage, 2001)是一部阐述理性选择理论(及其问题)的杰出作品。

我在 *Solomonic Judgments*(Cambridge University Press, 1989)一书的第3章更深入地讨论了儿童监护权的案例。

R. Winkler, *An Introduction to Bayesian Inference and Decision*(Gainesville, FL: Probabilistic Publishing, 2003)，该书是对贝叶斯理论绝佳的基础性介绍。

我对理性人不会服用贴现药丸进行的论证受到了与 Gary Becker 和 Peter Diamond 交流的影响；也可以参见 O. J. Skog, "Theorizing about patience formation: The necessity of conceptual distinctions", *Economics and Philosophy* 17 (2001), 207-19。

我对信念陷阱的想法出自 G. Mackie, "Ending footbinding and infibulations: A convention account", *American Sociological Review* 61(1996), 999-1017。让我介绍一本关于准备战争时情

11 理性选择 | 203

报工作的重要性的有用研究, 即 E.R. May, *Strange Victor: Hitler's Conquest of France* (New York: Hill&Wang, 2000)。

我从 W. Osiatynski, *Alcoholism: Sin or Disease?* (Warsaw: Stefan Batory Foundation, 1997)一书中得到了使用戒酒硫注射的相关信息, 关于它并无效果的数据则来自 J. Johnsen and J. Mørland, "Depot preparations of disulfiram: Experimental and clinical results", *Acta Psychiatrica Scandinavica* 86(1992), 27-30。

12
理性与行为

忽视决策成本

理性(rationality)这一概念在规范上具有很强的吸引力。对于我们的所作所为,我们**想要**有个理由(reason)——使行动看起来理性的欲望和信念。事实上,我们想要出于某个理由而行动的欲望——对理性的遵从——可以强烈到引发非理性行为。① **过度理性**(hyperrationality)可以被定义为寻求理论上最优的决定——即那些如果忽视决策过程本身的成本就会是最优的决定——的内在倾向。这些成本分三类:(1)决策方法的成本;(2)决策副作用的成本;(3)决策的机会成本,即要是不进行这个决策过程我们或许会做的其他事情的价值。让我来简要说明一下。

因忽视决策方法的成本而产生的过度理性可能出现在**比较购物**(comparison shopping)案例中,此时找到最低价(预期)商品所节省的钱还抵不上往返各商店的交通费。身处法国南部的游客过境去西班牙买便宜香烟,好像汽油不花钱一样。在争夺孩子监护权的案例中,对决策副作用的成本的忽视可能引发过度理性。法庭或许会通过确定父母双方谁更适合获得监护权来试图促进孩子的利益。② 这个问题一旦解决,

---

① 出于**某个**理由而行动(acting for a reason)不应与依据理智而行动(acting according to reason)混淆,理智在第 4 章已有定义。根据他或她的私利进行选择的人是出于某个理由行动,而不是依据理智行动。相反,依照绝对命令(categorical imperative)行动的人是在依据理智行动,而不是出于某个理由行动。认为最后一个陈述违背直觉的读者可能对"出于某个理由而行动"有着与我不同的理解。

② 实际上,"儿童的最大利益"是大部分儿童监护法所应用的准则。

法庭就有很好的理由将监护权判给适合的那方家长。然而,查明哪一方相对更合适的法律心理过程(juridico-psychological process)可能会对214 孩子造成难以估计的伤害。考虑到我们要实现的目标,更理性的程序或许是抛硬币,或者维持将监护权判给母亲的传统推定。

对决策机会成本的忽视可用约翰逊博士(Dr. Johnson)在与鲍斯韦尔(Boswell)进行的关于应该先教孩子们哪个科目的谈话来说明:"先生,您先教他们学什么无关紧要,不比您应该先往马裤里放哪条腿这种事更重要。先生,您可以站在那里争辩应该先放哪条腿,但同时您的屁股还是光着的。先生,正当您考虑应该先教您的孩子两件事中的哪一件时,另一个男孩已经两件都学会了。"①这次也一样,抛硬币决定可能更为理性。再想想刚赶到事故现场且必须立刻决定采用哪种急救措施的医生。尽管他显然需要对病人进行检查,然而如果他检查花了太多时间以致病人死在他的手中("手术很成功,但是病人死了"),他的行为就适得其反了。其他人也许有过这样的经历,例如在采浆果的时候,我们花了太多时间寻找最好的采摘地,以致找到的时候已经夜幕降临了。即便通过比较购物节省的钱超过了交通费用,考虑到被花掉的时间的价值,这个行为可能还是非理性的。

理性的一些标准原则

这里我将那些被观察到的似乎难以套用理性选择解释的行为理解为"谜题"。尽管有些谜题在更仔细的审视后可能就没那么令人困惑了,但很多谜题则并非如此。实验和发生在现实生活中的行为为我们揭示了大量违背理性标准的行为模式案例。在接下来的这个经过挑选的标准原则列表中,我会先从基础性的原则说起,继而推进到更具体的原则。我的论述将被限定在个人选择的范围内,互动选择中的异常案

---

① 作为一名研究莎士比亚的学者,约翰逊脑海中可能浮现了《哈姆雷特》(3.3)中国王说的一句话:"像一个人同时要做两件事情,我因为不知道应该先从什么地方下手而徘徊歧途,结果反弄得一事无成。"

例我会在第五篇讨论。第 7 章讨论过的一些认知异常案例可能也能对这个列表有所补充。

1.在采取行动和什么都不做之间进行选择时,如果采取行动的预期效用成本超过了预期效用收益,理性的行动者将不会采取行动。

2.在弊害(evils)之间进行选择时,理性的行动者会选择程度较轻的那个。

3.理性的行动者会给机会成本和直接成本赋以相同的权重。

4.与获得选项集全集相比,理性的行动者永远不会更偏好于获得子集。

5.如果相较一个半满的玻璃杯,理性的行动者更偏好于 X,那么与一个半空的玻璃杯相比,他也应该更偏好于 X。

6.在纯靠运气的赌博中,理性的赌徒在押注时不会受上一盘结果的影响。

7.在抉择坚持还是舍弃一个项目时,理性的投资者只会关注这两个选项未来效用流的现值。

8.如果理性的行动者在时间 1 制订了在时间 2 执行行动 X 的计划,她就会在时间 2 执行 X 行动,除非在此期间她的欲望或信念发生了改变。

9.在有风险的选择中,理性的行动者会根据预期结果而非单纯的最好的打算(或最坏的打算)来选择方案。

10.在由理性的行动者组成的市场中,所有资本的回报率应该(近似地)相等。①

11.如果理性的行动者在集合(A,B,C)中选择了 A,那么她在集合(A,B)中也会选择 A。

12.理性的行动者不会以作用于效果的方式来抑制起因(为了

① 有两个因素使这一相等只能被预期为一种近似。第一,外部冲击总是会使回报率偏离相等状态。第二,风险规避可能会使波动性大的资产具有较低价值(因而回报率较高)。

治疗肺炎,她会服用抗生素而不是阿司匹林)。

13.如果理性的行动者对确定得到回报 X 的偏好超过有 q 概率得到回报 Y,那么她对有 p 概率得到回报 X 的偏好也会超过有 pq 概率得到回报 Y(基数效用论的独立性公理)。

14.如果理性的行动者在知道条件 C 发生时选择做 X(或者在预期 C 会发生时打算做 X),且在条件 C 没发生时还是选择做 X(或者在预期 C 不会发生时打算做 X),那么她在忽略条件 C 的情况下也会做或打算做 X。

15.如果报价被接受所暴露的信息使交易产生负期望值,那么理性的行动者绝不会报价。

16.如果一个人被他人冒犯从而引发了其复仇的欲望,如果被冒犯的人是理性的,那么他会等待时机,直到成功率最高或者对自身风险最小时才反击。[1]

17.如果有人向不会击剑的理性的行动者提出了击剑决斗的挑战,如果他必须得接受这个挑战,那么他就会去上击剑课。

18.在向一个人求婚之前,理性的行动者会去收集关于这个人行为及情感的习性的信息。

对标准的违背

事实证明,这些具有规范吸引力的原则经常遭到人们的违背。下面是一些实例(例子的序号与其违背的原则序号相对应)[2]:

1.投票悖论(the paradox of voting)。既然从未有一场全国大选

---

[1] 有些人可能倾向于将这句话中的"或者"替换成"并且"。然而,除非是侥幸,否则人们无法同时将两个目标最大化。更确切地说,行动者会寻求两个目标之间可能的最优组合,就像一个机会集和一簇无差异曲线(第 9 章)所表现的那样。

[2] 这些例子很多已经在前面的章节引用过了,为方便起见,在这里做一个总结。它们出处各异:谚语、经典作家、思想实验、实验室实验以及现实生活观察。然而,前三种类型的例子是以完善的理论为基础的,本章稍后会详细论述。

解释社会行为:
社会科学的机制视角

是以一票之差获胜的,那么单独一张选票对结果并没有什么影响,还可能给选民带来相当大的麻烦,但还是有大量选民去投票。①

2.宁愿承受更多痛苦(more pain preferred to less)。在一个实验中,实验对象被暴露于两组让人极为不适的连续噪声中。两组都包含三十五秒的高阶噪声。第一组噪音还紧接着十五秒逐渐减弱(但仍让人不适)的噪声。当被问及更偏好再次经受哪一组噪声时,实验对象选择了显然更让人不适的那一组。

3.修剪草坪悖论(the lawn-mowing paradox)。在一个小型的郊外社区里,H 先生只修剪自家的草坪。他邻居的儿子会为了 12 美元的报酬替他修剪草坪。但就算给 H 先生 20 美元的报酬,他也不会替邻居修剪那块同样大小的草坪。

4.圣诞储蓄谜题(the Christmas club puzzle)。在这一储蓄系统中,顾客们每月以低息或无息存入一笔钱,这些钱他们只能在圣诞节取出。而同时,获得正常利息和随时无条件提款的选项也是向他们开放的。

5.信用卡悖论(the credit card paradox)。信用卡业务被引入后,信用卡游说者偏好于将现金储蓄卡用户和信用卡用户之间的所有区别都描述为现金折扣而非信用卡附加费。尽管这两种描述在逻辑上是相等的,但如果区别被描述成现金折扣,用户会更倾向于使用信用卡。

6.两种赌徒谬论(two gamblers' fallacies)。如果红色连续出现了五次,大约一半的赌徒会认为下次出现黑色的可能性超过 50%。另一半赌徒则会认为下次出现黑色的可能性小于 50%。

7.沉没成本谬误(the sunk-cost fallacy)。"终止一个已经投资了 11 亿美元的项目是对纳税人钱财肆无忌惮的挥霍"[参议员丹

---

① 当选民的唯一目的就是让某个候选人当选或者让某个提案生效时,这一悖论就出现了。而当选民的目的是为民主制度增添活力或者向某个候选人"授权"(mandate)时,这一悖论就不会出现,因为在这种情况下,选票就算不起关键作用也是有意义的。然而,即便是在以支持民主制度为动机的情况下,这个现象也可以用某个即将讨论到的非理性机制来解释。

顿(Denton),1981 年 11 月 4 日]。在昂贵的英法协和飞机项目①
之后,这种谬误有时也被称为"协和谬误",或因美国不愿撤出越南
事务的典故而被称为"越南谬误"。如果你买了某场比赛的票而一
场强降雪使前往赛场成了一种负担,你也许还是会去,但如果票是
免费的,你就不会去了。

8.**牙医谜题**(the dentist puzzle)。我 3 月 1 日向牙医预约了 4
月 1 日去看病。而 3 月 30 日我又打电话给她,声称我要参加一场
(虚构的)家庭葬礼因而不能守约。除了纯粹的时间流逝,在此期
间并没有任何事发生改变。尤其要指出的是,牙痛引起的痛苦也
没有变。

9.**最好的打算和最坏的打算**(best- and worst-case scenarios)。
晚期癌症患者经常高估自己幸存的机会。他们会选择痛苦但收益
甚微的积极化疗,而不选择能缓解痛苦的姑息性治疗(palliative
therapy)。② 当人们被问及他们愿意为降低某个低概率灾难发生的
可能性付多少钱时,对于把概率降低到一千万分之一和把概率降
低至一百万分之一,他们愿意付的钱数一样多。

10.**股权溢价谜题**(the equity premium puzzle)。历史地看,股
票的收益产出要远远高于债券。1928 年 1 月 1 日投资 1 美元购买
股票的人持有的金融产品到了 1998 年 1 月 1 日价值变成了 1 800
美元,投资 1 美元购买债券的人持有的金融产品则价值 15 美元。
这里的谜题在于,为什么这种差异没有导致股票价值提高以使股
票的回报与债券的回报相近?

11.**无关选项的影响**(effect of irrelevant alternatives)。如果 A
和 B 这两个选项分别在两个相关维度中的一个维度上优于对方,

---

① 协和飞机是由英法联合研制的一种中程超音速客机,1976 年投入商业飞行。该项目巨大
的资金投入和漫长的研发过程使英法两国政府蒙受了不小的经济损失,两国政府还不得
不拨款资助英国航空公司和法国航空公司购买协和飞机。由于亏损严重,协和飞机于
2003 年 10 月 27 日执行最后一次商业飞行后全部退役。——译者注
② 姑息性治疗是指通过早期识别、积极评估、控制疼痛以及治疗心理困扰等方式预防和缓解
身心痛苦的治疗手段,不能实现治愈,但能最大限度地延长无病生存期。——译者注

解释社会行为:
社会科学的机制视角

人们可能会难以选择并转而决定收集更多关于这些选项的信息。如果引入第三个选项 C：(1) 它在两个维度上都劣于 A。(2) 它在一个维度上劣于 B，但在另一个维度上优于 B。此时人们会倾向于不加深究就选择 A。

12.**冷水谜题**(the cold-water puzzle)。在一个实验中，实验者引导一些实验对象，使他们相信能够忍受手臂放在冷水中的痛苦的时间长短是预测他们寿命长短的最好指标，相较于没有被告知这一（错误）信息的实验对象，接收到这一信息的实验对象让手臂保持在冷水中的时间更长。

13.**确定性效应**(第 7 章)。在实验中，相较于确定会得到的英格兰一周游这个选项，大部分人更偏好得到的可能性超过 50% 的英格兰、法国和意大利三周游的选项，但是大部分人对 5% 可能性的后一选项的偏好也超过了 10% 可能性的前一选项。

14.**分离效应**(the disjunction effect)。如果实验对象预期自己在下一场赌局中会赢，当被问及是否同意参加下一场赌局时，他们倾向于说"是"。如果预期会输，他们也可能表明同样的意向。如果他们不知道自己是会赢还是会输，他们就不太可能继续说"是"了。同样的效应在一次性囚徒困境中也能被观察到，一个人在得知另一个人选择了合作时比得知对方选择了背叛更有可能选择合作，而且——这就是分离效应——在他对对方的选择处于无知状态时他**甚至更有可能**选择合作。

15.**赢者的诅咒**(the Winner's Curse)。在这个实验中，实验对象被要求对一块土地进行投标，他们被告知卖方知道这块土地的准确价值，而他们只知道这个价值落在一个确定的区间内，区间内的所有数值都是等可能的(equally likely)。买方还被告知，如果他们获得了这块土地，对他们来说其价值会比卖方认为的价值说高 50%，因为他们能对这块土地进行更有效率的开发。如果某个报价被接受了，理性的买方应当能**从这一事实中**推理出，对卖方来说土地的预期价值是低于他们的投标价的。如果价值所在的范围是

219

0 到 1 000 美元,并且(比如说)600 美元的投标价被接受了,那么这个买方就能推断对卖方来说土地的实际价值在 0 到 600 美元,预期价值是 300 美元。因此,对买方来说土地的预期价值会是 450 美元,这是低于他要支付的投标价的。由于同样的论证对任何被接受的投标价来说都适用,理性的买方应该永远不投标。然而在(受真实案例的启发而设计的)实验中并没有人放弃投标。

16.**急于复仇**(rush to vengeance)。"君子报仇,十年不晚""迟来的复仇将迸射出一记重击"。这两句谚语大概都源于对一时盛怒而引发的复仇的反对,从而证明了急于复仇这种现象的存在。

17.**忽视效率**(disregard for efficiency)。蒙田写道:"决斗的荣誉在于比赛勇敢而非技艺,因此,我的一位朋友尽管是剑术高手,在决斗时,却选择了己所不擅长的、完全取决于运气和毅力的武器,免得人家把他的胜利归于他的剑术而不是他本人的勇敢。"

18.**"匆匆结婚,时时悔恨"**(marry in haste, repent at leisure)。这句格言不仅适用于字面意义所指的婚姻,还适用于其他很多方面。当人们爱上一座房子时,他们有时候会太着急签合同以致没发现那些随后便会浮现的隐藏缺陷。

理性选择理论的替代方案

为了解释这些谜题,大量理性选择解释的替代方案都在可用之列。在对它们分别展开讨论之前,让我先列出我将要讨论的替代性解释的核心机制(括号内标明了其对应谜题的序号)。有些谜题出现了不止一次,因为我们或许能以不止一种方式对其给出可信的解释。

- 损失厌恶(3,5,7,10)
- 对结果的非概率性加权(13)
- 双曲线贴现(4,8)
- 启发式方法(heuristics)(2,6)
- 一厢情愿(9,12)

- 缺乏推测能力(15)
- 想要出于某个理由而行动的欲望(11,14)
- 异想天开(1,12,14)
- 绝对命令(1)
- 情感(3,7,14,18)
- 社会规范(1,3,16,17)

就当前的思考而言,最突出的机制可能是损失厌恶和双曲线贴现。而在我看来,情感才是非理性行为更重要的来源,不论它们是直接发挥作用还是通过社会规范这一媒介发挥作用。尽管情感扰乱理性的方式有很多种,但其中最重要的可能还是激发人的迫切感(inducing urgency)。

损失厌恶是相对某个参照点来界定的,它基于这样的假定:人们对变化的赋值是基于某个给定的基准,而非变化导致的最终状态。被选作参照点的通常是现状,尽管实验对象也可能被引导选择其他的参照点。损失厌恶是指这样一种倾向:相较某个参照水平,人们对损失的赋值(按绝对值计算)往往大于对同等大小的收益的赋值。① 从经验上看,研究发现这两种赋值的比率大约是 2.5∶1,在后面的论述中我假定这个比率不变。价值函数的另一个重要属性是,它对收益而言是凹函数,对损失而言是凸函数,这意味着每一额外单位的收益的价值都比前一单位收益的价值小,每一额外单位的损失给人带来的痛苦都比前一单位的损失大。

有两个谜题可以用损失显得比收益更大这个简单事实来解释。要解决修剪草坪谜题,我们只需注意,损失厌恶预示了人们会对机会成本和实际的费用支出进行极为不同的赋值。对那个房主来说,20 美元的收益在价值上与 8 美元的损失相等,因此比起支付 12 美元的实际费

---

① 假定商品(包括钱)的边际效用递减,标准的理性选择理论也会预测相较同一基准损失大于同等大小的收益。然而,通常这一效应的重要性要小得多。此外,标准的效用理论还表明,从 A 到 B 的效用收益等于从 B 到 A 的效用损失,因为这些差异仅仅是通过比较两种状态的效用**水平**得来的。

用,他更偏好放弃收益。① 同样的推理也可以用来解释信用卡谜题。

要解决股权溢价谜题还需要一个附加前提,即人们选择的是较短投资期(time horizon)内的债券和股票组合。由于股票回报是不稳定的而债券会带来年复一年的稳定收益,我们可以视持有股票为接受一种风险赌博。假设我们向某人提议将赌注压在一个有 50% 可能性赢得 200 美元和有 50% 可能性输掉 100 美元的股票上,以债券的稳定回报为参照点。如果我们假定损失厌恶,那就意味着钱的价值在 $x>0$ 时等于 x,在 $x<0$ 时等于 $2.5x$。由于损失 100 美元的价值(按绝对值计算)等于收益 250 美元的价值,对投资者而言收益 200 美元的预期就无法抵消等可能的损失 100 美元的预期。因此,她会拒绝我们的提议。假设现在我们向她提议由两个连续的此类赌博构成的组合。在这个组合赌博中,她有 25% 的可能性收益 400 美元,50% 的可能性收益 100 美元,25% 的可能性损失 200 美元。如果我们将损失乘以 2.5 使它能与收益进行比较,然后计算该组合的预期价值,②很容易得出结果是 25。因此,投资者会接受该提议。实证研究显示,投资者的确倾向于过度频繁地对其投资进行重估,这是一个导致他们在股票上投资过少而在债券上投资过多的短视行为。③

沉没成本谜题的解决只需诉诸价值函数的弯曲性状(凸性或凹性)。讨论下面这个例子,一家人付 p 美元购买了一场将在 60 英里(1
222　英里 = 1.609 344 千米)(下同)以外举行的赛事的门票。比赛当天发生了一场暴风雪。他们决定无论如何都要去看比赛,但他们顺便提到如

---

① 人们视机会成本为没有得到的收益,在换算成损失时要除以 2.5。房主如果自己修剪自家的草坪,其机会成本是 20,损失是 8;如果让邻居的孩子替他修剪草坪,他的损失是 12。相比之下,房主会选择自己修剪草坪。——译者注

② 前景理论假定决策权重不同于概率,所以这个计算只是近似正确的。不论是这种简化,还是线性价值函数,对于分析的结论都是无关紧要的。

③ 此处的“短视”与时间贴现分析(第 6 章)中的“短视”含义不同。它并不是指行动者计算未来收入流的现值的方式,而是指行动者倾向于分别进行几种连续的选择而不是把它们“捆绑”成一个总体的选择。这种所谓的“决策短视”也可能在其他情境下发挥作用。例如,当人们试图通过“捆绑”一连串选择的方式来控制双曲线贴现时(第 13 章),他们的成功可能就取决于被他们包含在内的选择的数量。

果票是赠送的,他们可能就会待在家里了。我们将收益的价值函数记为 v,去看比赛的价值记为 $v(g)$。将损失的价值函数记为 v^*,损失 p 美元的价值为负数 $v^*(-p)$。忍受暴风雪的成本是 c。我们假定 $v(g) = -v^*(-c)$,这意味着如果这家人是免费拿到的票,他们对留在家中和冒暴风雪去看比赛的偏好就是无差异的。但由于他们已经付了 p 美元,他们就更偏好去看比赛。为了弄清这一点,我们首先记下,因为 v^* 是凸性的,$v^*(-(c+p)) > v^*(-c) + v^*(-p)$。① 这个不等式可以重新整理为 $v^*(-(c+p)) - v^*(-c) > v^*(-p)$,根据刚刚说明过的假定,这个式子等同于 $v^*(-(c+p)) + v(g) > v^*(-p)$。最后一个不等式的左边项表示去看比赛的净收益或净损失,右边项表示不去看比赛的损失,因此,他们更偏好去看比赛。

对结果的非概率加权。损失厌恶源自理性选择理论的一个很有影响力的替代理论,它被称为**前景理论**(prospect theory)。这一理论还认为,人们对结果进行加权的方式往往不同于期望效用理论所坚持认为的那样。根据期望效用理论,效用是关于概率的线性函数(第 11 章)。相比之下,前景理论则认为人们对靠近自然边界 0(不可能)和 1(确定)的概率变化最为敏感。确定性效应已表明,1 附近的概率是非线性的。前景理论的创始人丹尼尔·卡尼曼(Daniel Kahneman)和阿莫斯·沃特斯基(Amos Tversky)引用了下面这个概率在 0 附近为非线性的例子[他们将这个例子归功于理查德·泽克豪泽(Richard Zeckhauser)]:

> 假设你被迫参与俄罗斯轮盘赌博,但你有一个机会可以付钱让人从已上膛的枪中卸下一颗子弹。你会为了将子弹数从 4 减少到 3 而支付与将子弹数从一减到零同样多的钱吗?大部分人感觉自己会为了将死亡可能性从 1/6 降到 0 付比从 4/6 降到 3/6 更多的钱。而经济上的考虑(即期望效用理论)会导致人们在后一种情况中付更多的钱,因为这一情况下人们有相当大的概率没法活着享用这些钱了,因此钱的价值也就下降了。

223

① 由于这是对两个负数的比较,不等式表明前者更靠近零,也就是说它的绝对值更小。

双曲线贴现我们已经在第 6 章讨论过了。这里请让我简要指出谜题(8)和谜题(4)之间的紧密联系。人们加入圣诞储蓄俱乐部的原因可能是,他们知道如果自己想着要将存款维持到圣诞节而把钱存进普通账户,他们一定又会改变主意并把钱取出来。

启发法。启发法(拇指法则)可能会把人带入歧途。赌徒们认为轮盘有记忆的这种信念可能源自代表性启发法(representativeness heuristic)①("到了要出现红色的时候了"),也可能出自可利用性启发法(availability heuristic)②("红色正走运")。对更令人不适的噪声的偏好则来自"峰终"启发法("peak-end" heuristic)。根据这一启发法,既有体验的价值是根据最好(或最糟)时的感觉和结束时的感觉来衡量的,而不是以他们总体感到的愉悦或不适来衡量的。这种启发法会导致人们偏好客观来讲最糟的体验,因为这个最糟体验与另一体验的峰值相同但结束时的感觉更好。

一厢情愿。一厢情愿的现象我们已经在第 7 章讨论过了。它可能是由一个简单的欲望引发的,例如,从事高薪高危职业的人们低估了他们正在冒的风险。当欲望出自强烈的情感时,这种情况更有可能发生,例如,晚期癌症患者常常选择那些只会让他们更痛苦的治疗方法。由想要长寿的欲望引起的一厢情愿在冷水谜题中可能也发挥了作用。

推测上的无能。在许多情境中,人们做出糟糕决定的原因是他们无法推测自己未来的处境。我的意思是,人们缺乏想象自己或他人在未来情境中会形成什么信念、持有什么动机的能力,而这些未来情境是建立在人们当前选择的基础上的。赢者的诅咒可以用这种无能来解释。再举一个例子,看看希拉克总统在 1997 年 6 月提前召集议会选举的悲剧事件。他的联盟输掉选举的原因可能是:选民们知道,如果希拉克想提前选举,那一定是因为他知道一些选民们不知道的信息,这些信

---

① 代表性启发法是指人们抓住问题的某个特征直接推断结果,而不考虑这种特征出现的真实概率以及与该特征有关的其他原因。——译者注
② 可利用性启发法是指人们仅根据自己已有的或记忆中的信息来推断某个结果发生的概率,而不去寻找其他的相关信息。——译者注

解释社会行为:
社会科学的机制视角

息使他相信如果再等下去他就会输掉选举。通过召集提前选举，他泄露了他所知道的信息，或至少泄露了他是知道一些不利信息的，而**这一点给了选民们一个投票反对他的理由**。民意测试显示他会赢得选举，但**民意测试并不同于选举**，因为举行民意测试不会向测试对象泄露测试委托人的任何意愿。①

想要出于某个理由而行动的欲望。我在本章的开头引用了这一机制的若干实例。在谜题(11)中，这种欲望导致行动者通过引入一个明确劣于她已有选项的其他选项来调整自己的行为。② 在其他情况下，增添选项可能会起到妨碍作用，它会导致行动者根本没法做出任何选择。类似于布里丹毛驴(Buridan's ass)，它因为无法决定该吃两捆完全相同的干草中的哪一捆而活活饿死的行为在现实背景下也得到了证实。一个在百老汇大街摆摊卖果酱的心理学家发现，那些摆了大量各种各样品牌的摊位，相比只有寥寥数种品牌的摊位，光顾的行人更多但销售的数量却更少。当选项很多时，人们很难毫不犹豫地告诉自己这个是最好的。那些需要基于充分理由才能做出选择的人会放弃选择。

如谜题(14)所示，出于某种理由而行动要求人们**有**一个理由，而不仅仅是**知道**自己有一个理由。假设我确切地知道 p 或 q 中有一个是属实的，但我不知道具体是哪个。如果是 p，我就有做 X 的理由。如果是 q，我还是有做 X 的理由。所以我知道不管 p 和 q 哪个属实，我都有做 X 的理由，但由于我不知道是**哪个**理由，我放弃了 X。谜题(14)为这种异常现象提供了例子。③ 再举一例，考虑一下早前的英国法律，如果依据证据无法确定被告是犯了盗窃罪还是挪用罪，被告就会被宣判无罪，尽

---

① 在第 V 篇我将把希拉克的行为当作被我称为"弟弟/妹妹综合征"(younger sibling syndrome)的一个实例来进行讨论。

② 这种表述在某种程度有误导性，因为在实验中面对选择集(A,B)和(A,B,C)的并不是**同一个**实验对象，而是两组被随机分配的不同的实验对象。然而，对这些发现自然而然的诠释是，如果(A,B,C)组的实验对象也被安排只在(A,B)两个选项中进行选择，他们也**会像(A,B)组的实验对象那样做**。因此，这里的"调整"指向的是一个反事实而非真正意义上的基准。这一备注适用于本书引用的很多实验。

③ 与此类似，我们发现人们愿意在包含两个选项的彩票上花费的最大金额少于他们愿意在选项中最没吸引力的那一项上花费的最大金额。

管任何一项指控被证明都会使他被判有罪。要想判他有罪必须证明他在 p 上有罪或在 q 上有罪。被证明在(p 或 q)上有罪是不够的。对这一困境的另一种回应也许是延迟决定。假设美国政府正在就是否与另一个即将举行总统选举的国家建立贸易关系进行辩论,如果亲美候选人获胜,美国将有充分的理由与之建立关系;如果反美候选人获胜,美国也将有(另一组)充分的理由实行同样的政策。然而美国也许会等到选举结束再宣布其政策。在某些情况下,这也许是一个代价很高而毫无必要的延迟。

异想天开。异想天开的机制(第 7 章)能够解释冷水谜题中的行为。它还能解释分离效应的一些案例。在囚徒困境中,如果人们在不知道另一个人是合作还是背叛的时候更有可能采取合作,这可能是因为他们异想天开地相信,通过自己的合作他们能够引发另一个人的合作。"他与我一样,因此我这样做他也会这样做。"同样,投票意向也可能是这样形成的。如果我不理性地相信,我的投票行为不仅预示着其他人会投票,而且还在某种程度上使他们更有可能会投票,那么我的行动被强化了的效力就会使我的投票看似是理性的。

绝对命令。异想天开最后的那个例子与绝对命令、(日常版本的)康德绝对命令之间有着一种密切的联系,依据这种联系,如果与所有人都做 B 相比,所有人都做 A 产生的结果能使所有人的处境都更好,那么人们就应该做 A 而不是 B。然而,根据绝对命令而行动是非理性的。理性让我将如果**我**做 A 而不做 B 会发生的结果视为一个函数并据此进行选择。① 绝对命令使我将如果**每个人**都做 A 而不做 B 会发生的结果视为一个函数,并据此做出选择。在全国大选中,即便那些不受异想天开影响的人们也可能会"放弃弃权",因为他们会想到"如果每个人都弃权怎么办?"

情感。为了比较基于情感的行为和理性行为,我们可以对图 11.1 进行修改,将情感对图表中每个元素(见图 12.1)的影响包括进来(用较

---

① 理性并没有让我把我做 A 而不做 B 将会**对我**产生的结果视为一个函数并据此进行选择(见第 11 章)。这与某些形式的涉他美德是一致的,但与绝对命令不一致。

粗的线条表示）。

我们已经论证过情感能够直接影响**行动**，比如意志薄弱案例（第6章）。美狄亚为了报复伊阿宋而杀死自己的孩子，她**在这么做的同时**知道她的行动违背了自己更好的判断。我对这种观点持保留态度，但它不能被排除在外。情感以两种方式影响**欲望**。首先，凭借其具有行动倾向的

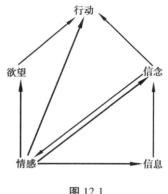

图 12.1

属性，情感可以引发一个暂时的偏好改变。如果情境在做出行动决定 227 的时刻和实际行动的时刻之间强加了一个延迟，这个行动可能永远不会被施行。第8章引用了一个例子，2001年9月11日以后人们对服兵役的兴趣有所增加，但这并未导致应征入伍人数的增加。如果行动能被即刻执行，有时在情感消退后它也可能发生逆转。例如，在美国内战期间从联邦军队逃跑的两千人中——可能是因为摆脱了恐惧——有10%自动回归了部队。然而，在一些情况下，情感引导的暂时偏好所导致的行动是不可逆转的（龙虾陷阱）。当青年男女出于一时激情加入了某个游击运动组织之后又想要离开时，他们可能会发现这个选项已经对他们关上了大门。第二，情感可能会导致时间贴现率暂时提高，从而使先前不太受偏好的具有较差长期结果的选项现在看起来更好。

情感能通过一厢情愿和反一厢情愿这两个机制直接影响**信念**。自傲的情感——基于自己是出类拔萃的那一类人的信念——会使人拒绝承认自己犯了错误。至少在一些情况下，这足以解释人们为何易于陷入沉没成本谬误。① 自傲还可以解释为什么人们常常会指责受害者：② 由于他们的自我意向不允许他们认罪，他们在他人身上找到的错误不

① 这里有趣的是，动物似乎不会陷入沉没成本谬论：可能是因为它们没什么需要在乎的自我形象。

② 正如我会在第15章结尾指出的，人们还具有一种指责第三方错误行动的受害者的倾向，例如，强奸的受害者会受到民众而非强奸者的指责。这里的机制不是自傲，而是这样一个信念或者默认假定：世界大体来说是公正的，因此受害者一定是在某种程度上罪有应得。

仅能开释他们的所作所为,还会激励他们做出进一步的伤害行为。和沉没成本谬误一样,行动者不愿承认自己过去的错误可能会导致比错误本身更糟糕的结果。至于情感和反一厢情愿,我们会在第23章看到由恐惧引起恐慌的若干案例。

最后,由于情感具有紧迫性(第8章),它们可能会妨碍人们对**信息**进行最优搜集,因而也就间接影响了信念。愤怒[谜题(16)]和爱[谜题(18)]使我们做出了若更理性地收集信息本不会做出的行为。塞涅卡的一条评论可以帮助我们将一些线索汇总起来:"愤怒总体来说是不平衡的,它冲得异常远,又停得异常快。"通常来说,这种紧迫性会导致人们忽视选项的远期影响,因为**确定长期结果的过程本身是花时间的**。因此,对时间范围进行截断不一定就是因为行动者对已知结果进行了更高贴现,而是因为有些结果根本就没在行动者的脑海中出现过。

社会规范。轻蔑和羞耻的情感对社会规范的维系发挥了重要作用(第21章)。急于复仇可以归结于愤怒的紧迫性,但它还可以被归结为这样一条社会规范:任何推迟复仇的人都会被冠以懦夫的名号。决斗者拒绝使用他们最精通的武器也是因为他们害怕自己被认为是过分关心一己生死而不关心荣誉的人。最后,修剪草坪谜题也许更适合用社会规范而非损失厌恶来解释。房主不会考虑为邻居修剪草坪,因为在郊外社区有着不赞许成年人为了钱而做这类差事的社会规范。人们就是**不这样做**。同样,如果投票行为对他人是可见的并且这些人会对不投票者投以不赞许的眼光,那么投票行为也能反映出社会规范的运作。大规模匿名选举中的投票行为更适合被看作**道德**规范的结果,而道德规范本身在某些方面也是非理性的(可参见我之前的讨论)。

参考文献

D. Green and I. Shapiro, *Pathologies of Rational Choice Theory* (New Haven, CT: Yale University Press, 1994)对理性选择理论提出了一个不同于以往角度的关键性评论,而 J. Friedman (ed.), *The Rational Choice Controversy* (New Haven, CT: Yale University Press, 1996)对它做出了有益的补充。

解释社会行为:
社会科学的机制视角

关于理性作为一种规范存在的想法参见 D. Føllesdal，"The status of rationality assumptions in interpretation and in the explanation of action," in M. Martin and L. McIntyre（eds.），*Readings in the Philosophy of the Social Sciences*（Cambridge，MA：MIT Press，1994）。

我在 *Solomonic Judgments*（Cambridge University Press，1989）的第 3 章论证了"孩子的最大利益"原则中体现的过度理性。

一个就相关议题进行的有益讨论是 J. Wiener，"Managing the iatrogenic risks of risk management"，*Risk：Health，Safety and Environment* 9（1998），39-82。

随后的大部分谜题在第 7 章参考文献列出的资料中重印的论文里都有所讨论。谜题（1）是个例外，关于它的讨论参见 A. Blais，*To Vote or Not to Vote：The Merits and Limits of Rational Choice Theory*（Pittsburgh：University of Pittsburgh Press，2000）；关于谜题（2）的讨论参见 D. Kahneman，"Objective happiness," in D. Kahneman，E. Diener，and N. Schwartz（eds.）*Well-Being：The Foundations of Hedonic Psychology*（New York：Russell Sage，1999）；关于谜题（16）和（17）的讨论参见我的作品 *Alchemies of the Mind*（Cambridge University Press，1999）的第 3 章；关于谜题（18）的讨论参见第 8 章。

大部分替代性解释在同一资料来源中都有详细的论述,除了一厢情愿（第 7 章）、情感（第 8 章）和社会规范（第 21 章）。

需要指出的是,确定性效应与第一个（1953 年）被明确看作对理性选择理论的挑战的谜题——"阿莱悖论"（the"Allais paradox"）——有着密切的联系。

对"希拉克谜题"（Chirac puzzle）以及其他类似案例的讨论参见 A. Smith，Election Timing（Cambridge University Press，2004）。

对动物不会陷入沉没成本谬论这一主张的辩护参见 H. Arkes and P. Ayton，"The sunk cost and Concorde effects：Are humans less rational than lower animals?" *Psychological Bulletin* 125（1999），591-600。在百老汇大街卖果酱的例子取自 S. Iyengar and M. Lepper，"When choice is demotivating：Can one desire too much of a good thing?" *Journal of Personality and Social Psychology* 79（2000），995-1006。关于早期英国法律中的挪用和盗窃罪的参考资料来自 J. F. Stephen，*A History of English Criminal Law*（London：Macmillan，1883；Buffalo，NY：Hein，1964），vol. 3，p.153。联邦军队中重回军队现象的发现来自 D. Costa and M.Kahn，"Deserters，social norms and migration," forthcoming in *Journal of Law and Economics*。情感导致的时间贴现提高的证据出自 D. Tice，E. Braslasvky，and R. Baumeister，"Emotional distress regulation takes precedence over impulse control," *Journal of Personality and Social Psychology* 80（2001），53-67。

230

231

13
应对非理性

次优理性

前两章讨论了理性行为的理想型以及频繁出现的背离(lapse)理性的行为。这些行为不管多么普遍和频繁,并不是不可避免的。如果我们了解了自己的犯错倾向,那么我们就能够并且会采取预防措施来降低自己再犯这些错误的可能性,或者至少减轻犯错造成的伤害。就如我反复说的,我们**想要**自己是理性的。这些预防策略可以被视为一种**不完全理性**或**次优理性**(second-best rationality)。我们应该把它们与简单的**学习**(learning)区分开来,对后者而言,犯错倾向的消失仅仅是因为洞察力提高了。例如,有报道称当人们意识到投票从某种意义上说毫无意义时,他们就不太可能去投票了。① 类似于视错觉的认知谬误也能通过学习来克服。就像我们都学会了忽视木棍在水中看似被折断的表象一样,有些赌徒大概吃了很多苦头才认识到骰子并没有记忆。然而,这里我关注的是持续存在的犯错倾向。

为了应对自己非理性的倾向,我们可以要么采用心灵内部的策略(intrapsychic strategy),要么采用心灵外部的设置(extrapsychic device)(**预先承诺**)。我会先说明这些方法是如何对抗双曲线贴现及其引起的不一致行为的,然后再讨论它们对控制情感性行为和上瘾行为的作用。这些各种各样的策略并不全是理性的,但它们中有很多都是
232 理性的。

———————————

① 经济学专业的学生似乎尤其会如此。

解释社会行为:
社会科学的机制视角

作为盟友的未来自我

　　一个受双曲线贴现影响并且知道自己被影响的行动者是**老练的**（sophisticated）。不像那个发现自己总是改变主意又不懂得其潜在机制的天真的（naive）行动者,这个老练的行动者既意识到了自己的犯错倾向,又痛恨这个倾向。预料到自己将来会在早到的小奖励和迟来的大奖励之间做出选择,她想要让自己选择后者,尽管她倾向于选择前者。有的时候,她会把她的"未来自我"（future self）当成一同抵制诱惑的盟友。另一些时候,她会把它们当成对手,并设法减小它们对她的"当前自我"（present self）可能造成的伤害。的确,这些是比喻的说法,而下面的论述会去比喻化。

　　先来考虑这种情况,行动者预期自己会一次又一次地在早到的小奖励和迟来的大奖励之间进行选择。他可以通过**捆绑**（bunching/bundling）选择来使自己选取迟来的奖励。

　　我用个例子来阐明这一点。我在我所任教的大学附近的一座小山上居住的那段时间,每天我都骑车往返校园。回来的路上我要爬陡峭的上坡路,所以我每天都得面对一个诱惑:下车走过去而不是强迫自己骑过去。当我从学校出发时,我信誓旦旦地说:"一定全程都不下车。"但骑到上坡时,脑子里又常会冒出一个诱人的念头,"何不今天走路,明天再骑车呢?"幸好,接着我又想了一下,"明天又有什么特别的呢? 如果我今天禁不住诱惑,这不就预示着我明天、后天以及接下来的日子都会禁不住诱惑吗?"后面这个念头使我一路都没下车。

　　这个心灵内部的设置涉及对情境的**重构**（reframing）。我不再把未来回家的路看成**一系列的选择**（a series of choices）,而是把它们视为**对两个系列的选择**（a choice between two series）:每次都骑车爬坡和每次都推车走路。我告诉自己我这一次的行为是预测我下一次行为的最好依据,由此建立起一个赌注更大的内部多米诺效应来使我选取增强体质这一迟来的奖励,而不是缓解不适这一早到的奖励。参考图6.3,实际上我们能看出,如果把与 A 和 B 完全相同的很多对奖励放到横轴上,然后形成两条曲线,一条代表所有小奖励的现值曲线总和,一条代表所有大奖励的现值曲线总和,给定这一连串选择的次数足够多,在必须做出第一次选择时,后一条曲线会位于前一条曲线的上方。① 换句话说,捆绑选择能使始终选取较大奖励的这个选项比始终选取较小奖励的选项更好。当然,比这还要好的选项是今天选择较小奖励而在所有未来场合都选择较大奖励,但依据假定,这个选项并不在行动者的机会集里。②

　　这一假定能得到支持吗? 对于我明天的行为,我今天的行为**是一**个很好的预测依据吗? 在包含真实的因果效应的案例中,这可能是真的。今天骑车会使我保持肌肉强健,这样一来我明天也能骑车。③ 然而在我自己的案例中,我依据的是异想天开而不是因果效力。和那些受"如果我不去,谁去?"的想法影响而去投票或给慈善机构捐款的人一样,让我坚持骑在车上的想法是"如果现在不做,那什么时候做?"或者说得更详细点:"今天又没什么特别的。如果我下车,那让我下车的这些原因明天照样会起作用并会导致我同样的行为。如果我现在不努力,那就永远都不会努力。"然而,在缺乏真正的因果效应的情况下,是不能得出这个结论的。如果我今天**能够**待在车上只是决定要下车,那

---

① 举例说明,假设在未来的时间 t 上 1 单位效用的现值是 $1/(1+t)$,且这个行动者会两次面临在小奖励 3 和大奖励 10 之间进行选择。在时间 0 和 6 上可以拿到小奖励,在时间 3 和 9 上可以拿到大奖励。在时间 0 上,第一个大奖励的现值是 $10/(1+3)=2.5$,这比小奖励的现(即时)值要小。若仅基于这次比较来做选择,行动者就会选择小奖励。出于相同的理由,在时间 6 上行动者会做出同样的选择。而由于两个小奖励的现值总和是 $3+3/(1+6)\approx3.43$,两个大奖励的现值总和是 $10/(1+3)+10/(1+9)=3.5$,捆绑会使行动者更偏好两个大奖励。

② 如果这个行动者受"决策短视"的影响(第 12 章),捆绑选择可能就不起作用了。也就是说,设想行动者在可能得到第一个小奖励之前就捆绑了选择。在捆绑选择的时候,大奖励效用流的现值比小奖励效用流的现值大,这个行动者坚定地想要等第一个大奖励。而随着第一个奖励可得的时间渐渐临近,他要等大奖励的那个想法就不一定能坚持住了。这种偏好逆转本身并不是因为双曲线贴现,而是因为决策短视。

③ 可以做个类比,假设我通过自己去投票能够影响很多其他本会弃权的人也去投票。要注意的是,这一假设并不涉及异想天开,它只是包含了一种因果放大效应(causal multiplier effect)。

我明天还是能待在车上。这一推理虽然有误,但它非常有说服力,而且,我相信它是极为普遍的。它表明我们能拿一种形式的非理性(异想天开)去对抗另一种形式的非理性(双曲线贴现)。①

这种策略要想有效,可能得被构建成二元选择才行:始终做或绝不做。对很多人来说,戒除(abstention)比适度(moderation)要容易。包斯威尔写道,"约翰逊,尽管他能做到严格**恪守一切禁忌**(abstemious),但在饮食方面,他却不是一个有**节制的**(temperate)人。他可以抑制,但却不会收敛自如。"②同样的问题还有,设法限制自我放纵的次数而不是限制自己每次放纵的量。事先规定何种情况为正当,这种策略很容易失败。如果人们决意饭前不喝酒,他们可能就会发现自己把饭点定得越来越早。只在餐馆喝酒、绝不在家里喝酒的规矩可能会导致人们越来越频繁地去外面吃饭。康德饭后只抽一斗烟的规矩(第4章)并没有明确到毫无漏洞可钻的地步,随着时间的推移,他给自己买的烟斗越来越大。如果"绝不做"可行的话,那它可能是唯一能被稳定坚持下去的规矩。而"绝不做"政策又没法用到吃饭这件事上,因此在对抗私人规矩方面,肥胖可能比成瘾更顽强。

然而,这种二元选择建构可能会导致过于严苛甚至荒唐的行为。假设我有一个每晚要刷牙的规矩,我告诉自己绝不容忍一次例外。有一天我发现自己没有牙刷,于是决定冒着暴风雪走5分钟去买一支。为了坚持这个决定,我告诉自己如果这一次我打破规矩,我就会从此走上一条下坡路——为了越来越琐碎的理由破坏规矩,而很快规矩就都没了,我的牙也完了。一些人建立起了这种详尽而周密的系统,在这个系统里,遵守不了一条规矩预示着你也遵守不了其他规矩,如此一来就把赌注加得更大了。③因为私人规矩可能带来这些荒谬的效应,所以有时它们提供的解决办法比问题本身更糟糕。用弗洛伊德的话说(第4

---

① 在投票的案例中,异想天开效应是帮助我们克服对社会有害的理性行为的倾向,而不是帮助我们抵制非理性。

② 包斯威尔.约翰逊传[M].罗珞珈,等,译.北京:中国社会科学出版社,2004:108.——译者注

③ 他们可能错误地相信(第10章),跨情境的一致性会导致失败跨情境地被触发。

章），"超我实施的严苛的冲动控制能比本我的冲动造成更大的伤害。"

作为对手的未来自我

现在我们来考虑这种情况，行动者要在未来几个不同时间的奖励（或惩罚）之间进行选择。（和先前的案例不一样，我们假定这里只选择一次。）此时这个行动者可能会采取心灵内部的设置：策略性地应对"未来自我"对未来进行双曲线贴现的这一已知倾向。假设我是一个总把事情拖到明天的"双曲线式拖延者"，而当明天来临时，我又会把事情拖到后天。一旦我认识到自己受制于这个倾向，我的最优行为就变了。假定我能在三个时段里任选一个执行某项令人不愉快的任务，而执行任务的成本越往后就越高。如果我很天真，我可能会告诉自己我明天再执行这项任务。如果我很老练，我会知道明天我还是会拖延，直到拖到最后一个时段。当意识到不马上完成任务我的实际成本就会非常高
236 时，我可能就会立刻去做。①

在这个案例中，老练是有帮助的。而在其他案例中，天真点可能更好。假设你能在三个连续的时期中选择任意一个获得奖励并且这个奖励会随着时间的推移而增加。比如，给一个人一瓶酒，这瓶酒随着时间的推移会越来越醇香，但过了第三年就会变质。天真的人可能会想等到第三年再喝，而后在第二年就改变主意并把酒喝掉。老练的人知道他绝不会等到第三年，因此他实际上只是要在第一个时期的奖励和第

---

① 举例说明，假设未来时间 t 上的 1 单位效用的现值是 $1/(1+t)$，而推迟看牙医给我带来的痛苦会越来越深：如果我今天就去，我承受的痛苦会是 -2.75，明天去是 -5，后天去是 -9。站在今天这个时间点上，看牙医的现值分别是 -2.75、$-5/(1+1) = -2.5$ 和 $-9/(1+2) = -3$。因此，今天看似最优的选择是推迟到明天。然而，老练的我（今天）就会知道，在明天那个时间点上，第二天去看牙医的现值是 -5，第三天去的现值是 $-9/(1+1) = -4.5$，这又会导致我更偏好等到第三天。但是，从今天看来，相比于后天我更偏好今天去，所以我今天就会去看牙医。

二个时期的奖励之间做出选择。在这个选择中,早到的奖励可能会胜出。[①] 据称一些酒鬼也受到了相同推理的影响:"我知道我会禁不住诱惑,所以我还不如现在就喝。"同样,初次戒烟的天真烟民坚持的时间可能比戒了几次烟且知道失败概率的老练烟民更久。尽管烟瘾复发不一定是因为双曲线贴现,但一般性的论点是一样的:如果你预测到自己会偏离最优计划,结果可能就是,比起不知道自己可能失败的状态,你会偏离得更远或更早。

心灵外部的设置

在实践中,对抗未来自我的老练计划可能不如捆绑策略和我现在要讨论的预先承诺设置那么重要。为了削弱人们选择未来早到的小奖励的可能性,这些预先承诺设置会影响外部世界,而且这种影响不能立刻或毫无成本地被消除。有五种较为突出的策略:把早到的奖励这一选项从可行集中**消除**;给早到的奖励这一选项**附加惩罚**;给迟来的奖励这一选项**附加奖励**;在做出选择和兑现奖励之间**强加延时**;**避开**可能触发偏好逆转的**线索**。存款行为可以为前四种策略提供例证。如果我开始为圣诞节存款但发现自己不是把钱留在储蓄账户,而是把钱取了出来,那么我可以加入一个不允许提前支取的圣诞储蓄俱乐部(第 12 章)。或者,我可以把我的积蓄存到一个提前支取需支付罚金的高利息账户中,这样就把奖励和惩罚结合了起来。如果我想为晚年存款,我可以投资非流动资产而不是股票或债券,以此在决定支取这笔储蓄和这笔储蓄解冻之间设置一个延时。第五种策略可以用视觉线索触发爱吃甜食的人对甜品的渴望的例子来说明。解决这个问题的办法,就是去

---

① 举例说明,假设未来时间 t 上的 1 单位效用的现值是 $1/(1+t)$,并且推迟喝这瓶酒能使我的收益越来越大:如果今年喝掉,我获得的愉悦是 2.75,明年喝是 5,后年喝是 9。在今天看来,现值分别是 2.75,$5/(1+1)=2.5$ 和 $9/(1+2)=3$。因此,从第一年看来最优选择是后年把酒喝掉。然而,老练的我(今年)知道在明年的时候第二年喝掉的现值是 5,第三年喝掉的现值是 $9/(1+1)=4.5$,这会导致我更偏好第二年就把酒喝掉。然而,因为从第一年看来,相比于在第二年把酒喝掉我更偏好第一年把酒喝掉,因此我今天就会喝。

那些没人推着甜品车转来转去的餐馆用餐,这样想吃甜品的人就必须从菜单上点餐。我们可以拿这个例子与因双曲线贴现而引发甜品烦恼的人进行比较。对后者而言,最优的做法是去那种必须在用餐前就点好甜品的餐馆。

那些报名参加每周一次体育锻炼的人经常一两周后就退出了。为了避免这种情况,他们(至少在理论上)可以与健身房签订合同:预先支付比正常价格高一倍的费用,每来一次健身房就拿回一部分钱。那些签约减肥的人可能必须支付保证金,只有减掉了规定的体重才能取回保证金,有时还要带个附加条款:如果减肥失败,这笔保证金就会被捐给这个人最讨厌的政治组织。在促成本书写作的课堂上,我一开始就告诉我的学生我会在每周结束时给他们一章书稿,以此做出自我承诺。要是我没做到,等着我的就是他们的揶揄了。如果我担心自己会随着时间的临近而取消与牙医的预约,我可以准许牙医在我爽约时把我账单中的价格翻倍。如果是越放越香的酒,你可以请卖家代为贮藏,以免你提前把酒喝掉。如果你担心自己在看最喜欢的犯罪小说家写的最后一本小说时很快就把书看完——为了看结局而跳着读,你可以买有声书版本(和一个没有快进功能的播放器),这样你就只能一字一句地听了。

238

上面两段中的例子讲的是预先承诺应对的两种诱惑。一种是**拖延**,包括无法存钱、无法主动去做痛苦的治疗、无法锻炼身体或完成书稿的写作。另一种是**提前满足**,比如过早地把酒喝掉、看书跳页。这些诱惑直接源自双曲线贴现。起作用的只是单纯的时间流逝。在另一类更进一步的案例——**过度行为**——中,双曲线贴现可能会与其他因素互动,比如本能性的动机。这些案例包括暴食、嗜赌和上瘾行为。我们可能难以得知这些案例中偏好逆转是因为贴现结构还是因为其他因素。饱腹时做出的禁食决定可能会在随后饥饿感袭来时就被抛之脑后。戒烟的决定可能会在看到另一个人点烟时就开始动摇。这种现象就是**线索依赖**——被与成瘾物质的使用相关的视觉线索触发的渴望(cravings)。如果赌徒戒赌的决定是出于对家人的负罪感,那么一旦这种情感的强度开始消退,戒毒的决定可能也就随之崩塌(第 8 章)。我们可能也难以分辨我们应对的到底是拖延还是本能性因素。如果促使病人最初决定去看医生的那种强烈情感变弱,那么他按时服药的决定可能也就会动摇。

一旦行动者认识到他受制于这些其他的机制,他可能就会对自己预先承诺要抢在这些机制起作用前行动。为了防止自己节食的决心被饥饿感削弱,他可能会服用减弱食欲的药。更极端一点,他可能会把自己的下颚骨固定住,这样他就只能吃流质食物了。如果他知道他对甜品的欲望是线索依赖,他就不会去有甜品推车的餐馆。① 曾经的海洛因成瘾者会远离自己过去吸毒的地方。曾经的赌徒不会再拿"就看别人玩玩"的借口去赌场。如果行动者能预料到自己在愤怒消退后就不会再想惩罚冒犯他的人,他或许会立刻就惩罚那个冒犯者。这种行为在战后的比利时就出现过。很多比利时人基于自己在一战中的经验认定大众的态度很快就会从想对通敌者施加严厉判决变成漠不关心。因此他们希望审判在大众的情感尚未消退前尽快进行。

在戒瘾时,给自己强加成本的策略是很常见的。当戴高乐将军想戒烟时,他把这个决定告诉了所有的朋友,以此增加反悔的成本。在丹佛市的一家专门收治医生的可卡因戒毒中心,接受治疗的医生们有这样一个机会:写一封自诉信给该州的医学考试委员会承认自己嗑药并请求撤销他们的执照。如果他们的可卡因检测呈阳性,这封信就会自动发送。一些曾经的酒鬼试图通过服用戒酒硫②来使自己做到滴酒不沾,这种药可以让使用者一喝酒就难受至极。

自我强加延时对抵制渴望也是有效的。为了阻止自己一时冲动去喝酒,我可以把酒存在带有定时装置的保险箱里。或者我可以不在家里放酒,这样一来为了喝酒我就不得不去商店买。服用戒酒硫的方法

---

① 如果我们把这个案例与那个只能在餐前点甜品的案例相比,我们会发现这两个案例都是讲人们对抗**诱惑临近**效应的影响,不管诱惑临近是空间上的还是时间上的。

② 使用戒酒硫最常见的方式是口服,其作用机理是让酒精摄入引发严重不适。(身体上无效但心理上有效的)皮下注射则不太常见。

实际上是把强加成本和强加延时结合了起来,因为一旦吃了这种药,你就得停药两天才能正常饮酒。可卡因戒毒中心也是把成本和延时结合起来。它允许人们通过提交公证过的退出声明来摆脱戒毒合约。而这中间有两周的延时。任何提交退出请求的人都能在两周后收回这封声明信。但如果在这两周的过渡期内,你撤销了退出的决定,又需要再公示两周。尽管有很多病人使用了这个退出程序,但所有使用了退出程序的人又都在两周之内撤销了这个退出的决定。

240

人们对应对时间不一致(time inconsistency)和过度行为的预先承诺的关注是相对较近才出现的。以此为主题的古典作家把焦点放在了针对**激情**的预先承诺上,从宽泛的意义上说,激情也包括醉酒和精神病状态。① 在《奥德赛》中,荷马为我们提供了一个已经变成预先承诺经典案例的事例:尤利西斯把自己绑在桅杆上以使自己无法对塞壬的歌声做出回应。在《论愤怒》中塞涅卡写道:"在我们清醒时,在我们没有失去自我时,请让我们请求帮助来对抗这样一个强大而又被我们再三纵容的恶。那些不能慎重饮酒、担心他们在喝酒时会鲁莽无礼的人,会命令他们的朋友把酒从席上撤走;那些知道他们生病时不讲道理的人会要求人们在他们生病期间不听调遣。"②在拉法耶特夫人的小说《克莱芙王妃》中,王妃因为害怕自己会忍不住接受德·内穆尔的示爱而逃离宫廷;甚至后来,当她丈夫去世后她可以再婚时,她也躲了起来。"她深知时机可能动摇最明智的决定,而她又不愿意冒险毁掉自己的决定,也不想回到有她从前所爱的地方。"在司汤达的小说《吕西安·娄凡》中,德·夏斯特莱夫人在见吕西安这件事上十分谨慎,只在有人陪伴的场合才见他,为的就是使代价过高以致自己无法屈服于对他的感情。

这些策略是很常见的。人们自断后路有可能是出于策略性的考虑(第19章),但有的时候则是为了防止自己对恐惧屈服。我可能会避开同事聚会,因为根据过去的经验,我知道自己可能会喝上一两杯,而且

---

① 因陷于激情且害怕它会消退而做出预先承诺的现象在古典文本中则少见得多。

② 塞涅卡.强者的温柔[M].包利民,等,译.北京:中国社会科学出版社,2005:73.译文有改动。——译者注

解释社会行为:
社会科学的机制视角

会因为酒精的去抑制作用(disinhibitory effect)①做出让自己后悔的攻击或调情举动。或者,我会决定带上我的伴侣一块去以提高我做这些举动的代价。考虑到"情境的力量"(第 10 章),仅仅**决心**不喝酒(或者喝了也不情绪化)可能并不那么有用。同样,用于控制愤怒的、在反驳或抨击别人前先数到十的这个心灵内部设置,预先假定了我们能够从头脑发热的当下超脱(detachment)出来,而往往我们并不具备这种品质。对"自助"(self-help)的一般性建议其实是"提早切断联系",而不是在面对诱惑或挑衅时依赖于自我控制。就像马克·吐温说的,"远离比抽离要容易。"举个极端的例子,看看《纽约时报》的这个标题:"得克萨斯州同意给一名性骚扰者做手术:即将出狱,男子为抑制性冲动求阉割。"("Texas Agrees to Surgery for a Molester: Soon to Leave Prison, Man Wants Castration to Curb His Sex Urge." *New York Times*, April 5, 1996.)

241

延时策略看似在应对基于情感的非理性方面还保有最大潜力。因为情感通常有一个短半衰期,只要是能阻碍行动倾向立刻发生的办法都可能有效。如我随后将提到的,政府当局要求人们在做某些重要决定前先等一等,他们正是寄希望于情感的这个特征。然而,我们很少看到人们为了抵抗冲动而把延时强加到**自己**身上。我们缺少的可能只是必要的技术。然而,有这样一个例子,美国的三个州(阿肯色州、亚利桑那州和路易斯安那州)为人们提供了一种选项,"契约婚姻"——一种比常规婚姻更难进入、更难退出的婚姻形式。通常来说,选择契约婚姻的夫妇分居两年后才会被允许离婚,而常规婚姻只需六个月。那些选择了契约婚姻的极少数人(不到已婚夫妇的百分之一)这么做大概是为了向彼此表明忠心并防止自己屈服于短暂的激情和诱惑。

预先承诺往往需要其他个人、组织或政府当局的帮助。然而,这些人或组织需要独立于发出预先承诺指令的行动者,否则行动者可能会撤销指令。为了对抗自己的鸦片瘾,塞缪尔·柯勒律治(Samuel Coleridge)雇了一个人来强制禁止自己进入任意一间药店。然而当这

---

① 酒精的去抑制作用是指酒精解除了大脑对攻击性行为的抑制。——译者注

个人试图阻止他时,柯勒律治却说道,"哦,别闹了。现在是紧急情况,突然发生了非常糟的紧急情况——我可没预料到。不管一直以来我是怎么跟你说的。**现在**我要告诉你的是,如果你不把你的手从这位最受人尊敬的药剂师的门上拿开,我就会有充足的理由对你进行人身攻击。"

242

对自我约束(self-binding)来说,组织是更可靠的工具。丹佛市可卡因戒毒所和圣诞储蓄提供的自我约束选项,人们单靠自己是不可能想出来的,这些选项为了帮助这些人解决他们的问题①**并且**防止他们中途反悔经过了精心的设计。在挪威,《心理健康保护法案》(*the Law of Psychic Health Protection*)规定人们可以**自愿**接受精神治疗机构为期三周的治疗,**但中途不可反悔**。但是,这种制度似乎没起到作用,因为人们进入诊所后,留住这些人是医生的权利,却不是他们的义务。为了让这种制度行之有效,如果诊所应病人要求提前放他们走了,那么病人必须要有起诉医院的权利。

1996年,密苏里州为嗜赌者开展了一项自愿禁入计划。任何报名参加自愿禁入计划的人都将终身被禁止进入密苏里所有的游轮赌场。如果报名者漠视这个禁令去密苏里的游轮上赌博,她将会被请下船,并且"游轮经营者应当配合计划委员会,将此事上报给合适的公诉部门并提请诉讼……非法入侵,B级轻罪。"如果自愿禁入的赌徒以某种方式登上了游轮参与了赌博并赢了钱,那些钱也会被拒付。国家还能扮演更积极的角色:给堕胎、购买枪支或离婚(还有结婚!)行为强加延时,给消费者三天或一周的等待时间,在这期间他们可以取消自己头脑发热时下的订单。但这些是**国家家长主义**②(state paternalism),不是**国家协助式自我家长主义**(state-assisted self-paternalism)。

有时,政治宪法(political constitutions)被认为是一种预先承诺设置,

---

① 相比之下,带有定时装置的保险箱发明并不是为了帮助人们对抗他们的酗酒问题。

② 家长主义源于父母对自己孩子的关怀。在伦理学中,它意为某人干涉另一个人的自由,而相信他这样做正在促进他所干涉的那人的善,或使他所干扰自由的人免遭伤害,即使这个行动引起了那人的反对或抗议。可参见尼古拉斯·布宁,余纪元.西方哲学英汉对照辞典[M].北京:人民出版社,2001:731.——译者注

或一种**集体自我家长主义**（collective self-paternalism）。约翰·波特·斯托克顿（John Potter Stockton）在 1871 年写道，"宪法是人们在清醒时设下的自我约束的锁链，以便在他们疯狂时不至于死于自杀之手。"另一个常见的比喻是，宪法是神志清醒的自我强加给酩酊大醉的自我的绳索。两院制经常被列为政治领域预先承诺的例子：法律的制定需经两院通过，这为冲动的激情冷却下来、理智（或利益！）重占上风创造了时间。给宪法修订强加延时依据的也是同样的道理。然而，如果预先承诺被理解为**自我**约束，那约束的范围从个人延伸到集体、从代际内延伸到代际之间就很有问题了。我们发现不是共同体在自我约束，而是多数在约束少数，当代在约束未来一代。此外，因宪法通常制定于动荡的年代，制定者或缔造者自己通常是受激情所控。在"醉酒"的状态下，他们也许看不到提前预防醉酒的必要。比如，1789 年 9 月 7 日，法国制宪议会在争论是把一院制还是两院制写入宪法时，议员阿德里安·迪凯努瓦（Adrien Duquesnoy）在日记里作了如下记录："如果做个概率评估的话，很明显大多数议员绝不会投票赞同两院。这种结果可能有极大的弊端，但情况就是这样，大家的想法如此崇高，以至于没有其他的可能；也许几年内可能有些改变。有人会开始意识到单独一个议院，在一个如我们般极度冲动的国家，能产生最可怕的结果。"

参考文献

G. Ainslie 对捆绑选项的心理内部设置有大量的讨论，尤其是在 *Picoeconomics*（Cambridge University Press, 1992）一书中。

R. Beñabou and J. Tirole, "Willpower and personal rules," *Journal of Political Economy* 112（2004）, 848-86 尝试为这种"私人规矩"提供理性基础。

对决策短视的讨论借用了 O.-J. Skog, "Hyperbolic discounting, willpower, and addiction," in J. Elster（ed.）, *Addiction: Entries and Exits*（New York: Russell Sage Foundation, 1999）这篇文章的观点。

意识到自己对未来进行双曲线贴现这一倾向的老练的个人，他们所做出的策略性回应在 T. O'Donoghue and M. Rabin, "Doing it now or later," *American Economic Review* 89（1999）, 103-24 中有讨论。

在"Economics, or the art of self-management," *American Economic Review: Papers and Proceedings* 68（1978），290-4 以及他随后的几本出版物中，T. Schelling 讨论了用预先承诺和自我约束来对抗自己行事不理性的倾向。

我在 *Ulysses and the Sirens*, rev. ed.（Cambridge University Press, 1984）、*Ulysses Unbound*（Cambridge University Press, 2000）和"Don't burn your bridge before you come to it: Ambiguities and complexities of precommitment," *Texas Law Review* 81（2003），1751-88 中已讨论过这点。

对无法稳定服用处方药的行为的治疗，可参见 G. Reach, *Pourquoi se soigne-t-on*（Paris: Editions de Bord de l'Eau, 2005）。

柯勒律治的故事参见 Thomas de Quincy, *Confessions of an Opium Eater*（London: Penguin Books, 1968），p. 145。

尽管在 *Ulysses and the Sirens* 中我对宪法是预先承诺设置的想法有很高的热情，但在 *Ulysses Unbound* 中我还是放弃了这个想法。

245

解释社会行为：
社会科学的机制视角

一般看来,科学事业有三个不同的组成部分或分支:人文学科、社会科学与自然科学。就某些目的而言,这是划分科学领域的一种有用的方法,但就另一些目的而言,严格的区分可能会阻碍不同思想的交流。在第四篇,我将指出社会科学能够从对人类以及其他动物的生物学研究中获益。本章我会指出人文学科与社会科学之间的共同之处比人们通常所认为的要多。我尤其会尽力向读者展现,对艺术作品的**诠释**与**解释**是两种紧密相关的事业。理解一件艺术作品就是以其创作者事先的心理状态来对作品进行解释。**成功**的艺术作品是那些能被理性选择解释的作品。同时,我会反对所谓的"根据结果做出的诠释",这一概念我稍后会详细阐述。我的论述并未覆盖所有的艺术形式。即便在我专注探讨的文学领域,我的解释也只对 1850 年以前的古典小说和戏剧有意义。因为根据默认的惯例,这类作品中描述的事件和人物**可能是真实的**。①

首先,我们把理性视为小说或戏剧中**人物**的一种动机。文学批评中有一个经典问题,为什么哈姆雷特报杀父之仇会一再拖延。人们给出了许多解释。有些将其诉诸非理性,用意志薄弱或临床抑郁症来解释。然而,还有一种简单的理性选择解释。尽管哈姆雷特最初就相信他父亲的鬼魂对他说的克劳狄斯是凶手这件事,但他后来还是决定演一出戏来"发掘国王内心的隐秘",以此**收集更多的**信息。然而,当国王的反应证实了他的信念时,他又没有**机会**实现他的欲望了,即让克劳狄

① 违背这一惯例的一个较早的例子,是易卜生的《培尔·金特》(Ibsen, *Peer Gynt*, 1867)一书将要结尾的地方,当时培尔很怕自己会淹死,而那位"陌生的船客"对他说:"演员是不会在第五幕的中场死掉的。"

246

斯永受地狱之火的煎熬。尽管有一次他可以趁克劳狄斯祈祷时将其杀掉，但根据当时的神学观点，这样做一定会让克劳狄斯获得救赎而非地狱之罚。后来哈姆雷特杀死了躲在帷幕后的波洛涅斯，**错误但却不是非理性地**相信那就是国王。根据哈姆雷特掌握的信息，他认为躲在帷幕后面的人是国王这一信念是理性的。而且，他也没有理由再去收集**更多的**信息，因为他可以合理地假定躲在王后寝宫帷幕后的人就是国王。

我并非宣称这就是正确的诠释（事实上我还没说过对于诠释而言何谓"正确"）。我只是指出上述三段情节初步看来与哈姆雷特一直在理性地追求为父报仇的目标的这一观点是相符的。另一个问题是，此观点是否与哈姆雷特因缺乏复仇决心而反复自责的情节相符。许多评论家将哈姆雷特的那些著名独白诠释为意志薄弱的表现，并认为前两段情节是基于他给自己的不作为寻找的自我欺骗的借口。（第三段情节则更难套用这种观点。）此时，即便意志薄弱和自我欺骗违反了理性的标准，它们还是完全**可理解的**（第 3 章）。在分析艺术作品内部的情节发展时，对于诠释工作而言最有用的概念是可理解性而不是理性。

与这种内部视角相反，我们还可以采用从作者出发的外部视角。对于"哈姆雷特为何一直拖到第五幕才报仇"这个问题，我们或许可以这么回答："国王之死必须发生在戏剧的结尾。"[①]这是一个戏剧构建问题，而非心理学问题。单看这个回答，它无法令人满意。如果莎士比亚借助一系列任意事件或专门设计的巧合来拖延复仇，仅仅是为了让该戏码发生在戏剧的结尾，那我们将会视其为作者的失败。说得更直接一点，这是一种**作者的非理性**。

作者的理性很像是被归加给上帝的那种理性。像上帝一样，作者启动了一个过程，其中的每个事件都能**得到双重解释**，第一重是因果性的，第二重是目的论的。我的这种想法借鉴于莱布尼茨（Leibniz），他写道：

---

① 与易卜生让"陌生的船客"说那些话（参见上一条脚注）不同的是，莎士比亚不能让哈姆雷特说："我要到第五幕才能杀死国王。"

解释社会行为：
社会科学的机制视角

有两个领域,一个是动力因领域,另一个是终极因领域,每一个单独来看都详备到足以解释整体,就好像另一个不存在一般。但当我们思考它们的起源时会发现二者离开了对方都是不充分的,因为它们同出一源,在那里我们发现创造动力因的力量与统治终极因的智慧乃是一体的。

上帝的目标是创造一切可能的世界中最好的那一个。如果详尽到将时间维度包含在内,那么这个思想可以被理解为,**所有可能的序列中最好的那一个**。尽管一种宇宙状态向下一种宇宙状态的转变是按照一般物理性的因果关系发生的,但原初状态与因果规律却是为了使序列的整体完美度最大化而被选定的。

如果我们把讨论限定在古典戏剧或古典小说领域,作者的任务就是通过人物的所言所行——通常是以人物之间彼此回应的方式——来发展情节。作者的目标是发展情节的同时最大化其美学价值。因此人物的每个行动和每一句话都可以得到双重解释:既是在回应之前的行动或话语(或外部事件),又是在为读者制造惊讶、紧张以及最终的紧张消除。第一重解释是基于人物的可理解性,第二重解释则是基于作者的理性,下面我将试着对此进行说明。

作者在自己满意或者说在完稿搁笔之前,往往几易其稿。这个事实不容辩驳地说明了他们都经历了**选择**的过程并且对于**更优**有着明确或不明确的标准。这些稿子涉及的通常都是**小改动**,这意味着无论他们在为哪种形式的更优奋斗,目标都在于使这种更优实现**局部最大化**。 248 然而,作者与只是在梯度攀爬的人的区别在于,前者的**创造力**超出了单纯的选择。① 文学作品的创作之所以不能被还原为理性选择,是因为有意义的词语序列太多了,人们没法全部浏览一遍并从中选出"最优"。尽管"理性的创作者"可能会试图审慎地排除一些词语序列以使这一难题更容易解决(这也是诗的韵律与韵脚的功能之一),但往往剩下可供选择的选项还是太多,以至于这仍不是一个可行的选择机制。作为替

---

① 出于同样的理由,那些为技术变迁寻找理性选择解释的尝试注定会失败。

代,作者将不得不依靠他或她的无意识的联想体系(associative machinery)。

因此,理性的创作主要是算对小数点后的第二位,或者换个比喻,是要爬上最近那座山的山顶。再进一步地说,这是一种左脑性的工作。算对小数点后的第一位或者找出群山中的最高峰这种右脑性的工作不在理性的范围之内。然而,即便作者的理性被还原为"小改微调",它依然很重要。就像"二流杰作"这个短语所暗示的那样,爬上矮山的山顶可能比待在高山的山坡更好。《一桩事先张扬的凶杀案》(*Chronicle of a Death Foretold*)与《天使,望故乡》(*Look Homeward, Angel*)就可以分别用来说明这两种可能性(我没有任何比较、判断这两部作品的意思)。

让我来列举并讨论理性对作者的一些要求。第一,人物的所行所言必须是可理解的。第二,作者必须达到**完整**与**简约**的双重要求。第三,作品必须如水一般**顺流而下**,尽量少诉诸偶然与巧合。第四,作品必须给出一种制造与解除紧张的心理满足模式。

可理解性可以是绝对的也可以是相对的,如果是相对的,那么它可以是整体的也可以是局部的。绝对可理解性问的是是否**任何人**都可能这样行事;相对整体可理解性问的是小说中人物的行为是否与书中早先展示的他或她的整体性格一致。相对局部可理解性问的是小说人物的行为是否与他或她早先在书中类似情境下的行为一致。绝对可理解性与相对局部可理解性的要求是对作者理性的关键性约束,而相对整体可理解性的要求则不是。甚至,遵从后一种约束可能会被视为美学上的一个瑕疵。

在某些情况下,绝对可理解性可能会被过度理性破坏。让我们再次思考欧里庇得斯笔下的美狄亚和拉辛(Racine)笔下的费德尔(Phèdre),二者同样清醒地知道自己自我毁灭式的激情。他们都被描绘成严格意义上的意志薄弱的人,**在行动的瞬间**清楚地知道他们正在做的事与自己经过全面思考做出的判断是相反的。激情尽管使人背离自己的判断,但却并未影响判断本身。拉辛笔下的爱妙娜(Hermione)

解释社会行为:
社会科学的机制视角

则是个更易被接受的人物形象。因为她的判断被情感遮蔽了，所以她是自我欺骗而非意志薄弱。我的意思是，极端的情感和完全清醒的认知同时存在，仅此而已。

一方面有太多过度理性行为是不可理解的；另一方面非理性则可能是完全可理解的。当司汤达《红与黑》中的德·莱纳先生面对着他的妻子与于连·索莱尔之间外遇的种种迹象时，他选择了相信她的忠贞，还有什么能比这个反应更可理解？心有所欲，脑有所思。更为矛盾的情况是，希望妻子忠贞的欲望使丈夫罔顾证据地认为她**不忠**。在《奥赛罗》中，"像空气一样轻的小事，对于一个嫉妒的人，也会变成圣经一样强的确证。"前一个是短路的例子，后一个是交叉线的例子（第 3 章）。

相对可理解性可能会被戏剧或小说中"脱离性格"行事的人物打破，它带来的是一些不同的问题。首先，我们得考虑一下心理学家提出的观点：性格特征往往是**局部的**而非整体的（第 10 章）。尽管有很多作者（汉姆生提到了左拉）认同假定跨情境一致性的常识心理学，但好的作者（汉姆生提到了陀思妥耶夫斯基）是不认同这点的。后者可能会令那些期望看到人物的举止行为"符合性格"的读者失望，不过这些读者也不是这些作者的目标受众。我们很快会看到，即便是好的作者也会受到读者们这种有缺陷的心理的约束，但"大众性格"不应该是他们尊崇的信念。然而，读者有权利对局部一致性抱有期待。如果作者把自己逼到了死角，要想使情节按计划发展的唯一办法就是让人物的行为局部地不一致，那么他就违背了自己与读者之间默认的契约。情节应该是像水流寻找天然的下山路线那样发展，而不是被作者强迫着往上流。

为了阐明这一思想，我们可以借鉴司汤达在他那部未完成的、在其去世后出版的《吕西安·勒万》（Lucien Leuwen）手稿的页边写下的那些评论。司汤达让与书同名的那位主人公爱上了一位年轻的寡妇——德·夏斯特莱夫人。他的感情得到了回应，但他却不敢向她张开双臂。让他胜过"最能虏获芳心的唐璜"并使其能产生热烈的爱情，同时也使

250

他连随便哪个立马就能知道如何掌控这种局面的"没什么教养的巴黎佬"都比不上。为了推动情节向前发展，司汤达需要让他们走到一起，但他并不太知道怎样才能做到这一点。他在页边写道："按照编年史家的说法：你不能期待一位有德行的女子完全献出自己，她必须是被夺得的。最棒的猎狗最多只能把猎物驱赶到猎枪的射程之内。倘若猎人不开枪，猎狗也束手无策。小说家就像他故事主人公的猎狗。"这条评论明显表明作者需要让小说人物的行为"符合性格"。

司汤达最终的确成功设计出了一个情境，使吕西安与德·夏斯特莱夫人对彼此的爱虽没有口头宣称，但却得以展现并可被理解。不过司汤达面对的困难并未到此结束。他对该小说的构想落入了辩证式（dialectical）的好莱坞套路：男孩遇见女孩，男孩和女孩分手，男孩和女孩复合。正如我们刚刚看到的，司汤达在确立正题（thesis）的过程中碰到了麻烦。为了制造反题（antithesis），他设置了一些荒谬的和明显带有目的论倾向的情节让吕西安相信德·夏斯特莱夫人，这个每天有四分之一的时间都和自己在一起的人，突然生了个孩子。但真正让司汤达为难的是合题（synthesis）。尽管我们不知道他为何最终没写出使这对情侣复合的第三部作品，但可以推测，若写二人和好了是不会令人信服的。在该小说的第二部中，分手后的吕西安变成了一个有些愤世嫉俗的浪子，如果按照七月王朝的宽松标准，他本质上还是一个诚实的人，但与德·夏斯特莱夫人当初爱上的那个"优雅得有些笨拙"的人相比，他确实已经大不相同了。司汤达或许是判断，如果改变后的吕西安还能得到德·夏斯特莱夫人的爱，那可能就会违背相对可理解性。

亚里士多德说过，"情节……必须呈现一个单一、完整的行动，其中的事件要结合得非常严密，以至于挪动或拿掉任何一个事件都会导致整体的松散与脱节。如果某一事件无论出现或缺失都不会引起显著的差异，那么它就不是这个整体真正的一部分。"①我们可以将这段话解读为对**完整**与**简约**这两个审美理想的表述。读者有权认为作者已经呈现

---

① 亚里士多德.诗学［M］.陈中梅，译，注.北京：商务印书馆，1996：78.译文有改动。——译者注

　解释社会行为：
　　社会科学的机制视角

给了她理解情节发展所需要的全部信息。^① 反过来,她也有权期待如果
作者告诉她故事中的人物离开屋子时天正下雨,那是因为后文的发展
需要下雨这一前提;她有权相信作者给人物安排一段台词意在告诉我
们关于这个人物的某些事情或者将其作为其他人物行动的前提。^②

之前我提到好的情节是"顺流而下"的,举的例子是人物的行动要
"符合性格"。更一般地讲,好的情节不应该依靠那些不太可能的事件、
意外和巧合。在《米德尔马契》(*Middlemarch*)中,拉弗尔斯(Raffles)和
布尔斯特罗德(Bulstrode)先生的相遇是故事发展的一个关键,但它太
过刻意,结果反倒损害了小说推进的连贯性。当然,意外在小说中也可
能有自己的一席之地。父亲或母亲的意外死亡可能会触发或推动某个
情节的发展,双亲都死于同样的意外也可以产生这种效果。但是如果
情节要求他们死于**两场**互不相干的意外,这就很难让人轻易相信了。
配偶适时死掉以使男主角或女主角可以和自己的真爱结婚,这也是应
受谴责的作者懒惰的一种表现。

然而,读者的心理并不能完美地与概率论对接。假设作者可以选
择分两步或六步来实现情节从 A 到 B 的过渡。说得具体些,假设两步
法要求两个事件发生的概率分别为0.9和0.2,而六步法要求每个事件发
生的概率为0.75。假定这两种序列中的每个事件都是彼此独立的,那
么分两步的序列更有可能发生(0.18 对比 0.178),然而,只有分六步的
序列才会被认为有我们所需的那种顺流而下的特性。相比于情节链接
的数量,一个故事脚本的整体可信度更多地取决于那些最薄弱的链接。
我认为作者应该尊重读者的这种癖好,因为这会防止他依赖那些可轻
易编造但却不太可能的巧合。

252

---

① 当然,作者可能会审慎地省去一些相关的细节以给读者留一些想象空间。理性的创作允
许(甚至需要)留一些空白给读者来填补。然而,如果作者高估了受众的想象力,那她的
这种努力将被视为一种败笔。假设作者试图通过让男女主角所住房子的门牌号码互为质
数(即没有公约数)来暗示二人性情上的不合。若非有一些特定的环境,她是没法合理地
指望读者能够发现这个事实的。

② 当然,冗余的情节并非总要删除,因为它有美学上的功能。为了表现人物的厌烦情绪,冗
余的情节可能要比作者单纯的陈述更有效。然而,即便如此,重复也要有限度,超过这个
限度就会让**读者**感到厌烦而不只是引起人物的厌烦了。

即便是从山上顺流而下的溪水,在蜿蜒至某个可以平安入海的地方之前也可能经历许多迂回曲折。如果不是这样,那么观看它的流淌过程给不了我们多少体验。因此,作者有责任为读者和观察者提供必要的惊奇,给人物设置一些障碍,让受众保持兴趣。所有写作策略加在一起的数量太大了,大到我们无法全面研究,甚至都无法分类。有些写作策略与体裁紧密相关。在剧院里,喜剧、正剧与悲剧有着各自不同的处理方式。喜剧通常依靠**误解**来制造紧张,而正剧可能会依靠**无知**,悲剧更是如此。随着误解的消除,快乐到来了;随着无知的升级,灾难发生了。小说家可以将他们自己的意见赋予人物以制造不确定性,只要他们不是在蓄意误导读者就行。

现在我可以说一下我所谓的对文本的"正确诠释"究竟意味着什么了。正如我在开头所说的,这是一个关于解释的问题。既然所有的解释都是有因果性的(包括那些将意向作为原因的解释)并且原因必须出现在它的结果之前,那么受众对作品的**实际**感知严格来说是不重要的。相反,意向性的感知则可以成为解释的一部分。在作品形成的事先原因中,作者的意向并不是全部的关键。作者的无意识态度也可能影响作品。因此儒勒·凡尔纳(Jules Verne)的《神秘岛》(*L' île mystérieuse*)不但可能是由他的种族主义偏见塑造的,还可能是由他的反种族主义意向塑造的。然而,考虑到要简洁,我会把论述限定在有意识的意向。

因此,对一件文学作品进行诠释,就是证明该作品的重要特征可以回溯到作者为了增强某些特定的读者预期会从作品中获得的体验所具有的美学价值而做出的决定上。要想做出这样的证明,文学批评家必须像其他学者那样向前推演。他们可以诉诸作者的手稿(如果它们还存在的话),也可以诉诸作者关于作品的陈述,例如司汤达的旁注。他们可以诉诸这个作者的其他作品,看是否能观察到相似的选择模式。也可以参考同时代的其他作品,以将塑造这些选择的惯例与选择本身区分开来。他们还可以参考同时代其他的资料来源,挖掘那些可能会约束作者的读者的期待。

在做这些事的过程中,文学批评家与其他历史学家所使用的方法

解释社会行为:
社会科学的机制视角

绝无不同。和其他历史学家一样，他们也面临着数据本质上是有限的这一难题，因为过去是经不起实践检验的。和其他历史学家一样，他们可以尽量将"数据挖掘"的诱惑最小化，对旧有的资料来源进行三角测量，寻找新的资料来源，以及挖掘他们诠释中的那些新颖推论，用证据对它们进行检验。文学批评家与其他历史学家的不同之处可能在于，他们的诠释往往更多地（尽管并非总是如此）伴随着**价值判断**。从作者意在实现美学价值的局部最大化这一目标来看，他或她成功了吗？或者说，是更接近成功还是更接近失败？当然，有些作者并没有这种目标。他们可能只关心赚钱和做宣传，这些是具有不同理性诉求的目标。但是，只要我们能为作者关注的主要是美学追求这一假设提供合理的支持，那么就像对待其他任何目标那样，问一问这些抱负实现得怎么样了是很有意义的。

254

之前我说过，作者的失败可能是可理解的。我已经指出，作者面临着双重压力：他们既要推动情节的发展，又要通过人物可被理解的行动和语言来做到这一点。如果他们牺牲后一种目标来实现前一种目标，也就是说，如果他们牺牲因果性来满足目的论，我们可能会责备他们，但是我们仍能**理解**他们为什么这样做。哈姆雷特的拖延即便从因果上看不太可信，但考虑到莎士比亚需要将复仇拖到戏剧的结尾，它从目的论上看就是可理解的。这也是一种诠释。虽然非常不同于那种我们从哈姆雷特的心理及其所处环境的角度出发而做出的诠释，但它确实回答了同样的问题：为什么会拖延？尽管在好的文学作品中每件事都能被予以双重解释，但那些不完美的作品却只能满足一重诠释。

让我引用一个诠释如何违背或忽视解释要求的例子，以此结束本章的论述。一些近期的作家指出，《曼斯菲尔德庄园》（*Mansfield Park*）中的范妮·普莱斯（Fanny Price）诡计多端、精于谋略，她那看似谦逊的样子只是被安排用来赢得埃德蒙·贝特伦（Edmund Bertram）真心的一种策略。甚至，他们还认为她的名字正暗示了"为钱而性"（sex for the

money)。① 这些主张**在针对意向性的两个检验中都过不了关**。首先,小说中没有任何证据能支持我们将诡计多端的意图强加到范妮·普莱斯身上。尽管她的谦逊实际上的确得到了回报,但她行为的**结果**是无法解释这些行为本身的。② 第二,没有任何证据能支持我们把读者将范妮·普莱斯视为半个妓女的意向强加到简·奥斯汀(Jane Austen)身上。尽管这一文本可能会让某些现代读者产生这样的联想,但提出这些主张的那些作者并没有拿出任何证据表明简·奥斯汀意图使读者在"范妮"与色情小说《范妮·希尔》(*Fanny Hill*)的女主角之间或者在"普莱斯"与花钱买性之间建立联系。这类"根据结果做出的诠释"与社会科学中的功能解释有很多相同之处。他们依靠的是一些随心所欲的方法,这些方法并不受事实的约束,而仅受提倡这些方法的学者们创
255 造力的约束。不过,在第 V 篇中,我们将探讨几种更值得尊重的"根据结果做出的解释"。

参考文献

我在本章所采用的一般分析路径经常被指责为"意向性谬误"(intentional fallacy),对这种批评的回应,我很赞同 N. Carroll 的观点,尤其是"Art, intention and conversation", in G. Iseminger (ed.), *Intention and Interpretation* (Philadelphia: Temple University Press, 1992),以及"The intentional fallacy: Defending myself," *Journal of Aesthetics and Art Criticism* 55 (1997), 305-9。

在"Hermeneutics and the hypothetico-deductive method", in M. Martin and L McIntyre (eds.), *Readings in the Philosophy of the Social Sciences* (Cambridge, MA: MIT Press, 1994)中,除了认为该戏未受所述事件与人物可能是真实的这一惯例的约束以外,D. Føllesdal 顺着几条与我相似的线索给出了对皮尔·金特的诠释。

哈姆雷特的拖延可能是出于戏剧设计的考虑,这一发现要归功于 E. Wagenknecht, "The perfect revenge-Hamlet's delay: A reconsideration," *College English* 10 (1949), 188-95。

我在 *Ulysses Unbound* (Cambridge University Press, 2000)的第三章讨论过艺术作品追求局

---

① 在英文中,"fanny"有"女性性器官"之意,而"price"的意思是"价钱"。——译者注
② 同样,范妮·普莱斯唯利是图这一假设也无法解释她为何拒绝处境更好的亨利·克劳福德(Henry Crawford)的求婚这一事实。

解释社会行为:
社会科学的机制视角

部最大化这一思想。那一章对《吕西安·勒万》还有更为充分的探讨。

我的"情节顺流下山"与"被推到山上"的思想受到了 D. Kahneman and A. Tversky, "The simulation heuristics", in D. Kahneman, P. Slovic, and A. Tversky (eds.), *Judgment Under Uncertainty* (Cambridge University Press, 1982) 的启发。

我所批评的那些关于《曼斯菲尔德庄园》的诠释来自 J. Heydt-Stevenson, "'Slipping into the ha-ha': Bawdy humor and body politics in Jane Austen's novels", *Nineteenth-Century Literature* 55(2000), 309-39 和 J. Davidson, *Hypocrisy and the Politics of Politeness* (Cambridge University Press, 2004)。

256

第
IV
篇

来自自然科学的经验

各个科学学科彼此之间可能是以下两种关系的一种:**还原**(reduction)或**类比**(analogy)。还原表现为将科学体系中某个层次的现象以更低层次的现象来加以解释(参见图IV. 1)。

还原论的程序往往是有争议的。在很长一段时间里,许多生物学家都激烈地宣称把生物学还原为化学不可能行得通——但它行通了。从埃米尔·涂尔干(Emile Durkheim)开始,很多人都主张社会科学不可能还原为心理学。而我们这本书的核心主张则是:它能。

图中这两个还原关系中间还有

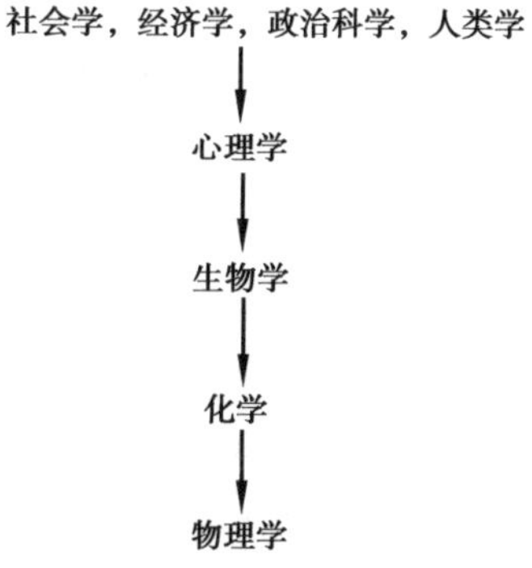

社会学,经济学,政治科学,人类学
↓
心理学
↓
生物学
↓
化学
↓
物理学

257

图IV.1

一个从心理学到生物学的还原。相关的生物学学科包括遗传学、生理学、发育生物学和进化生物学。前二者研究生物有机体的结构(structure)与行为(behavior)的近因,后二者则在个体生物或整个物种的历史中探究远因。结构研究与行为研究是相互关联的,结构既给行为提供了机会又给行为加上了限制。我们长了两颗肾而只需要一颗的事实让我们可以捐一颗肾给兄弟姐妹作移植,且让社会规范有了准许或禁止这一活动发生的可能性。然而我们长了两颗肾的原因并不是让我们做活体捐赠移植的。的确，很多结构是因其能让我们做的事而存在的，但上面这个并不是其中的一个例子。不过，要辨别结构的使能效果（enabling effect）是偶发性的还是解释性的往往很难。

生物学之于社会科学的相关性应该很明显，因为二者的领域部分地重叠。然而许多社会科学家却抵制生物学的解释，因为它们是"还原主义"。这对于那些像我一样相信还原主义是科学进步之引擎的人来说可谓一项奇特的指控。不过，如果在"还原主义"前面加上"早熟的""粗糙的"或"猜测性的"，这种反对可能就很有根据了。

如果深信解释能从较高层次转移到较低层次这个终极属性的学者们在必要的测量技术、概念与理论到位之前就试图这么做，那么人们就会看到**早熟的**（premature）还原主义。一个经典的例子是笛卡尔的机械生理学（mechanistic physiology），帕斯卡尔曾对他做出这样的评论："笛卡尔——大体上必须说：'它是由数目与运动所构成的'，因为这一点是真的。然而要说出究竟是什么，并且要构造出这架机器来，那就荒唐可笑了。因为那是无用的、不可靠的而又令人苦恼的。"[1]今天，那些为图案识别和自动翻译编写算法（algorithm）的人们也处于类似的情境。那些我们毫不费力就能做到的识别一张人脸和查认费解语句的工作到目前为止依然超出人工系统的能力范围。

如果学者们试图从生物学角度来解释特定行为而不是解释**能力**（capacity）与**倾向**（tendency）——这二者在一个给定的案例中对这一行为而言可能会也可能不会被用到或被实现，那么我们就会看到**粗糙的**（crude）还原主义。例如，有人试图拿在低级动物身上发现的"领地意识"（territorial imperative）来解释政治行为。又例如，有观点认为举重活动类似于孔雀的羽毛和鹿的大角，是性选择的产物。这类例子我们还能举出很多。

如果学者们给出一些"正是如此"的故事来说明给定行为**可能是**如

---

① 帕斯卡尔.思想录[M]北京:商务印书馆,1986.何兆武,译,39.——译者注

解释社会行为：
社会科学的机制视角

何发生的,但却没能展示该行为**的确**这样发生了,那么这就是**猜测性的**(speculative)还原主义。社会生物学以及与之紧密相关的进化心理学领域充满了这类例子,比如一些学者主张自我欺骗之所以进化出来是因为它从进化论上看是有益的,或者,女人的产后忧郁症是作为一种讨价还价的工具进化而来的(参见第17章)。

单单说糟糕的还原主义很糟糕并不具有多少启发性。想要把复杂现象还原得更简单的欲望的确可能表现为过分简化,但任何一种科学研究策略也都可能这么做。不容否认的是,科学史表明还原主义是科学的进步力量而反还原主义(antireductionism)是阻挠力量。历史还表明在一个科学学科与另一个科学学科之间使用**类比**来提出假设的做法是有风险的。就类比本身而言,用它并没有害处:科学假设要根据其子孙(可被检验的推论)来加以评判,而非其祖先。然而,当类比思维导致学者们对一种假设的重视超过其他假设时,其结果往往就是被送进科学思想的古怪箱子。例如,社会与生物有机体之间的类比曾经被用来支持这样的观点:社会就像有机体一样,是一个自我调节的实体,具有内在的平衡、纠错机制(例如,革命)。19世纪,学者们争论说社会中的内容与有机体中的细胞是对应的,但他们并没有想过自己根本没有任何理由做出任何类比。还有一些作家则使用了物理学的而非生物学的类比,他们在社会中探寻能与牛顿定律或万有引力对应的东西。主张社会科学会对其研究对象产生影响的学者们常常援引海森堡的不确定性原理(Heisenberg's uncertainty principle),仿佛海森堡原理的深奥也能把他们那点老生常谈的东西变得同样高深莫测似的。

259

我在第15章会探讨一些来自生理学和脑科学的发现,这些发现为还原主义解释诸如恐惧、信任、"过早下结论"的现象带来了希望。在第16章和第17章我将探讨自然选择理论,它已被拿来当作还原**以及**类比的双重应用。我认为,尽管某些还原主义的尝试有其道理,但其他的都还是早熟、粗糙和猜测性的。那种用自然选择来类比社会现象的做法其价值更可疑。在第16章,我之所以要用一种对一本社会科学著作来说看似过于细化的方式(然而这还是太肤浅了,不足以清楚地说明主题）来安排自然选择的那些机制,理由之一就是为了表明社会世界中几乎就没什么可与自然选择相比较的东西。社会科学家那些"社会选择"和"社会进化"的空洞道理太不精确、太没焦点,让人无法认真对待。

参考文献

对猜测性的社会生物学与进化心理学的批评,请参见 P. Kitcher, *Vaulting Ambition*（Cambridge, MA: MIT Press, 1987）与 D. Buller, *Adapting Minds*（Cambridge, MA: MIT Press, 2005）。

认为行为的神经科学式分析路径是早熟的主张,以及对"黑箱式"分析路径的详细辩护,请参见 J. R. Staddon, *Adaptive Dynamics: The Theoretical Explanation of Behavior*（Cambridge, MA: MIT Press, 2001）。

对社会研究中的生物学隐喻的研究,请参见 J. Schlanger, *Les métaphores de l' organisme*（Paris: Vrin, 1971）。

260

15
生理学与神经科学

近些年来,为复杂的人类行为寻找生理学(通常是神经生理学)基础的工作已经被推到一个新高度,这主要归功于新的测量技术与观察技术。毫无疑问,这种研究的路径有着广阔的前景,尽管其当前的某些实践可能还是早熟、粗糙或猜测性的。下面我将提到三组看上去与本书的主旨尤其相关的发现。

恐　惧

我在第 8 章主张情感通常是由**信念**或认知前情触发的。如果我相信你撞我是故意、鲁莽或漫不经心的,我就会生气;但如果我相信这只是一个由第三方撞到你或者火车猛然移动而导致的意外事件,我就不会生气。在普鲁斯特的《追忆似水年华》中,叙述者的忌妒感随着他对阿尔贝蒂娜不在他眼前的那段时间里可能做的事的信念而起伏不定。然而,人们或许会问,是否有时情感并不是由单纯的**感知**(perception)引发的?(不同于信念,感知不"关乎"任何事。)例如,笛卡尔认为惊讶或震惊"能够在我们丝毫不知道这个对象是否适合我们之前发生"。

针对(老鼠的)恐惧的神经生理学研究证实了这种观点。从丘脑中的感觉系统到杏仁体(amygdala)(大脑中既引起行为性情感反应又引起本能性情感反应的区域)有两条不同的通路。一条通路从丘脑通往新皮质(neocortex)——大脑中的思维区域,再从新皮质前伸到杏仁体,这证实了情感总是晚于认知且总是为认知所触发的传统观点。生物体接收到信号,形成一个关于信号有何意义的信念,之后做出情感性反应。然而,从丘脑到杏仁体还有一条直接的通路,它完全绕开了大脑中的思维区域。261

与第一条通路相比,第二条"既快捷又粗糙"。一方面,它更快。就老鼠而言,一个听觉刺激经过丘脑通路到达杏仁体需要约十二毫秒(一秒钟的千分之十二),这几乎是其经过皮质通路所需时长的两倍。另一方面,第二条通路对传进来的信号区分得不那么细致。皮质可以认出躺在林中小路上的某个细长而弯曲的东西是一根弯曲的棍子而非一条蛇,而杏仁体无法做出这种区分。然而,从生存的角度看,某人把棍子当成蛇做出反应的代价一定要比他犯相反错误的代价小得多。

我们不知道这些出自恐惧研究的发现能否推广到其他情感上。可以推测的是,这一类的发现或许也适用于愤怒。当人们遭遇某件可能是一次攻击的事情时,等在原地弄清楚它是否真是如此的机会成本可能非常高。自然选择很可能已经使"先开枪,再问话"成了人的一种本能倾向。如果我真的发动了突袭而后又发现自己事实上并非受攻击的受害者,那么我可能还是会编个故事来为自己的行为进行辩护。这种颇为滑头的机制连接着我们的自尊需求并可以被概括为一句谚语"冒犯他人之人,不能原谅别人",它会与那种为我们和那些缺少自尊需求的动物所共有的神经生理学机制发生互动。许多生理学与神经科学的研究发现可能都是这种模式。我们与其他物种所共有的这些近乎机械的反应可能受制于人类所独有的自我服务的诠释与阐述。这些合理化机制并非无足轻重,因为它们可能会导致我们继续冒犯他人而不是承认自己才是错的。

来自同一项研究的另一发现为弗洛伊德的记忆压抑理论(theory of memory suppression)提供了一个替代性解释。强奸的受害者或打过仗的士兵有时对自己的经历没有任何有意识的记忆。这种无记忆(nonremembering)(使用这一中性术语的必要性马上就会很明显)是弗洛伊德所认为的那种受动机驱动的过程呢,还是一种动机根本就没起作用的过程呢? 答案可能取决于压力与记忆形成(或不形成)之间的关系。温和的压力会加强人们对压力事件的记忆,但强烈而持久的压力可能会把肾上腺类固醇水平推升到一个水平,使海马体(形成有意识记忆的大脑区域)受到反方向的影响。人们对创伤性事件的记忆可能并

解释社会行为:
社会科学的机制视角

非被压抑了,而是压根儿就没有形成过。这个结论——倘若是正确的——并非意味着创伤性事件完全没有在心灵上留下痕迹。比方说,你出了一场车祸,喇叭卡住了叫个不停。后来喇叭声就变成了一种条件性的恐惧刺激,它径直传向杏仁体,引发一些通常在危险中才出现的身体反应。此处恐慌的情感是由感知而非信念触发的。

信　任

考虑到第 21 章我将讨论**信任**(trust),这里我先引述三个引人深思的实验发现。它们都依托于两名参与者——“投资人”和“受托人”——之间的一个信任博弈(trust game)。投资人收到一定数额的赠款后,可以将其全部或部分地转给受托人。然后实验者给这笔转出来的钱加码,使受托人获得的钱数是投资人转出金额的几倍。最后,由受托人决定是否给投资人一笔“回赠”,以及如果要给的话给多少。在有些实验中,投资人如果嫌这笔回赠不够慷慨,还可以选择惩罚受托人。如果这两名参与者都是理性的、自利的,并且彼此知道对方也是如此,那么在匿名的一次性互动中任何金钱转移都不会发生,然而在实验中常态却是转出与回赠都为正。我将在第 21 章进一步讨论这种信任博弈的另一变体。这里我只是提出一些实验发现,它们把投资人的行为与他们的荷尔蒙状态以及与他们大脑中快乐中枢的激活情况联系了起来。

第一个实验是把投资规模当作催产素这种荷尔蒙(hormone oxytocin)有或者无的函数来研究。人们已经知道这种荷尔蒙能刺激啮齿类动物的亲社会(prosocial)行为且能促进女性的乳汁分泌,但令人惊讶的发现是,它还能促进人类的亲社会行为或者信任。在服用荷尔蒙之后,把赠款全都转给受托人的投资人比例从 21% 增加到了 45%。有三个进一步的发现非常奇妙。首先,服用荷尔蒙的受托人并没有回赠更多。其次,服用荷尔蒙的投资人与没服用荷尔蒙的投资人对受托人的可信任度(即对回赠的预期)的信念是相同的。再次,当投资人了解到回赠是由与真人博弈具有相同收益分配的随机机制产生的时候,催

263

产素对转移金额就没有什么影响了。① 对此自然而然的诠释是,荷尔蒙影响投资人行为的方式是弱化其"背叛厌恶"(betrayal aversion)而非其风险厌恶。背叛厌恶的重要性也得到了其他不依托生理学操作的实验的证实。

第二个实验允许投资人惩罚那些不慷慨的受托人,它研究的是投资人在做出惩罚时大脑里发生了什么。在这个信任博弈中,投资人要在把 10 货币单位(MU)的赠款全部转给受托人和一分钱也不给他之间做出选择。如果他转出了这笔钱,实验者会再加上四倍,总共留给受托人 50MU 的赠款——10 单位的原有赠款加上这笔投资带来的 40 单位赠款。之后,受托人要选择是从这 50 单位赠款中拿出 25 单位回赠给投资人,还是一分钱也不返给他。换句话说,会出现三种可能的结果:(10,10)、(25,25)和(0,50)(参见图 15.1)。

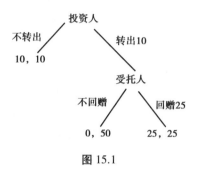

图 15.1

另外,在受托人做出决定之后两个参与者都收到了一笔 20MU 的额外赠款。只有受托人会受到惩罚的影响。在以下两种情况中的任何一种情况下,投资人都可以动用他的这笔赠款来惩罚受托人。在"高成本"的情况下,投资人可以对受托人施加高达 20 个的"惩罚点";每一点会使投资人损失 1MU,受托人损失 2MU。因此通过施加最大的惩罚,投资人可以确保受托人的收益从 70(50+20)减少到 30,而他自己的收益则会从 20 减少到 0。② 在"无成本"情况下,只有受托人会受到惩罚的

---

① 实验者用投资人在与真实的受托人进行信任博弈时的实际收益来决定告诉投资人在与随机机制进行博弈时应预期什么样的收益分配。假定信任博弈中的实验对象有着**理性的预期**,也就是说,对他们可以预期获得的收益分配有着准确的信念,那么他们在两种情况下**收益分配是相同的。这个假定或许会受到质疑。**

② 从实际付给实验对象的金额来看,每一个惩罚点对应着 0.1 瑞士法郎。这样的金额看似微不足道,但另外一些实验显示:当筹码达到月工资的水平时,我们在这类博弈中得到了性质上相同的结果。这些结果大多是通过用第一世界的研究经费在第三世界国家做实验得到的。

解释社会行为:
社会科学的机制视角

影响。

所有十五个投资人中除一人之外都一致选择进行转移。实验者对实验进行了操控，以使每个投资人都与七个受托人进行博弈，七人中三人给出了回赠而四人把钱全留给了自己。这些自私的受托人是本实验的焦点。在一个受托人宣布他决定把钱全留给自己之后，投资人有一分钟的时间仔细考虑并决定是否要惩罚受托人以及惩罚多重。在这段时间里，投资人的大脑会接受扫描以探测可能相关的各个区域的活动情况。一个区域，尾状核，与回报的处理过程紧密相关。另一个区域，前额叶与眼窝前额叶皮质，则联系着对各个认知过程的整合，例如对成本和收益的权衡。这两个区域的活动模式都证实了关于惩罚动机的假设，接下来我将讨论这个假设。

无论是在高成本还是在无成本的情况下，大脑中涉及回报的激活与人们做出的实际货币惩罚之间都存在着一种相关性。这种相关性可能要么意味着惩罚的决定导致了满足，要么意味着从惩罚中得到满足的期待导致了惩罚的决定。为了区分这两种假设，实验者研究了十一个在"无成本"情况下施加了最大可行性惩罚的实验对象。在这些实验对象中，那些回报回路激活程度更高的人在"有成本"的情况下也施加了更严重的惩罚。由于从惩罚中能得到更多快感，他们愿意为惩罚付出更多的成本，这样第二种假设就得到了支持。这一诠释从另一方面同样得到了证实，当实验对象不得不权衡惩罚的物质成本与精神收益时，皮质在有成本的情况下比在无成本的情况下被激活的程度更高。

这一发现似乎证实了针对特定类型的利他行为的"暖流"理论（参见第5章）。惩罚尽管从间接的——行动者以付出一些物质成本为代价使第三方获益——行为意义上看是利他的，但却不是由利他动机引起的。对于这些结果能否立得住脚，以及能否推广至直接的利他主义（向穷人捐钱）或第三方惩罚（A惩罚B是因为B不公正地伤害了C），现在就下判断还为时过早。公正的第三方惩罚或许不会产生报复个人受到的侮辱带来的那种甜蜜满足感。虽然如此，有一点还是很清楚的，科学正在给我们提供手段来鉴别那些靠简单的内省无法鉴别的竞争性动机假设。如果惩罚的动机是期待从惩罚中获得快乐,那么这种目的是没法成为行动者有意识的目标的。除了虐待狂以外,人们惩罚别人是因为他们相信别人**应得**这份惩罚。举一个更明确的例子,认为人们捐助穷人的有意识的动机**完全**出自捐助带来的暖流效应,这种观点在概念上是前后不一致的,因为暖流所依托的信念是做某件好事是为了别人,而非自己。那些意识捕获不到的状态现在通过脑部扫描或许可以轻易捕获到。

向他人**施加**惩罚与**看到**别人受惩罚是不一样的。在第三个实验中,实验者一边对实验对象进行脑部扫描,一边让他观看与自己进行过信任博弈的两个人(实验者的同伴)受到令人痛苦的电击的场景,这两个人在信任博弈中一个表现得公正,另一个则不公正。当实验对象看到那个公正的参与者遭受惩罚时,脑部扫描显示涉及痛苦的大脑区域被激活了("我感觉到了你的痛苦")。而观看不公正的参与者遭受惩罚则没有引起这块涉及痛苦的大脑区域如此明显的激活,反倒使涉及快乐的大脑区域被激活了("幸灾乐祸")。(一个重大但又让人难以解释的发现是,当看到那个不公正的参与者遭受惩罚时,女性实验对象感受到的痛苦比男性多,感受到的快乐比男性少。)幸灾乐祸是一种间接的愤怒(vicarious anger):如果 C 伤害了 A,A 会因看到 B 惩罚 C 而得到快乐。研究大脑在间接愤慨中的活动会很有趣:如果 C 伤害了 D,A 也会因看到 B 惩罚 C 而获得这么多快乐吗?同样,我们或许还能把间接的愤怒和直接的愤怒进行比较:当 C 伤害了 A 时,A 因看到 B 惩罚 C 而得到的快乐,与当 C 伤害了 A 时,从自己对 C 的惩罚中得到的快乐,二者相比又会是怎样呢?那些在小说、戏剧和诗歌中为人所熟知的基本情感,现在似乎也已在科学的掌握之中了。

填　写

使用拼写检查的读者会发现,该程序能够"猜出"(guessing)或"填写"(filling in)一个错拼的单词中可能缺失的字母。有时,它会拼出错误的单词,(如果不加确认)会带来可笑甚至灾难性的后果,但从总体上看它还是一种比较可靠并且有用的工具。同样,人的大脑也有这种在实践中填写空缺的能力。一个有小缺口的环状图形会被看成一个完整或闭合的圆。如果这个环状图形有太多缺口,那么我们可能无法直接把它看成一个完整的圆,但我们还是会把看得见的那部分图形感知为某个看不见的圆的组成部分。在图 15.2 的上半部分,我们"看见"在矩形下面有若干的圆,然而当把这些矩形移开时——就像该图的下半部分那样,这些圆也随之消失了。

填写是一种日常现象。有一天我在勒瓦卢瓦—佩雷①散步,刚好走到巴黎近郊,看到一个路牌,"奥古斯特·布朗基(Auguste Blanqui)大街"——我读了出来。我很好奇,在这样一个富裕而且可能还很保守的街区,为什么会以一个 19 世纪法国最暴力的革命者来命名街道呢。当我再走近些时,我看到路牌上其实是"阿里斯蒂德·白里安(Aristide Briand)大街",一个无可挑剔、令人尊敬的法国政治家的名字。很明显,此处我的

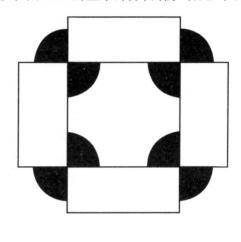

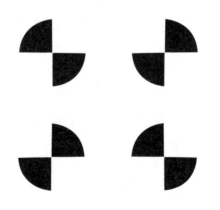

图 15.2

① 勒瓦卢瓦-佩雷(Levallois-Peret)是法国法兰西岛大区上塞纳省的一个镇,位于巴黎市郊。——译者注

头脑注意到了这两个名字的粗略长度以及名和姓的第一个字母,因为
我对布朗基比对白里安熟悉得多,所以我推断自己看到的是一个纪念
267 布朗基的路牌。我对这些路牌的解读并非基于对缺失字母的某种有意
识的填写:填写的发生是无意识的,而我有意识的经验是**看见**那两个完
整的单词。另一个例子是,我正在寻找面包店("boulangerie")并且注
意到有一家店的招牌上写着面包店字样,结果我发现自己看到的其实
是"德拉·奥兰治(del'Orangerie)饭店"店名的后半部分。不同于"布
朗基—白里安"的案例,这个例子可能已经是一种**受动机驱使的误解**,
而不仅仅是大脑对它所看到的事物做出的"最佳猜测"。

268   我们也可以把最佳猜测称为"急于下结论"。我们的大脑一直在做
这件事,这对我们来说是幸运的。填写机制和拼写检查程序一样很有
用处;事实上,它也是必不可少的。然而,有时我们对各种模式的探求
会转变为一种无法自控的对意义的探求。大脑是个天然的阴谋论者。
更准确地说,根据某些理论,我们大脑的右半球具有一种功能,它可以
给不断对我们进行狂轰滥炸的所有信息加上一个条理清晰的框架。这
或许能给"失认症"(anosognosia)的一些案例提供解释,或者给那些病
患否认自己病情的案例提供解释。这种否认可能并不像弗洛伊德式解
释暗示的那样是一种**受动机驱使**的现象,它可能只是人脑中的拼写检
查程序所做出的最佳猜测。更有可能的情况是,这种现象似乎既可以
归因于动机性的机制,也可以归因于非动机性的机制。

      我推测大脑的"填写"和"赋予意义"(meaning-bestowing)活动不仅
仅是在那些科学研究的实验对象身上才发挥作用,它们在许多学者身
上也会发挥作用。我并不是说在哈马斯的阴谋论那一方和后现代文学
批评、功能性解释或精神分析法这一方之间没有差别,只是说它们似乎
都是被这样一种需求激活的,即人们想在手头的事实所能论证的范围
以外寻找意义与一致性。在科学假设的案例中,与日常生活中不同,走
捷径(shortcut)和外推法(extrapolation)不能从人需要采取直接行动这
点中得到辩护或解释。更确切地说,它们反映了我们在无法赋予世界
意义时——不管我们是否是受到某种感召而基于这些意义来行动

的——所感受到的那种深深的不安。对认知上了结的需要和对承认无知的不容忍（参见第 7 章）也反映了我们的这种不安，那些在理性决策过程中的投入比决策本身所带来的风险还要高的人所展现出来的过度理性亦是如此（参见第 12 章）。"责备受害者"的倾向是更进一步的例子。如果我们假定这个世界从根本上说是公正的，因而人们"得到的都是他们应得的东西"，那么我们往往就会轻视和贬低在一些纯属巧合的事件中的受害者，甚至那些被以抽签办法选去服兵役的人；事实上，连受害者自己也倾向于贬低自己。

269

参考文献

探讨恐惧的文献可参见 J. LeDoux, *The Emotional Brain*（New York：Simon & Schuster, 1996）。

荷尔蒙对信任的影响参见 M. Kostfeld et al., "Oxytocin increases trust in humans," *Nature* 435（2005），673-6。

I. Bohnet and R. Zeckhauser, "Trust, risk and betrayal," *Journal of Economic Behavior and Organization* 55（2004），467-84 论证了背叛规避的思想。

对信任和复仇的研究参见 J. F. de Quervain et al, "The neural basis of altruistic punishment," *Science* 305（2004）：1254-8。

对信任与幸灾乐祸的研究参见 T. Singeret al, "Empathic neural responses are modulated by the perceived fairness of others," *Nature* 439（2006），466-9。

V. S. Ramachandran and S. Blakeslee, *Phantoms in the Brain*（New York：Quill, 1998）是一本鼓舞人心的关于"填写"现象的指南，它解释了拉马钱德兰（Ramachandran）是如何从最初反对失认症的弗洛伊德式解释转而相信失认症中一定存在某种无意识否认的元素；另外也可参见 au.geocities.com/neil_levy/Documents/articles/Self-deception.pdf 中的 N. Levy, "Self-deception without thought experiments"。

关于"责备受害者"的研究发现参见 S. Rubin and A. Pepau, "Belief in a just world and reaction to another's lot," *Journal of Social Issues* 29（1973），73-93。

270

16
结果解释与自然选择

强　化

　　所有的解释都是因果解释。我们解释一个事件就是要引述其原因。原因在时间上先于其结果,因而我们不能用结果来解释事件(比如一个行动)。然而,如果被解释项是一种反复出现的行为**模式**(pattern),那么这种行为这一次的结果就可能成为使它下次更可能再发生的原因。这种情况有两种主要的发生途径:**强化**(reinforcement)和**选择**(selection)。我将集中探讨第二种途径,就我的目的而言它更为重要。但首先,我们来谈谈第一种途径。

　　如果某一行为的结果令人愉快或能使人受益,我们往往就会倾向于经常这样做;如果行为的结果令人不快或是给人带来恶果,我们就会刻意降低这样做的频率。潜在的机制可能是有意识的理性选择:我们**注意到**了这些令人愉快或不快的结果,并以此**决定**我们未来的行动重复或避免重复这些经历。① 然而,强化也常常在不涉及意向性选择(intentional choice)的情况下发生。当婴儿因为一哭就会被父母抱起而学会了哭时,我们并没有理由认为婴儿先是有意识地注意到了从哭泣中能得到好处,而后哭是为了得到这一好处。而当大一点的孩子为了达到自己的目的闹脾气时,他们的"诡计"则通常会被父母识破。

　　强化学习在实验室的动物实验中得到了广泛研究。有一个典型的实验,动物可以按压一个杠杆或几个杠杆中的一个,奖励的机制或是依

----

① 然而,回想一下,我们并不总是很善于注意到两种经历中哪一种更令人痛苦(第12章中的谜题12)。

据上次奖励后按压杠杆的次数,或是依据此次按压杠杆距上次奖励的
时间。在任意一种情况下,奖励的机制要么是确定性的,要么是概率性
的。在**固定比率**(fixed-ratio)程序下,动物会在按压杠杆固定次数后得
到奖励;而在**变化比率**(variable-ratio)程序下,得到奖励需要按压的次
数是随机变化的。在任一种程序下,每按压杠杆一次就会产生一个"奖
励点",并且这个奖励点会与之前的点数相加。在**固定间隔**(fixed-
interval)程序下,在上次奖励过去固定时间后,动物按压一次杠杆就会
获得一个奖励;而在**变化间隔**(variable-interval)程序下,奖励之间的间
隔时间是随机变化的。在任一种程序下,发放奖励的时间都与按压的
次数无关。在一段时间的学习后,每种强化程序都产生了一种特定且
稳定的行为模式,此外,一旦某一特定模式的强化刺激(奖励)被撤销,
这种行为模式就会消退。举例来说,通过每次按压都会获得奖励的程
序(固定比率程序的一种特殊情况,被称为连续强化)习得的反应比通
过随机的变化比率程序习得的反应消退得更快。而我们的直觉判断可
能与此相反,因为连续强化看似会培养出更稳固的习惯,但就像经常发
生的那样,我们的直觉是错的。

这些发现在实验室之外的意义取决于我们的目的。如果目标是**塑
造**行动,例如,在教室、赌场或是工作场所,那么设计者可以(多少自由
地)设置一个奖励程序来促成他想要的行为。变化间隔程序就经常被
用来塑造行为,例如老师会采取随机测验的方式。很多赌局都采用了
变化比率程序,而如果第一个奖励一开始就出现,行为模式就会更容易
被建立。① 而由于赌场和赛马场的经理们缺乏那种能让新手大胜几场
的技术,所以,为了将他们卷入赌局,经理们不得不依赖机会法则——
有些赌徒会有新手的好运气。② 然而,骗子依靠的往往就是在牌上做标
记故意安排对方早赢的手法。在教室和赌场,奖励程序在某种意义上
是"背着"学生或赌徒操作的,因为它们塑造行为借助的不是显性激励

---

① 如果赌博技术能够实现"几乎赌赢"这种可能性,行为模式也会更容易被建立。虽然每次
"几乎赌赢"的强化效果都比不上一次"真的赌赢",但几乎赌赢的情况更常见。

② 在这种情况下,新手的"好运"是他们的厄运,是赌场的好运。

（explicit incentives），而是一种无意识的过程，就像婴儿哭泣的案例一样。相反，如果经理在雇员们每完成一个设定的目标后就支付报酬（固定比率程序）或按月支付报酬（固定间隔程序），他就是在建立一种激励制度。既然**预期**的奖励就能充分解释雇员的行为，我们也就没必要诉**诸实际**奖励了。

如果我们的目标是用行为模式的实际结果来**解释**行为模式本身，那么只有在奖励程序是自然发生的并且还因其不透明而不会产生显性激励的条件下，奖励程序才有意义。两种固定程序通常不符合这些条件。在日常生活中，反应（response）的次数很少对奖励起决定性作用。塑造朋友对我的行为并不是我对他们投以友好微笑的次数，而是我微笑的一致性和恰当性。在自然环境中，像我的薪水那样每隔一段时间就出现一次的奖励很少见。那两种变化程序则更重要。对待异（或同）性"忽冷忽热"（变化比率程序）的人可能比始终表现得友好的人更具吸引力。当你想与某人通电话而电话却占线时，这就是一种变化间隔程序。你知道重拨的话早晚能打通，但你不知道何时能通。这种情境会引发持续重拨的行为模式，而这并不是理性选择理论的唯一预测。理性选择理论能预测出任意数量的行为模式，这取决于打电话的人对于对方的通话会持续多久的信念。然而，人们似乎对这种事不太有稳定的信念。

一般而言，强化产生的反应模式不同于由有意识的、理性的选择产生的反应模式。例如，假设一个动物可以选择按压两个杠杆中的任意一个，一个按照变化比率程序发放奖励，另一个按照变化间隔程序发放奖励。使总奖励最大化的理性行为模式，是在大部分时间里按压变化比率杠杆以累计奖励点，同时不时地去试试变化间隔杠杆看新的奖励是否已经可得。然而，强化学习产生的并不是这种模式。相反，动物按压变化间隔杠杆的次数远多于最优次数。它们的这种做法使按压两个杠杆的**平均**奖励相等，而不是像理性驱使的那样使二者的**边际**奖励相等。对其他程序组合来说，强化学习有时能模仿理性选择，但它并不能始终做到这点。如果真有某种非意向性的机制能稳定地模仿理性，那

解释社会行为：
社会科学的机制视角

我们只能去别处寻找了。

差别化的繁殖适合度

被引用得最频繁的机制就是自然或社会**选择**（selection）机制。在本书的第三篇，我讨论了我们怎样基于**行动者**以某种程度上理性的方式**适应其环境**的这一假定来解释行为。换一种完全不同的角度，我们可以试着基于**行动者是被环境选择的**这一假定来解释行为。尽管选择可能出自某个意向性的行动者，比如繁育更温顺的家犬品种或更聪明的实验室老鼠，但很多选择机制是基于不涉及意向性行动者的因果过程的。

尤其，即使在缺少优化选择或意向性的情况下，生物体基于其行为模式的**差异化生存**（differential survival）也可能带来种群内的最优行为（对繁殖而言最优）。假设一个种群中有 100 个生物体，其中 10% 的生物体寻找食物的效率非常高，以致它们平均能留下 10 个可以存活到成年的后代，而剩下 90% 的生物体只能留下 5 个后代。如果父母的行为（不管以什么机制）传递给了后代，那么下一代成年生物体中将会有 $100/550 = 2/11$，即约占百 18% 的成员表现出这种更高效的行为。再经过几代的更替，几乎所有的生物体都将表现出这样的行为。如果我们问**为什么**这种行为会被普遍表现出来，答案就是它能产生更好的结果。[①] 这一机制跨越代际发挥着作用。与强化学习不同，这一机制并没有改变任何特定个体的行为，它只是改变了一代又一代个体中的典型行为。

自然选择

自然选择理论非常详尽地为我们讲述了上面那个故事。这里，我要呈现的是这个理论的一种简化或"经典"版本，就我的目的而言这就

---

① 比什么更好？我们很快就会关注这个问题。

足够了。我尤其想为大家展示的是自然选择与意向性选择的区别，以及更不容置疑的、它与理性选择的区别。自然选择是一种优化机制，但只是在很弱的意义上如此。我还想为下一章的观点——**社会**选择连这种弱意义上的优化都不太可能产生——奠定基础。

以（繁殖）后代的数量衡量的生物体的适合度（fitness）[①]，是由生物体所处的环境以及其生理和行为属性，或称**表现型**（phenotype）共同决定的。生物体的**基因型**（genotype）是一组遗传信息，同样，它与环境一起共同决定了生物体的表现型。这些遗传信息被编码于长 DNA 分子中，它们具有很多与书面语言相似的属性。DNA 的字母是四种分别名为 T、A、G、C 的分子（核苷酸）。DNA 的词语或**密码子**（codon）是三个一组[②]的核苷酸，每个三联体都含有能聚合生物体蛋白质基本构成单元的二十种氨基酸中的一种的遗传信息。由于存在着六十四种密码子（如果排除三个具有不同功能的密码子，则是六十一种），所以以同一种氨基酸编码的密码子可能不止一个。**基因**（gene）是一个 DNA 片段，为一种特定的蛋白质编码。

寻找食物更有效率的生物体最早是作为基因组随机突变的结果出现的。在进化的经典图景中，突变被认为是繁殖过程中遗传物质复制出现小的随机错误的结果。小突变有若干种类型：某个核苷酸缺失、某个核苷酸插入、一个核苷酸替代了另一个核苷酸。在这个简化的说明中，我将只谈到第三种也是最常见的一种突变类型。尽管现在大家都明白了诸如基因复制这样的机制是可能导致大突变的，但眼下我还是坚持用经典图景。

在这一图景中，要说明突变导致进化的方式，我们可以用一个具有三层结构的印刷文字的类比来说明。图 16.1 展现了两者的相似之处。

当对一本书的初版进行重新排版时，排字工人注意力不集中可能

---

① 繁殖意义上的适合度不同于生态适合度（ecological fitness），后者是以寿命来衡量的。尽管生态适合度通常是达到繁殖适合度的一种途径，但二者也可能发生分歧，比如父母会冒着死亡的危险保护其幼子。

② 即三联体。——译者注

会导致新版较原始文本出现一些偏差。我们可以把这些偏差看作一个字母替代了另一个字母，比如"hand"变成了"land"或"pand"。这些错误是随机的，在具体意义上它们与书的内容无关。同样地，突变也是随机的，它们发生的可能性与它们将引发的表现型变化的性质无关。某些字母可能比其他字母更常出错，比如排字工人可能难以区分"m"和"n"。与其他书相比，某些书的第二版可能有更多错误，比如这些书的排字工人喝醉了。同样，突变率还可能受到诱变剂（mutagenic agents）的影响。[1]

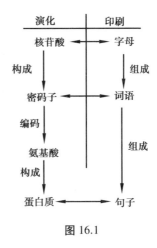

图 16.1

276

书或任何字面信息的印刷错误通常会对内容产生负面影响，这些影响有时甚至是（真正）致命的。例如，一个逗号的错位可能就事关生死。[2] 类似地，大部分突变都会为其对应的生物体带来有害的结果，它们降低了生物体的繁殖适合度（reproductive fitness）。然而，偶尔也会出现提高生物体适合度的突变，就像排版错误意外地提供了比原版更精确或更新的信息。然而，论证的下一步这个类比就失效了。有利的突变会在下一代中被更多地表现出来，因为发生这些变异的生物体会有更多后代，而变异也被传递给了后代。相比之下，没有任何机制能使一部偶然修正了初版错误的书销量更好。

在印刷错误中，任意字母都可能被替换成另外的任意字母。新的词语不必有意义，"hand"被替换成"pand"或被替换成"land"的可能性相同。同样，在突变中，三联体中的任一核苷酸都可能被替换成另外的任一核苷酸。而与词语相反，单核苷酸突变产生的新三联体并非都能聚合氨基酸。这种情况下，有些蛋白质转变可能会发生，有些则不会发

---

[1] 例如，辐射能够导致突变，这也是为什么检查癌症的 X 光扫描可能引发突变而导致癌症。

[2] 由于没找到与此相应的英文例子，我用两句挪威语来说明这一点，"Vent, ikke heng ham"和"Vent ikke, heng ham"，它们的意思分别是"等一下，不要绞死他"和"不要等，绞死他"。

生。然而,一种氨基酸通过连续的点突变(point mutation)变成另一种氨基酸总是可能的。这个过程有点儿像一个家庭游戏:给定一个词语,参与者把其中一个字母替换成另一个字母,从而使词语发生变化,游戏要求出现的所有词语都是能在字典上查到的。你可以一步从"HAIR"变到"HAIL",也可以分四步从"HAIR"变到"DEAN"("HAIR"到"HEIR"到"HEAR"到"DEAR"再到"DEAN"),但我确信无论用多少步你也没法从"HAIR"变到"LYNX",除非你给出的词语不在字典范围内。在相应的"突变游戏"中,全部的六十四种密码子都在"字典"内,而其中有三种密码子是作为"句号"(终止蛋白质合成)存在的。尽管这三种"终止密码子"阻碍了一些一步到位的三联体变异,但这种约束很弱,无法阻止多步骤的变异。你可以分两步从蛋氨酸变到色氨酸,从 ATG 到 TTG(亮氨酸)再到 TGG,或是从 ATG 到 AGG(甘氨酸)再到 TGG。[①] 此外,还有两步以上的路径,比如 ATG—ACG—TCG—TGG。

现在我们来设想一个比通常情况更复杂的家庭游戏,假设每个词语都是嵌在一个句子中的,替换后的词语不仅要在字典范围内,而且还必须使所在的句子有意义。[②] 此时,字母替换需满足**两个约束条件**。假设初始句子是"I tend my looks"("我喜欢自己的外貌"),将它替换为"I mend my looks"("我整理了自己的外貌"),既符合意义约束条件也符合字典约束条件;将它替换成"I send my looks"("我送出了自己的外貌")则只符合字典约束条件;将它替换成"I send my tooks"则两个条件都没达到。如果"I send my looks"进一步变化成"I send my books"("我送出了自己的书"),则两个条件都得到了满足。要想通过每次替换一个字母的方式从初始的(有意义的)句子得到变化后的(有意义的)句子,我们不得不绕开意义约束条件。

---

① 我选择这个例子是因为这两种氨基酸是唯一使用单密码子编码的氨基酸。其他任何氨基酸都有两个或四个密码子。因而,对当前的目的而言,"从氨基酸 X 到氨基酸 Y 的路径"应该被理解为"从 X 的某个给定密码子到 Y 的某个给定密码子的路径"。
② 一个被称为"乌力波运动"(the Oulipo movement)的法国作家团体玩过这种语言游戏。该团体最著名的成员乔治·佩雷克(Georges Perec)写了一部全书没用到一个字母"e"的小说——《消失》(La Disparition)。

解释社会行为:
社会科学的机制视角

自然选择产生局部最大值

上述生物学类比很清晰。单个核苷酸替换产生的氨基酸内嵌于一个蛋白质中。由于蛋白质对生物体至关重要,它们在生物学上必须是可存活的(类似于句子必须有意义)。只要从初始形式到最终形式的路径中有任何一个中间蛋白质是不能存活的,它都无法在种群中固定下来,因为**首先出现这一蛋白质的生物体将不会留下任何后代来继续下一步变异**。即使蛋白质的最终形式会比最初形式具有更高的适合度,这一事实也不会在变异的中间阶段产生任何进化压力①。如果从最初到最终阶段的**所有**可行路径都在某些节点上要求生物体采取"退一步,进两步"的间接策略,那么最终形式可能永远也无法达到。由于大多数且可能是绝大多数的突变都是有害的,这种情形相当有可信度。这种结构的简化形式(不考虑多重路径的情况)在图 16.2 中得到了体现。三种不同的蛋白质赋予生物体(垂直测量的)不同程度的适合度。基因密码的结构允许从 A 到 B 和从 B 到 C 的单核苷酸突变,但不允许从 A 直接变到 C。

自然选择(在这一经典图景中)被限制为细微的增量改进(small incremental improvements),生物体在适合度斜坡上攀爬,直至达到一个**局部最大值**,此时任何进一步的变异都会降低适合度。尽管在"适应空间"中可能存在着更高的山峰,但那是无法通过一步的改变达到的。这一过程在三个方面区别于意向性选择。回顾第 6 章的内容,人类凭借其意向性,能够:(1)使用间接策略;(2)等待;(3)向移动目标的前方瞄准。我们已经看到,自然选择无法实现(1)。至于(2),我们可以看图16.3。

278

---

① 进化压力也称选择压力,是指外界对一个生物进化过程施予的压力,从而改变该过程的前进方向。任何降低繁殖成功率的因素都潜在地对进化过程施加选择压力。——译者注

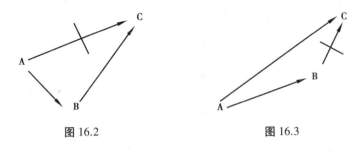

图 16.2 図 16.3

基因密码的结构允许从 A 到 B 和从 A 到 C 的单核苷酸突变,但不允许从 B 到 C。如果发生了一个从 A 到 B 的突变,种群就会停留在一个(低水平的)局部最大值 B 上,因为达到总体最大值 C 的一步突变被
279 阻断了。不存在相比较 B 突变而更青睐 C 突变的机制。与具有意向性的行动者不同,自然选择是**机会主义的**,它会抓住一切改进的机会而不**等待**最优变异的发生。

至于(3),种群适应的是一个持续变化的环境。如果变化是规律性的,例如季节或昼夜,那么种群就会适应这些变化。如果发生了某个一次性事件,比如一次突然的气候变化,那么在这一变化之前处于局部适合度最大值的行为就会变成次优行为,以致先前可能有害的突变现在成了有利的突变。如果这一变化被延长,例如气候在很长一段时期里变冷或变热,那么这一过程可能永远也达不到一个新的局部最大值。种群会追踪环境的变化,追踪的效力取决于环境变化和种群进化这两个过程的相对速度。我们在动植物上观察到的那些惊人的微调适应力说明动植物适应环境的速度远快于环境本身改变的速度。然而,由于生物体无法**预见**环境的变化,它们在某种程度上总是滞后的。相比之下,人类可能会意识到诸如全球变暖的未来变化,并在变化真正到来之前采取预防措施以阻止变化的发生——如果这些变化是源自人类行为的话。

一个种群的环境主要是由与其形成"捕食—被捕食"关系的其他物种的种群构成的。作为被捕食者的族群可能会进化出更好的躲避策略;作为捕食者的族群则会进化出更好的狩猎策略。就像单只的狐狸
280 和单只的野兔在田野中相互追逐一样,狐狸和野兔这两个物种也在进

行跨越代际的追逐。但是，一方面自然选择的逻辑使狐狸无法预见此后的几千年野兔会在哪里；另一方面一些捕食者却能够切断猎物飞行的路线。同样，自然选择的局部最大化过程在人类中产生了总体最大化的能力。

突变对自然选择而言既是一项投入也是一项产出，突变发生的比率是由其对适合度的作用塑造的。这其中包含了若干机制。在一个持续暴露在新抗生素环境下的细菌种群中，具有更高突变率的菌株可能更占优势。这个具体案例背后蕴含的更一般的观点是，在一个变化的环境中，"不变"的种群将会灭绝。同时，极高的突变率也可能导致重要遗传信息的丢失并导致种群灭绝。在这二者之间存在一个最优变异比率。在一个稳定的环境中，生物种群需要在低突变率的收益和保持低突变率所需的"校对"与修补机制的成本之间进行权衡。

如果这是一本生物学教材，那么以上"经典图景"在很多应该详细阐明的方面都过于简化。而既然这并不是一本生物学的书，我将只强调一点：自然选择往往会困在"局部最大化陷阱"里，更复杂的图景会对这一主张稍有修改但并不会否定这一主张。大突变的确会发生，而且正是因为这些大突变，那些无法通过小突变达成的物种发展才得以实现。此外，劣势的物种并没有在竞争中被立刻淘汰。在图 16.2 中，到 B 的突变并不必然产生严格意义上无法存活或无法繁殖的生物体。一些处于 B 状态的生物体或许会存活下来并产生处于 C 状态的生物体。在图 16.3 中，一些处于 A 状态的生物体或许能在与更有效率的 B 状态生物体的竞争中存活足够长的时间，直到 C 状态的突变发生。总体最大化是否会发生取决于两个过程的相对速度，这两个过程即劣势变种的灭绝和优势突变的发生比率。然而，没有哪种机制能**以一种系统的方式模仿有意向性的生物预先计划、等待或使用间接策略的能力**。·281

自然选择往往会通过梯度攀爬产生最优行为或最优结构，但我们不能由此就得出结论说我们在生物体上观察到的所有特征都是最优的。首先，如我已经提过的，这中间可能有**滞后**，种群可能没跟上环境的变化。我们观察到的特征在过去某段时间里可能是最优的，而现在已经不是最优了。其次,**基因多效性**(pleiotropy)现象告诉我们,自然选择可能会青睐那些孤立来看是次优、总体看来却是某个最优组合方案的一部分的特征。这种情况是可能发生的,因为一个基因能对表现型产生超过一种的影响。如果基因总体的积极影响超过了其消极影响,那么这种基因就会受到自然选择的青睐。举个例子,某些雄性昆虫具有的一些特征会在交尾中对它们的配偶造成身体上的伤害。有人提出,这种伤害要么是适应的一种消极的多效性副作用,使雄性昆虫在其他背景下具有繁殖优势;要么就是雄性昆虫自身的一种适应。实验表明第一种解释更可信。

选择的单位

自然选择不仅是机会主义、短视的,而且还极度**个人主义**(有两个例外,我很快会谈到)。自然选择青睐的不是某个物种或种群,而是个体的生物体。如果突变产生的某种属性提高了生物体的相对适合度,这个属性就会在种群中被固定下来,即便它同时也造成了绝对适合度的降低。想象某个面对捕食者的鱼类种群,最初它们是一些分散的鱼群。如果一个突变导致其中一条鱼游向鱼群中央,这将使这条鱼不那么容易被捕食者捕获并且会因此留下更多后代。随着这种行为在种群中的传播,鱼群将变得更紧凑并因而成为捕食者更易猎取的目标。在这个过程中的每一步,对个体鱼而言寻找鱼群的中间位置都比处于鱼群的外围更优。而从绝对适合度的角度来看,这个结果对所有鱼来说是差于初始状态的;从相对适合度的角度来看,结果并没什么变化。类282似地,失控的性选择(runaway sexual selection)①可以合理地解释为什么某些种类的鹿长着巨大而没什么用的鹿角。

个人主义的一个例外是**亲缘选择**(kin selection)(一种“次个人主义”),其中自然选择的单位是基因而不是个体生物。当某个基因的

---

① 雌性倾向于选择与那些具有某些突出性状的雄性交配,从而导致这些性状在进化中被强化放大。相似的例子还有雄孔雀的尾羽。——译者注

解释社会行为:
社会科学的机制视角

影响同时且同比例地提高了种群中这种基因的出现以及展现出这种行为的生物体的后代数量时，选择的单位就无关紧要了。例如，能更有效觅食的物种的进化就是如此。但在某些情况下，即使基因在生物体上触发的行为对生物体无益，这个基因本身却可能是占优势的。例如，一个生物体可能会为了带有相同基因的近亲"牺牲"自己。当一只动物看到一个捕食者并发出警报信号时，它的存活率往往会下降，而它附近的近亲的存活率则会提高。这些近亲或近亲中的一些成员也具有这种"警报基因"。如果它们的高存活率补偿了发出信号的动物的低存活率，那么这就可能导致警报基因在种群中传播。这并不是对这种行为传播的唯一解释，尽管有些时候这是最可信的解释。在另一些情况下，动物发出警报信号是为了扰乱捕食者的注意或警告所有同种族的动物（不论是否是它的亲缘）。更进一步，警报信号可能是用来**欺骗**同种族动物的，例如使它们离开某些稀缺的资源。因此，警报信号并不是内在的利他主义或自我牺牲，尽管在某些情境下它可以"模仿"真正的利他主义。

另一个例外是**群体选择**（group selection）（一种"超个人主义"）。试想两个鱼类种群，一个发生了寻求中心位置的突变，另一个没有。随着时间的流逝，前者留下的后代会比后者少并且最终会被淘汰。自然选择或许看起来是在群体层面而非个体层面发挥作用。然而，如果这两个鱼类种群共存，后者就会比前者更容易受到捕食者攻击。无论寻求中心位置的行为是由突变引起的还是由迁移引起的，结果都一样，那些不寻求中心位置的鱼会被淘汰。类似地，如果某个种群中的生物体具有一种阻止自己过度啃食牧草因而能避免"公地悲剧"的基因，那么它们在繁殖上或许会败给那些**没有这种基因**不会自我限制的生物体。283正因如此，群体选择并不被视为产生合作或自我克制的一个可信机制。然而，根据第15章提出的利他惩罚理论，这一机制也是可以成立的。如果一个种群中的生物体具有使它们惩罚不合作者的基因，那么不合作者将不会从搭便车行为中获得任何繁殖优势。但这种机制只有在生物体能鉴别出不合作者的情况下才能确保合作。它似乎不太适用于寻求中心位置的鱼,但或许非常适用于拒绝与他者分享食物的动物。

亲缘选择和群体选择为合作行为的出现提供了两种机制,前者基于共同的基因,后者基于利他惩罚。第三种机制则基于重复性互动中的**互惠利他主义**(reciprocal altruism)或"一报还一报",诸如"我为你挠背,你为我挠背"(用在某些动物身上相当贴切)或者"我的食物有剩余就给你,你的食物有剩余就给我"。硬币的另一面是惩罚,或至少是在另一方不做回报时放弃合作。要想这种机制起作用,个体之间必须有足够多的互动以使自我克制是有意义的,要记住对方先前做过什么,并在再次相遇时认出它们。

这个机制似乎解释了很多二元互动案例中的合作。下面我举几个正例和一个反例。两只僧帽猴可以选择连续几次与对方分享食物,一只猴子从另一只猴子那里获得的越多,它给对方的也就越多。大猩猩更可能与当天早些时候为他梳理过毛发的猴子分享食物。当两只椋鸟被置于当且仅当一只鸟按压杠杆另一只鸟才会获得食物的情境中时,它们会轮流按压杠杆。一窝吸血蝙蝠中的雌蝙蝠会反刍血液给那些最近没能获得食物的蝙蝠。吸血蝙蝠能够相互识别并且更可能给那些过去曾给自己喂过血的蝙蝠提供血液,同时它们也更可能给自己的亲缘喂血。在另一个实验中,两只北美蓝鸟被置于这样一个程序中:不论对方怎么做,每只鸟按压"自私杠杆"A 都会获得比按压"合作杠杆"B 更多的回报,并且当它们都按压 B 时它们都会获得比双方都不按压 B 时更多的回报。在这里,"一报还一报"并没有发生。在最初的几次合作后,蓝鸟们最终都不停地按压杠杆 A。

然而,在更大的群体中,互惠利他主义并不是产生合作行为的可信机制。唯一可能奏效的惩罚策略是"触发策略"(grim trigger),群体中一个成员的背叛行为(不合作行为)会立刻导致其他所有成员都停止合作,不仅是与背叛者的合作,每个成员之间的合作也会被停止。从直觉上讲,这种极端的反应看似不太可信,而且从经验上看这种情况似乎也没发生过。

参考文献

在 B. F. Skinner, "Selection by consequences," *Science* 213（1981）, 501-4 中, 作者论证了以结果解释行为的**三种**途径的重要性。这三种途径分别是：作用于个体的自然选择、强化以及（尽管作者使用的不是这个术语）群体选择。

对强化理论的介绍可参见 J. E. R. Staddon, *Adaptive Behavior and Learning*（Cambridge University Press, 1983）。

针对强化理论如何塑造（而不是解释）行为的研究可参见 D. Lee and P. Belflore, "Enhancing classroom performance: A review of reinforcement schedules," *Journal of Behavioral Education* 7（1997）, 205-17。

G. Williams, *Adaptation and Natural Selection*,（Princeton, NJ: Princeton University Press, 1966）是一部论述自然选择理论的经典著作, 以其对选择的个人主义性质的主张而著称。

对梯度攀爬和"适合度空间的比喻"的讨论可参见 S. Gavrilets, *Fitness Landscapes and the Origin of Species*,（Princeton, NJ: Princeton University Press, 2004）的第 2.4 章。

对作为选择单位的基因的论述可参见 R. Dawkins, *The Selfish Gene*, 2nd ed.（Oxford University Press, 1990）。

S. A. Searchy and S. Nowicki, *The Evolution of Animal Communication*,（Princeton, NJ: Princeton University Press, 2005）是一部出色的关于动物信号的介绍性作品。 285

关于利他惩罚如何使群体选择得以可能的讨论参见 E. Fehr and U. Fischbacher, "Social norms and human cooperation," *Trends in Cognitive Sciences* 8（2004）, 185-90。

关于无亲缘关系的动物之间"一报还一报"的合作的开创性研究, 可参见 R. Axelrod and W. Hamilton, "The evolution of cooperation," *Science* 211（1981）, 1390-6。 286

选择与人类行为

变异与选择

有多少人类行为是被意向性选择之外的机制选择(chosen)或"选取"(selected)的?[①] 要回答这个问题,我们首先得认识到,任何选择机制都需要作用于某种原材料(raw material),即输入(inputs)。和选择过程本身一样,变异(variation)的源头可能是意向性的,也可能是非意向性的(参见图 17.1)。

287

	变异的意向性源头	变异的非意向性源头
意向性挑选	植物培育与畜牧业中的人工挑选	造船术的逐步改善 优生学 选择性堕胎和杀婴
非意向性挑选	市场竞争挑选电影	自然选择(第16章)

图 17.1

[①] 在本书中,作者区分了"选取"(selection)和"选择"(choice),后者基于人的理性,而前者则基于超越人类理性(above human)的理性。自然选择的解释以"选取"为中心,理性选择的解释以"选择"为中心。——译者注

非意向性的变异，非意向性的选择

自然选择显然塑造了人类的身体结构，而身体结构既为行动提供了机会，又对行动有着约束。那些试图用自然选择来解释人类行为的人有时会提出更强的主张，他们不只想解释使行为模式成为可能的身体结构，还想解释行为模式本身。

看起来最可信的机制，是进化产生了带有特定行动倾向的**情感**。男人永远无法确定自己是否是后代的父亲，而女人则对自己的母亲身份确凿无疑，由此我们可以预期自然选择会使男性具有比女性更强的性嫉妒倾向。大量谋杀统计数据证实了这一点。加拿大 1974 年至 1983 年的 1 060 起配偶间谋杀案中，812 起的犯案者是男性，248 起的犯案者是女性。而其中由嫉妒引发的案件中，男性犯案的有 195 起，女性犯案的只有 19 起。自然选择理论还预测父母对携有他们基因的亲生子女的情感投入比对继子女的情感投入多。这个预测也得到了数据支持。在 1976 年的美国，和一名或一名以上的继父母住在一起的小孩被虐待的可能性大约是和亲生父母住在一起的小孩受虐待的可能性的 100 倍。自然选择同样也可能青睐情感的**缺乏**（lack of emotion）。人类和其他灵长类物种中的近亲繁殖危害之所以得到了控制，是因为一起长大的年轻人之间缺乏性吸引力，不论他们之间是否有亲缘关系。①

作用于群体而非个体的自然选择还可能青睐针对违背合作规范的人的愤怒和愤慨情感，这些情感促使人们即便付出代价也要惩罚那些不合作者（第 16 章）。一个更令人困惑的问题是，选择是否以及为什么会青睐**轻蔑**（contempt）的情感，轻蔑直接指向的是那些违背社会规范而非道德规范的人。考虑到很多社会规范都是随意的甚至不正常的（第 22 章），我们很难理解为什么这些规范还能在群体选择中被维持下来。

288

---

① 所以，乱伦禁忌要应对的实际存在的诱惑可能比我们想象的要少得多。相比之下，弗洛伊德则认为乱伦禁忌的出现是为了对抗想和近亲发生性行为的无意识的欲望。

假定他人都具有排斥社会规范违背者的倾向,如果被排斥的成本超过了因违背规范而获得的收益,那么遵守规范会对繁殖适合度更有利。这里的谜题是,为什么人们会产生这种倾向?例如,为什么人们会反对通奸?反对通奸的社会规范涉及第三方的反应,它与第二方的性嫉妒不同。尽管从 C 对 B 追求 A 的配偶的反对中,A 或许能获益,但这一收益并没有对 C 产生"必须这样做"的选择压力。虽然群体选择可能会青睐对搭便车者进行"第三方惩罚"的基因,但对通奸的第三方惩罚给群体带来的收益并不那么明显。反对女性通奸的社会规范往往比反对男性通奸的社会规范更严厉,尽管这暗含着一种进化论的解释,但我们难以看出其中的机制会什么。①

其他主张的推测性则更强。比如,人类之所以进化出**自我欺骗**是因其具有进化优势。这一观点的论证过程如下:欺骗别人常常很有用,但刻意或虚伪的欺骗很难成功。因此人类逐渐进化出自我欺骗,使自己能够成功地骗到别人。这个论证的弱点在于,如果自我欺骗使某人持有错误的信念,那么这些信念一旦成为行为的前提就可能带来灾难性的后果。没人能令人信服地证明这些相反效应的**净**效应通常是正值,而自我欺骗要想提高进化适合度,净效应就必须是正值。

还有一个推测性更强的主张:单相**抑郁**(unipolar depression)可能是作为一种讨价还价的手段进化而来的,在某种程度上与罢工类似。例如,据称产后抑郁症的一个功能就是促使他人分担照顾孩子的责任,就像工人罢工是为了让雇主分享利润一样。照这种观点看,抑郁导致的自杀是制造可信的自杀威胁的代价。它们可以说是"没能失败的"自杀企图。失眠被解释成为解决抑郁所对应的危机而进行的一种认知资源(cognitive resources)分配,而嗜睡(睡眠时间多于常态)则被解释成降低生产率从而提高抑郁的讨价还价效力的一种手段。这种观点尽管与抑郁症的一些已知信息相符,但却忽视了大量其他的东西,例如,抑郁和自杀一样在家族内具有遗传性,离婚的人(缺少讨价还价的对象)

---

① 但任意一名社会生物学家,只要他/她并非徒有虚名,大概都能在半小时内就给出一种"解释"。

解释社会行为:
社会科学的机制视角

比已婚或未婚的人更容易抑郁,应激性生活事件(stressful life events)①
对抑郁而言既不是必要条件也不是充分条件。

把抑郁解释成讨价还价的工具是为所有明显无意义或不正常的行为到处寻找**意义**或**功能**的另一个例子。在一定程度上,寻找意义是一个很好的研究策略;而在其他情况下,寻找意义则成了人为的设计,并且就像我先前举过的一些例子一样,最后变得荒唐。有害特征能通过很多种方式留存在群体中,我们不能想当然地认为频繁出现的行为对行动者赋予了繁殖适合度。② 自然选择显然青睐能感到身体的疼痛的倾向,而我们也没有先验的理由认为它不青睐能感到精神上的痛苦的倾向。但要想确立抑郁症的功能,光给这一病症已知的特征提供一个"正是如此"的故事是不够的。关键在于,这个假设还必须能解释那些它构建之初要去解释的事实之外的事实(第1章),而且最好是能预测出一些人们从不知道的"新颖的事实"。

意向性的变异,意向性的选择

尽管这个双重意向性机制在对**人类**行为模式的解释上一直以来并且将来也会(我们只能希望)无足轻重,但对这个机制的结构展开思考还是有意义的。

在《物种起源》(*The Origin of Species*)中,达尔文写道:"自然给予了连续的变异,人类在对他们自己有用的某些方向上积累了这些变异。"③然而,这并不只意味着"谋事在天,成事在人",达尔文还观察到,人类的行为还能影响人的思想:

290

---

① 应激性生活事件是指在生活中需要做出适应性改变的任意环境变故,如改变居住地点,入学或毕业,换工作或失业,以及家庭重要成员的离别、出生和亡故。——译者注
② 除了滞后和基因多效性(第16章)引起的次优行为外,有性繁殖生物体的每个基因都有两个不同的变体(等位基因),与这一点相关的很多其他遗传机制也可能使次优行为得以维持。
③ 达尔文.物种起源[M].周建人,等,译.北京:商务印书馆,1997:21,译文有改动。——译者注

高度的变异性显然是有利的,因为它能大量地向选择供给材料,使之顺利发生作用。即使仅仅是个体差异,也是充分够用的,如能给予极其细心的注意,几乎也能向着任何所希望的方向积累起大量变异。但是,因为对于人们显著有用的或适合他们爱好的变异只是偶然出现,所以个体如果饲养的越多,变异出现的机会也就越多。因此,数量对于成功来说,是非常重要的。马歇尔(Marshall)曾依据这一原理对约克郡各地的绵羊写下如下话语:"因为绵羊一般为穷人所有,并且大都只是小群的,所以它们从来不用改进。"与此相反,艺园者们栽培着大量同样的植物,所以他们在培育有价值的新变种方面,一般能比业余者得到更大的成功。①

　　如今,我们还能加上一点:人工选择还能通过诱发突变来增强自身的效力。此外,维持"基因库"能避免对特定特征的选择必然导致的遗传变异的减少。

　　关于选择过程本身,达尔文区分了两种**意向性层次**:

　　目前,优秀的饲养者们都按照一种明确的目的,试图用有计划的选择来形成优于国内一切种类的新品系或亚品种。但是,为了我们的讨论目的,还有一种选择方式,或可称为无意的选择,更为重要。每个人都想拥有最优良的个体动物并繁育它们,这就引起了这种选择。例如,要养向导狗(pointer)的人自然会竭力搜求优良的狗,然后用他自己拥有的最优良的狗进行繁育,但他并没有持久改变这一品种的要求或期待。②

非意向性的变异,意向性的选择

　　很多时候,一个新生物体或一种新形式意外出现,而后被意向性地选择接受或拒绝。一方面,自然选择一般会在生物体中产生相同数量

---

① 达尔文.物种起源[M].周建人,等,译.北京:商务印书馆,1997:25,译文有改动。——译者注
② 达尔文.物种起源[M].周建人,等,译.北京:商务印书馆,1997:23.——译者注

解释社会行为:
社会科学的机制视角

的雄性和雌性;另一方面,因性别偏见引发的杀婴和更近期的性别选择性堕胎又导致了族群中性别比例的严重失衡。仅印度和中国就有大约八千万女性因此"消失"。优生政策被广泛用于防止精神疾病与智力障碍通过生育遗传。在纳粹德国时期,有 30 万至 40 万人因此被强制绝育。随着产前筛查技术的提高,选择性堕胎可能会成为决定人口构成的一个重要因素。如果未来技术的发展使受孕的同时选择胎儿性别成为可能,那么自然选择也就会被意向性选择所取代。

随机变异和意向性选择相结合,还能塑造人工制品(artifact)的发展。挪威大臣、社会学家艾勒特·松特(Eilert Sundt)在 1862 年访问英国时接触到达尔文的自然选择理论(后者发表于 1859 年)后,并开始把该理论的一种变体应用到造船术上。

> 造船者可能拥有高超的技艺,但即使竭尽全力他也无法建造出两艘完全一样的船。这种情况下出现的变异或许可以称之为**偶然**(accidental)。但在航海时即便是极微小的变异通常都很容易被察觉到,那么水手们**注意**到那艘更好或者对他们来说更方便的船,并且建议**选**这艘船作为**复制模板**就**不是偶然**了……人们可能认为这些船中的每一艘船就其特点来说都很完美,因为它已经通过单方面改进在一个特定的方向上达到了完美。如果再进一步改进的话缺点就会比优点多了……我认为这个过程是这样的:先是关于新的改进形式的念头被激发出来,然后是**一系列很长的谨慎的试验**——每次试验都有极小的变化——可能带来了一个快乐的结果,即造船者的小棚屋里出现了一艘所有人都中意的船。

在这段文字中,松特在一个关键点上对达尔文的观点进行了改进。① 达尔文承认自己对变异起源的无知,而松特想到把它的来源定位

---

① 当然,他之所以能有改进只是因为他应对的问题不同,1862 年还没有人具备将**生物体**变异的来源想象成随机的复制错误所必需的概念手段。只有当孟德尔(Mendel)指出了遗传单位(基因)的分离性质,沃森(Watson)和克里克(Crick)证明了复制是遗传过程的一个环节后,这个飞跃才可能实现。我很好奇如果松特提出生物变异会不会也可能源自繁殖系统的不完美,达尔文会怎么回答。

于**复制错误**(errors of replication),类似于印刷错误和(我们现在知道那
292 是)DNA 突变。造船者的不完美——不能造出完美的复制品——是让
最终结果达到终极完美的条件。松特细心地注意到这个过程的结果是
一个局部最大值,增量改变(incremental changes)已经不能再带来改善。
在最后一句中,他还暗示当人们进行刻意的实验而不是让变异偶然发
生时,这个过程可能会变成人工选择。和达尔文一样,他提出智能或意
向性可能在两个层次上发生:第一个层次是人们**注意到**有一个模型比
之前的模型更适合航海,第二个层次是他们**了解到**将偶然变异替换为
系统的实验能加快改进的速度。①

意向性的变异,非意向性的选择

经济市场的运转方式和自然选择有一些共同之处。我们可以作两
种类比,一种相对接近自然选择,另一种则离自然选择更远。它们共享
一个前提,即给定人类理性受到的多重限制,企业或经理们都是**低效
的**,因为他们无法计算出能使其利润最大化的产量。不过,市场机制会
淘汰低效的企业,所以在任何给定的时间内,我们观察到的大部分企业
都是有效率的。一切发生得"好似"(as if)经理们是有效率的。

在第一种也是最简单的类比中,所有企业都不断**努力**通过模仿和
创新来提高利润。正如前文所说,尽管模仿本身并不能为选择提供新
293 的输入,但**不完美**的模仿却可能产生这个结果。创新,据其定义而言,
也是新输入的来源。当创新或不完美的模仿(全凭运气)使企业能够以
一个较低的成本进行生产时,该企业就能采用比竞争对手更低的价格
并把它们挤出市场,除非竞争对手也采取了更有效率的生产方式。要
么通过破产机制,要么通过模仿机制,这些有效率的技术会在各个企业
中扩散。如果我们假定模仿和创新二者都是一小步一小步地进行并且
除此之外其他因素都稳定不变,那么竞争就会带来均衡利润的局部最

---

① 这样一来,我们还能避免因造船者技艺高超且从不犯错而造成的不幸的局面。

解释社会行为:
社会科学的机制视角

大化。

第二种类比否认企业总是努力最大化其利润。相反,它们使用的是**惯例**或经验法则,只要利润还"令人满意"就继续坚持这些惯例或法则。用个新词来说,企业是"满意化"(satisfice)而不是最大化。这背后的含义可能取决于多种因素,但简单起见,我们可以假定一个利润始终在满意水平之下的企业要么会走向破产,要么会面临恶意并购的威胁。最简单的惯例是只要利润还"令人满意"就一切照旧。更复杂的惯例可能包括以恒定的成本加成来设定价格以及将一定比例的利润投入新产品。"赢者不变"(never change a winning team)或"东西还没坏就不要修",这些说法就是满意化的体现。从一定角度来看,满意化甚至可能是最优的做法。用我早先引用过的一句话来说:"垄断带来的最大利润是安逸的生活。"

假设现在利润跌到了满意水平之下,一个一成不变的企业可能饱受组织锈化或组织僵化之苦。像石油价格上涨或重要汇率变动这样的外部冲击可能会增加企业的成本或降低其收入;消费需求可能会变化;竞争对手可能会提出更好的方法或新的产品;员工可能给企业来了场代价不小的罢工。不管原因是什么(可能连企业自身都不知道原因是什么),无法令人满意的利润将促使企业结合创新和模仿来寻找新的惯例。任何手段都可能是局部性的,因为它们被限定在与既有惯例相近的范围内。任何大的变化对财政困难的企业来说都可能是无法承受的(第9章),而且非增量式的创新(nonincremental innovation)从理论上说要求甚至更高。

模仿的过程明显会偏向成功的竞争对手的行为的方向发展。创新是随机的还是有方向的,这取决于企业感知到的触发危机的原因。如果利润跌到可接受水平之下是因为油价上涨,那么这个企业可能就会转向寻找节油的方法;①如果原因是美元和欧元之间的汇率变化,那么

294

---

① 除非预期油价未来还会再涨,否则理性不会驱使企业寻求创新的**节油方法**,因为没人能知道那套可行的创新是什么样子(也可参见第14章)。不过,油价的增长往往会使这些创新更显著。

这个企业就更有可能随机地创新。然而,不管是哪种情况,企业的行为都有很强的意向性成分。改变当前惯例的决策是意向性的,给创新或模仿投入多少资金的决策也是意向性的。对模仿对象的选择是经过深思熟虑的,而且正如我们刚才提到的,企业在寻找新惯例时可能会有意地偏向某个特定的方向。

而后,这个过程产生的新惯例就被置身于市场竞争这股看不见的力量中。如果它们使企业获得令人满意的利润,企业就会停止寻找,直到再出现一场新的危机。如果它们无法产生令人满意的利润,那么企业可能会继续寻找或不得不宣告破产。迟早,非满意化(nonsatisficing)的企业会被淘汰。这个过程就其本身而言并不倾向于产生利润最大化的企业。为了说明这一点,我们需要把**竞争**更明确地纳入讨论。假定企业按照惯例将固定比例的利润投入到新产品上,那些侥幸发现了比其他竞争者更好的惯例的企业将得以扩张,而后随着时间的推移,这些企业的惯例在企业群中会得到越来越多的表现。[①]

社会科学中的选择模型

这些模型的有效性取决于一个简单的实证问题:与环境变化的速率相比,低效企业被淘汰的速率是多少?在前一章我针对自然选择提出了一个相同的问题,并且间接指出生物体对其环境有很强的微调适应力,意味着其环境一定变化得相对较慢。在经济环境的案例中,我们能进行更直接的评估。在现代世界,企业面临的是前所未有的变化速度。如果企业沦落到要对环境进行增量追踪(incremental tracking),它们会长期地感到不适应。那些能**预见**变化从而向目标的前方射击的企业才更有可能成功。虽然这个策略大部分时候都会失败,但至少不会总是失败。此外,大企业由于其政治影响力或许还能**创建**它们所在的

295

[①] 在这一讨论中,企业并不会刻意地试图把竞争对手挤出市场——比如,凭借高利润将产品以低于成本的价格出售,直到对手放弃,因为这些企业对满意化水平之上的那部分利润并不关心。

解释社会行为:
社会科学的机制视角

环境。在更早的、残酷的小企业资本主义时代，我描述的这类选择机制可能重要，也可能不重要——这我们并不知道。而如今，它们已不太能解释我们观察到的大部分现象。

还有一个更一般的问题也正面临挑战。理性选择理论家受到攻击称他们的假定缺少现实性，而他们依旧坚称自己只是主张在人们"好似"最大化了效用（或利润，或任何其他的目标）这个假定下对人的行为进行解释。通常，他们会补上一句，这一假定的合理性能被某种选择机制证明。在经济领域，市场竞争机制就应该可以做到这一点。而我已经论证过，它不能。① 我的反驳用最一般的方式来陈述或许是，即使我们能表明市场竞争通过淘汰低效企业的确提高了效率，但从"提高效率"到把极其复杂的"好似最大化"归加到企业头上，这之间还隔着一大步。

在政治领域，选举竞争应该能保证我们观察到的只是那些当选或连任的政治家，因而我们能假定所有政治家都"好似"只关心自己的选举前景。然而，从关心选举跳跃到**唯独**（exclusive）关心选举是缺乏合理性的。在方法论上不持偏见地看待政治，会有三类政治行动者：机会主义者（只关心能否当选），改革者（关心自己的政策能否得以施行），激进分子或好战分子（更关心如何"表明立场"）。② 以每个政党之中（以及不同政党之间）这三组人的互动为基础的政治学视角明显比政治学的"冰激凌摊位"模型（第 19 章）更具现实性，依据后者，选票最大化的政党都会向中间立场靠拢。政治家只受连任考虑的驱动，对于这种主张有一种引人注目的

296

---

① 除了我已经提到的那些一般性论点，团体运动的经济学（economics of team sports）也对"选择带来利润最大化"这一观点提出了一种可能的反驳。如果利润最大化的棒球队或足球队用其利润将联盟中最好的球员全部买断，那么它们的优势将会是压倒性的，而如此一来比赛就少了很多不确定性，因此也就少了很多乐趣，球队也继而失去了它们创造利润的能力。

② 我们可以以如下方式更正式地区分这三组人。给定反对党提出某个固定的政策 C，当在政策 A 上取胜的概率大于在政策 B 上取胜的概率时，相比政策 B 机会主义者更偏好提出政策 A。当政党成员平均从政策 A 中获得的效用高于从政策 B 中获得的效用时（不管政策 C 是什么），相比 B 好战分子更偏好提出 A。给定反对党提出政策 C，当政党成员平均从政策 A 获得的期望效用高于从政策 B 获得的期望效用时，相比 B 改革者更偏好提出 A。因此，机会主义者只关心概率，激进分子只关心效用，改革者两者皆关心。

反驳,我们来看看从让·饶勒斯(Jean Jaurès)开始到莱昂·布卢姆(Léon Blum)、皮埃尔·孟戴斯·弗朗斯(Pierre Mendès-France)和米歇尔·罗卡尔(Michel Rocard)的这一列法国政治家,他们明显都是受促进社会正义和经济效率的公平价值的欲望的驱动。然而必须要说的是,在罗卡尔的例子中,他对选举政治的反感的确降低了他的政治效率。

在竞争的舞台之外,"好似"理性的合理性甚至更弱。消费选择、投票行为、做礼拜、职业选择以及其他我们能列举的大多数行为都不受模仿理性的选择机制的影响。当然,它们**受约束条件**的影响,这些约束条件会削弱一般意义的选择以及特定的理性选择的重要性(第 9 章)。约束条件起作用于事前,它们使一些选择缺乏可行性;选取起作用于事后,它们将那些做出了某种选择的行动者淘汰。尽管这两种机制都有
297 助于对行为的解释,但它们无法共同或单独地对解释起全部作用。选择(choice)依旧是社会科学中的核心概念。

参考文献

谋杀案和虐童的统计数据来自 M. Daly and M. Wilson, *Homicide* (New York: Aldine de Gruyer, 1988)。

对其解释的反驳参见 D. Buller, *Adapting Minds* (Cambridge, MA: MIT Press, 2005)的第 7 章。

围绕自我欺骗论辩的双方的观点可参见 R. Trivers, *Social Evolution* (Menlo Park, CA: Benjamin-Cummings, 1985) (支持进化论解释) 和 V. S. Ramachandran and S. Blakeslee, *Phantoms in the Brain* (New York: Quill, 1998) (反对进化论解释)。

对抑郁的适应性性质的两种意见参见 E. H. Haggen, "The bargaining model of depression," in P. Hammerstein (ed.), *Genetic and Cultural Evolution of Cooperation* (Cambridge, MA: MIT Press, 2003) (支持进化论解释)和 P. Kramer, *Against Depression* (New York: Viking, 2005) (反对进化论解释)。

用自然选择来分析市场的做法起源于 A. Alchian, "Uncertainty, evolution, and economic theory," *Journal of Political Economy* 58 (1950), 211-21。

它最复杂的版本(不赞同"好似"最大化)是 R. Nelson and S. Winter, *An Evolutionary*

解释社会行为:
社会科学的机制视角

Theory of Economic Change（Cambridge，MA：Harvard University Press，1982）。

"满意化"理论出自 H. Simon，"A behavioral theory of rational choice，"*Quarterly Journal of Economics* 69（1954），99-118。

团体运动的经济学是 D. Berri，M. Schmidt，and S. Brook，*The Wages of Wins*（Standard，CA：Stanford University Press，2006）一书的主题。

对机会主义者、改革者和激进分子的区分取自 J. Roemer，*Political Competition*（Cambridge，MA：Harvard University Press，2001）。

关于"好似"的论辩也可参见本书第 1 章的参考文献。   298

第
V
篇

互　动

社会互动可以有多种形式。(1)每个行动者的结果都取决于其他行动者的结果。结果的这种相互依赖体现在,他人的物质或精神福利会影响到我自身的物质或精神福利(第5章)。(2)每个行动者的结果都可能依赖于全体行动者的行动。这种相互依赖反映了普遍的社会因果关系(第18章),具体体现为(人为的)全球变暖等现象。(3)每个行动者的行动都可能取决于(他所预期的)全体行动者的行动。这种相互依赖是**博弈论**关注的特定主题(第19、20章),同时博弈论还将(1)和(2)也并入了它的框架之中。(4)每个行动者的信念都取决于全体行动者的行动。这种相互依赖可以通过多种机制发生,例如"多数无知"(pluralistic ignorance)或"信息瀑布"(informational cascades)(第23章)。(5)每个行动者的偏好都取决于全体行动者的行动。这种相互依赖可能是社会互动最鲜为人理解的一面。虽然我在本书多次(特别是在第22章)谈到过这个问题的某些方面,但我并未给出一个全面的说明。

这几种相互依赖可以经由彼此没有任何组织化关系的个体以分散的行动产生(第24章)。然而,大部分社会生活都有着更多的结构。许多结果都是通过论辩、投票、讨价还价等集体决策程序产生的,经由这些程序,由个体组成的群体做出了对其全体都有约束力的决策(第25章)。最后,组织是靠规则来运作的,这些规则旨在使个人激励与组织目标保持一致(第26章)。

299

非意向性的结果

个体行为的非意向性结果

事情并非总以我们意想的方式发生。很多事件的发生都是非意向性的(unintentionally)。有时,事件的起因无足轻重,比如我们踩刹车时误踩了油门或者打字时误按了"删除"键。然而,有些机制要更为系统。虽然几乎不存在一个"关于非意向性结果的普遍理论",但我们至少可以先编个目录。我会探讨一些案例,它们的结果不仅是非意向性的,而且还是未被预见的。那些可预见的"行动的副作用",尤其是那些消极的副作用,都不是行动者为了实现它们而有意造成的,然而,我不会将其视为"行动的非意向性结果"。

非意向性的结果既可以产生于社会互动,也可以产生于个体行为。从个体行为着手,我们可以对第9章阐述的"欲望—机会"框架进行简单的扩展(参见图18.1)。

图 18.1

行动虽然是由欲望(或偏好)塑造的,但它也可以反过来塑造欲望。因此,行动除了会产生意向性的结果外,有时也会带来非意向性的结果——欲望的改变。上瘾就是个很好的例子。在那些让人上瘾的毒品的影响下,人们开始大幅提高对未来的贴现,从而削弱了上瘾的长期危害的威慑效果。这种效果如果能被提前预料到,它或许就可以阻止行动者踏上成瘾之路,但通常它并没有被预料到。类似的现象还会出现在更常见的情境中。例如,我去参加聚会时打算只喝两杯酒,这样我就可以开车回家,但第二杯酒下肚后我的决心就被酒精瓦解了,于是我又喝了第三杯。要是我早知如此的话,我或许就会只喝一杯了。

欲望也可能受到人们对新事物或对变化的无意识偏好的影响("邻居家的草坪总是更绿")。在 H. C.安徒生的童话《老头子做事总不会错》(*What Father Does is Always Right*)中,有个农夫早上赶到市场卖马或者用马来换东西。起初,他遇到一个人牵着一头奶牛,他对奶牛喜欢得不得了,因此就用马换了奶牛。在之后一连串的交易中,奶牛被换成了一只羊,羊被换成了一只鹅,鹅被换成了一只母鸡,最终,那只母鸡被换成了一袋烂苹果。这个农夫血本无归之路恰恰是由一步接一步的改善铺就的。每次这个农夫都相信自己的境况会因交换而变得更好,但所有这些交换的最终结果却糟糕透顶。[1]

"禀赋效应"(endowment effect)——"损失厌恶"(第 12 章)的一种推论——也反映了这种发自选择但却出于非意向性的偏好变化。[2] 许多商品被其所有者赋予的主观价值高于它们被购买前的价值,所有者事后对该商品开出的最低售价通常比她当初的最高买价高出 2~4 倍。人们在放弃大多数商品时会将其视为一种损失,而在得到它们时又将其视为一种收益,并且,这些损失与等额的收益相比前者会被看得更重,这正是"损失厌恶"所预测的情况。此外,实验显示那些可能的买家

---

[1] 说得更学术些,让我们设想这样一个行动者,他会定期(虽然是不自觉地)调整自己的欲望以使自己更强烈地偏好那些他当下持有较少的商品。假设他面对以下这个成对商品束(two-commodity bundles)序列:(1/2,3/2),(3/4,1/2),(1/4,3/4),(3/8,1/4)……,如果他在给定的一段时间内一直在消费这一序列中的商品束 n,而在下一段时间内他要在商品束 n 和商品束 n+1 之间进行选择,那他将总是选择后者,因为后者提供了更多他当下持有较少的商品。但由于该序列收敛于零,所以这些局部的改善最终会导致总体上的血本无归。这种效应类似于那种行动者因偏好循环而亏损至死的情况(第 11 章),但两者的机制是不一样的。

[2] 碰巧的是,人们既用"禀赋效应"指代那种高估自己已有之物的价值的倾向,又用它来表示那种可以从以往效用中获得的当前效用(第 2 章)。不过,这两种含义彼此毫无关联。

会低估他们能接受的商品的最低转售价格,这表明偏好变化确实未被预见。[①] 还有一种机制也能产生这种"加强效应"(bolstering effect),即

一旦做出选择就以积极的眼光看待这些选择的倾向,这一机制源于认知失调理论(第 1 章)。

有个例子可以说明行动是怎样以非意向性的、未被预见的方式塑造**机会**的。恶霸之所以能在与他人的交往中为所欲为,是因为他人往往宁愿屈服也不会直面反抗。恶霸的行为可能会导致他人都躲着他这一非意向性的结果,而这使他与他人交往的机会减少了。他每次与人打交道都能得逞,但他与人打交道的次数却越来越少。后面这种结果可能不仅是非意向性的和未被预见的,而且还是恶霸本人都没觉察到的。在他看来,欺凌的确有用。[②] 如果他注意到了自己行为的消极影响,只要积极影响大于消极影响,他或许还是会坚持这种行为。在这种情况下,行为的消极结果就其本身而言是被预见的,但并不是意向性的。

今天对某个选项的选择往往意味着未来机会集中会失掉某些选项。这种效应可能会被预见:我的预算允许我买一辆车,而不是两辆。然而,有时行动者并不知道选择会有不可逆的结果。一个农民可能拥有一片长有一些林木和一些庄稼的土地。为了有更多的地来耕作,也为了有更多的木头可烧,他把林木都砍了。毁林造成水土流失,这使可供他耕作的土地比起初更少了。在我很快会讨论到的一组案例中,水土流失可能是**集体**行为的结果,比如,当且仅当这个农民和他的两个邻居都砍了林木时,这个农民的地里才出现水土流失。但是,个人在不知不觉中一手毁掉自己未来行动的机会,这也是有可能而且是相当常见的。罪魁祸首是一种**认知缺陷**(cognitive deficit):行动者无法预测其当前行为的未来结果。在其他情况下,导致这种问题的可能是一种**动机缺陷**(motivational deficit):行动者相对即时收

---

① 事实上,我们很难看出它如何能被预见。这个可能的买家必须同时使用两种基准,一种是他买前的状态,商品相对其来说是一种收益;另一种是他买后的状态,商品相对其来说是一种损失。还有一种机制也能产生这种"加强效应"(bolstering effect),

② 这种带有局限性的看法得到了一些社会科学家的认同,后者认为像愤怒这样的情感可以是"理性的",或至少是适应性的,因为它们使行动者在与他人打交道时能达到自己的目的。

解释社会行为:
社会科学的机制视角

益对(已知的和确定的)未来结果赋予的权重更低(第6章)。

外部性

我们现在转而讨论**互动**的非意向性结果,互动是新兴的社会科学讨论的一个关键性概念。用亚当·弗格森(Adam Ferguson)的名言来说,历史是"人类行动的结果,但它并不按任何人类的设计来发展"。与他同时代的亚当·斯密(Adam Smith)提出,塑造人事的是一只"看不见的手"。半个世纪后,黑格尔援引"理智的狡计"(Cunning of reason)来解释历史中自由的发展进程。几乎同时,托克维尔提出了一个类似的观点,在民主的发展过程中,"所有的人,不管他们是自愿帮助民主获胜,还是无意之中为民主效劳;不管他们是自身为民主奋斗,还是自称是民主的敌人,都为民主尽到了自己的力量。"①几年后,马克思指出人与其行动之间出现了"异化"(alienation)。他提出,"社会活动的这种固定化,我们本身的产物聚合为一种统治我们、不受我们控制、使我们的愿望不能实现并使我们的打算落空的物质力量,这是迄今为止历史发展的主要因素之一"。

这些作者中只有亚当·斯密和马克思提出了产生非意向性结果的具体机制。用现代语言来说,他们强调了行为的**外部性**(externalities)是怎样聚合产生既非有意为之而又未被行动者预见的结果的。用程式化的方式来说,想象一下众多同质的行动者中每个人都采取某种行动来增进自己的利益。作为这种行动的副产品,每个行动者还给其他每个行动者(以及他自己)强加了一些小成本或带来了一些小收益(负外部性或正外部性)。这样一来,每个行动者都成了众多这类行动的目标。将这些效应加总,再将这一总和与行动者的行动给其带来的私人收益相加,我们就得到了所有行动者通过其行动产生的最终结果。因为我们假定这些行动者是同质的,所以他们最初的状态、他们每个人所

---

① 托克维尔.论美国的民主(上卷)[M].董果良,译.北京:商务印书馆,1988:7.——译者注

意图产生的状态,以及他们实际上集体产生的状态就可以分别用 x、y

和 z 这三个数字来表示。①

　　首先,假设 $z>y>x$,出现正外部性。这正是亚当·斯密的主要关注点:当一个行动者管理其"产业的方式目的在于使其生产物的价值能达到最大程度之时,他所盘算的只是自己的利益。他在这种情况下,像在其他许多情况下一样,被一只看不见的手指导去实现一个他完全无意实现的目的。不是说不出自本意的就总是对社会更有害。追求自己的利益往往能使他比在真正出于本意的情况下更有效地促进社会的利益。"②在市场竞争中,每个企业的目的都是用比其对手更便宜的方式开展生产以获取利润,但他们这样做也使消费者得了好处。同样,那些处于相似处境、本身也具有工人或管理者身份的消费者或许也会通过自己竞争性的奋斗而使他人获益。最后的结果就是引人注目的长期增长。这一效应可能已被预见也可能未被预见,但显然它并不是行动者意图实现的结果。

　　其次,假设 $y>z>x$,出现微弱的负外部性。行动者因其努力而境况更好,但由于他们给彼此附加了成本,他们境况的改善程度并没有其预期的那么高。如果公共交通发展得很差,那么人们开车上下班可能会比使用公共交通境况更好,但是塞车或污染又会使其没法获得自己预期的那么多好处。如果此时外部性是塞车所致,那他们不可能注意不到这一点。然而,如果它是污染所致,那他们可能需要一段时间才能理解他们是在互相伤害而非受(比方说)工厂污染之害。

　　最后,假设 $y>x>z$,出现很强的负外部性。每个行动者都试图使自己境况更好,结果却导致所有人的境况都更糟。这是马克思对分散型

---

①　许多经济学家并不会把我此处列举的所有现象都视为外部性。他们所认同的外部性可能包括污染,但不包括像凯恩斯式失业(Keynesian unemployment)这样由市场产生的效应。然而就我的目的而言,重要的是它们的共同之处:为追求自身的收益,每个个体都给其他每个人以及他自己赋予了一些小成本或小收益。企业解雇员工或削减工资会导致自身产品的需求量稍稍降低。

②　亚当·斯密.国富论(下)[M].郭大力,王亚南,译.北京:商务印书馆,1983:27.译文有改动。——译者注

资本主义经济（decentralized capitalist economy）的主要批评之一。他对资本主义危机的主要解释——"利润率下降理论"，就含有这种一般性的结构。马克思认为，为了维持或增加利润，每个资本家都有动力以机器代替工人。然而，当所有资本家都同时这样做的时候，他们就是在集体作茧自缚，因为利润最终源自工人生产的剩余价值。这个论点很诱人，但更仔细地分析就会发现它在各方面都有问题。更有趣的是马克思顺便作的另一观察，这一观察随后成为约翰·梅纳德·凯恩斯（John Maynard Keynes）创立的失业理论的一块基石。马克思指出，每个资本家都与工人有着一种模糊不明的关系。一方面，她希望**自己**雇佣的工人拿低工资，因为这能使她得到高利润；另一方面，她希望**其他**所有工人都拿高工资，因为这能使她的产品具有高需求量。尽管对任意一个资本家来说同时实现这两个欲望是可能的，但从逻辑上讲，所有资本家都同时如愿是不可能的。这就是凯恩斯随后论述的"资本主义的矛盾"。在利润下滑的情境下，每个资本家应对的方式都是解雇工人从而节省工资支出。然而，由于工人的需求直接或间接地支撑着企业的生存，因此每个资本家同时解雇员工的后果将是利润的进一步下滑，从而导致更多的失业与破产。

304

还有很多这类一般性的例子。过度捕捞、毁林、过度放牧（"公地悲剧"）从个体角度看可能是理性的，但从集体角度看却是次优的甚至是灾难性的。如果发展中国家的每个家庭都生育很多孩子作为保险以防晚年贫困，那么人口过剩将导致更多的贫困。在缺水危机中，每个人不必要的用水都会增加当局每天断水几小时的可能性，而这又会对人们必要的用水产生影响。这些结果可能被预见也可能未被预见。这类非意向性结果有一个关键特征：即使它们被预见了，行为也不会有改变。比如我在下一章要解释的，这是一种**占优策略**（dominant strategy）：无论别人怎么做我都选择这样做，这是理性的。

内部性

一种部分相似的观点涉及"内部性"（internalities），这一概念是指一

个人这次的选择可能会增加或损害他从之后的选择中得到的福利。打个
305 比方,内部性就是一个人对其"后来的自己"附加的外部性。在围绕儿童
监护权的讨论(体现为图 11.3)中,我提出花时间陪孩子会为父母创造一
种正内部性。而上瘾则是负内部性的一个重要的例子。一个人过去服用
的致瘾物质越多,他从当前服用中获得的愉悦就越少。这种"耐受性"
(tolerance)效应也可能在非致瘾商品中出现。即使你很喜欢黄油山核桃
味的冰激凌,一天吃五次你可能也就腻了。然而,就上瘾而言,过去的服
用还有进一步的效应。一方面它使行动者从当前服用中得到的愉悦比不
上他如果过去没服用过现在可能会得到的愉悦;另一方面它还加剧了当
306 前服用与不服用("戒毒")之间的福利差异。详细说明可参见图 18.2。

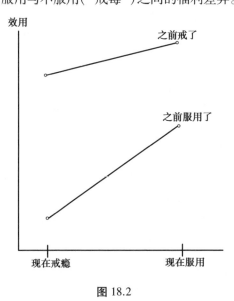

图 18.2

因此,不管行动者过去是服用了还是戒掉了,他当前服用都比不服用境况更好。服用是占优策略。与此同时,反复服用相较反复戒瘾,前者使行动者在任何时候的(除了开头的几次)境况都很差,这就好比那种生很多孩子使所有人的境况都更差的占优策略。当然,外部性和内部性之间有些明显的差异。其中之一就是时间不对称(temporal asymmetry):所有个体都可能给彼此带来伤害,而"后来的自己"却无法伤害"先前的自己";另一个差异在于,这一连串的"自己"其实只是把一个决策者分成时间上的若干份,而各有差异的个体却并非某一超个体(superorganism)在空间上的不同部分。一旦(独一无二的)这个人理解到他当前的选择会对他从后来的选择中得到的福利产生负面影响时,他就有动机去改变自己的行为。这一动机是否足够强取决于戒断

症状(withdrawal symptoms)的严重程度以及该行动者对其未来福利的贴现程度。有些如果早知道结果当初就不会踏出第一步的行动者,一旦他们成瘾可能就会选择不戒断。

弟弟/妹妹综合征

社会行动的非意向性结果也可能源自我所命名的**弟弟/妹妹机制**(younger sibling mechanism)。在对这个短语展开解释之前,我先引述一个经济学理论中著名的例子,"蛛网"(cobweb)理论,也称"生猪周期"(hog cycle)——因为它首次被提出是为了解释生猪生产的周期性波动。不过,它的适用范围要广得多。造船行业的波动往往有着与它相同的模式,卖方市场之后跟着投资过度与供给过剩。如果学生们都基于当前市场对毕业生的需求来选择自己的职业,那么他们可能就集体破坏了选择的基础。

猪农们必须提前一年决定下一年往市场投放多少生猪,这个决定是基于他们预期的生猪价格以及养殖这些猪的成本。如图 18.3 中那条向上倾斜的供给曲线所示,预期价格的增长将诱使猪农养殖更多的猪。

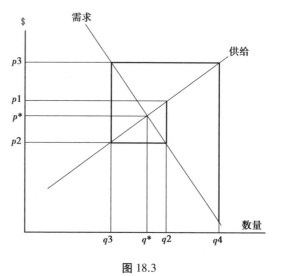

图 18.3

假定年份 1 的生猪价格是 $p1$。预期到年份 2 价格将保持不变,猪农们在接下来的一年会向市场投放 $q2$。然而,在这个产量上,市场出清价格是 $p2$ 而非 $p1$。预期到年份 3 生猪价格将维持在 $p2$ 水平上,猪农们该年度的生产量将为 q3，此时市场出清价格将为 p3，诱使猪农们在年份 4 产出 q4，以此类推。在这一案例中，价格和产量形成了图中粗线所示的外向螺旋状或"蛛网"状模型。惊喜与失望交替出现，而猪农预期的结果却从未出现。如果供给和需求曲线之间的相对斜率减小，结果可能会是一个向着均衡价格 p∗ 和均衡产量 q∗ 收敛的内向螺旋。

猪农的行为有一些非理性的成分。他们每个人都相信**自己**可以自由改变产出以使收益最大化，同时又默默假定其他人只是在机械地重复上一年的动作。虽然这一行为或许是非理性的，但它肯定是可理解的。法国哲学家莫里斯·梅洛-庞蒂(Maurice Merleau-Ponty)曾说过，我们总是自发地把别人看成是"弟弟妹妹"。① 我们不会轻易把我们经由内省得知的我们所具有的那种深思与反省的能力投射到别人身上，也不会轻易地认为他人有着与我们相同的内心产生混乱、怀疑和苦恼的能力(第 23 章)。那种把别人看成如我们自己一样有策略、能计算的人的想法，似乎不是我们天生就具备的。

有一种情况很常见，如果大量选民因为自信地认为自己的党会获胜而待在家里不去投票，那这个党可能就会输掉选举。最后，回想一下第 12 章提到的希拉克的例子。对于他灾难性地发起提前选举的行为，一个可能的解释是，希拉克可能没预料到选民会从他的决定中推断他的信念，他以为选民们会机械地按照他们在民调中说的那样做。

没能把他人视为有意向性、谋求最大化的行动者。这种失策还体现在，立法者或行政官员提出的一些政策一旦被行动者适应就被削弱了。根据罗马法，某人仅盗一匹马或一头公牛就足以被定为偷马贼或偷牛贼；但倘若他所盗少于四头猪或十只羊，他就不算是犯罪。针对这种法律有评论家这样写道，"在这样一种法律状态下，我们可以预期偷盗三头猪或八只羊的案件会异常普遍。"为了促进就业保障，很多国家都立法规定解雇已雇用(比方说)2 年或更长时间的工人是违法的。对此雇主们的回应是开展外包或与工人签订临时合同，而这又损害了就

---

① 实际上他的原话是"小弟"(younger brother)。

解释社会行为：
社会科学的机制视角

业保障。城市可能会修建公路来减少塞车,没料想更多人选择开车上班,结果道路还是一样拥堵而且污染还更严重。政府试图只允许与拥有本国国籍的合法公民结婚的人移民,结果却促使人们仅仅为了这个目的而结婚。学生免服兵役的规定会激励人们上大学。即使建立周密、详备的激励制度,结果也可能事与愿违。1996 年芝加哥公立学校系统(Chicago Public School System)创立了一项制度,规定表现较差的学校将受到各种惩罚,但制度设计者没想到的是,这项制度不仅能激励教师们更努力地工作,它还会促使教师抬高学生的成绩,而事实上这种情况的确发生了。

这种弟弟妹妹综合征可能引发重大的社会结果,下面两个例子可以说明这一点。托克维尔指出,在法国大革命之前的几十年里,上层阶级公开指责政权的罪恶以及它对人民的破坏性影响,就好像人民听不到他们所说的话一样,"这让我想起了夏特莱夫人(Mme Duchâtelet)的怜悯观,据伏尔泰的秘书所言,她可以毫不在乎地当着男仆的面更衣,因为她并不把男仆也当作男人"。事实上,这名秘书在他的回忆录中写道:"贵妇们只是将仆人看成了机械人。"对下层阶级的轻视和对其苦难的谴责同时出现,为大革命的爆发奠定了思想基础。更近期的例子是"菲利浦斯曲线"(Phillips Curve),根据其背后的论点,只要政府有意愿,它就可以选择以高通货膨胀为代价来实现低失业率,该论点预先假定了社会行动者意识不到政府的这一政策。然而,在政府试图实现这一目的的同时,理性的贸易联盟和其他行动者的策略性行为会削弱政府的努力,并导致"滞涨"——高通货膨胀率**以及**高失业率。

310

与外部性导致的非意向性结果不同,这些由弟弟妹妹机制产生的非意向性结果在行动者理解了该机制后可能就消失了。在我论述的这几个例子中并没有占优策略,只有基于"其他人都不如行动者这般理性"(通常很含蓄)的假定的最优策略。一旦所有行动者都将彼此视为理性的,他们的行为就会汇聚成一个完全可预测的结果。所有猪农都预期均衡价格会更普遍。基于这一预期,他们会生产均衡产量。他们共享的信念是自我实现的。而这一观点是下一章的主题。

参考文献

有关上瘾对时间贴现的影响的论述，参见 L. Gordano et al., "Mild opioid deprivation increases the degree that opioid-dependent outpatients discount delayed heroin and money," Psychopharmacology 63 (2002), 174-82。

我在脚注中提出的安徒生童话的模型，受到了 C. C. von Weiszäcker, "Notes on endogenous change of tastes," Journal of Economic Theory 3 (1971), 345-72 的启发。

马克思对于非意向性结果的论述，可参见我的 *Making Sense of Marx* (Cambridge University Press, 1985)第 1 章的第 3.2 节以及其他若干地方。

上瘾模型源自 C. Becker and K. Murphy, "A theory of rational addiction," Journal of Political Economy 96 (1988), 675-700。

T. Schelling, *Micromotives and Macrobehavior* (New York: Norton, 1978)是对非意向性结果的一项卓越的理论性研究。

有关内部性的观点，参见 R. Herrnstein et al., "Utility maximization and melioration: Internalities in individual choice," Journal of Behavioral Decision Making 6 (1993), 149-85。

芝加哥公立学校系统的例子取自 B. Jacob and S. Leavitt, "Rotten apples: An investigation of the prevalence and predictors of teacher cheating," Quarterly Journal of Economics 118 (2003), 843-77。

19
策略互动

同时选择的策略互动

博弈论(game theory)的发明开始被人们视为 20 世纪社会科学中最重要的一项进步。这一理论的价值一部分体现在解释力上,但主要还是体现在概念上。在某些情况下,它使我们能够解释先前看上去令人困惑的行为。更重要的是,它阐明了社会互动的结构。一旦你透过博弈论——或者称它为"互赖决策理论"(theory of interdependent decisions)可能更好——的镜头看这个世界,所有事情看起来就都不太一样了。

我先讨论行动者同时做决策的博弈。目标是理解 n 个行动者或**参与者**是否可能以及如何就他们的**策略**达成非强制性的协作。通常,我们会看到 $n=2$ 的特殊案例。参与者也许能够相互交流,但无法缔结约束性的协议。对任意 n 元策略组合而言,每个行动者选择一个策略,就对应着一种**结果**。每个行动者根据他或她的**偏好顺序**给这些可能的结果排序。必要的时候,我们会假定用基数效用表示偏好的条件是能得到满足的(第 11 章)。**报酬结构**(reward structure)是一个给任一 n 元策略组合赋以 n 元效用的函数。尽管"报酬"这个词可能让人联想到金钱结果,但这里它是指心理结果(效用以及最终的偏好)。当金钱或物质报酬结构和心理报酬结构出现分歧时(事实上情况经常如此),只有后者才是重要的。

我在上一章简要提到过,行动者可能有一个策略是**占优的**,即不管别人怎么做,这个策略给她带来的结果比她选择其他任何策略的结果都要更优。她的**结果**可能依赖于别人做了什么,但她的**选择**却并不如此。在其他情况下,选择之间则存在着真实的相互依赖性。如果别人靠左行驶,我的最优反应也是靠左行驶;如果他们靠右行驶,我的最优反应就是靠右行驶。

均衡(equilibrium)是指这样一组 n 元策略,即没有参与者能够背离他的均衡策略而单方面地得到对他而言严格优于均衡结果的结果。同等地,在均衡中每个参与者选择的策略都是对其他人所选策略的最优反应,这是从若其他人都选择了他们的均衡策略而参与者能做的其他选择都**不优于**他的均衡策略这个较弱的程度上来说的。然而,如果从参与者单方面背离这一策略**境况就会更差**这个更强的程度上说,这个策略不一定是最优的。一般情况下,一个博弈可能有几种均衡。不久我们将看到几个例子。然而,假定只有一个均衡。此外再假定报酬结构和所有参与者的理性是共同知识。① 在这些假定下,我们能预测所有行动者都会选择他们的均衡策略,因为这是唯一一个建立在他们对别人会做什么所持有的理性信念之上的策略。

某些具有唯一均衡的博弈依赖于占优策略的存在形式。"依赖于占优策略的存在形式"有两种含义,体现为图 19.1 的 A 区和 B 区。② 在两车相撞的事故中,两辆车都会受到损伤。在一个行人和一辆车相撞的事故中,只有行人会受伤。如果至少有一名司机是粗心的,"车—车"事故就会发生。如果两名司机都粗心,结果更糟。"车—行人"事故只有在车和行人都粗心时才会发生。适当谨慎(taking due care)是有成本

---

① 如果一个事实,所有人都知道,所有人都知道其他所有人都知道,所有人都知道其他所有人都知道其他所有人都知道,等等,它就是共同知识。为了避免依赖"等等"这个词——它表示的是一个无穷的信念数列,这个概念还可以这么来陈述:没有这样的 n 存在,即在数列中这个事实一直到 n 时都是共同知识,但到($n+1$)时就不是了。举个例子简单说明一下,共同知识可以在教室中实现。当老师给学生们讲一个事实时,他们都知道这个事实,知道其他人都知道,等等。

② 按照惯例,每个单元格中的第一个数字表示"行参与者"在从上至下的策略中进行选择的收益,第二个数字表示"列参与者"在从左至右的策略中进行选择的收益。基于讨论的背景,收益可以是基数效用、序数效用、钱,或者假定参与者想最大化的其他任何东西。在图 19.1 中,收益可以被看作序数效用,它反映了参与者对结果的偏好。在此处以及之后,均衡都被圈出来了。

的。基于这些前提,可以得出在"车—车"案例中对每个司机来说谨慎都是占优策略。在"车—行人"案例中,不谨慎是司机的占优策略。行人没有占优策略,因为对不谨慎的最优反应是适当谨慎,对适当谨慎的³¹³最优反应是不谨慎。而他知道司机有不谨慎这一占优策略且理性的司机就会选择这个策略,所以不管怎样行人都会选择适当谨慎。①

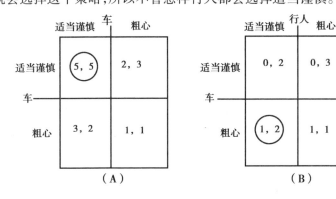

图 19.1

所有参与者都有占优策略的博弈是十分常见且从经验上说是十分重要的,这一点我们稍后会看到。而从理论上看,除非它们反复出现,否则它们并没有太大意义。其中一些参与者具有占优策略且这个策略能促使他人做出明确选择的博弈不太常见但也很重要。然而,它们对信息有更强的要求,在我们的例子中,行人既需要知道自己的结果,也需要知道司机的可能结果,而两个司机只需要知道他们自己的结果。通常,我们可以较容易地确定他人的占优策略。例如,我们在横穿单行道前通常不会左右两边都看,因为我们认定司机会因害怕承担事故责任而遵守单行规则。

314

有类特殊的博弈具有**协调均衡**(coordination equilibria),其通常被称为"惯例",在这类博弈中,每个参与者不仅没有动力单方面地背离均衡,而且也偏好其他人都不背离。在一个每个人都靠右行驶的均衡中,如果我**或者**其他任何人背离均衡,可能就会发生事故。在这个案例中,

---

① 根据一些法律分析,侵权责任法的一个重要功能是用罚金和赔偿制度改变报酬矩阵,从而使形成的均衡有某种可取的特性(效率或公平)。

均衡不是唯一的,因为靠左行驶也是如此。[1] 通常只要我们所有人做的都是同一件事,这件事情是什么就并不重要了。言语的含义是主观的,但一旦被固定下来,它们就成了惯例。在其他情况下,我们做的是什么的确重要,但更重要的是我们所有人都做着相同的事。我马上会讨论几个例子。

双头垄断的两个例子

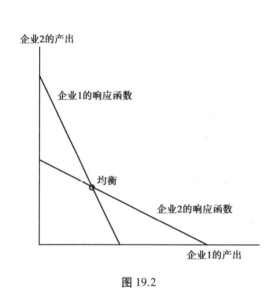

图 19.2

有些具有唯一均衡的博弈其均衡并不取决于占优策略的存在形式。双头垄断(duopoly)行为就是一个例子(见图19.2)。当两个企业统治着市场时,若一个企业减少生产,价格将会更高并且另一个企业的生产会扩张。换句话说,每个企业都有一个"最优反应"程式,它是另一个企业产量的函数,它会告诉企业应该生产多少。在均衡中,每个企业的产量是对另一个企业产量的最优反应。这个陈述并不意味着它们就不能做得更好了。如果它们形成卡特尔并且把生产限制在均衡水平之下,两个企业都会获利更多。但对集体而言最优的生产水平却不是单个企业对彼此的最优反应。实际上,这些企业面临的是一个

---

① 尽管正式的定义中没有非唯一性这个内容,但这似乎是现实生活中协调博弈的一个普遍的特点。

解释社会行为:
社会科学的机制视角

囚徒困境(图 19.3 中有界定)。

我再举一个双头垄断的例子,沙滩上有两个卖冰激凌的小贩,他们都依据顾客(假定顾客沿着海岸平均分布)会光顾更近的摊位这个假定试图给自己的摊位寻找最佳位置。这里没有占优策略。如果其中的一个小贩在沙滩中间偏左一点的位置支起了摊位,另一个小贩的最优反应是马上把自己的摊位挪到右边,而第一个小贩对此的最优反应是再往右移,如此反复,直到他们的摊位彼此挨着摆在了沙滩中间。这个唯一的均衡很明显对整体的顾客而言不是最好的。对他们来说,最好的结果是每个摊位都摆在沙滩中点和一边的端点之间的中间位置。尽管对卖家来说这时的结果和均衡结果是一样的,但这些位置却不是对彼此的最优反应。这个模型也被用来解释(两党制中的)政党会向政治光谱中间靠拢的倾向。

然而,假设两个摊位都摆在沙滩中间,靠近端点的顾客会放弃买冰激凌,因为他们还没走回来冰激凌就会融化。如果没有顾客愿意走上超过沙滩长度一半的路程——四分之一的路程到摊位,四分之一的路程走回来——那么对消费者来说最优的结果同时也是唯一的均衡,因为没有哪个小贩有动力再挪摊位。假设这个沙滩有 1 000 米长。如果在 750 米处的卖家把他的摊位移到了 700 米处,他会损失位于 950 米和 1 000 米之间的 50 位不愿走上超过 50 米的顾客并且增加位于 475 米和 500 米之间的 25 位离这个摊位的距离比另一摊位更近的顾客——这是个净损失。同样的论证或许也解释了为什么政党从不完全趋中,因为任意一个端点上的极端主义者或许更愿意弃权而不是投票支持中间派别的政党。此外,就像我在第 17 章末尾提到的那样,把选票最大化视为政党唯一的目标就是不合理的。

316

一些经常发生的博弈

几种简单的互动结构经常在各种各样的环境中发生,图 19.3 列出了互动结构及其收益。① C 和 D 代表"合作"和"背叛"。在电话博弈中,列参与者是先打过电话的人。在聚点博弈中,A 和 B 可能是任何一对行动,两个参与者都更愿意就任意一个行动达成协调而不是不协调,但到底是在哪个行动上达成协调对二人来说无差异。

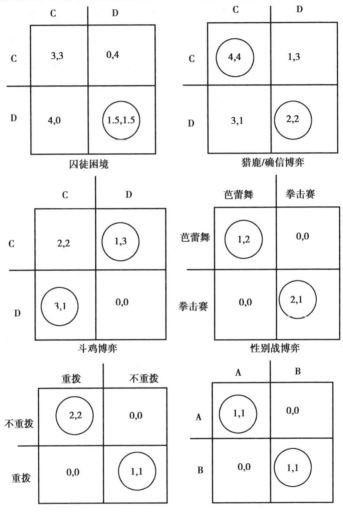

图 19.3

尽管这里我说的是二人博弈,但它们很容易被推广到有很多个行动者的案例。例如,图 24.2 就展示了囚徒困境的 $n+1$ 人版本。

解释社会行为:
社会科学的机制视角

这些博弈阐明了社会互动中的两个中心议题的结构——**合作与协调**。在一个没有互利合作的社会里,生活是"孤独、贫穷、污秽、野蛮和短暂的"(霍布斯)。说它是**可预见的**坏只是微薄的安慰。在一个人们不能够协调他们的行为的社会,无意识的结果将到处充斥且生活将像"一篇荒唐的故事,由白痴讲述,充满着喧哗与骚动,却没有任何意义"(《麦克白》)。合作和协调有时候会成功,但也经常会彻底失败。博弈论既能解释清楚这些成功,也能解释清楚这些失败。

囚徒困境、猎鹿博弈和斗鸡博弈都以某种方式涉及了合作与背叛(不合作)之间的选择。之所以称其为囚徒困境是因为在早期的一次讨论中下面这个故事曾被用来说明囚徒困境。两个囚犯参与了同一宗犯罪但现在被关在不同的屋子里,每个囚犯都被告知:如果他告发她而她不告发他,他将被释放而她将被判十年的监禁;如果没有人告发对方, 317
两人都将被判 1 年监禁;如果都告发对方,两人都将被判 5 年监禁。①
在这种情况下,告发是一个占优策略,尽管要是没有人告发,两个人的状况都会更好。这个结果是由"搭便车诱惑"(释放)和"害怕被骗"(判十年)这二者共同所致。 318

上一章讨论过的负外部性也能被视为一种多人囚徒困境。下面讲一些其他的例子。对每个工人(假定他们的动机是自私的)来说,不加入工会比加入工会更好,即使对所有工人来说,大家都加入工会并获得更高的工资更好。对卡特尔中的每个企业来说,更好的做法是打破协议去大量生产,利用因其他企业限制产量而带来的高价格,但当所有企业都这么做时,价格会跌到竞争时的水平;企业各自的利润最大化损害了共同利润的最大化。石油输出国组织(OPEC)卡特尔在这一点上也一样脆弱。另一些例子是为了保持自己原有的排位每个人都不得不拼尽全力去跑时的情况,比如美国和苏联的军备竞赛、政治广告或者学生写"曲线评分"②的老师课堂上的论文。

---

① 图 19.3 中因囚徒困境的收益或许看起来有点假。就当前的目的而言,最重要的是结果的(序数)排序。稍后,这些收益会被再诠释为金钱报酬。
② 曲线评分是指按照相对成绩而非绝对成绩来评分。——译者注

猎鹿博弈的思想经常被认为是起源于让·雅克·卢梭,尽管他的语言有点晦涩。[①] 用程式化的形式来说,它包括两个猎人,他们能选择猎鹿(C)或是猎野兔(D)。每个人靠自己就能抓一只野兔,但若要抓鹿,两个人的共同努力是必要条件(且就足够抓到鹿)。半只鹿的价值就抵过了一只野兔。当两个人都试着去抓野兔时他们要花上更多的时间和精力,因为这些猎人弄出的声响会把野兔吓跑。和囚徒困境一样,

这里也有当傻瓜的风险——别人都奔向野兔了你还在找鹿。但是,这里没有搭便车的诱惑。这个博弈有两个均衡,左上单元格和右下单元格。

尽管前一个均衡明显更好,但它可能无法实现。为了弄明白怎么会这样,我们可以放弃收益结构是共同知识这个假定,并且让行动者可以对其他行动者的收益结构持有错误的信念。如果对每个行动者来说,其他人的行动证实了他对他们的信念,那么基于这些信念采取的行动会形成一个**弱程度的均衡**。例如,假定在猎鹿博弈中每个行动者都错误地相信另一个人有囚徒困境(PD)博弈中那样的偏好。给定这个信念,理性的行动是背叛,因此其他人也就证实了他们的信念:**他**有着囚徒困境式的偏好。这个社会或许会以逃税和腐败泛滥告终,我在第23章会再谈这种"多数无知"的案例。在另一个社会中,人们正确地相信其他人有着猎鹿式偏好,一个更好的均衡将会出现:大家都交税、不行贿也不受贿。"腐败文化"或许是种信念依赖(belief-dependent)现象,而非动机依赖(motivation-dependent)。

对传染病的国际控制可能是猎鹿博弈的结构。只要一个国家未能采取恰当的措施,其他国家也保护不了自己。[②] 另一个例子,想想反恐措施。只要两个国家中有一个投入反恐,不仅它自己受益,另一个国家也会受益。如果成本超过了它得到的收益,它就不会再单边地投入了。

---

① "为了捕猎一只鹿,所有猎人都认识到,要想成功,每个人都必须坚守岗位。但如果有一只野兔碰巧进入了某个猎人的看守范围,他肯定会无所顾忌地去追捕野兔,并且,如果逮到了野兔,他几乎不会在乎自己的行为是否导致同伴失去猎物。"我们可以把这个解读为,追捕野兔是占优策略。

② 这里大大简化了,仅是为举例说明。

而如果两方都投入,相比于利用另一方的投入,两方聚集信息的能力可能会给每个国家都带来更高的安全水平。

在这些例子中,收益结构来自情境的因果性质。在猎鹿和疾病控制的案例中,这种"阈值技术"(threshold technology)意味着个人的努力是没有意义的。在反恐的案例中,其潜在的原因有点像规模经济:十单位努力带来的效果比两个五单位的效果还要大。在其他案例中,收益结构来自行动者关心的是自己的物质报酬之外的其他东西这个事实。在这种情况下,这个博弈更常见的叫法是确信博弈(AG)。如果物质收益结构是囚徒困境式的,每个个体可能也都会愿意合作,如果他**确信**(assured)其他人会合作的话。想要做到公平或者不愿搭便车的念头可能会战胜利用他人合作这个诱惑。或者,利他偏好可能会把囚徒困境博弈转变成确信博弈。

让我们把图 19.3 里囚徒困境博弈中的收益诠释为金钱报酬并且假定每个人的效用等于他的金钱报酬加上另一个人金钱报酬的二分之一。在这种情况下,效用收益会像图 19.4 中的一样——是一个确信博弈。囚徒困境博弈也可能通过第三条机制转变为确信博弈,如果一个局外人给不合作策略 D 这个选择加上惩罚。如果我们继续把图 19.3 里囚徒困境中的收益诠释为金钱报酬,**并且**假定行动者关心的只有金钱报酬,那么从背叛得到的报酬中减去 1.25 就会把它变成确信博弈。例如,一个工会或许会对没参加工会的工人施加正式的或非正式的处罚。最后,人们或许会通过奖励合作把囚徒困境变成确信博弈,例如,给合作者 1.25 的奖金或者贿赂。承诺的报酬一定要支付,然而,如果威胁发挥了作用我们却不一定要真实现威胁。如果搭便车的收益非常高,那么从合作中获得的收益可能不够支付贿赂。[①] 尽管如此,在一些案例中人们还是使用了奖励。加入工会的工人不仅可以享受更高的工资——没参加工会的工人通常同样可以享受这个,而且还可享受只提供给会员的退休金计划和便宜的旅游。

---

① 不管人们使用的是惩罚还是奖励,建立这个制度和监督行动者所花费的成本也都必须要由合作的收益来支付。在实践中,很轻易就能使这种安排变得不可能或很浪费。

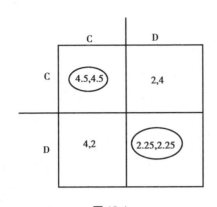

图 19.4

斗鸡博弈是以 1955 年的一部电影《无因的反叛》(*Rebel Without a Cause*) 中少年的一个仪式来命名的。洛杉矶的少年们开着偷来的车到悬崖上玩了一个游戏,两个男孩同时把车开向悬崖边缘,然后在最后一刻停下来。先停下来的男孩就是输了的"胆小鬼"(chicken)。另一个变形的版本是,两辆车相互冲向对方,谁先转向谁就是"胆小鬼"。在两个均衡中,每个行动者的行动都和对方相反。即使收益结构和行动者的理性是共同知识,我们也预测不了哪个均衡(如果有的话)会发生。从理性选择的观点来看,这是一种**不确定**的情况。在第二个("转向")博弈版本中,一个参与者或许会试图用蒙上自己双眼(对方看得见他蒙上了双眼)的方法来打破这种不确定性,以此使对方转向。但这产生了同样的困境,只不过两个选项是"蒙上双眼"和"不蒙上双眼",而不是"转向"和"不转向"。[1] 这种情况让人非常沮丧。

从某种角度来理解军备竞赛,它有斗鸡博弈的结构。古巴导弹危机经常被引用为两个超级大国被困在斗鸡博弈式的对抗中而苏联"先退缩"了的案例。另一个例子是,两个农民使用同一个灌溉系统来浇灌田地。一个人就能把这个系统维护地足够好,但两个农民从中得到的收益是相等的。如果一个农民不做好他的这份维护工作,可能另一个农民出于自己的利益考虑还是会去维护。如果我们假定每个邻居在且仅在没人干预时才更愿意出手干预,基蒂·吉诺维斯一案也能这么来看。

现在来谈谈"**协调**"问题,先看一下性别战博弈。这个故事背后的

---

[1] 同样地,每个人都承诺要合作的这个囚徒困境的"解决之道"不过是又创造了一个选择是"守信"和"背信"的囚徒困境。

套路是这样的。一个男人和他的妻子晚上想外出。他们已经决定下班后要么去看芭蕾舞，要么去看拳击赛，最终的选择通过电话里协商来确定。然而，他的电话坏了，所以他们不得不通过无言的协调来做决定。在待在一起这个选择上两人利益是一致的，但在去哪儿的选择上两人的利益却有分歧。和斗鸡博弈一样，这个博弈也有两个均衡，即在去看芭蕾舞上达成协调或在看拳击赛上达成协调。还有一个相同之处是，收益结构和理性的共同知识不能告诉这对夫妻该去哪碰面。再次地，这里的情况是不确定的。

当协调有多种形式时这类博弈就会出现，对每一个行动者来说，所有的协调形式都比完全不协调要好；但对每一种协调形式来说，总有些行动者比另一些行动者更偏好它。[1] 在社会和政治生活中，这似乎是惯例而不是特例。比起根本没有宪法，所有公民可能都更偏好（在可能政体的某个范围内的）任意一部政治宪法，因为长期的稳定对使他们能够提前计划这一点来说十分重要。当法律被固定下来且很难更改时，人们就能依据它来规范自己的行为。但比起这个范围内的其他宪法，每个利益团体可能都更偏好特定的一部宪法：债权人为宪法中的纸币禁令而游说，每个政党都会支持对自己有利的选举制度，一个强大的总统候选人的支持者想要总统办公室也强硬，等等。

当不同的社会最初发展出不同的衡量重量、长度或体积的标准但后来发现能从一个共同的解决方案中获得潜在收益时，多重协调均衡也能发生。欧洲大陆和盎格鲁—撒克逊世界在这些方面都保留着各自单独的标准。不像多重宪法解决方案那个案例，这里达成协议的障碍不是长久的利益分歧，而是短期的转换成本。然而，标准的选择或许也是一种斗鸡博弈。若我们不合理地假定，这个标准是作为刚性条款（不可修订）写入宪法的。那么每个国家就都有动力赶在其他国家之前来做这件事情。

电话博弈是指需要一条规则来告诉各方在通话被意外打断时要怎

---

[1] 随后（第 25 章）我们会看到，分配合作收益这个问题还能在**讨价还价博弈**——博弈论下一个更专业的分支——中研究。

么做。这里有两个协调均衡：由先打电话的人重拨或由接电话的人重拨。任意一条规则都比两个人都重拨或都不重拨要好。但不像性别战博弈，在这个案例中，有一个均衡比另一个均衡对两个人来说都更好。让打电话的这个人来重拨更有效率，因为他更有可能知道该拨哪个号码。理性、信息充分的行动者会集中于这个更优的协调均衡。然而，这种说法忽视了重拨的成本。如果成本很高，这个博弈就变成了性别战博弈。

最后我们来讨论聚点博弈（Focal Point Game），性别战博弈的一种变体能阐明这个博弈。这对夫妻已经都同意去看一场在 A 影院和 B 影院都有放映的电影，但还没定去哪个影院。假定没有哪个影院比另一个影院更近或更方便。就和性别战博弈一样，信息、理性和他们自己的共同知识都没法告诉他们该去哪。然而，在这个情境里或许有一个将充当协调"聚点"的心理线索（psychological cue）。如果这对夫妻第一次约会是在 A 影院，这或许会使他们在那个地点汇合。在这个案例中，线索是一个纯粹的私人事件。在其他案例中，线索或许是众所周知的。例如，在纽约有句俗语说，如果你和你的同伴走散了，正午时分在大中央车站的四面钟下碰面。即使在没有俗语的时候，很多人也还是会去火车站，因为很多城市的火车站都是最重要的、仅此一座的建筑。[①] 它的唯一性使其在作为聚点时很有吸引力。

324 正午有同样的特性。[②]

这种聚点效应在实验中很容易得到论证。如果你让一组人中的所有成员都在纸上写下一个正整数，且告诉他们如果他们写的是同一个数字的话他们将会得到奖励，他们始终会向 1 聚集。唯一的最小正整数是存在的，但唯一的最大正整数却不存在。在另一些情境下，0 可能是唯一的聚点。冷战期间，在对美国是否能使用核武器（nuclear weapons）而又不致将局面升级到全面的核战争的辩论中，各方针对允

---

① 在纽约，不知道这句俗语的那些人就不会去大中央车站，因为宾州车站的存在使得它不再是唯一的了。相反，他们或许会在帝国大厦碰头。

② 尽管午夜也是一个聚点，但因为不方便，所以相比于正午它是次优的。

许有限使用的"明线"①提出了各种各样的意见。最后的决定是,**不使用**是唯一的聚点。

帕斯卡尔在关于风俗的重要性上也得出了类似的观察结论:"我们为什么要遵从古老的法律和古老的意见?因为它们更好吗?不是的,而是因为它们是独一无二的,并可以消除我们之间分歧的根源。"②他在别处写道:

> 世界上最没有道理的事可以由于人们之间的力量不均而变成最有道理的事。还有什么能比选择一位王后的长子来治理国家更没有道理的呢?我们是不会选择一个出身最高门第的旅客来管理一艘船的。这种法则是滑稽可笑而又不公正的,但因为人们就是这样并且总会这样,所以它就变成最有道理的和最公正的了,因为我们还能选谁呢?最有德行而又最能干的人吗?我们马上就会剑拔弩张,人人都自以为是那个最有德行且最能干的人。因而,就让我们把这种资格附着在某些无可争辩的东西上吧。他是国王的长子:这一点是真真切切的,绝没有争论的余地。不可能有比这更好的理智了,因为内战是最大的灾祸。③

当有几个人觊觎一个皇位时,这个推理真的能影响国王的选择。法国王政复辟时在国王的选择上,塔列朗(Talleyrand)成功地说服别人,法国最后一位国王的合法继承人是唯一能阻止分裂冲突的聚点。就像他在自己的回忆录中写的,"武力或阴谋可能会带来一个**强加的**国王,但这二者都不够。要建立一个将被毫无异议地接受的持久的体制,你就必须按照一个原则行事"。往后一点,马克思认为1848年的法兰西共和国之所以能存在是因为王室两大分支的次优选项都是这个。托克维尔在解释拿破仑三世统治的稳定性时也提出了一个类似的观察结论。民主也能被视为一种聚点解决方案。当有很多竞争性的质性 325

---

① 此处的明线指明线规则,即一项具有明晰界定的规则或标准,为法律中的常用语。它由一些客观的因素所构成,很少会留下随意解释的余地。——译者注
② ③帕斯卡尔·思想录[M].何兆武,译.北京:商务印书馆,1985:141.译文有改动。——译者注

19　策略互动 | **311**

（qualitative）依据出现，人们都能据此来声称自己的优势——智慧、财富、美德、出生时，少数服从多数这一量化（quantitative）解决方案就有了唯一的突出之处。各部落说着不同语言的前殖民地国家可能会将殖民者的语言选为官方用语。诉讼中的各方很容易就能集中于每个人都视之为次优选项的提议。

在 1989 年，纳吉·伊姆雷（Imre Nagy）的重葬为 250 000 人走上布达佩斯的街头用示威游行来表示他们对政权的不满提供了一个聚点。就像先前那些例子一样，这个聚点也使协调合作得以可能。在冲突性的情境下，聚点可能有截然不同的效应。在克里米亚战争中，法国将军佩利西耶（Pélissier）决定在 1855 年的 6 月 18 日对塞巴斯托波尔发起第二轮攻击，因为他想以滑铁卢战役纪念日那天的一场胜仗来取悦拿破仑三世。由于这个日子对法国人的重要性是共同知识，俄国人得以预料到这场进攻并让他吃了场败仗。

从上面的概括论述中我们学到的是，依据不同的附加假定，一个给定的真实世界的情境能建模为几个不同的博弈：军备竞赛被建模为囚徒困境、斗鸡博弈和确信博弈；加入劳工组织可能是囚徒困境或是确信博弈；重拨电话被视为性别战或电话博弈；度量衡的协调可能是斗鸡博弈或性别战。互动结构的细密纹理可能不是立刻就能显现的。通过迫使我们把互动的本质弄得清清楚楚，博弈论能揭示未受注意的细微和反常之处。

序贯博弈

现在让我更为简要地讨论一下行动者做出**序贯决策**（sequential decisions）的博弈（在下一章我会花更大的篇幅来讨论这类博弈），先以一个简单的例子开始，这个例子清楚地展示了博弈论在厘清那些早先只能被模糊理解的互动结构上的效力。[①]

---

① 我保留了理性和信息是共同知识这一假定。

解释社会行为：
社会科学的机制视角

图 19.5 表示的是两支在两国边境上对峙的部队。将军 I 可以撤退，维持现状（3，3），也可以入侵。如果他入侵，将军 II 可以战斗，结果是（1，1），也可以割让一块争议领土，结果是（4，2）。在 I 做决定之前，II 也许能够传递这种自己一被攻击就会反击的意图，希望引诱 I 选择（3，3）而不是（1，1）。然而，**这个威胁并不可信**。

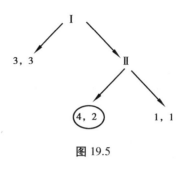

图 19.5

I 知道一旦自己入侵，能让 II 得益的行动是割地而不是反击。唯一的均衡结果是（4，2）。这个均衡概念不是我们在此之前一直在讨论的静态的"最优反应"概念。相反，它是一个动态概念，从博弈的后一个阶段开始，倒推回前一个阶段。（技术术语是"逆向归纳法"。）首先，我们问，如果 I 入侵，II 怎么做才是理性的。答案是，"割让"，这样导致的结果是（4，2）。因此，I 是在结果为（3，3）的行动方案和结果为（4，2）的行动方案之间做选择。作为一个理性的人，他选择后者。

就像修昔底德（Thucydides）在伯罗奔尼撒战争中所观察到的那样，要对方依据承诺来行事，承诺还必须是可信的。

> 拥护任何和解的誓言的效力只是暂时的，因为只有在它们没有其他方法来摆脱僵局的时候，这种誓言才能维持它的效力；但机会到了的话，首先大胆地抓住这个机会的党人，攻其不备。这种违背信约的报复比公开的进攻更为称心……至于达成和解，没有哪个保证是可以信赖的，没有哪个誓言是人们不敢破坏的，所有发现自己身处上风的人们，认为希望得到安全是不可能的，所以他们不能信任别人，只尽自己的力量以免受到别人的伤害。①

换句话说，收到承诺的这个人应该问自己，对许诺者来说遵守诺言是否是理性的。例如，信任博弈（第 15 章）允许沟通，第二个参与者或许会

① 修昔底德.伯罗奔尼撒战争史［M］.谢德风，译.北京：商务印书馆，1960：238-239.译文有改动。——译者注

通过承诺回赠一大笔钱来试图诱使第一个参与者送出一大笔钱。如果没什么东西值得他坚守承诺,这个承诺就不可信。在《论美国的民主》中,托克维尔讽刺地评论战争部长给柴罗基部的一封信,在信中他说:"不要以继续在现今居住的土地上安居乐业自满,他保证他们搬到密西西比河彼岸以后会比现在还好。**这项现在他也没有拥有的权限,好像在当时他就拥有了似的。**"① 中国的经济改革在类似的问题上也很脆弱。当政府引进农业的市场改革时,它承诺给农民十五年的土地租用期,以激励他们善用土地。由于你是无法让一个独裁政府坚守承诺的,所以很多农民不相信它,反而把好处都消耗了。一个独裁政府是**无法使自己无法**干预的。

可信这一概念是大概始于 1975 年的"第二代"博弈论的中心概念。(第一代大约始于 1945 年。)一旦我们严肃看待这个概念,我们就会被导向问这个问题:行动者可能会如何**花心思建立可信度**以使他们的威胁或承诺更有效力呢? 有几条机制。一个是通过**建立名声**,比如花心思建立一个有点理性或偶尔理性的名声。例如,据报道总统尼克松在亨利·基辛格的鼓励下,刻意树立一个古怪的风格,以使苏联政府认为他或许会在被激怒时不顾美国人的利益。此外,当这么做不符合其利益时,他们或许可以实施威胁,以建立一个强硬的名声,让别人相信他们日后的威胁。

另一个机制是**预先承诺**,在第 13 章讨论过。在那一章,预先承诺被当作对行动者行事不理性这一倾向的一种次优理性的回应。就策略来看,预先承诺可能是完全理性的。在图 19.5 描绘的博弈里,将军Ⅱ或许可以建造一个"末日机器",它会在被入侵时自动发起对另一个国家的核攻击。如果这个机器的存在和它的运转不受国家Ⅱ控制这二者都是共同知识,它就会阻止入侵。或者,将军Ⅱ或许可以使用"自断后路"策略,即断绝任何撤退的可能性。同样地,如果将军Ⅰ知道要是入侵的话将军Ⅱ除战斗外别无选择,他也将不敢入侵。

在一些案例中,双方可能都设法用预先承诺来获取优势。在劳工管理的讨价还价中,罢工和抵制的威胁可能并不可信。管理部门知道,这些

---

① 托克维尔.论美国的民主[M].董果良,译.沈阳:沈阳出版社,1999:425.——译者注

解释社会行为:
社会科学的机制视角

工人有贷款要还、有家人要养,所以他们即使罢工也不会有太长时间。工人知道,企业有供货合同要履行,它不敢随意停产。为了提高自己的威胁的可信度,工会或许会投资建立一个罢工基金(也许和其他工会共同建立),管理部门或许会购买大量的存货。或者,双方各自的谈判人或许可以公开发布他们的最低要求和最高报价,这样一来就确保了如果他们退让的话,将会蒙受极大的名声损失。这样的"预先承诺博弈"可能要么是囚徒困境,要么是斗鸡博弈,这取决于后续博弈的结构。

参考文献

关于博弈论最好的入门介绍是 A. Dixit and S. Skeath, *Games of Strategy*, 2nd ed.(New York: Norton, 2004)。

更高级的论述,我推荐 F. Vega-Redondo, *Economics and the Theory of Games*(Cambridge University Press, 2003)。

对于博弈论的百科全书式的概述可参见 R. Aumann and S. Hart, *Handbook of Game Theory with Economic Applications*, vols. 1-3(Amsterdam: North-Holland, 1992, 1994, 2002)。

对特定主题的应用可参见 J.D. Morrow, *Game Theory for Political Scientists*(Princeton, NJ: Princeton University Press, 1994)和 D. Baird, H. Gertner, and R. Picker, *Game Theory and the Law*(Cambridge, MA: Harvard University Press, 1994)。

D. Lewis, *Convention*(Cambridge, MA: Harvard University Press, 1969)是对惯例的经典研究。它在很大程度上受到另一部经典的启发,T. Schelling, *The Strategy of Conflict*(Cambridge, MA: Harvard University Press, 1960)。在这本书中,聚点的概念首次得到阐明。

Schelling 的工作还为"第二代"博弈论提供了直觉性的基础,R. Selten, "Reexamination of the perfectness concept for equilibrium points in extensive games," *International Journal of Game Theory* 4(1975), 25-55 正式发展了"第二代"博弈论。

政治博弈中各种各样的预先承诺技巧参见 J. Fearon, "Domestic political audiences and the escalation of international disputes," *American Political Science Review* 88(1994), 577-92。

围绕工资的讨价还价对预先承诺的运用,可参见我的 *The Cement of Society*(Cambridge University Press, 1989)。

329

330

博弈与行为

意向与结果

博弈论的概念结构(conceptual structure)很具启发性。它是否也能帮助我们**解释行为**？思考一下自断后路的博弈论原理。采取这种行为可能是出于上一章论述的策略性原因，但也可能有其他原因。《牛津英语大词典》引用了埃德加·赖斯·巴勒斯(E. R. Burroughs)的作品《人猿泰山》(*Tarzan of the Apes*)中的一句话："她害怕自己会被这个庞然大物的恳求所打动，于是自断了后路。"这就不算是一个策略性的理由。确切地说，这个女人似乎是害怕如果自己不断绝一切可能，她或许就会被恳求打动。即使在军事领域，这样的非策略性原因也可能与策略性原因同样重要。指挥官也许会自断后路以免他的士兵因为畏惧敌人而逃跑，如果他担心自己会屈服于意志薄弱，他这样做可能就是想防止自己擅离职守。指挥官 A 也许会自断后路以向敌军的指挥官 B 放出信号，让 B 别想指望 A 的部队会逃跑。科尔特斯(Cortes)显然就是出于这样的原因才(信誓旦旦但却不是真心地)告诉水手们他的船队不适合出海，于是只留下一艘船，把其他船全放火烧了。(而且，把船烧掉后他还可以把水手们招进他的步兵部队。)为了对各种解释加以区分，我们需要确定行动者的意向。自断后路的实际收益既非确立预期收益解释的必要条件，也非其充分条件(第 3 章)。

尽管博弈论在解释行为时诉诸的是行动者想要获得特定结果的意向，但它也可以解释一些行动者并不关心结果的情境。例如，欧盟与来
331 自东欧的新成员之间的互动。老成员国也许想对新加入的国家强加一

些条件,使新成员国接收的农业补贴永远低于同等面积的老成员国。从物质角度来看,加入欧盟后新成员国将获得巨额利益,就算只是二流成员国也比非成员国好得多,尽管与正式成员国相比还是差一些。而从心理角度来看,被当作次等国家对待的这种耻辱也许会导致他们拒绝这样的条件。① 预见这一互动的老成员国或许会因此提出完全平等的准入条件。新成员国在乎的不只是物质层面,这一信念可能会使新成员国在物质层面的境况更好。

我对加入欧盟的谈判并不了解,因此上述评论只是推测性的。但我们知道,1787 年费城联邦会议在对未来西部各州加入联邦的条款进行讨论时,这种争论就出现过。古维诺尔·莫里斯(Gouverneur Morris)和其他人提出,应该承认这些州为二等州,这样它们在投票中将永远无法胜过最初的十三个州。乔治·梅森(George Mason)则强烈主张新加入各州应与最初的各州享有同等权利。首先,他从原则的角度展开论证:只有承认西部州享有同等权利,宪法制定者们所做的才是"我们所知道的正确之事"。对那些可能并不接受这种论证的人,他又补充说,新加入各州无论如何都不可能接受一个耻辱性的提案。

> 如果西部各州要加入联邦,随着它们的兴起,它们必须被平等对待,并且不应受到任何侮辱性的歧视。它们将拥有与我们相同的骄傲与激情,如果它们没有被自己的手足在方方面面都平等对待,它们将不会团结于联邦,还会迅速背弃联邦。

梅森提到的是新加入各州的"骄傲与激情",而不是它们的私利。即使实际上以不平等的条件加入联邦比不加入更符合它们的利益,它们还是有可能出于愤恨而宁愿待在联邦之外。与此同时,他还诉诸了 332 初始各州的私利,而不是它们的正义感。用第 4 章的术语来说,梅森是在告诉其他人,新加入各州或许会受**激情而非利益**的驱使,因此受**理智而非利益**的驱使而行动才是符合初始各州利益的做法。

---

① 2003 年希拉克总统为这种态度提供了一个实例,当东欧政治家对美国的伊拉克政策表示支持时,他回应说他们错过了保持沉默的绝好机会,而且他还补充道他们显然没有接受过良好教育。

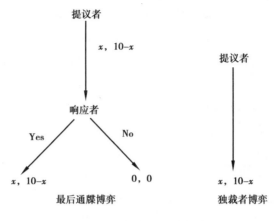

图 20.1

对这种情况已有最后通牒博弈（Ultimatum Game）和独裁者博弈（Dictator Game）的实验研究（图 20.1）。在最后通牒博弈中，一个人（提议者）可以提议一个他与另一个人（响应者）之间的十美元分配方案（x, 10-x），提议只能以整数美元计数。如果响应者接受，则分配方案生效，如果响应者拒绝，则两个人都什么也得不到。尽管对这种博弈的研究有很多变种，但我关注的是匿名条件下的一次性互动。由于实验对象是通过计算机终端进行互动的，他们并不知道自己搭档的身份。通常他们还会被明确告知实验者也不确定谁做了什么选择，这就排除了他们的决定可能会受想要取悦实验者的欲望的影响这一可能性。当实验对象进行多次博弈时，他们绝不会遇到同一个搭档，这使他们可以"学习"而非"树立声誉"。在这些条件下，他们做出的决定可以最大限度地反映不受任何约束的自利。

假定两个行动者都是理性和自利的，他们掌握报酬结构的完整信息，并且这些信息对他们而言都是共同知识，提议者将提议（9, 1），而响应者会接受。如果提议能以美分计数，提议者会提议（9.99, 0.01），而它还是会被接受，因为聊胜于无。在实验中，提议一般都接近（6, 4）。响应者得到 2 美元或更少的提议通常会被拒绝。① 响应者宁愿损人不利

① 我说"一般"和"通常"是因为实验结果有着相当大的差异。有些差异是基于性别的，有些是基于文化的。

解释社会行为：
社会科学的机制视角

己。无疑,其中一条假定被打破了。就实验的设置来看,我们可以排除这是因为实验对象缺少信息,或他们不知道这些信息是他们的共同知识,但我们不能排除实验对象的理性失效或他们具有非自利动机。

提议者或许是个**利他主义者**,比起全部独吞他更倾向于某种程度的平均分配。尽管向看上去并不明显缺钱的完全陌生的人展现利他主义是个多少有些奇怪的想法,但这至少与理性是一致的。然而,我们可以拒绝这种假设,将最后通牒博弈中的行为与独裁者博弈中的行为做对比。在实际算不上"博弈"的独裁者博弈中,提议者单方面决定自己与响应者之间的金钱分配,不给后者响应的机会。如果最后通牒博弈中的提议只受到利他主义的驱使,那么独裁者博弈中的分配应该也与它相同。可是在实验中,独裁者博弈中提议者的行为远没有那么慷慨。显然,最后通牒博弈中提议者的行为(至少部分地)是由吝啬的提议会被拒绝这一预期驱动的。

要解释这种拒绝,我们或许可以假定响应者会受**嫉妒**驱使而拒绝低价提议,而预见这一结果的自利提议者会提出慷慨程度刚好够让对方接受的提议。如果这种解释是正确的,我们应该预期,提议者提出(8,2)被拒绝的频率,在他可以自由任意提议(而他也知道自己被限制)只能在(8,2)和(2,8)之间选择一种时,两者是一样的。然而,在实验中后一种情况下的拒绝率更低。这一结果表明,响应者的行为是由**公平**考虑决定的。比起提议者唯一的替代选项是一个对他自己同样不利的选项的情况,本可提议(5,5)却提议(8,2)看上去更不公平。重要的是**意向**,而不是结果。

这种诠释在其他强调强互惠重要性的博弈中也得到了支持,如信任博弈(第15章)。人们有时愿意在要付出代价且毫不利己的情况下惩罚他人,因为他人的行为有失公平。这种做法似乎违背了第12章列举的理性标准中的一条:在采取行动和什么都不做之间进行选择时,如果采取行动的预期成本超过了预期收益,理性的行动者将不会采取行动。而基于利他主义或嫉妒的解释不会违背这一原则。对一个利他主义者来说,自己付出一些代价使他人受益的结果可能更好;对一个嫉妒的人来说,自己付出一些成本使他人受损也是如此。这种行为违背了自利假定,但并没有违背理性假定。相比之下,基于公平的解释似乎是违背了理性假定。强互惠引发的行为就好比我们被石头绊倒后踢石头报复——于事无补,而且只会让自己更痛。[①]

逆向归纳法

在图 19.5 展示的最后通牒博弈以及其他序贯博弈中,均衡是通过逆向归纳法求解得到的。在最后通牒博弈中,提议者预见响应者对某一给定提议可能会做出什么反应,并据此调整自己的行为。上面这些例子涉及的计算十分简单。而在其他实验中,实验对象可能得展开更长的推理。例如,两个实验对象可能被要求经过三轮的提议与反提议来分配一笔钱,而这笔钱在每轮提议后都会缩减 50%。[②] 在每一个节点上,行动者既可以接受提议向"右"走,也可以反提议向"下"走。这样理性、自利和共同知识就引出了如下推理。

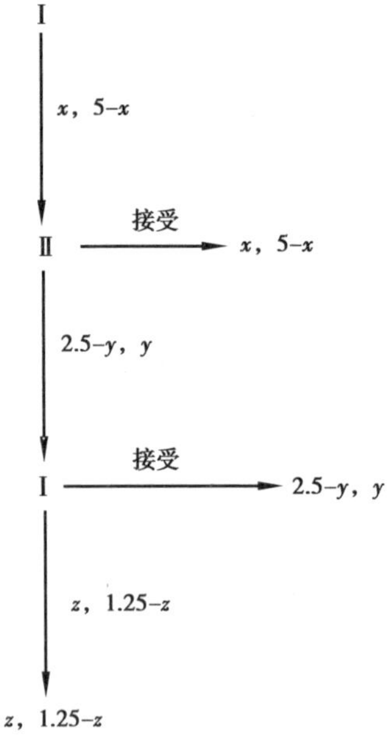

做出第一个提议的人(参与者 I)必须考虑,对比这种划分和在更小的馅饼上分得更大块,参与者 II 会更偏好哪个。同时,参与者 I 知道参与者 II 不会提出一个使参与者 I 接受后境况会比直接进入最后一轮更差的提议。在图 20.2 中,参与者 I 如果拿走第三轮剩下的所有钱,他至少可以分

图 20.2

335

I

$x, 5-x$

II ——接受——→ $x, 5-x$

$2.5-y, y$

I ——接受——→ $2.5-y, y$

$z, 1.25-z$

$z, 1.25-z$

336

[①] 对这种分析的一种可能的异议是,如我们在第 15 章看到的,人们可能会从惩罚他人的行动中获得快乐,而且对这种快乐的预期还可能**激发**惩罚行为。

[②] 这种缩减可以被视为时间贴现的结果(第 6 章)。

解释社会行为:
社会科学的机制视角

得 1.25。因此，参与者 II 在第二轮的提议就不能少于 1.25，不然 II 最多也只能得到 1.25。得知了这一点，参与者 I 就会提议(3.75,1.25)，而参与者 II 就会接受。

在实验中，参与者 I 做出的平均提议是(2.89,2.11)，比均衡提议要慷慨得多。显然，有一个或更多的假定被违背了。(1)第一个参与者或许是利他的。(2)他或许是害怕另一个参与者会因无法遵从逆向归纳的逻辑而拒绝均衡报价。(3)他可能自己就无法遵从这一逻辑。① 我们可以告知实验对象他们是在与一台被编程为"做出最优回应"的计算机互动，由此排除第一个和第二个假设。此时第一次提议的平均值就是(3.16,1.84)，仍然比均衡慷慨得多。考虑到作出高价提议的实验对象不可能对一台计算机产生利他的感觉或者认为计算机无能(incompetent)，因此一定是这些实验对象自己无能。

这并不是因为任务很难。一旦将逆向归纳法的逻辑解释给实验对象，他们在后面的博弈中就会表现得无可挑剔。确切地说，这个实验表明这种推理不是人类生来就有的。即使简单的正向推理也可能无法自发地发生，如赢者诅咒(第12章)所体现的。"弟弟妹妹"综合征(第18章)也有一些相同的意味。人们并不是无法通过反思去理解他人是和自己一样理性且具有思虑能力的人，他们只是自然而然地倾向于设定他人是遵循惯性而非适应环境的人。

理性选择博弈论的失败

众多发现揭示了博弈论在预测方面的失败，我将讨论其中的"有限重复囚徒困境"(finitely repeated Prisoner's Dilemma)、"连锁店悖论"(Chain Store Paradox)、"蜈蚣博弈"(Centipede Game)、"游客困境"(Traveler's Dilemma)和"选美比赛"(Beauty Contest)。

337

如果实验对象彼此之间进行连续的多次囚徒困境博弈并且知道什

---

① 与最后通牒博弈的情况不同，参与者 I 没有理由担心参与者 II 会因均衡提议低得太不公平而拒绝它，因为参与者 I 在一开始和最后都有决定权。

么时候会是最后一轮,我们会观察到相当大比例、往往超过 30% 的人选择合作。一个直觉性的解释是,参与者在一轮博弈中选择合作可能是希望对方也有所回报("一报还一报")。不过,如果参与者采用逆向归纳法,他们就会明白在最后一轮博弈中双方都会选择背叛,因为他们没有机会再影响下次博弈中的行为了。同样,在倒数第二轮博弈中参与者也会选择背叛,因为之前的论述已经给定了最后一轮博弈中的行为。这种论证把我们一路"拉回"至第一轮博弈,由此引发每轮博弈中的背叛。

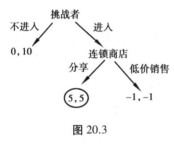

图 20.3

一家连锁商店在二十个城市都开有分店,在每个城市它都面对着一个潜在的挑战者。挑战者必须决定是开设商店与连锁店分享市场还是不进入这座城市。连锁店可以选择积极回应,采用掠夺性定价使对手破产但同时自身也蒙受一定损失;或者选择与对手分享市场。最后的收益(payoff)如图 20.3 所示(每对数字中的前一个数字代表潜在进入者的收益)。

在单独一次博弈中采用逆向归纳决会产生(5,5)的均衡结果:对手进入且连锁店同意分享市场。然而,提前想到以后会面对的挑战,连锁店或许会决定表现得更具进攻性并摧毁进入者,自己付出一些代价以威慑其他城市潜在的进入者。但如果我们将逆向归纳推理应用于一系列二十轮的博弈中,这种策略并不可行。在第二十轮博弈中,进攻性行为已不会再有进一步的好处了,此时企业还不如与进入者分享市场。然而,这又意味着企业在第十九轮博弈中采用掠夺性定价也无利可取,以此类推,直至回到第一轮博弈。尽管实际市场中掠夺性定价的程度仍有争议,但在实验性的市场中它的确出现了。

蜈蚣博弈①可参见图 20.4(收益以美元为单位)。逆向归纳法告诉参与者 I 在一开始就选择"停止",这样每个参与者的收益是若他们一路继

---

① 这个名字指代这种博弈具有 100 个节点时的情况。

解释社会行为:
社会科学的机制视角

续到底本会获得的收益的 1/16。在一个典型的实验中,22%的实验对象在第一个选择节点选择了停止,剩下的实验对象中有 41%在第二个节点选择了停止,仍然继续下一步的实验对象中有 74%在第三个节点选择了停止,余下的实验对象中有一半在第四个节点选择了停止,而另一半选择了继续。现实情况与逆向归纳法预测的(循环)均衡有很大偏差,参与者收益的平均增幅也是如此。

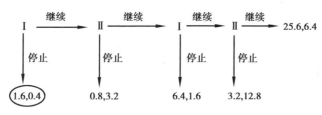

图 20.4

为了解释这些明显非理性的合作和掠夺,人们或许会强调博弈的某些方面存在**不确定性**。现实生活中的参与者很少面对轮数有限且已知的博弈。通常,他们会认为互动将无限地持续下去,因此并不存在一个可以开始逆向归纳的最终轮。在这种情况下,重复的囚徒困境博弈中双方都采取"一报还一报"就会是一种均衡。(它不是唯一的均衡,因为"双方都始终背叛"也是一种均衡。从结构上说,这有点像确信博弈,有一个好均衡和一个坏均衡。)如果现实生活引发了"一报还一报"行为,行动者就可能也将其用于实验室的情境中,而在实验室中这种行为并不是最优的。

或者,行动者或许不确定她所面对的参与者是什么类型。假设有这样一种共同知识,即总体中有一些非理性的个体。已知一些行动者会始终选择合作,另一些行动者会在有限重复的囚徒困境博弈中选择"一报还一报",还有一些行动者即使在第二十个城市仍会采取掠夺性定价来阻止进入者,等等。然而,我们并不知道这些个体具体是谁。任意行动者非理性的概率都是正值。在连锁店悖论中,如果潜在的进入者认为连锁店经理非理性的概率足够大,她就会决定不进入市场。而连锁店经理已知这一点就会有动力对第一个进入者采取掠夺性定价,以使其他人相信他是非理性的。当其他城市的潜在进入者观察到了这种行为,他们就会运用贝叶斯推理(第11章)为经理的非理性赋以更高的概率。这一概率可能不足以吓退他们,但如果经理一次又一次地采取这种行为,这个概率可能就会最终达到一个水平,基于这一水平潜在的进入者选择不进入市场才是更理性的。相似的论证或许还能解释有限重复的囚徒困境和蜈蚣博弈中的合作行为。

还有另一种可能,即重复囚徒困境和蜈蚣博弈中的合作有某种聚点属性。尽管理性(rational)的个体第一次互动时就会选择背叛,但理智(reasonable)的人并不会这样做。虽然这一(关于哪种人背叛得更晚的)观点相当含糊,但它听起来(至少对我而言)比基于不确定对方类型的论证更真实。一方面,那些论证要求参与者进行极其复杂、得用掉很多页草稿纸的计算。另一方面,反省和随机观察表明,日常生活中我们做决策时并不会这样看待他人。对于某人我在小钱上信任他而在大钱上不信任他,这并不是因为我对他赋予的可被无条件信任的概率很小,而是因为我判断只有在风险不是很高的情况下他才值得信任。

在游客困境中,两名参与者同时为丢失的行李索赔,赔款在80美元到200美元之间。为了防止过度索赔,航空公司给两名游客支付的赔款是两份索赔中那个较小的金额,同时额外支付给赔款报价较低的游客一笔钱R,并扣除报价较高的游客同样金额的钱。设想一组索赔报价,例如(100,150),它会产生收益(100+R,150-R)。这组报价不可能是一种均衡,因为第一个参与者本可能有动力去索赔149,产生149+R的收益,而第二个参与者会以索赔148来回应,以此类推。如这个例子所示,唯一的均衡发生在双方都索赔80的时候。在实验中,这种结果实际上是在R值很大时被观察到的。而当R值很小时,实验对象的索赔报价更接近上限200。又一次,我的直觉告诉我这是某种类似聚点推理的机制在起作用。每个游客都明白,已知合作提出高额索赔将会带来的收益,再去采取均衡策略就很蠢了,而且她预期另一名游客也明白这一点。

约翰·梅纳德·凯恩斯将股市比作选美比赛。他想到的是当时在英国非常流行的比赛形式:报纸刊登100张照片,人们写信选出其中自己最喜欢的 6 张面孔。每个选中了最受欢迎面孔的人都会自动进入一个可能赢得大奖的抽奖。凯恩斯写道，"不选自己认为最美的[脸]，也不选一般人真的认为是最美的[脸]。而是运用智力推测一般人认为的最美的，这就到了第三级推测。而且我相信有些人会运用到第四级、第五级，甚至更高。"①

在受凯恩斯的评论启发而设计的一个博弈中，实验对象被要求在 0 至 100 之间选择一个数字。所选数字最靠近全部所选数字平均值的 2/3 的参与者会赢得一份固定的奖励。这个平均值被限制在 100 之内，也就是说平均值的 2/3 被限制在 67 之内。因此对于任何从其他参与者的选择中得来的平均数来说，67 都会比任何大于 67 的数字更靠近那个平均值的 2/3。但是如果数字被限制在 67 之内，平均数的 2/3 则被限制在了 44 之内，以此类推，直至达到了唯一的均衡，0。在实验中，极少的实验对象选择了 0；平均数字在 35 左右。对于选择了这个数字的某个人来说，他一定是认为其他人大部分都选择了更大的数字——弟弟妹妹综合征。这个数字是全部范围内的平均值 50 的 2/3，这个事实说明典型的实验对象或许认为其他人是随机选了一个数字而他则可自由地进行最优选择。或者，典型的实验对象或许认为其他人是进行了两轮排除，而他则是自由地增加了第三轮排除从而能进行最优选择。

我一直表明，当人们没能遵照博弈论的预测而行事时，这可能是因为他们**不够理性**或者**过度理性**。弟弟妹妹综合征毫无疑问就是一种理性的失灵，无法进行简单的逆向归纳法也是如此。保持理智就是要超越理性的陷阱——专注于两个参与者都能获益的事实，而又忽视最优回应的逻辑。正如我已经说过的，后一种观点在某种程度上近似聚点的概念，但仅仅是某种程度上近似。聚点是均衡，而有限重复囚徒困境中的合作、游客困境中的高额索赔或蜈蚣博弈中的选择继续则不是均衡。这些选择与聚点选择的共同点是一种难以界定并且高度依赖背景的显而易见与合理的属性。

341

---

① 约翰·梅纳德·凯恩斯. 就业、利息和货币通论[M]. 金碚, 张世贤, 译. 北京: 经济管理出版社, 2011: 90. 译文有改动。——译者注

这种观点或许看起来更类似于异想天开(第 7 章)而非聚点推理。要无视理性的"塞壬之歌"就是要遵从约翰·多恩(John Donne)在长诗"周年纪念日"(The Anniversary)中的告诫：

谁又像我们这样安全？除了我们两人中的一个，谁也不能对我们做叛逆之事。让我们抑制真实和虚假的恐惧。

要无视**真实**的恐惧似乎是非理性或异想天开的。(无视真实的收益前景也是如此。)或者，而我也更偏好这种视角，这种行为反映出了一种比纯粹理性更高的标准。① 这些都是很难的问题，欢迎读者补充自己的思考。其中的一些问题我们会在下一章继续探讨。

342

参考文献

本章的大部分例子都来自 C. Camerer, *Behavioral Game Theory* (New York: Russell Sage, 2004)。

对标准博弈论预测在哪些条件下会失败的有益分析可参见 J. K. Goeree and C. A. Holt, "Ten little treasures of game theory and ten intuitive contradictions," *American Economic Review* 91 (2001), 1402-22。

表面看似简单的逆向归纳法其实藏有深层的悖论，其中有些悖论在我的 *The Cement of Society* (Cambridge University Press, 1989)一书的引言中有清晰的说明。

图 20.2 所描述的博弈来自 E. Johnson et al., "Detecting failures of backward induction," *Journal of Economic Theory* 104 (2002), 16-47。

游客困境出自 K. Basu, "The traveler's dilemma: Paradoxes of rationality in game theory," *American Economic Review: Papers and Proceedings* 84 (1994), 391-5。

343

---

① 我所指的并不是公正动机这个意义上的**理智**观(第 4 章)，而是某种更日常的理智观。我脑海中(尚未成熟的)想法涉及的是这个事实：相较于被描述为"华尔街博弈"(Wall Street Game)的囚徒困境，人们在被描述为"社区博弈"(Community Game)的囚徒困境中合作得更多。

信　任

卸下防备

托克维尔说利己主义（egoism）是"社会的锈垢"。类似地，信任（trust）常被称为"社会的润滑剂"。[1] 如果我们无法信任他人——至少在某种程度上——会言而有信，日常生活将寸步难行。尽管学者们已用各种方式界定了信任，但我还是会采用一种简单的围绕行为的定义：信任某人就是卸下防备（lower one's guard），**克制自己不对互动的伙伴设防**，即使对方出于机会主义或无能（incompetence）的行为可能会为设防提供理由。[2] 我所谓的"机会主义"是指短视或"原始的"的自利，它不受伦理和谨慎考虑的约束。可能为他人提供设防理由的典型机会主义行为包括撒谎、考试作弊、违背诺言、挪用公款、对配偶不忠或在囚徒困境中选择不合作策略。

人可能信任也可能不信任**自己**能遵守协议、远离酒精或在塞壬发出召唤时坚持船不偏离航向。人们对自己的不信任被预先承诺或建立私人规则（第 13 章）所揭示。然而，由于信号效应（signaling effect）[3]，这些策略可能会有很高的成本。如果他人看到一次我对未来自我的这种设防行为，他们可能就会如我们在第 10 章看到的那样错误地推断我在整体上缺乏自我控制。因而在以下情境中他们可能就不愿信任我：（1）我缺乏自控

---

[1]　在一份关于经济发展的更早期的文献中，**腐败**有时也被赋予了润滑剂的角色。

[2]　因此，我们可以将信任理解为包含**双重放弃**，互动的一方在放弃设防时希望对方也放弃机会主义的行为。

[3]　信号效应是指，在信息高度不对称的情况下，缺乏信息的一方往往只能通过观察掌握信息的一方所发出的"信号"来进行判断。——译者注

对他们而言可能代价很高;(2)缺乏可用的预先承诺设置;(3)私人规则起不到作用,因为他们可能处于一次性的互动中。现代社会中就既有反对醉酒的规范,又有反对完全戒酒的规范(第22章)。

不信任可以有两种形式。一方面,当与潜在合作者的互动使行为者易受无能或机会主义之害时,行为者可以果断放弃互动。另一方面,行为者可能参与互动,但他会采取防范措施预防这些风险。因此,信任是两个连续决定的结果:参与互动;放下对互动伙伴的警惕。由于放弃互动的决定很难被观察到,我们可能很容易就低估了社会中不信任的规模。我们或许轻易地认为一个人们时刻彼此防备的社会相比一个人们大多数时间都不相互往来的社会,前者中的不信任现象更多。但更深入地检视后我们会发现,后者因为众多互利协议根本无法达成而极为低效。

蒙田描述了一种信任反应:"当我在旅行时,无论谁拿着我的钱包都能不受监督随意使用。"其他体现信任的例子可能含有对以下这些行为的抑制:

- 偷看配偶的日记
- 学生考试中安排监考人
- 检查未来雇员的证件
- 向租客收取押金
- 坚持签署有法律强制力的书面合同
- 要求不那么富裕的伴侣签署婚前协议
- 把钱藏在自家孩子找不到的地方
- 离家时把大门锁上
- 向自己预先承诺会惩罚囚徒困境中的背叛者
- 向第二位医生征询意见或向第二位汽车修理工询问报价

如之前提到的,信任的对象可以是他人的**能力**,也可以是他人的**动机**。二者的区别在抵抗运动(resistance movements)的历史中得到了生动的体现。第二次世界大战期间,在被德国占领的国家,抵抗分子因被误认为是德国间谍而遭杀害的情况时有发生。还有一种尽管很少见但

解释社会行为:
社会科学的机制视角

的确发生过的情况,抵抗分子因不被信任能守口如瓶而遭杀害。一个被发现是酒鬼的人可能会被抵抗组织杀害,以防他在喝醉时泄露危险信息。举个更平常的例子,我可能会质疑汽车修理工的技术或者他的诚实。我向第二位医生征询意见往往是因为我担心第一位医生能力不足,尽管我或许还担心她向我推荐不必要的手术是为了使自己获利。接下来我将主要探讨诚实问题。

信任的理由

人们卸下防备可能是出于多种理由(reason)。① (1)无论是针对某一特定场合还是针对整个人生,防备的成本可能都超过了预期收益。如果我村里有一名汽车修理工,而我得乘出租车到五十英里外才能得到第二份报价,这么做或许就不值得。更一般地说,生命如此短暂,不要把时间都浪费在总担心自己被占便宜上。偶尔因错信他人而导致的损失要小于心无所忧带来的内心的平静。(2)防备行为其本身就可能提供会被机会主义者利用的信息。蒙田引用过一句拉丁谚语:"Furem signata sollicitant, aperta effractarius praeterit(房门紧闭贼惦记,房门大开贼不理)。"(3)防备的念头可能不符合行动者对互动对象的情感态度。坠入爱河的人可能会拒绝进行婚前协议的冷酷计算。第 20 章引用的多恩的诗句也适用于这一情境:"让我们抑制真实和虚假的恐惧。"(4)对于对方的可信任性(trustworthiness),我可能具有先在的信念。(5)我会试图通过信任对方来**引发**他或她对我的信任。

接下来我将集中讨论(4),同时更简要地讨论一下(5)。虽然许多学者都只从角度(4)来界定信任,但我相信关注深思熟虑的克制有利于突出施信者(truster)与被信者(trustee)之间的**互动**。如果被信者**认识**

346

---

① 我用"卸下"表示一种**深思熟虑**后的放弃。在我讨论的一些案例中,可能人们脑子里从来就没出现过设防(例如偷看配偶的日记)这个念头。但这并不是我稍后定义的那种"盲目的信任",即行动者本有**机会**设防但却没有设防。对关系中的另一方来说,行动者有机会却又不利用这个机会这一事实,就是一个有效的标志,不管这种放弃是否被认为是刻意的。

(perceive)到对方没有设防,这一认识或许就会使他的表现与原本的表现有所不同。(2)就是这样一种情形,因为被信者推断他没有施行机会主义行为的**必要**(occasion)。在我稍后会讨论到的其他案例中,这种认识可能会改变被信者施行机会主义行为的**动机**,这反映出一种先于分析的直觉,即信任有着某种自我实现的属性。不信任同样如此。正如普鲁斯特所言:"忌妒一经发现,就会被其对象视为缺乏信任,从而赋予她欺骗我们的权利。"

值得信任的理由

人们被他人视为**值得信任**是基于很多不同的理由。我将讨论四种:过去的行为、激励(incentive)、标志(sign)和信号(signal)。往往,我们从对他人的观察中得知,或者相信自己得知,他们会一贯地信守承诺,不撒谎,对不是自己的东西会小心对待,等等。一个知道他或她自己值得(或不值得)信任的人会倾向于认为别人也是值得(或不值得)信任的[即所谓的虚假共识效应(false consensus effect)],并因此倾向于信任(或不信任)他们。正如拉·布吕耶尔(La Bruyère)所说:"骗子们轻易就把别人想得和自己一样坏,没人骗得了他们,他们也不能长久地骗别人"。① 有实验证据表明这一机制实际上的确是起作用的。反过来,A 可能会因为他知道自己所信任的 B 信任 C 而去信任 C。然而,这种推断可能靠不住,因为 B 对 C 的信任或许只是出于虚假共识效应。正如这些例子所显示的,我们信任或不信任别人往往是出于一些蹩脚的理由——相信别人比实际上更多地像我们或者"更多地像他们自己"(行为上更有一致性)。

347

在一个小型的国际钻石商群体中,机会主义行为的诱惑极强,而一份没有见证人的口头协议的约束力却如书面合同一般强。一个违反协议的商人或许可以暂时获益,但之后**所有**其他商人都会**永远**对

---

① 拉·罗什富科的看法与他不同:"人们永远不会像他们试图欺骗别人那样容易受骗。"

其避而远之。① 按照这一群体的传统,此人也没法再把生意传给自己的子女。如果是纽约的钻石商,这些人大多生活在极端正统派的犹太人社区中,欺骗者会遭受社会的排斥。后一机制使可信任性更牢固,但它并不是可信任性的必要条件。维持诚实和可信任的声誉往往就足够了。

标志是指个体身上那些(或对或错地)被认为表明其可被信任的**特征**(feature)。在一项关于什么导致了出租车司机更愿意相信其乘客不会抢劫或者袭击他们的研究中,女人被认为比男人更可信,年长的被认为比年轻的更可信,白人被认为比黑人更可信,富人被认为比穷人更可信,自顾自地被认为比问东问西的更可信,坦率的被认为比遮遮掩掩的更可信。在纽约,西班牙裔的出租车司机会觉得西班牙裔的乘客比其他种族的乘客更可信。在贝尔法斯特(Belfast),天主教徒司机会觉得天主教徒乘客比新教徒乘客更可信,反之新教徒司机亦然。更一般的特征包括,两眼的距离不是太近,以及说话时直视对方。

信号是指为可信任性提供了证据的**行为**。其可能包括刻意制造或模仿标志。例如,说话时盯着对方的鼻根似乎是个制造坦率表情的好办法。在这个案例中,只有当对方相信坦率的表情可以可靠地预示行为并且忽略了这种表情是多么容易伪装时,这一信号才会奏效。如果不受信任的人承受不起某些行为造假的代价,那这些行为也能发挥信号的效力。要想成功地伪造签名,就需要进行长期的练习,而签自己的名字基本上没什么成本。一个穷人或许可以打扮成华尔街的银行家那样以使出租车司机觉得他是可信任的,但他不可能这么做,因为成本将大于抢劫的预期收益。相反,挥舞一份《华尔街日报》来招揽出租车是任何人都做得起的事,因此我们也就没法以此来鉴别一个人是否可信。信任依赖于互动伙伴具有长远眼光(long time horizon)(低时间贴现率)的这一信念。就这一意义而言,给定远见这种性格特征要么存在于所

348

---

① 这不是简单的"一报还一报"机制,在"一报还一报"中,一个人在某一回合背叛就会在下一回合受到惩罚,如果他重新开始合作则可能得到原谅。相反,这是一种"冷酷触发"(grim trigger)机制,仅仅一次背叛就足以排除以后用好的行为来补赎的可能。

有场合,要么哪儿都没有,付出高成本展现身体的健康与苗条就能够成为一种信号。

往往,我们信任他人是因为我们认为他们不只是受自身利益的驱使。然而,有时我们只有在将他人视为自利之人时才会信任他们。在《马耳他之鹰》(*The Maltese Falcon*)这部电影中,古特曼(Gutman)先生对亨弗莱·鲍嘉(Humphrey Bogart)说:"照顾不好自己的人我是信不过的。"拿破仑说塔列朗是不可信的,因为他从不为自己的家人谋求任何好处。据说法国总统弗朗西斯·密特朗(François Mitterrand)同样信不过那些从不向他求得好处的人。更一般地说,那些骗子和诈欺者的主要问题是要让受骗者相信他们的行为是出于自利。比如,我走到某人身旁对他说只要预先投入一小笔钱就能赚到一大笔钱。他的第一个疑问会是"这种好事怎么会是真的?"他的第二个疑问会是"如果真有此事,你为何不自己独占而要与我分享?"一个成功的诈骗犯要能讲一个可以解释他是怎样受到自利的驱使而放弃一部分好处的听起来合理的故事以博取受骗者的信任。在与对方早先没有过互动的情况下,声称自己持友善的动机是不可信的。

正如人们可能(被认为)或多或少是值得信任的,他们也可能或多或少地会信任(trusting)别人。也就是说,如果 A 和 B 都对 C 有着相同的信念(或者毫无信念),那么 A 可能会信任 C 而 B 可能不会。这种信任他人的倾向在开展合作性的事业时尤为重要。在重复性的互动中,合作可以通过互惠来维持,但**第一回合除外**,因为在此之前没有互动的历史。为使互动得以开始,各方在第一回合中必须无条件地合作。相信他人的人会遵循"投桃报李"(tit for tat)的准则:在第一回合中合作,在之后的回合中互惠。正如一条谚语所说的:"愚我一次,其错在人;愚我两次,其错在我。"不信任他人的人会遵循"投李报桃"(tat for tit)的做法:在第一回合中背叛,在之后的回合中互惠。在二人互动中,只有双方都是相信他人的人,合作才能展开。

349

信任如何产生可信任性

如果互动的一方知道对方已经卸下了其原本可能采取的防备，"被信任"可能就会带来"可信任"。蒙田在谈到保管其钱包的仆人时写道，"即使我来记账，他还是可以骗我；只要他不是个恶魔，我对他的这种不顾后果的信任就会促使他也诚实。"这种形式的互惠不同于囚徒困境中的"一报还一报"策略包含的互惠。当博弈包含无数次互动且任意一次互动中双方的选择都是同时进行时，"一报还一报"可能就是一种均衡策略。相反，蒙田的观察只适用于一方先做出选择且另一方做选择之前知道前者的选择的一次性博弈。有关一次性囚徒困境博弈中的合作倾向的实验证实了这一直觉。在一项研究中，实验对象在做选择前被告知了互动对方的选择。当得知对方背叛了自己时，只有3%的参与者选择继续合作。当得知对方选择合作时，有16%的参与者选择合作。

另一项实验可被用来展示"信任"更细致的纹理。这个信任博弈在两种情境下进行。在两种情境下，"投资人"都可以选择从自己的10单位资金中拿出从0至10的任意金额转给"受托人"，随后实验者会将转出的金额增至其三倍，这样一来，如果投资人送出10受托人就会得到30。受托人可以选择从0至扩增后的总额（在这个例子中是30）之间的任意金额回馈给投资人。最后，投资人如果决定进行赠送，还必须说出自己希望受托人回赠多大的金额。

350

以上条件定义了"信任情境"，虽然这一标签并不恰当（或者说我认为它不恰当）。在"激励情境"下，投资人被给予一个选项，即当他决定赠送并说出自己想要的回赠时，他可以宣布如果受托人的回赠少于他想要的金额，他会向受托人征收4单位的罚金。一些投资人使用了这个选项，另一些人没用。如果他们不用这一选项，受托人就会明白投资人拥有这个选项但却拒绝使用。这个实验的发现是，最高的回赠金额出现在不征收罚金的激励情境下，最低回赠金额发生在征收罚金的激励情境下，在信任情境下回赠处于中等水平。投资人预料到了这一效应,他们在"激励,无罚金"情境下的投资要比其他任一情境下的投资多30%左右。

"激励,无罚金"情境对应我对信任的定义。而这些实验者所谓的"信任情境"我更愿称其为**盲目信任**。很明显,**排除了**设防的案例不同于**未选择**设防的案例。这一引人注目的发现表明,(非盲目的)信任比盲目信任带来的合作更多。卸下防备起到了重要作用。

人们还可能信任或不信任**制度**。他们可能信任银行能维持其偿付能力,也可能更偏好把自己的积蓄藏在床垫下。他们可能信任法庭在邻里争端中会不偏不倚,也可能更偏好自己主持公道。严格来说,这些案例并不符合我一开始给出的定义,因为公民在与制度打交道时不具有(或很少有)能采取的设防措施,除非他们不与制度打交道。我对银行的信任是一种盲目信任。就最低程度而言,我的信任是能影响银行实际维持其偿付能力的可能性,但这只是因为我对银行储备金的贡献使银行在某种程度上没那么容易受挤兑①。相反,蒙田对其仆人的信任引发可信任性是因为,如果仆人辜负了他的信任就会感到羞耻和内疚。

然而蒙田还主张,这些因信任他人而带来的好处本质上是一种副产品(参见第4章)。如果你放弃设防仅仅是为了让他人表现良好,你 351 就不太可能成功。"赢得另一个人的心的绝佳方式就是信任他、把自己交付于他——条件是率性而为,<u>丝毫不受任何需求的束缚</u>,而且需要我们付出的信任是清澈纯粹的,并且至少是毫不犹豫的。"

参考文献

值得信任的人也是那些信任别人的人,其证据来自 D. Glaeser et al., "Measuring trust," *Quarterly Journal of Economics* 115 (2000), 811-46。

B. Richman 的"Community enforcement of informal contracts: Jewish diamond merchants in New York" (working paper, Harvard University, Olin Center for Law and Economics, 2002)对纽约的钻

---

① 银行挤兑(a run of the bank)是指大量的银行客户因为金融危机的恐慌或者相关影响同时到银行提取现金,而银行的存款储备金不足以支付而出现的情况。——译者注

解释社会行为:
社会科学的机制视角

石商团体进行了分析。

D. Gambetta and H. Hamill 的 *Streetwise*（New York：Russell Sage，2005）一书的主题就是出租车司机如何使用标志和信号来确定自己乘客的可信任性。

N. Leff 的那本被人们忽略的书 *Swindling and Selling*（New York：Free Press，1976）中分析了几种让骗局看起来可信的方式。

关于一次性囚徒困境中的合作的实验请参见 E. Shafir and A. Tversky，"Thinking through uncertainty：

Nonconsequentialist reasoning and choice,"*Cognitive Psychology* 24（1992），449-74。

本文所叙述的信任博弈的结果请参见 E. Fehr and B. Rockenbach 的"Detrimental effects of sanctions on human altruism,"*Nature* 422（2003），137-40。

22

社会规范

集体意识

社会学家有时会提到一个共同体的"集体意识"（collective consciousness），一套由其成员所共享（并且他们知道或者相信要被共享）的价值和信念。在价值这边，集体意识包括道德和社会规范、宗教、政治意识形态。在信念这边，它既包括对事实的看法，也包括对因果关系的看法，从有关白人奴隶交易的传闻到关于失业救济金反常效应（perverse effect）的信念，都在其范畴之内。本章我要讨论的是社会规范及其运作。下一章我将讨论"集体"信念，或更好的说法是"互动"信念的形成模式。我对价值和信念的处理存在双重不对称性。一方面，对社会规范的产生我没什么可说的，不是因为这个问题无趣，而是因为我发现它太难了。另一方面，我对大众或集体信念的实质没什么可说的。它们的内容在不同的时间和空间里变化很大，而信念的产生、传播、改变和崩塌的机制则更稳定。

社会规范的运作

看一下这两个语句：

> 在强烈的阳光下一定要穿黑色的衣服。
> 参加葬礼一定要穿黑色的衣服。

第一条指令基于工具理性，外衣是黑色时，身体与衣服之间的空气
353 流通得更快。第二条指令表明了一种社会规范，没有明显的工具意义。

社会规范的存在与重要性毋庸置疑。对其运作包含的近因（proximate cause）我们已有很好的理解。而关于它们最初的源头和功能（如果有的话）则仍存有争议。

社会规范是要求某种行动或禁止某种行动的指令。有些规范是无条件的："做 X；不要做 Y。"[1]包括不吃人肉，不与兄弟姐妹性交，不插队，（如一些母亲告诉女儿）绝不要穿红色的衣服，葬礼上要穿黑色的衣服，按从外到内的顺序使用餐盘两侧的刀叉，先治病情最严重的病人。另一些规范是有条件的："如果你做 X，那就要做 Y"，或者，"如果别人做 X，那你就做 X。"在许多群体中有这样一条规范，最先提议某种行动的人要负责将其施行；[2]结果，很多好的建议就从来没被提出过。一对没有孩子的夫妇可能觉得自己受制于这样一条规范，谁先提议要一个孩子，谁就要对这个孩子的养育承担更多责任；[3]结果，一些想要孩子的夫妇可能一直都没有孩子。可能并不存在一条规范要求我给表亲寄圣诞贺卡，但一旦我开始寄，就有一条规范要求我继续寄，还有另一条规范要求表亲对我回寄贺卡。即使这些规范是有条件的，它们也不以行动所能实现的任何**结果**为条件，正如在强烈的阳光下要穿黑色衣服的指令那样。

之后我还会提到更多例子。但首先，我需要讲讲是什么为社会规范赋予了因果效力，以及社会规范如何不同于其他规范。对前一个问题的简单回应是，社会规范的运作通过针对违规者的非正式**制裁**实现。通常，制裁会影响违规者的物质环境，或是通过直接惩罚的机制，或是通过社会排挤导致的机会损失。一个违反了群体规范的农民可能会眼见着自己的谷仓被烧毁、自己的羊被开膛破肚。或者，他可能会发现邻居拒绝帮他收割庄稼。**嚼舌**（gossip）机制可以对这些制裁起到倍增器的作用，在原本的第二方惩罚基础上又添加了第三方的制裁。

354

---

① 在下文中，"有条件的"和"无条件的"指向的是社会规范的内容。如我在第 5 章提到的，就其运作依赖于有旁观者在场这个意义而言，所有社会规范都是有条件的。

② 这一规范可能与聚点推理有关。

③ 这一规范引发了斗鸡博弈。

想想当一个牧场主在发现其邻居的牛群反复闯入她的领地时会怎么做。她可能会抓住这些牛，自己得到一些好处，邻居付出一些代价。她可能会杀死这群牛或降低它们的价值(比如将公牛阉割)，自己得不到好处，邻居要付出代价。她可能会把这群讨人厌的牛赶到很远的地方，她自己和邻居都要付出代价。或者，她也许会切断和邻居的所有联系(排挤)。然而，最后一种反应可能没什么效果，它可能无法阻止牛群再次闯入。第一种反应会被视为进攻性的占为己有而非惩罚。第二种反应尤其是第三种反应则更恰当，它们明确表明了一种惩罚的意向，即使惩罚者本身需要付出一些代价。

然而，就一般而言，我相信排挤或回避才是对违反规范最重要的回应。如果情况不是牛群反复闯入，而是对方在某个一次性互动中违背了诺言，那与之切断联系就会是更自然的回应。这一主张得到了某种一般性观点的支持，即社会规范是通过违规者的羞耻以及违规行为旁观者的轻蔑这两种**情感**来起作用的(第8章)。轻蔑的行为倾向是回避，而回避通常会给被排挤者带来物质损失，因此情感性回应与强加制裁之间存在某种联系。不过，制裁作为情感交流的一种手段其意义往往比制裁本身更重要。而且**制裁者**施行制裁的成本可能对表达他的情感强度尤其重要。

社会规范的制裁理论碰到了一个明显的问题：是什么驱动制裁者实施惩罚？他们能从中得到什么好处？通常，实施制裁对制裁者而言是有成本或有风险的。即使他不放弃互利互动的机会，不满态度的表达也可能触发对方的愤怒，甚至是暴力回应。这里自发的不满和故意的羞辱之间有一个重要的区别。后者很容易就会弄巧成拙，使对方愤怒而不是羞耻。即使这种不满的确是自发的，对方也可能，也许是自我服务式地，把它诠释为有意的羞辱并据此做出回应。因此制裁有风险。那么为什么人们还要这样做？

一种回答或许是，不施加惩罚的人自己则要承担被惩罚的风险。这种情况无疑有发生。在一个具有很强的复仇规范的社会中，我们可以预见，一个人如果没能避开复仇失败者，别人就会刻意避开她。在小

解释社会行为：
社会科学的机制视角

学生中，孩子在没被同学看到时可能更愿意和"书呆子"玩。而如果一个孩子没有参与骚扰对书呆子友好的那个孩子，别人也不太可能来骚扰他。因此第三方的骚扰者就不太可能是受对惩罚的恐惧的驱使。在实验中这个问题或许能得到检视，我们可以看看在最后通牒博弈中第三方是否会惩罚接受了极低报价而没有惩罚吝啬提议者的回应者。如果第三方施行了惩罚，我会很惊讶，而如果第四方观察者惩罚了不施加惩罚的第三方，我会更惊讶。当离最初的违规行为更远几步的时候，这个机制就不再可信了。

对制裁的一种更简约而又充分的解释建立在被自发触发的轻蔑和与其相联系的行动倾向的基础之上。愤怒，也可能被包含在其中，因为社会规范和道德规范之间的区分并不稳定。而且，对自己违反了社会规范的**炫耀**可能会触发愤怒而非轻蔑，因为炫耀就是在告诉其他人我不在乎他们的反应。尽管这些自发的行动倾向可能受到制裁成本和风险的限制，但它们也许能够压倒这些限制。排挤那个能帮同学写作业的书呆子代价很高，就像（法国 1789 年革命前）**旧制度**下的贵族拒绝把女儿嫁给富有的平民一样。当一种歧视表现为拒绝雇佣受歧视的少数群体或女人，或拒绝购买他们的产品时，经济利益可能就会受损。通常，这类行为反映的是社会规范的运作，而非怪异的个人偏好，正如"亲犹派"或"亲黑鬼派"这样的词语就被用来指责违背规范的人。

356

社会规范不是什么

社会规范需要区别于很多相关的现象：道德规范、准道德规范、法律规范和惯例。尽管它们之间的界线可能并不稳定，但在每个类别中还是有轮廓清晰的案例。即使在行动者认为没有其他人注意到他时，道德规范和准道德规范（第 5 章）也能够规范其行为。相比之下，维系社会规范的羞耻感则是由被感知到的来自他人的轻蔑触发。其对应的行动倾向是逃离他人谴责的目光：躲藏、逃跑，甚至自杀。

法律规范不同于社会规范的地方在于，前者由专门的行动者执行，通常是施加直接的惩罚而非排挤，尽管如此，它仍然是在实验合法的"羞辱"。法律规范与社会规范通过多种方式互动。例如，1990年路易斯安那的一些州议员就积极推动减少对那些私自惩罚国旗焚烧者的人的刑事制裁。即使1701年颁布的法令已允许法国贵族经商（只许批发，不可零售），但后者还是花了50多年才克服禁止经商的社会规范。在一些群体中，存在着反对诉诸法律规范的社会规范；而在另一些群体中，人们则动不动就要打官司。

惯例，或惯例均衡（convention equilibria），原则上可以通过行动者纯粹的私利来实现，不需要任何他人的行动。如我在第19章提到的，它们往往是非常任意的。会议的第一天，每个参会者可能或多或少是随机找到他或她的座位。第二天，惯例就形成了：人们趋向于他们昨天选择的座位，因为这是很明显的（聚点）分配机制。第三天，这个惯例已经被确定为一种权利：如果另一名参会者坐了"我的"座位，我会生气。尽管社会规范巩固了这个随意的惯例并使其更有可能被遵守，但它并不是不可或缺的。在纽约，有一个去时代广场庆祝新年前夜的惯例，但由于很少有人会知道某个人是来了还是没来，所以几乎没有制裁的机会。即使社会规范和法律规范没有强化靠道路右侧行驶的规范，但转到左侧行驶给驾驶员带来的危险也会极大地遏止这种行为。

稍微复杂点的一个类别是不成文的法律和政治规范，例如宪法惯例。① 它们通常不靠法律强制执行，尽管法院在做决定时可能会考虑到它们。相反，它们是借政治制裁，或借对这种制裁的恐惧来执行的。例如，1940年之前，没有总统能连任超过两届。这一美国宪法惯例的执行凭借的就是任何试图这么做的人都将失败这一信念。这种规范，其数量有很多，有社会规范的意味，因为它们是凭借分散的公众舆论力量而不是专门的机构来执行的。其他政治惯例更像是重复博弈中的均衡。例如，在很多议会政体中有这样一个惯例，行政官员离任后，内部文件就会被封存起来，几十年后才会（对历史学家）解禁。尽管某位行政官

① "宪法惯例"这个词大概用于宪法的两个完全不同的方面：补充成文宪法的不成文规范，以及通常惯于采取成文宪法的制宪会议。

员或许会想打开前任的档案文件将其用作政治弹药,但认识到这会给继任者开下这种行为的先河就足以阻止他这么做。这并不是我们在第19章讨论的那种惯例,因为这里只要其他人都遵守惯例,每个行政官员都更愿意遵守惯例。

规范和外部性

有一些规范反对人们对其他很多人施加小的负外部性(第17章)。当人们在公园里扔垃圾、在街上吐痰、在湖里小便,或倒了办公室咖啡壶里的咖啡却不在杯里留下25美分时,他们往往是尽可能偷偷摸摸这样做的。即使实际上他们并不害怕被制裁,而单单想到其他人或许会认为他们很差劲,他们可能就不会在有人看见的时候做出这些行为。 358这种规范对社会是有益的,因为严格来说它使**每个人**都更好。反对在公共场合吐痰的规范是个尤其好的例子。在人们还不知道传染病是如何传播时,吐痰是完全可以接受的,并且为了迎合这种需要,痰盂到处都有。一旦人们了解了传染机制,"禁止吐痰"的标志就出现在了很多公共场所。如今,这个规范(至少在某些国家)已经根深蒂固到连禁止标志都不用再贴了。

在这个例子中,我们能观察到这个规范的出现并且能略带自信地说,它的出现是**因为**它符合公众利益。危险被感知,因而人们建立起法律规范,随后是社会规范。对负外部性的感知是否可以在没有公共介入这一中间步骤的情况下产生社会规范,这是个更值得怀疑的问题。单凭人们需要一个规范并且感知到这种需要的这个事实并不会自动产生规范。在发展中国家,并没有限制家庭规模的社会规范。面对公地悲剧,反对过度放牧和过度捕鱼的社会规范也没有自然而然地出现。尽管过度使用抗生素导致发展出耐药性越来越强的微生物,从而给其他人施加了负外部性,但我们还是没有规范抗生素使用的规范。反对在公共沙滩上演奏音乐和反对在音乐厅中使用手机的规范的起源(我推测)也要归功于有关当局的行动。一次又一次地,我们发现外部干预对阻止人们相互施加负外部性来说很有必要。在有些案例中,比如反对吐痰的规范,即使法律规范消失或不再强制执行时,人们也可能会自我克制。在另一些案例中,比如中国的"独生子女"政策,如果规章被取消,这种行为似乎就不太可能再存在了。

更小一点的群体也许能够在没有外部干预的情况下施行这些规范。在车间里,通常有一条很强的反对卖命干活的人(rate busters)的规范,因为人们认为这些人的努力或许会使管理部门降低计件工资率。(在这个案例中,负外部性体现为下调工资率的可能性增加。)尽管管理部门或许想承诺实行固定计件单价的政策,以此促使工人们更卖力地工作,但它可能没法做出可信的承诺,也就达不到效果。工贼(strikebreakers)也经常受到工友们的严厉制裁。或许很重要的一点是,这两个案例都在共同反对一个敌人。在"与自然的博弈"中,比如过度放牧,团结一致似乎并不容易出现,因为搭便车并不被当作**背叛**。照此看来,人们不会期待在提供团队奖金的公司中自动出现反对偷懒的规范,因为违反这个规范只是伤害了其他同事而没有让"敌人"得益(但可参见第 26 章)。

其他社会规范针对的是一群人向另一群人施加的负外部性。反对吸烟的规范,甚至在法律仍然允许的场所,就是一个例子。[①] 如今在很多西方社会,吸烟的客人经常连问都不问主人是否可以吸烟就主动不吸烟。所谓的噪声外部性为"大人说话,小孩别插嘴"这条规范奠定了基础。这一指令通过两种方式成为一条社会规范而不仅仅是对父母的一种惩罚。第一,孩子们或许会排挤其他违反这个规范的孩子。第二,父母或许会排挤其他违反规范的孩子的父母。在列车车厢里,那些想要给其他人施加"新鲜空气外部性"的人通常会败给那些给其他人施加"闷热空气外部性"的人。原因可能是关闭的窗户被认为是默认选项,所以它就是一个规范基准。

---

① 最重要的外部性是由烟雾吸入(被动吸烟)引起的。有时,也有人认为吸烟者给其他想要戒烟的人施加了负外部性,他们抵挡不了被他人吸烟这一视觉线索引发的想要吸烟的欲望。

规范与服从主义

有些社会规范虽小但却要求人们**别当出头鸟**。各地的小镇居民都会认可某位已故之人（在 1933 年）写下的"詹代法则"（Law of Jante）：

> 不要以为你**是**特别的。
>
> 不要以为你和**我们**一样。
>
> 不要以为你比**我们**聪明。
>
> 不要想象自己比**我们**好。
>
> 不要以为你懂的比**我们**多。
>
> 不要以为你比**我们**更重要。
>
> 不要以为**你很能干**。
>
> 不要取笑**我们**。
>
> 不要以为每个人都很在乎**你**。
>
> 不要以为你能教训**我们**什么。

这些规范可能带来很坏的社会后果。它们可能会阻碍天资聪颖的人利用他们的天赋，可能会使不顾规范仍利用了自身天赋的人背负巫师的恶名。运气，也不受人们待见。北罗得西亚（Northern Rhodesia）的本巴人（Bemba）认为，在森林中发现一个带有蜂蜜的蜂巢是好运；发现两个是非常好运；发现三个就是在使用巫术了。

荣誉准则

强有力而往往又十分微妙的规范能够调节世仇、血仇、决斗以及更一般意义上的复仇行为。这些规范界定了哪些行为需要受到报复或挑战，在何种条件下以及用哪些手段报复和挑战可以或必须得以施行，以及那些没能达到前一条规范的人会是什么命运。从最后这条规范说起，复仇失败常常导致一种公民身份的终结，即行动者完全被隔绝于正常的社会关系。在家庭内部，他的意见一文不值；如果冒险走出家门，他会遭遇嘲弄或比这更糟。这是轻蔑情境的一个范例,会引发让人无法忍受的羞耻感。

任何能被视为对行动者荣誉的侮辱的事情,不管多么轻微,都能引发报复。在革命前的巴黎,德·塞居尔子爵,镇上一个出名的浪子,写些短诗韵文以自娱自乐。一个嫉妒其声望的对手写了一首小诗,巧妙地嘲讽了塞居尔的诗。作为报复,塞居尔引诱了这个对手的情妇,然后当她宣布怀孕时,再告诉她他一直以来就只是利用她来报复他的对手,现在目标既已达成,他对她也不再感兴趣了。(随后她在分娩时死亡。)塞居尔回到巴黎,将他的故事告诉给任何愿意听的人,而他却从未遭到谴责。看上去,《危险关系》(*Les liaisons dangereuses*)不过只反映了现实中微不足道的一角。

在 19 世纪的科西嘉岛(Corsica),四种情境下的报复是正当的或必需的:女性被凌辱,婚约被解除,近亲被杀害,法庭上的伪证导致家族成员被定罪。在一个案例中,一名公证人因他人做伪证而被判定犯谋杀罪,随后死在狱中。他的兄弟成了歹徒,几年内将 14 名控方证人全部杀害。这些都是为了**维护**某人的荣誉而施行报复的案例。然而,荣誉系统还包含为**获得**荣誉而采取的行动。蒙田提到,"意大利人在想要指责年轻人身上的匹夫之勇时会称他们 *bisognosi d'honore*,'缺乏荣誉'"。

在美国南方,人们对感受到的侮辱的反应比北方人更强烈。南方的谋杀率更高,人们对以暴力来回应公开的侮辱表现出了更高的认可。在一个很独特的研究中,实验者的搭档"故作意外地"撞到实验对象,并叫他"混蛋"。随后南方人身上的皮质醇水平(反映对事件的反应)和睾丸素水平(反映对未来攻击的准备)的上升程度比北方人更显著。在另一个实验中,实验对象继续在他们"被撞到"的过道上走,并看见一个像足球运动员那样的大块头(实验者的搭档)径直向他走来。这个过道里堆满了桌子,一次只能过一个人,实质上构成了一个斗鸡博弈。在"临阵退缩"前南方人与那个人之间的距离[3 英尺(1 英尺 = 0.304 8 米,下同)]比北方人(9 英尺)更近。

荣誉准则有任何社会功能吗?如果有,这个功能可以解释它们为

361

什么存在吗？复仇行为是一种有效的控制人口的方式，这一观点太主观臆断以至于无法被严肃看待。一种替代性的观点认为在弱国家的社会里复仇规范提供的功能等同于组织化的执法，这也是不合理的。在赞同这些规范的地中海沿岸国家和中东国家，年轻人的暴力水平和死亡率远高于其他地方。[①] 就像刚才我引用的蒙田的评价所暗示的那样，复仇规范和范围更大的包含了复仇规范的荣誉准则可能**灭了多少火就点了多少火**。通常，世仇造成的混乱比它们控制的混乱更多。 362

其他人认为荣誉规范的进化是在人口稀少的放牧社会中实现的，在那里，愿意使用暴力的名声对阻止偷窃来说很有用，甚至不可或缺。美国南方的荣誉文化一直都是从这种视角被解释的。除了功能解释遇到的一般问题，这种分析还遇到了一个困难，仅举一个非乡村的例子，在 17 世纪和 18 世纪的法国国王法庭上，荣誉准则一样地强。[②] 一些聚焦城市贵族而非乡村牧民中的荣誉准则的人后来提出了另一种功能解释：在没有战争时，贵族"需要"用决斗保持好战精神。如果没人能提出一条机制说明这种需求是如何产生对其自身的满足的，这个论点就毫无价值。而这些引发争论的评论并不意味着我能提供一种更好的解释。

礼仪规范

还有一套社会规范包含在举止或**礼仪**规矩中。着装、言语、餐桌行为等准则在细节上往往毫不留情，即使只遗漏了最细微之处的人也要遭受排挤。[③] 所有社会中都有一条要在社交场合遵守的控制与他人之

---

① 有人或许会反对说，比较"原始状态"下的暴力水平才是恰当的做法。如果原始状态是指人只考虑自利，且不存在任何类似国家的机构，那么由嫉妒、怨恨或愤怒驱动的暴力就不会产生。强者会以强力占有弱者生产的产品，这种预期或许能给生产带来"制冷效果"，因而阻止真实暴力的发生。

② 17 世纪是法国决斗的高潮期。1663 年拉弗雷特一场四对四的著名决斗使路易十四下决心废除决斗，随后法国的决斗日渐减少。——译者注

③ 在贵族社会，**严重的偏离有时也是可接受的**，只要人们将其看作刻意而为而非无视规矩。普鲁斯特笔下的夏吕斯（Charlus）就是一个例子。

间适当距离的规范。如果一个人进入了另一个人的私人空间[在美国可能是15英寸(1英寸=2.54厘米,下同)],他可能就会被认为是没教养而遭回避。然而,这一规范的不寻常之处在于,当事人往往没有意识到它的存在和运作。大部分礼仪规范都是(往往如字面意义那样)高度系统明确的。它们不仅(大部分)毫无意义,而且有时甚至带来残酷的后果,例如,一个五岁的小女孩哭着回家,因为她的朋友嘲笑她洋娃娃的新婴儿车**没有刹车**。革命前的巴黎,一名年轻军官,富有但非显贵,试图擅自闯入凡尔赛的一个舞会。"他受到的待遇极为刻薄,以致他对笼罩着他的嘲笑感到绝望,在一个嘲笑是万恶之首的时代,回到巴黎之后他就自杀了。"

这里的谜题是为什么这些本质上微不足道的小事竟这么重要。这种因不守礼仪而引起的过度谴责可能是基于一个毫无事实依据的信念,即人们是完全一致的(第10章),所以一个违反不重要规范的人也有可能违反更重要的规范。还有,违反微不足道的礼仪规范可能会被视为漠视他人看法的一个重要表现。然而,这还是没能解释为什么这些不重要的规范会存在。谜题不是为什么这个或那个规范存在,而是为什么人们竟会为本质上不重要的事情赋予重要意义。而一旦它们**被视为**重要,这些规范就**变成**了重要的行为调节器。如果有人在一家银行工作面试时穿着粉红色的皮夹克,这只能说明他或她要么是在刻意蔑视社会规范,要么就是对他人的预期毫不敏感。无论是哪种情况,这种行为都让银行有很好的理由将这份工作给其他人。

再一次地,功能解释很常见。精英中这些微妙的礼仪规则之所以存在,据称,是为了使外人更难通过模仿规则指定的行为来"擅闯舞会"。毫无疑问这些规则通常有压制暴发户的**效果**,但这并没有为它们为什么存在提供解释。正如很多将自己无产阶级化的学生们发现的那样,虽然并没有人提出工人阶级的规范之所以存在**是为了**让外人更难冒充工人以鱼目混珠,但对有些不是无产阶级出身的学生来说,要克服障碍成为工人阶级的一员非常困难。这种论点对精英规范就不再适用了。

管理用钱的规范

除了法律上有对用钱购买婴儿、选票、学习成绩、移植器官和(有时对购买)性服务的禁令之外,还存在很多管理适当和不适当的金钱使用的社会规范。有些在朋友和邻居间发挥作用,比如郊外社区中反对花钱请另一名成年人帮自己修理草坪(第12章)。当邻居们不得不合作修一座篱笆时,他们往往是贡献实物,也许是一个人提供劳动,另一个人提供原材料。即使一个人做全部的工作而另一个人用钱补偿他是更有效率的做法,反对邻居间钱财交易的规范也会排除这个选项。在美国,私立大学的教授不会想到要问别人的薪酬有多高,除非他们是密友。

其他规范,可能会让人有些惊讶,管理着陌生人之间的金钱使用。例如,有一条规范反对人们走向巴士队伍中最靠前的那个人并用钱跟他或她交换位置。[①] 这一规范明显是无效率的:如果被请求换位置的这个人同意为了钱换到队伍的后面,那么这两个行动者都受益且没有人受损。托克维尔说,反对公开露富的规范只针对民主社会:"你看到这个富裕的公民了吗?……他穿着简单,举止得体。但在他家的院墙之内,他却崇拜奢侈。"甚至还有规范来管理关于金钱的谈话或关于交易所涉及金钱的意识。一些餐厅仍然给夫妻提供两本菜单,给妻子一本没有价格的菜单,给丈夫一本有价格的菜单,这反映的规范是绅士风度不应受到金钱的影响。带着酒去聚会时,你应该先撕下酒的价格标签。

饮酒规范

如果社会规范始终面向提高个人或社会的福利,我们或许会预期

---

① 如果这个人说他家里的孩子生病了他需要尽快回家,他可能会被允许站到队伍的最前面,但被他取代了位置的人通常仍排在第二位。而因为这一行动给所有在等巴士的其他人都施加了成本,所以他还要设法取得他们的同意。

它们去针对被认为有着有害的短期和长期后果的酗酒行为。确实有很多这样的规范。有些规范,通常和宗教有关,要求人们完全戒酒。伊斯兰教和一些新教教派严格禁止饮酒。相比之下,世俗规范经常让人们适度饮酒。"两餐之间别饮酒"这条意大利的规范有着限制饮酒总量和降低酒精吸收速度的双重效果,这样就缓解了酒精对身体的短期影响。在冰岛,存在着反对人们在小孩面前饮酒和反对外出捕鱼时饮酒的规范。

然而,和酒精相关的规范并不总是提高福利的。不但有命令人们酗酒的规范存在,还有谴责戒酒的规范。在智利的马普切印第安人中,单独一个人喝酒是要被指责的,戒酒也是如此;这种行为被视为缺乏信任的表现。传统的法国文化既谴责完全戒酒的人也谴责经常醉酒的人。在意大利,对戒酒者的不信任在一句谚语中得以体现,"愿上帝保护我不受那些不喝酒之人的伤害吧。"在很多国家的青少年亚文化中,戒酒者遭到沉重的压力和嘲笑。相反,在很多社会中大量饮酒是社会规定的。在墨西哥和尼日利亚,大量饮酒的能力中体现出的大男子气概极受赞赏。在革命前的俄罗斯,在年轻官员的亚文化中,酗酒是强制性的。

366　当戒酒被谴责或者酗酒是社会规定的时候,想要戒酒的人可能就不得不施点诡计了。在瑞典,一个常见的问题是"是要雪利酒,还是要开车?"这是被广泛接受的,所以戒酒的人经常说他们要开车,因为这样能缓解他们的社会压力;如果不这样,主人一定会努力劝这位客人喝上一杯。饮酒规范只能通过其他规范(反对醉酒驾驶)来抵消。同样地,有人认为转信新教,是给脱离拉美人提供了一个替代选择,因为在拉美有一种在仪式中经常要大喝或喝醉的民间文化风俗。然而,饮酒规范只能被另一个规范推翻,在这个案例中这个另一规范有宗教的支持。

这些是策略性地使用规范的案例。相反,人们可以策略性地绕开这些规范。古代的一些中国人认为酒精本身是神圣的,只在祭祀典礼时才喝酒。因此,无论何时,只要他们想喝酒,他们就去祭祀。在西班

　解释社会行为:
社会科学的机制视角

牙,在某些时段不空腹喝酒是文化中默认禁止的,因此饮酒时就会有食物。在这两个案例中,我们观察到了最初的因果链的倒置:不是遵守仅当他们在做 X 的时候才喝酒的这一有条件的规范,而是不管什么时候他们想喝酒了就去做 X。

小费规范

给服务人员小费并非一个不值得考虑的现象。美国餐厅一年的小费收入有 50 亿~270 亿美元;给出租车司机、理发师和其他人的小费总数会更高。对提供用餐全程服务的服务员来说,小费收入大概占了他们总收入的(按美国国税局的假定)8%~58%。在有些情境中,给小费可能看起来有点令人不解,其他时候则不是如此。如果每次你需要理发的时候都去找同一个理发师,你给小费就是为了确保得到更好的服务;在你最喜欢的餐厅用餐时给小费也是同理。在一次性的会面中给小费,比如坐出租车或在一个你预计不会再去的餐厅吃饭,是更令人不解的。这样的行为事实上有两方面让人不解:它既不能由两方长时间的互动来维持,也不能由会面之时的第三方制裁来维持。如果你是出租车上唯一的乘客,其他人极少能知道你是否给了出租车司机足够的小费;餐厅的其他顾客也不太可能注意到你给了服务员多少小费。

有人认为,给小费是一种有效的报偿服务员的方式。顾客来监督服务质量明显比餐厅老板监督更容易。因此,分散监督功能并且把奖励和看得到的表现联系起来是克服很多合同关系(第 26 章)的“委托—代理问题”(如何防止工人逃避责任)的一种方式。所以,给小费或许是“隐性合同”的一部分,目的是提高效率。但是就像萨姆·戈尔德温(Sam Goldwyn)所说,口头合同的价值连张写它的纸都不如。这个论点,就像很多其他试图解释社会规范的尝试一样,仅仅是某种程度上未经证实的功能主义。那种认为禁止给小费的餐厅老板在与允许给小费的餐厅老板的竞争中被淘汰了的观点完全是推测,而且这无论如何也

367

不能解释为什么顾客在后一情境中给了小费。而且，做经验评估时，给小费看似也没通过一定的效率测试。例如，在一个监督起来更容易的职业中，给小费这一行为似乎并没有更流行。服务员经常共享他们的小费这一事实也削弱了这个效率论点。

我不知道为什么在某些职业中有给小费的规范而另一些没有。然而一旦一条规范存在，我们就能理解为什么人们会给小费：他们只是不喜欢其他人——比如一个失望的出租车司机——会不认可他们，即使他们觉得不会再见到这些人。他们并不一定会成为其他人鄙视的对象。可能仅知道或有理由相信他人蔑视自己就足够了。再举一例，其他人或许会不认可自己的这个信念解释了为什么在列车径直开过时我不会在地铁站台抠鼻子，即使两边的站台上都没有人。

为什么要有社会规范

社会规范在调节行为上的重要性以及其运作的直接动力机制（proximate mechanism），如我所说的，已经得到了人们较好的理解。然而，我并不认为我们对社会规范的起源有很好的理解。这里有两个彼此独立的问题。首先，支撑着社会规范的相应的羞耻和轻蔑情感的进化起源是什么？换句话说，为什么社会规范会存在？其次，为什么特定的规范存在于特定的社会之中？它们如何以及何时出现？它们如何以及何时消失？

对第一个问题的简单回答是，我们极度关心他人如何看待我们。我们寻求他人的认可并害怕他人对我们不满。然而，这个回答只是隔着一步又提出了同样的问题：为什么我们要关心他人如何看待我们？的确，在有些情况下，名声可能很有用而且值得培养。但如果我们不留下小费，出租车司机对我们的看法或许就会很糟，这一想法已完全脱离了出于名声的考虑。而且，因为他人对我们的看法很糟糕是基于我们违反了社会规范，那么用不想让他人觉得我们糟糕的欲望来解释规范在某种程度上就是循环论证。

解释社会行为：
社会科学的机制视角

考虑第二个问题,最常见的回答是规范的出现是为了调节负外部性。对于这种观点我们可以(如我之前论证过,我们应该)再加上一点,反对向他人强加负外部性的社会规范通常是由外部的权威引进的。有一条一般性的社会规范要求人们遵守法律。如果罚款被视为价钱,且关在监狱并不比待在医院更令人耻辱,就不会有这样的规范了,但一般而言,这些对违法行为的回应并不被看作与其他事情相当,即客观上是相等的负担。人们对进监狱感到十分羞耻,并且如果可能他们就会尽力隐瞒这个事实。[①] 当法律禁止人们向他人施加负外部性时,要求遵守法律的社会规范可能就会溢出一条反对这种行为的规范。即使产生了这条规范的法律被废除了,这条规范可能还是存在。然而,这个结果可能很难同确信博弈(第 19 章)中那个"好的均衡"的出现区别开来。如果国家通过惩罚背叛者来促成合作,然后解散这个惩罚机构,人们可能还会继续合作,因为能和其他每一个人都合作(没有搭便车的诱惑)时是他境况最好的时候。

至于我讨论过的很多其他规范,例如反对用钱买巴士队伍中的位置的规范、礼仪规范或小费规范,对于它们的出现或持续存在我们更难想出一个解释。一条常由经济学家提出的论证路线是,规范的持续存在可以被解释为均衡行为,而它们的出现则是一个意外,已成历史,社会科学对此没什么好说的。因为这本书隐含的前提是社会科学和历史学的分界线是人为划定且无意义的,所以我不能同意后一种主张。至于前者,我已经指出社会规范通常没有展现出策略博弈特有的最优回应这个逻辑。如果我看到另一个人违反规范的行为时没有旁观者在场,那么我制裁这个违规者往往就不是一种最优回应。

参考文献

本章基于我在 *The Cement of Society* (Cambridge University Press, 1989) 一书中以及在

---

① 在挪威,对酒驾曾有过一个强制性的三周监禁徒刑。一些人带着太阳灯进了监狱,想用晒得黝黑的皮肤向别人假装他们度了个假。

"Social norms and economic theory," *Journal of Economic Perspectives* 3（1989），99-117 一文中更简明扼要地提出的对规范的解读,并且(我希望)这里的解释更好。

对社会规范具有影响力的讨论出自 J. Coleman, *Foundations of Social Theory* （Cambridge，MA：Harvard University Press，1990），R. Ellickson, *Order Without Law* （Cambridge MA：Harvard University Press，1990）和 E. Posner, *Law and Social Norms* （Cambridge，MA：Harvard University Press，2000）。我从中学到了很多,但他们都没说服我。

对 Posner 的有益批评可参见 R. McAdams, Yale Law Journal 110（2001），625-90 的书评。

对不成文宪法规范或惯例的有益讨论出自两篇文章,J. Jaconelli, "The nature of constitutional convention," *Legal Studies* 24（1999），24-46 和 "Do constitutional conventions bind?" *Cambridge Law Journal* 64（2005），149-76。詹代法则出自 A. Sandemose, *A Fugitive Crosses His Trail* （New York：Knopf, 1936）。

巫术在反对人们当出头鸟的规范中起到的支撑作用在 K. Thomas, *Religion and the Decline of Magic* （Harmondsworth，England：Penguin, 1973）中有讨论。

我在 *Alchemies of the Mind* （Cambridge University Press, 1999）的第 3 章讨论了荣誉和复仇准则。

德·塞居尔子爵的故事取自 *Les mémoires de la Comtesse de Boigne* （Paris：Mercure de France, 1999），vol. 1, pp. 73-4。

因被嘲笑、出于羞耻而自杀的年轻军官的故事也出自这些回忆录(同上,第 38 页)。

礼仪规范是带有明显功能主义倾向的 P. Bourdieu, *Distinction* （Cambridge MA：Harvard University Press, 1987）一书的主题。

对"荣誉文化"的实验研究在 R. Nisbett and D. Cohen, *The Culture of Honor* （Boulder, CO：Westview Press, 1996）中有报道。

饮酒规范的例子来自我的 *Strong Feelings* （Cambridge, MA：MIT Press, 1999）。

挪威那些将自己无产阶级化的学生的不幸遭遇在一本奇妙而有趣的小说中被记录了下来,可惜没有翻译成英文,参见 D. Solstad, *Gymnaslaerer Pedersens beretning om den store politiske vekkelsen som har hjemsøkt vårt land* （Oslo：Gyldendal, 1982）。

反对问对方收入情况的规范可参见 M. Edwards, "The law and social norms of pay secrecy," *Berkeley Journal of Employment and Labor Law* 26（2005），41-63。

对小费规范的基于效率的解释出自 N. Jacob and A. "Page, Production, information costs and economic organization：The buyer monitoring case," *American Economic Review* 70（1980），476-8。

它受到 M. Conlin, M. Lynn, and T. O'Donoghue, "The norm of restaurant tipping," *Journal of Economic Behavior & Organization* 5（2003），297-321 一文的批评,后者提出的解释更接近我本章所概述的观点。

23

集体信念的形成

托克维尔论服从主义

我在第7章讨论的信念形成机制主要在个体层面发挥作用,即一个人所持有的信念几乎不受他人所持有或表达的信念的影响。本章我将讨论集体或互动信念的一些形成机制。为说明这其中的区别,我们可以看看托克维尔对美国服从主义(conformism)的分析。为什么美国人倾向于持有相同的观点? 对此的一种解释仅仅是他们生活在相同的环境中:由于"身份相等的人……从同一角度观察事物,所以他们的思想自然趋于相同的观点。尽管每个人都可能与他们的同时代人有差距,并且可能形成自己的信仰,但到最后,他们全体终将不知不觉地在一定数量的共同意见上重新合流。"①另一种解释则基于服从的压力:"在美国,多数人在思想的周围筑起一圈高墙,在这圈墙内,作家可以自由写作,而如果他敢于越过这个雷池,他就要倒霉了。这不是说他有被宗教裁判烧死的危险,而是说他要成为众人讨厌和天天侮辱的对象。"②

最后这段话表明人们的服从是外在的,是出于社会压力,并不一定发自内心。托克维尔还写道,如果你持有一种离经叛道的观点,"你的同胞将像躲避脏东西一样远远离开你;即使是那些认为你干净无垢的人也要离开你,因为他们也怕别人躲避他们。"③另一些段落则表明服从主义一直深入人的灵魂,以至人们最终建立起一种真诚的符合多数观

---

① 托克维尔.论美国的民主(下卷)[M].北京:商务印书馆,1988:182.——译者注
② 托克维尔.论美国的民主(下卷)[M].北京:商务印书馆,1998:201.——译者注
③ 托克维尔.论美国的民主(上卷)[M].北京:商务印书馆,1998:202.——译者注

点的信念。托克维尔提到了两种机制：一种是"冷"的或认知性的；另一种是"热"的或受动机驱使的。一方面，"因为在他们看来，如果公众的判断不与他们大家拥有的相同认识接近，绝大多数人是不会承认它是372 真理的。"①另一方面，事实上"美国的政治法令就是多数至上……这就使多数对智力活动自然发生的支配力量大为增加，因为人们总是惯于认为压迫他们的人在智慧上高于自己。"②

实验发现

我已对托克维尔的观点进行了详细的引述（本章我还会再次引用他的观点），因为他对这些议题有着敏锐的洞察力。他所明确的那些问题——外在的服从主义对比发自内心的服从主义，认知机制对比受动机驱使的机制——现在依然存在。为对它们展开讨论，我先引述一些关于服从的经典实验。

在最著名的一个实验中，受试者被要求指出 A、B、C 三条线段中哪一条在长度上更接近给定的线段 D。有三种情境：私下、双向公开和单向公开。在私下的情境中，受试者在除了实验者之外无其他人在场的情况下公布自己的答案。此时 99% 的人都指出 B 最接近 D，这表明这一答案的正确性。而在两种公开情境中，有相当数量的少数受试者给出了不同的回答。在这两种情境中，受试者都是在其他几人（实验者的搭档）一致指出 A 的长度更接近 D 之后进行回答的。在双向公开的情境中，受试者在实验者搭档在场的情况下给出自己的答案，此时大约三分之一的受试者都同意 A 更接近 D。③ 在单向公开的情境中，受试者在听完其他人的答案后私下公布自己的答案，此时服从主义被削弱了，但并没有被消除。

---

①② 托克维尔.论美国的民主（下卷）[M].北京：商务印书馆,1998:28.——译者注

③ 在第 5 章，我讨论了对他人的观察是如何通过公平的准道德原则来引发与他人相似的行为的，而被他人观察可以通过对不被认可的恐惧来引发相似的行为。在信念的形成中，被他人观察也能够通过对不被认可的恐惧来产生服从，而对他人的观察既可以通过学习也可以通过失谐消减来引发服从。

解释社会行为：
社会科学的机制视角

双向公开情境中过度的(excess)服从主义可以说是由**害怕得不到认可**(fear of disapproval)引起的。单向公开情境中剩余的(residual)服从主义则可能是源于**学习**(其他这么多人不太可能都是错的)或**失谐消减**(dissonance reduction)。后一种解释看似更可信。考虑到多数观点差劲的认知状态，那些私下里服从多数观点的人并不太可能仅仅是基于理性的学习。肯定有某些动机因素在起作用。

373

另一实验加强了这种诠释。此时受试者有一项更模棱两可的任务，辨别出暗室中一个光源的移动距离。虽然实际上光源并没有移动，但孤立的受试者还是判断光源移动了大约 4 英寸["自动效应"(autokinetic effect)]。在听到一名实验者搭档说光源移动了 15 至 16 英寸后，受试者给出的估计距离是大约 8 英寸。在听到两名实验者搭档估计为约 16 英寸后，受试者的估计是大约 14 英寸。也就是说，一名实验者搭档的出现导致受试者估计增加了 4 英寸，而第二名实验者搭档的出现则使其进一步增加了 6 英寸。

在贝叶斯学习(第 11 章)的过程中，我可以依靠其他旁观者来纠正我的感知或记忆。他人对某些事实的估计，例如光源的移动距离，能够对我最初的评估起到修正作用。而他们有多**大**的影响力，取决于我对他们的感知可靠度的信念以及这些旁观者的人数。在这个实验中，据推测受试者会给每个实验者搭档赋以相同的可靠度。不论这一可靠度是多少，由一名宣称距离为 16 英寸的实验者搭档所引起的他估计的变化应大于由第二名搭档引起的进一步的变化。① 然而，这与上述发现是相矛盾的，因为第二名搭档所引起的调整要**大于**第一名搭档。这里似乎存在一种失谐消减效应，产生于某人因与多数意见不一致而引发的不适感，且这种不适感无法被理性的学习减弱。

第二个实验有一种更进一步的、有趣的特征。这一特征跨越数"代"起作用，在这一过程中，实验者搭档逐渐被天真的实验对象所取代。这样，在有两名实验者搭档的第二代实验中，一名搭档被第一代实

---

① 在第 11 章用来说明贝叶斯学习的数字例子中，每一个新的确定的证据所引发的概率增长都比上一个小，这种"新信息的边际价值递减"是一种颇为普遍的现象。

验中的一名不知情受试者所代替,在第三代中,另一名搭档也被前一代

374 中的天真受试者所代替。在随后的每一代中,所有参与者都是之前接触过实验者搭档或接触过那些已接触过搭档的其他受试者的天真受试者,以此类推。这个实验设计使每一代中新进入的受试者都在其余两名成员之后发言。此实验的设计者曾预测,这种虚假的高估计将会无限地延续下去,但其预测被证明是错误的。在三人组经过六代,四人组经过八代后,估计趋近于 4 英寸,也就是孤立的受试者所给出的距离估计。"皇帝的新衣"中的信念并没有使自身永久地维持下去。如果现实中的某些未得到强支持的文化信念的确留存了下来,这可能是因为它们的矛盾之处很难被察觉,或者它们得到了来自其他背景的支持。在某些社会中,用抽签的办法来鉴别适合打猎或捕鱼的地点的这种做法之所以能留存可能是因为它们具有宗教意义。

多数无知

本章的开头我区分了导致人们在给定时间持有或宣称自己持有相似信念的两种原因:他们受到相似环境的影响(相关性),或者他们相互影响(因果性)。同步发现的很多例子为前者提供了特别的案例,例如牛顿与莱布尼茨几乎在同一时间发明了微积分。尽管没人确切地知道这个案例中的"相似环境"是什么,这种看法却可能已经广为流传。另一个有关相似观点同时出现的案例,我们可以看看"皇帝的新衣"中的思想。安徒生的童话出版于 1835 年。而在 1840 年出版的《美国的民主》第二卷中,托克维尔提供了一个相似的想法,来解释多数的观点在表面上的稳定性。

375 有时,时间和事件,或个人的单独思考活动,会逐渐地动摇或破坏一种信念,但从表面上却看不出来。人们无法同这种变化进行斗争,也无法为了进行斗争而集合力量。结果,这个信念的追随者只是一个接着一个不声不响地离开了它。最后,只有少数几个人信奉它了。但在这种情况下,它还起着作用。它的反对者们继

续保持沉默,或者只是秘密地交流思想,所以一般他们在很长时期内还不能确信一场大革命已在进行,仍在迟疑而一动不动。他们尚在观察,仍不作声。大多数人虽然已经不再信它了,但仍佯作信它的样子;而公众思想的这种假象,便足以使革新者心灰意冷和保持沉默,使人敬而远之。①

托克维尔的《旧制度与大革命》(1856)中有一段对宗教提出了相似的看法。在法国大革命的过程中,"保留旧信仰的人唯恐成为唯一对宗教忠诚的人,他们惧怕被孤立甚于错误,便加入到群众中来,尽管与群众思想不同。在当时只不过是一部分国民的情感,就这样似乎成了全体国民的意见,从那以后,在那些造成这种假象的人眼里,这种感情便像是不可抗拒的。"②

在这些段落里,托克维尔所指的是人们**声称**自己持有(或避免否认)的信念,而不是他们事实上真诚地持有的信念。就这方面而言,他的分析与移动光源实验和线段匹配实验中的单向公开情境中的行为并不一样。③ 然而,这并不是一种死硬的区分。正如我在好几处论述的那样,所谓"相信"某事真是如此,其意味并不总是明确的。即使在单向公开情境中,说 A 是相匹配线段的受试者的"信念"也有可能是模糊的。例如,他们可能不会愿意拿钱在这个主张上下赌注。同样,在某些情况下,宣称某一信念可能会导致认同这一信念的倾向(第 7 章)。

现代心理学在"多数无知"(pluralistic ignorance)这一题目下重新发现了托克维尔的真知灼见。在极端情况下,没有人会相信某一既定主张的真实性,但每个人都相信其他每个人都是相信这一主张的。在更为现实的情况中,大多数人都不相信某一主张,但他们相信大多数人是相信的。这两种情形都有别于那种病态的情况,即每个人都公开宣

376

---

① 托克维尔.论美国的民主(下卷)[M].董果良,译.北京:商务印书馆,1989:184.——译者注
② 托克维尔.旧制度与大革命[M].冯棠,译.北京:商务印书馆,1992:100.——译者注
③ 实际上移动光源实验是双向公开的,这就为不诚实留下了空间。然而这一实验任务模糊不清的本质可能方便了受试者真诚地或准真诚地接受夸大了的信念。我猜测采用这种设计是因为在单向公开情境下难以对连续数代进行研究。

称持有一个既定的信念,与此同时他们也知道私下不会有人真的持有这个信念。多数的无知与虚伪的文化都可被同一机制所支持,即对不被认同的恐惧或对声明反常观点的惩罚。其不同之处在于,在多数无知中,不被认同是水平向的——由具有相同地位的公民施加,他们错误地认为必须排除异己,以免自己被排斥。正如托克维尔所述,不回避异己的人有可能自己被回避。相反,虚伪文化是因垂直施加的惩罚而起作用:那些没有展现出完成使命或憎恶阶级敌人的热情的人很有可能会丢掉工作或比这更糟。垂直的惩罚可能继而就会产生水平的举措,如人们为避免自己被当作异己受到惩罚而回避或惩罚异己。

多数无知同样有别于造成基蒂·吉诺维斯被杀案中所观察到的消极旁观者综合征的机制。在后面这个案例(的一个程式化的版本)中,每个个体都相信其他人的消极使自己的消极合理化了。其源头不是社会压力或者一种遵守群体规范的欲望,因为这 38 名旁观者彼此间过于孤立,以至于无法形成一个群体。更确切地说,消极的合理性似乎源于一种**推断**:因为其他人似乎什么都没做,所以情况可能不是很严重。"原始数据"(她的哭声)被这一推断压倒。我们很快会再更近地看看这个机制。这里我只想指出,这一情境不涉及多数无知,因为每个人私下的信念与他们归加到其他人头上的信念之间并没有什么不一致。

饮酒文化已被用来展现多数无知。在美国的许多校园中,本科生之间,尤其是男生中,存在一种过量饮酒的文化。大多数学生并不适应过量饮酒,但他们还是这样做了,因为他们错误地相信其他大多数人都这样做。① 他们的饮酒行为符合他们错误相信的校园中的典型态度,而不符合他们个人的态度。另一个例子来自一个实验,实验者要求学生们阅读一篇故意以模糊的风格写成以至于事实上无法理解的文章,然后问他们对这篇文章理解了多少,以及他们认为其他人理解了多少。一种情境是,学生们可以选择去找实验者并请求帮助;而另一种情境是他们被明确告知不能这样做。即使在前一种情境中,也没有学生去找

377

---

① 然而,大多数学生都不饮酒与大多数学生的大多数朋友都饮酒可能都是真的,比如饮酒的学生比不饮酒的学生有更多的朋友。

解释社会行为:
社会科学的机制视角

实验者,因为这样做会使他们不得不冒令自己尴尬的风险。然而,一方面每个学生都知道自己不动是为了避免尴尬;另一方面他们似乎却相信其他人这样做是因为他们理解了这篇文章所以不需要帮助。因此在这种情境下的学生倾向于相信别人对这篇文章的理解比他们自己要深。而这种区别在另一情境下则不存在。可以推测,这种效应可能是由一种"哥哥姐姐综合征"引起的。就像我在第18章中提到的,我们对自己内心的痛苦与恐惧都很清楚,但是因为我们无法直接进入他人的内心世界,所以我们往往认为他们更为成熟和有自制力。

对校园饮酒的研究还发现,个人态度、对他人态度的信念以及行为会随时间趋于一致,这就凸显了多数无知的**稳定性**问题。实际上多数无知可能会以两种方式消失:对别人的错误信念变为现实,或人们不再持有这些信念。如果每个人都接受他(错误地)归加给别人的信念,这种归加实际上可能就会变为现实。这最有可能通过失谐消减发生,它源于因与多数不一致或心口不一而产生的不适感。而这似乎就是校园饮酒所实际发生的。

378

另一方面,这种情况可能会得以解除。① 假设群体中 20% 的成员的行为显示他们并不持有我们谈到的那种信念,而剩下的 80% 则在口头上表示支持,因为他们需要群体中有超过 20% 的非服从主义者才能使自己也变成非服从主义者。具体而言,假设在一个 100 人的群体中,存在 20 名非服从主义者,如果有至少 25 人已经"站出来"了,那么就会有另外 10 人愿意这么做,如果至少 35 人已经这样做了,那么有 15 人也会如此,如果至少 50 人露出他们的本色,那么就会有 55 人加入进来。如前所述,多数的文化是稳定的。然而,试想一下,有 5 名最为服从的个体离开或死亡,代之以 5 名非服从主义者。在这种情况下,多数将被拆解。这 25 名非服从主义者将为另外 10 人的加入创造条件;如此产生的 35 人又将吸引 15 人,这样就为剩余的 50 人的加入生成了必要的阈值。除了把这一过程当作**服从主义的解除**外,我们还可以将其视为**非**

---

① 移动光源实验中对错误信念的排除也是一种解除,这是源于每一代受试者都会用自己的"原始数据"来调整对距离的估计,使其略低于从其他人那里听到的距离估计。

服从主义的滚雪球。在集体行动中我们将观察到一种相似的动力（第24章）。

服从主义的解除也可以通过许多其他的方式。安徒生童话中的那个小孩也在线段匹配实验中有所体现：当**单独**一名实验者搭档说出在长度上最接近 D 的是 B 这个真实观点时，服从主义便几乎消失了。另一个例子，想一想宗教改革之前在英国和法国广泛流传的信念，国王通过触摸病人可以治愈其淋巴结核。宗教改革瓦解了这一信念，法国天主教徒和英国国教徒现在不得不解释为什么另一个国家的证据是伪造的。然而，承认大范围集体错误存在的可能性被证明是危险的，因为在另一个国家里被用来支持这一信念的强词夺理、站不住脚的证据与本国所引用的证据并没有多大的区别。

公布意见调查是另一种解除机制。1972 年在就挪威是否能进入共同市场（Common Market）（当时的名称）进行全民公决前，政府、主要的非执政党以及各大报纸都广泛赞同其进入。虽然，正如全民公决所显示的那样，多数民众都反对挪威进入，但如果没有民意调查所表明的观点，每个单独的反对者可能就会被误导而相信自己是很小的少数派中的一员。如果没有民意调查，全民公决的结果十有八九就会不一样。反对者中有一部分人可能就不会去投票，因为结果将被视为预料之内的事。而且，为说服未决定者而展开的活动会一直规模很小且缺乏影响力。在普选制引入与意见调查兴起的这段时间里，多数无知在政治事件上必然有着相当大的空间。

谣言、恐惧与希望

安徒生的另一个童话《完全是真的》（*There Is No Doubt About It*）展现了接连的夸大如何使"一根小小的羽毛可以轻易地变为五只母鸡"。据我所知，对谣言的形成与传播的研究并不十分成熟。主要的贡献来自法国（以及一些英裔美国）的历史学家，自乔治·勒费弗尔（Georges Lefebvre）开创性地研究了 1789 年"大恐慌"（the Great Fear）以来，他们

解释社会行为：
社会科学的机制视角

一直独领风骚。除了大恐慌,他们还研究了以下实际上都不真实的谣言:

- 拿破仑在 1814 年和 1815 年两次战败后的归来。
- **旧制度**(ancien regime)的完全复辟。
- 1848 年革命爆发时的社会主义平均化(socialist leveling)。
- 赤贫的法国工人于 1848 年三月大举入侵德国,一路烧杀抢掠。
- 医生们"毒害人民"的阴谋。
- 神职人员与贵族们"饿死人民"的阴谋。
- 马上就要减税。
- 马上就要增税。
- 1914 年德国入侵比利时,**法国射击手**(francs-tireurs)在屋顶上射击德国士兵。
- 成千上万的俄国士兵在 1914 年 8 月加入了盟军。

380

我认为,利用这些研究我们有可能找出一些具有普遍性的议题,或许还会得出一些结论。然而,先让我从一些经验观察开始吧。首先,一根羽毛变成五只母鸡这种想法并没有夸大谣言的放大效应。1848 年 6 月巴黎工人暴动后,人们所见到的乡间小道旁的两个人在一遍又一遍的讲述中变成了 10 个、300 个、600 个,直到最后人们听到有 3 000 个"平均主义者"(levelers,partageux)正在烧杀抢掠。3 000 名士兵被派去对付这一威胁。调查发现那两人中一个是疯子,另一个是疯子的父亲,后者照顾着前者。在同一时间里,一个农民编了一个谎话来吓唬小孩;之后不久,一千多人便武装起来要去打败那些子虚乌有的"强盗"。

其次,有时我们有可能较为精确地发现传播的源头、速度以及谣言的传播机制。1789 年的大恐慌近乎同时但又相互独立地(因收割的时间而变得一致)发生于七个不同的地方,进而(以估计每小时四千米的平均速度)传遍了国内大部分地区。1848 年法国失业工人入侵德国的谣言的传播速度与之相近。在这两个案例中,研究者对谣言穿过山岭以及在夜里传播时会变慢多少都进行了估计。我们马上就能看到,在许多案例中,由谣言诱发的行动自身给谣言带来了灵感。通常,谣言也会通过那些声称拥有信息的人得到传播,不论他们是否真心实意:公职人员、流浪汉、流动商贩、牧羊人还有从前线回来的士兵。谣言也会通过声闻附近几个村庄的教堂钟声而传播。在后期,报纸与信件成为谣言的重要来源。官方对谣言主要内容的否认往往起到了推动谣言的作用。

勒费弗尔将其对大恐慌的部分解释总结为一句话"人民自己吓到了自己"(le peuple se faisait peur a lui-meme)。强盗正在杀来的信念引起了军队的动员,而站在远处的其他农民却将军队误当作强盗。一个村庄敲响教堂的钟后,临近村庄派遣的小分队却被误认为是敌人。在 1848 年,一个法国村庄里的一次警告性开炮被临近的村庄诠释成战场上的炮火声。1848 年 3 月,当法国贫民即将入侵的谣言传入德国时,处在莱茵河法国沿岸的修路工人急忙渡河回家。而其他人从远处看时可能便把他们当作正在接近的法国人。

在许多案例中,谣言的主旨是存在着一个对抗人民的阴谋,由政府或精英阶层精心策划而成。一次自然事件——收成不好、一连串火灾、霍乱的暴发——被归咎为人的有意为之。(正如早先提到的,人民经常认为精英们为恶意而非利益所驱动。)类似的心理习惯往往使当权者将一个共同的有意的来源归咎到事实上各自独立产生的谣言上。基于相似的谣言同时产生于国内不同的地区这一事实,当权者推断它们肯定有某个共同的起因,这并没有错。错误的是,当权者并没有辨识出该起因是某种共享的客观情境,如收成不好,而是推断某种故意的人为因素在起作用。关于阴谋的谣言与谣言产生于阴谋的信念是分不开的。

蒙田对谣言发展趋势的一段评论可能是首次对谣言传递的微观机制的分析:

> 从无到最微小事物的距离大于从最微小事物到最庞大事物的距离。首批奇迹富于原始状态的特异性,他们的故事一经散布开来,便会从人们的反对中意识到让人信服的困难之所在,于是便以某些伪品堵塞此所在之处……个别的错误首先造成公众的错误,

在此之后,公众的错误又造成个别的错误。事情就如此营造起来,充实着,构筑着,传递着,结果,最远的见证人比最近的见证人更了解情况;最后得到消息的人比最早得到消息的人更信以为真。这种进展是自然的,因为谁相信了什么,便认为让别人也相信乃是一种善举,而且为此从不怕杜撰虚构添枝加叶。其程度视他传播神话的需要而定,并以此弥补别人的抵制。[①]

这是一种比较仁慈的叙述,蒙田只是把谣言的传播归咎于想要用自己信以为真的事来说服他人的欲望。在对大恐慌的分析中,勒费弗尔提出了其他一些更为隐晦的动机。某些人可能会受动机的驱动而夸大危险,以免自己被指责为懦夫。表现出怀疑既会被人指责为在危险时刻麻痹人民,为反革命服务,又有可能冒犯那些示警者的尊严。对19世纪谣言的分析认为,流浪汉们天然地倾向于散布一些听众乐于听闻的谣言(一种诱发式的自我欺骗)——说拿破仑一世归来以讨好他的追随者,或者说拿破仑三世染病以讨好他的反对者。与之类似,小商贩们则拿出最耸人听闻的谣言来吸引一大群听众。在有关比利时的法国射击手的谣言中,一旦人们把他们当作血腥报复的前提,他们的射击准确度便显得无可置疑。德国人可能会想,要不然怎么才能使他们的暴行合理化呢?而当谣言从前线下来的伤兵那里传来时,谁又敢去反驳他们呢?

描写谣言的作者们强调了谣言如何从"集体意识"中产生,集体意识是人脑中先已存在的图景,即使无关紧要的事件也会将其激活。除了所列举的具体因素以外,有关精英阶层的恶意及其阴谋对抗人民的倾向的普遍信念是使谣言变得可信的一般条件。有关政府贪得无厌地追求高税收和更多的士兵的信念,使得像统计调查这样明显中立的行动也容易触发增税和即将征兵的谣言。德国人对比利时抵抗力量的本性的信念之所以形成是因为1870年普法战争时产生的法国射击手的图景被激活了。这些图景通常有一些现实基础,即便使其被激发的具

382

383

---

① 蒙田.蒙田随笔集(下卷)[M].潘丽珍,等,译.北京:译林出版社,1996年:293.——译者注

体信念并没有任何现实基础。

我曾数次引用谚语"我们容易相信我们所希望与所恐惧之事"。我讨论的这些谣言同时说明了这两种可能性。拿破仑的归来、政权更迭期间的减税以及俄国士兵加入盟军,这些都证明了希望的力量。(不过,在拿破仑的案例中也有害怕他回来的人。)但是,19 世纪研究谣言的一名法国历史学家却断言,"总的来说,谣言系统性地更为悲观,而非令人愉悦"——恐惧比希望更盛行。为了证实这一断言,我们可以试着统计一厢情愿与反一厢情愿的事件,看看后者是否真的在事实上支配着前者。然而,这可能会是一次无望的尝试,既是因为我们不可能建立一个有代表性的样本,也是因为很难得知每一个事件的重要性。

一个更有前景的方法是利用我在本书第二部分的引言中所提的信念与准信念的区别;两者主要的区别在于只有前者才被用作行动的前提。如果我们考虑谣言的形成事件,看似几乎毫无例外的一个事实是,**只有基于恐惧的谣言才能使人们调整自己的行为**。在 18、19 世纪法国谣言的形成事件中,农民在谷物成熟之前就开始收割,以免遭到"强盗"的破坏;连种子都不留便又把谷物卖出去,因为他们害怕所有的收成都被充公;谣传要向他们征税,他们便把值钱的东西藏起来;结婚以逃避征兵;在谣传有新的盐税时囤积食盐。强盗正在杀来的谣言在法国大革命期间有着决定性的影响。其他事情上,它使得农民去进攻自己领主的城堡,这些行动反过来触发了 1789 年 8 月 4 日颁布的废除封建制度的法令。类似地,种族暴乱往往由关于其他部族即将攻来的谣言触发。[①] 由恐惧产生的反一厢情愿似乎对行为有着强大的影响力。与之相反,由希望产生的一厢情愿似乎更会凸显其安慰价值。这种不对称性似乎颇为坚稳。它虽然没有证明基于恐惧的谣言在数量上更多,但它确实表明了这些谣言对于解释行为更为重要。

我所遇到的不对称性的主要例外发生在金融市场中,被希望所鼓动的谣言经常以投机泡沫(speculative bubbles)为基础。20 世纪 90 年

---

① 资料证明,暴乱在天气炎热时有更频繁发生的倾向,这证实了情感在暴乱中所扮演的角色。

代的"非理性繁荣"(irrational exuberance)毫无疑问充当了最终弄巧成拙的行动的基础。然而,对于这类市场中**互动**的信念形成的机制与动力,我们似乎知之甚少。在基于谣言行动的人、基于因谣言引起的价格改变而行动的人与基于得到价格改变支持的谣言而行动的人之间,似乎有一种复合的互动。尽管有些行动者是基于理性的信念行动的,因为他们持有证据,但这些证据中有些是基于无凭无据的谣言而采取的非理性行动的结果。

这种不对称性似乎只局限于互动信念的形成。在个体层面,一厢情愿产生行为的能力绝不亚于反一厢情愿。而且,因果观察间接表明在个体层面后一机制并不比其相反机制更常见。谣言的互动本性似乎以我们不太理解的方式产生了不同于我们在个体相互独立形成信念时所观察到的模式。

信息瀑布

通过名为"信息瀑布"(Informational Cascades)的机制,完全理性的信念形成也可以产生谣言。假设群体中的每个个体都可以得到一些关于某事的个人信息。每个人依靠的都是自己的个人信息**以及**序列中排在前面的人(如果有的话)所表达的信念,所有人循序形成信念。例如,每个村民可能都会拥有并利用一些关于强盗在周边出没的个人证据,加上他从别人那里听到的,从而形成他之后传递下去的那个观点。如果手头事务只取决于有关事实问题的信念而不取决于偏好,那么唱名投票也会有同样的动力。集会上的每一员都不只依据自己的信息,还会参照唱名时排在前面的人的投票所揭示的信息。第三个例子,我们可以想想审查一篇论文的某家期刊的审稿人是如何意识到(但不明白为什么)上一家期刊的审稿人已拒绝了这篇论文。

在这些情境中,人们使用他人信念形成过程的结论作为自己信念形成的间接输入信息,但并不知道他人用来形成结论的直接输入信息(个人信息)。这样就会发生理性的个体最终却形成错误信念的情况,尽管如果他们每个人都可以得到前面的人的"原始数据"而不只是其结论,他们本可以得到正确的结论。在审稿人的例子中,假如第二位审稿人看过了第一位审稿人的报告,他本可以察觉出偏见或者有误的推理。但如果他只知道第一个报告的结论以及第一家期刊名望很高,他就会理性地将第一位审稿人的否定意见与自己的评估结合起来。如果后者对论文表示欣赏但只是略微欣赏,他可能最终会建议拒绝。第三位个人持有很强的欣赏意见的评审,如果发现前面两位审稿人都选择了拒绝,她可能也会(理性地)倾向于拒绝。然而,如果第二和第三名审稿人倾向于发表论文而第一位审稿人只是温和地表示反对,那么结果可能是次优的(相对于学术界的目标而言)。[①] 如果这几位评审以相反的顺序阅读文章,结论便会不一样("路径依赖")。

参考文献

最初由 Solomon Asch 完成的线段匹配实验在任何社会心理学的教科书中都有描述,例如 E. Aronson, *The Social Animal*,第 9 版。(New York：Freeman, 2003)。

移动光源实验见于 R. C. Jacobs and D. T. Campbell, "The perpetuation of an arbitrary tradition through several generations of laboratory micro culture," *Journal of Abnormal and Social Psychology* 62(1961), 649-58。

关于校园饮酒,参见 D. A. Prentice and D. T. Miller, "Pluralistic ignorance and alcohol use on campus：Some con-sequences of misperceiving the social norm," *Journal of Personality and Social Psychology* 64 (1993), 243-56。

关于那些拿到无法理解的文章的学生,参见 D. T. Miller and C. McFarland, "Pluralistic ignorance：When similarity is interpreted as dissimilarity," *Journal of Personality and Social Psychology* 53 (1987), 298-305。

关于解除的设想依据的是 T. Ku ran, *Private Truths*, *Public Lies* (Cambridge, MA：Harvard University Press, 1995)。

对国王治愈能力的信念的宗教改革效应的观察来自 M. Bloch, *Les rois thaumaturges*

---

① 各种减少服从主义的措施都可以在这个视角下得到理解。大学考试中的内部评级人将学生的答案传给外部评级人,但并不把自己的评级结果也传出去。出于同样的原因,当人们在征求第二种医疗意见时,不应将第一名医生说的话告诉第二名医生。

解释社会行为：
社会科学的机制视角

（Paris：Arma nd Colin，1961）。

我所利用的有关谣言的研究出自 G. Lefebvre, *La grande peur de* 1789 （Paris：Armand Colin，1988）；F. Ploux, *De bouche à` oreille：Naissance et propagation des rumeurs dans la France du XIX e sie`cle* （Paris：Aubier，2003）；R. Cenevali, "The 'false French alarm'：Revolutionary panic in Beden, 1848 ," *Central European History* 18 （1985），119-42；M. Bloch, "Re´flexions d'un historien sur les fausses nouvelles de guerre," *Revue de synthe`se historique* 33 （1921），13-35；and C. Prochasson and A. Rasmussen （eds.）,*Vrai et faux dans la Grande Guerre* （Paris：Editions La De´coverte，2004）。

对种族暴乱中的谣言的详细编目与分析参见 D. Horowitz, *The Deadly Ethnic Riot* （Berkeley：University of California Press，2001）。

有关股票市场中的谣言,参见 A. M. Rose, "Rumor in the stock market," *Public Opinion Quarterly* 15 （1951），61-86。

对信息瀑布机制的介绍,参见 S. Bikchandani, D. Hirshleifer, and I. Welch, "Learning from the behavior of others：Conformity, fads, and informational cascades ," *Journal of Economic Perspectives* 12 （1998），151-70。

387

24

集体行动

活的旗帜

在《沃博艮湖的日子》(*Lake Wobegon Days*)里,加里森·凯勒(Garrison Keillor)描述了其虚构的小镇中的国旗日(Flag Day)。游行的组织者赫尔曼买了许多蓝色、红色和白色的帽子分配给小镇的居民,让他们可以组成一面活的旗帜穿街过道,而赫尔曼则站在中央大楼的楼顶拍照。战争刚结束时人们还很乐于服从要求,但后来他们就有别的想法了:

> 愤恨源于这样一个事实:他们谁都没有看到自己所在的那面旗帜;报纸上的照片是黑白的。只有赫尔曼和汉森先生(有些男孩由于太矮也不需要下楼)看到了真实的旗帜。人们想有一个爬到楼顶亲自见证那一场面的机会。

> "你们本应该在下面,怎么能爬上来呢?"赫尔曼说道。"你们上楼顶看,就什么都没得瞧了。晓得自己正在其中发挥作用还不够吗?"

> 1949年的国旗日,赫尔曼刚喊出,"就是这样!现在保持这个队形!"一个戴红帽子的人就从队伍里跑了出来——连爬四段楼梯冲到楼顶,探出身子向远处望去。那景象即便因他走后留下一个洞,依旧很壮观。底下那面活的旗帜占满了三条街。多完美的旗帜!多漂亮的红色!他都无法将自己的视线移开。"快下去!我们需要拍照!"赫尔曼冲他喊道。"我们看起来怎样?"下面的人们也冲他喊。"难以置信!我都无法形容了。"他答道。

> 这下子每个人都必须来看一眼了。"不行!"赫尔曼说,但人们进行了投票并一致通过。那面活的旗帜中的人们一个接一个地跑上楼顶,欣赏起来。旗帜真是棒极了。它使人们流下泪水,使人们

想到了这个伟大的国家,沃博艮湖这个地方也全然被包含在其中。人们想一整个下午都站在那儿尽情欣赏。因此,头一个钟头过去了,500人中只有40人到过顶楼,其他人则越来越焦躁不安。"快点! 别磨蹭! 你已经看过了! 下来,给别人一个机会!"赫尔曼让人们按四人一组上去,后来是十人一组,但是两个钟头过去了,活的旗帜变成了坐着的旗帜,而且开始残缺,因为看过的人想回家吃晚饭,而这又激怒了那些还没看过的人。

"再坚持10分钟!"赫尔曼喊道,但10分钟拖成了20分钟、30分钟,人们偷偷溜走,留给最后一个观看者的只有一面像被炮火炸过的旗帜。

1959年,克努特的儿子们接办国旗日。赫尔曼送给他们几箱帽子。从那时起,虽然大多数的年头里参与者都少得可怜,但克努特家还是组织过几面不错的旗帜。你至少需要400人才能组织一面好看的旗帜。有几年,克努特家制订了"不看"的规则,另几年他们则采用抽签的办法。有一年他们做了一个实验,让两个人把一面大镜子举过楼顶的边缘,但是当人们向后仰而朝上看时,旗帜当然也就消失了。

沃博艮湖的居民面对的是一个集体行动的难题,尽管它不太寻常。每个人都想爬上楼顶,或者像后来那个实验那样,想朝那面镜子看。但如果他们全都这么做,旗帜就会**瓦解**(unravel)或消失,从而也就没什么可看的了。为解决这个难题,他们诉诸了一些经典的协调方法:强加一个"不看规则"以防止搭便车;轮流看;抽签。第一种方法不是很令人满意,因为一面没人看得见的旗帜没多大意义。① 其他两种方法确保了一些人能够观看旗帜,但能看的人也不能多到最后什么都没法看的地步。然而,这两种做法都需要由组织集中协调。这里的挑战是去理解人们有时是怎样以分散的行动来解决集体行动难题的。

---

① 当然,上帝看得见这面旗帜。在一些中世纪的教堂里,很多漂亮的柱头都非常高,以至于不借助于望远镜就没人看得清细节,这并不是人们在建造它们时发明出来的。不过因为上帝看得见这些柱头,这样也没关系。沃博艮湖的人们看起来并没有同样的宗教热诚。

瓦解与滚雪球

如果任人们自行其是,旗帜就会**真的**瓦解。而比喻意义的瓦解在
389 关于公共品的实验中也有体现。实验对象被给予一定数额的钱,并被
告知如果他们从中拿出一些捐入公共池(common pool),这些捐款就会
被加倍,且加倍后的捐款会被平均分配给所有实验对象,无论他们自己
是否捐了钱。(这是一个多人参与的囚徒困境,在同一组实验对象之间
多次进行。)如果所有实验对象都是理性且自利的,就不会有人捐钱。
事实上,即使在匿名的互动中,实验对象最初也只平均捐出了他们被给
予金额的40%~60%。接下来的回合中,捐款稳步下降直至稳定在10%
左右。对此一个可能的解释是,大多数人是愿意捐款的,当且仅当他人
的捐款处于特定水平。这一水平在不同个体之间可能有变化,对一些
人而言当平均捐款较高时才能触发他们自己捐钱,而其他人则只需几
个人捐款甚至没人捐款时他们也会捐钱。之后瓦解可能就会出现,如
图 24.1 所示。

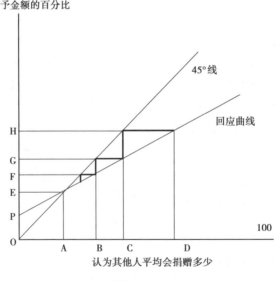

图 24.1

一开始人们相信其他人平均会捐出 OD。有些人极其自私,一分钱也不捐,但其他人还是受到公平规范的驱使捐了钱。此时他们的捐款总和是 OH。这一较少的金额($OH=OC$)之后被当作预期下一次博弈中捐款金额的依据。那些当预期捐款为 OD 时愿意自己捐钱的人中有一些现在退出了,从而最终的捐款降至 OG。在接下来的回合中,越来越多的捐款者在捐款水平降至他们愿意捐钱的水平之下时退出了,直至这一过程稳定在 $OA=OE$ 时。在这一点上,实际捐款和预期捐款重合了。

我们也可能看到相反的现象,比如形势的发展是"滚雪球"而非"瓦解"。一个例子就是 1989 年柏林墙倒塌前,连续几个周一越来越多的人群在莱比锡(Leipzig)聚集。[1] 在革命和反抗运动中也是如此,最初的一小群参与者可能发展出一场推翻政府的运动。然而,在我们能够试着理解这类现象之前,不得不更仔细地把集体行动难题的结构讲清楚。当前我们可以对刚刚给定的案例的连续性进行抽象,仅仅从个体选择和集体结果的关系角度来定义集体行动难题。[2] 要么会继续运营。

这一难题与我前面章节所讨论的几个议题紧密相关。当能引发许多人参与的囚徒困境或者相关情境的消极或积极负外部性出现时,集体行动难题就产生了。为了**界定**集体行动难题,我把自己的分析限定在这类情境下可能驱动行动者的动机子集范围内。具体来说,行动者被假定仅仅受他们参与集体行动的成本和他们从集体行动的结果中所获得的个人收益驱使。例如,我们假定罢工中的工人在罢工期间看到的只是丧失工作或薪水的风险,和罢工一旦成功后薪水提高的前景。

---

[1] 1989 年 9 月首先在莱比锡爆发"星期一示威游行"。每个星期一在尼古莱大教堂做完和平祷告后,人们上街进行和平游行,齐声高呼"我们是人民""要民主,现在就要"。——译者注

[2] 我在写作时只当个体的选择是二选一(个体要么合作,要么不合作)并且只当结果是连续变化的(人们可能会供给更少或更多的公共品——例如洁净的空气),事实上,个体不仅在**是否**捐钱上是不同的,在捐**多少**上也是不同的。我将不考虑这种复杂性。另外,一些公共品是"凹凸不平"或彼此分立的。如果社区中的个体为保持一所本地学校的运营而进行游说,那么这所学校要么会关门,要么会继续运营。通过将结果诠释为连续变化的公共品供给**概率**,这种复杂性可以得到巧妙的解决。

集体行动 **371**

而与之相反,我们不得不诉诸一个更宽泛的动机集合才能**解释**他们在这些情境中对合作策略的选择。

假设对于某个行动者来说积极的负外部性有着直接的成本和风险。在公共品实验中,成本是放弃她的部分所获赠款。在莱比锡游行中,成本是遭警察毒打。与此同时,行动者提供给那些与自己互动的人一丁点物质收益。在实验中,其他每个实验对象都收到了她的捐款的一小部分。这名实验对象也获得了一笔物质收益(她得到了同样的一小部分捐款),但明显少于他付出的成本。在莱比锡,每个游行者都给警方的注意力(假定是不变的)提供了一份额外的焦点,因而也就使任一给定游行参与者被打的可能性边际递减。因此,如果我们把自己的分析限定在合作的直接成本与收益上,那么个体的背叛会压倒个体的合作。与此同时,在这两个案例中普遍的合作压倒了普遍的背叛。如果所有实验对象把自己所获赠款全部捐到公共账户,那么他们都能拿回数倍于这笔赠款的钱。如果莱比锡全体居民都走上大街,那么他们中任意一个人被打的风险会接近于0,而推翻政权的概率会迫近于1。

集体行动的技术

我们可以用图表来展示这种情境。在一个有 $n+1$ 人的群体中,图24.2 表明了一名给定个体的收益是如何作为他自身的和其他人的行为的函数而变化的。其他人的行为在横轴上表示,其测量的是(其他人当中)合作者的人数。如果这个人也是一名参与者,他的效用——在纵轴上测量——就顺着图表中的 R 线 AB 来表示。如果他是一名不合作者,他的效用就沿 L 线 OC 来进行测量。L 线和 R 线与两条纵轴相交的顺序定义出一个普通的(二人)囚徒困境:最受偏好的结果是单边不合作(搭便车),次之是普遍合作,再次是普遍不合作,而最坏的结果是单边合作(被利用)。在这个二人案例中,不合作是占优策略,因为 L 线的每处都比 R 线高。然而,与这个二人案例相反的是,我们可以定义出大量的合作 M,这些人可以通过合作让自己更好,即使存在着因他人合作而

解释社会行为:
社会科学的机制视角

甚至更好的搭便车者。线 OB 展示了对于每个人——合作者和不合作者——而言的**平均**收益，它是合作者人数的函数。由于行动者的人数 393 是不变的，OB 还将反映合作产生的**总**收益。

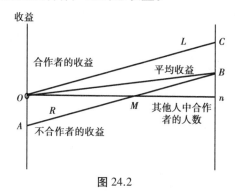

图 24.2

[引用自 T.Schelling, *Micromotives and Macrobebavior* (New York：Norton，1978)]

图 24.2 中的情况反映的是一个特殊的案例，它假定合作的成本——由斜线 L 和 R 之间的距离来测量——是不变的。在其他案例中，合作的成本随着合作人数的增加而增加。当人们参加公共广播的现场连线活动时，电话线路变得拥堵并且需要更多的时间才能打进去。之后可能发生的情况是最后的参加者①实际上降低了平均收益，因为他们参加进来的成本超过了他们为其他每个人（和他们自己）创造的收益。合作的成本也可能起初很高而后减少。随着更多的人加入到莱比锡的游行中，政府的军队不得不把自己分散得更稀薄。在这个案例中，最初的合作者可能也因类似的原因而使局势变得更糟了（即降低了平均收益）。

图 24.2 还假定合作者的收益——由线 L 给定——是合作者人数的线性函数。每个新合作者给每个人的福利增添的数额是相等的。边际收益递增可以用清理沙滩上的垃圾来说明：最后被清理掉的那个瓶子与倒数第二个相比有着更多的审美效果。边际收益递减也是很常见的。一个简单的例子就是打电话给市政府反映中产阶级城区中的路面

---

① 在此处以及别处，诸如"最先的""中间的""最后的"这类词可以指一个接一个的合作者加进来的次数，例如在发动一次革命运动时就是如此。他们也可以指同时进行的合作行动，例如投票。说最后的投票者没带来多少东西就是说每个人都去投票的情境中所创造的收益差不多等同于几乎每个人都去投票时所创造的收益。

坑洞情况:第一个花时间打电话的人可以让坑洞有 0.4 的概率得到维修,第二个人会把概率提高到 0.7,第三个人到 0.8,第四个人到 0.85,第五个人到 0.88,等等。有时,最初的和最后的捐助者带来的福利都是很少的,而中间那些人带来的效果更大。几个革命者或罢工者是产生不了多大影响的,同时,当几乎所有人都加入进来时为数不多的不表态者是否加入也是无关紧要的。在社会运动中,这种模式可能很典型。

394   合作的边际收益在一定范围的合作者中甚至可能是负的。如果单边裁军带来了有机可乘的权力真空,并由此释放出一场全面的战争,那么它就会使所有国家的境况都变差。孤立的造反行动可能会给当权者提供一个借口以将实际造反者连同潜在造反者一道镇压。相反,可能有太多的合作者。如果战争时期每个人都坚持入伍,就会导致那些攸关战争动员的产业人手不足与战争的失败。如果野餐时每个人都坚持帮忙做饭,那这么多的厨子反而可能会煮坏了汤。

        上述这些评论表明,集体行动的技术随案例不同而不同。接下来,我集中关注图24.3所展示的案例,我相信它在相当程度上就是那些试图推动政策改变的社会运动的一个典型。最初的参与者给他人带来了很高的成本或风险,而没给他们带来多少收益。事实上,他们可能会伤害他人而非使他人获益。他们的净贡献(net contribution)是负的。最后的参与者也没创造多少收益。正如我曾表明的,在某些案例中,他们的成本可能是递减的。在其他案例中,直到敌人投降为止,所有为同一事业而奋斗的人可能都承担着巨大的成本或风险。那些 1944 年参加法国抵抗运动的人往往没给德国人造成多少伤害,但却全让自己的生命置于风险之中。

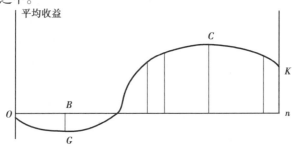

图 24.3

解释社会行为:
       社会科学的机制视角

克服搭便车难题

我已从**理性的结果导向的自利动机**角度定义了集体行动难题。通常,这些动机不足以诱发合作,因为不管别人做什么,个体不合作也会过得很好。对于这种说法,让我来谈谈两个例外。 395

第一个例外出现的情况是,**同样的**行动者**反复**面对同一个集体行动难题。在这种持续的互动中,合作可能靠一种**严格的触发策略**维持,即只要其他每个人都合作,我就合作;而即使其他行动者中只有一人背叛,我也会永远背叛。① 一些证据显示卡特尔就是以此种方式让自己维持下去的。第二次世界大战中那些禁止发动毒气战的决定可能也是出于害怕被报复,但更有可能是由这种手段的操作性缺陷所致。不过,这些案例并不典型。例如,工人们并非每年都去更新自己的工会资格。造反和革命是一次性的运动,对此那种从重复性互动中得来的论点并不适用。其他的活动、斗争与运动几乎无结构可言,以至于合作者没法鉴别出不合作者。要解释合作是如何发生在这类案例之中的,我们必须从别处想办法。

第二个例外出现的情况是存在一个外部行动者——通常是一个能够给予不合作者选择性惩罚和/或给予合作者选择性奖励的组织。国家可能会惩罚那些由于在街上吐痰或在公共场所抽烟而给他人带来负外部性的个体。工会可能会给自己的成员提供廉价的休假。革命运动可能会许诺赋予那些活跃分子革命后政府的关键职位。这些针对集体行动难题的"解决方案"有赖于集中化的强制,而非那些直接涉入其中的个体所做的分散化行动。此外,那些关于胜利后奖励活跃分子的许诺可能是靠不住的。从 1594 年的亨利四世到 1945 年的夏尔·德·戴高乐,魅力超凡的领袖们都曾因委任或聘用来自失败方政权的官员们 396

---

① 与我们几次提到的囚徒困境不同,这一说法是指一种无限持续的情境。触发策略在给定案例中是否会形成一个均衡依赖于基数收益结构和行动者的时间贴现率。原则上说,其他的策略或许也会产生一个合作均衡,但只有触发策略具有必要的焦点特征。

担任领导职务而使追随者失望。军人并不总能成为好的行政官。

在分散化的一次性集体行动情境中,如果所有行动者都是完全理性的,所有行动者有的只是结果导向的自利动机,并且这两个事实是人所尽知的,那么合作就不会发生。(这种说法是一种逻辑上的真理,并非经验上的主张。)参考图 24.3,我们或许可以对能触发或维持合作行为的多种动机加以区别。在下面这个我将简述的典型图景中,这些动机陆续发生作用,它们每一个(除第一个以外)都有赖于那些为先前动机所驱使的行动者的在场。尽管这个特定的图景并不适用于所有案例,但我相信它的一个特征具有普遍的有效性。我们在观察成功的集体行动时会发现,它并不是由具有相同动机的个体达成的。相反,它是**混合动机**——既有个体层面的也有个体之间的——的结果。[1] 接下来我将确认六种这样的动机,我相信它们以不同的比例存在于许多集体行动的情境之中。

合作需要一些不仅仅受自身成本与收益驱使的个体。这样的个体有两类:**完全的功利主义者**和**无私的功利主义者**。当且仅当自己的贡献能提高平均收益时,第一类个体才会合作。在图 24.3 中,他们的要求是合作者的人数已经达到 OB,此时他们采取行动能产生有用的结果。当且仅当自己的贡献能提高平均收益,**不计其自己的成本**时,[2]第二类个体才会合作。在我早前给出的一些案例中,合作产生负面的效果仅仅是因为合作者的成本超过了收益的总和。假如无私的功利主义者的行动产生的是这种意义上的负面效果,她是不会退缩的。然而,如果她的行动给他人带来了直接伤害,她就会停止合作。很多起初本想参与社会运动的人就发现自己处在这样的困境中。正如前文所说,他们可能担心引起雇主或当权者动用镇压措施来伤害组织的其他成员,而不仅仅是他们自己。

如果这些无私的功利主义者没有遭遇这种难题,他们的数量可能

397

---

① 为防止把讨论搞复杂,我这里只考虑个体之间的变化。

② 这种不对称体现在若干谚语中:"友谊就是忘掉你的付出和记住你的所得"以及"别人对你的好永远别忘,你对别人的好马上忘掉"。

解释社会行为:
社会科学的机制视角

足以多到将合作者的人数推升至 OB，此时完全的功利主义者就会加入进来。如果无私的功利主义者人数太少，或者如果我所描述的这种困境止了他们的行动，那么就需要**无条件的合作者**来创造 OB 这个会驱动完全的功利主义者的关键人数。这些行动者有着众多形象——他们可能是康德主义者、圣人、英雄、狂热分子，或者他们可能多少有些疯狂。他们的共同点在于他们的行动既非自己行动的期望结果的函数，也非其他合作者人数的函数。例如，有些狂热的纳粹分子加入德国国家社会主义工人党的时候该党的前景还仅仅是一片妄想。相反，功利主义者的行动是其行动的期望结果的函数。尽管他们的期望本身可能是其他行动者人数的函数，他们的行动却并非由这一人数直接触发（参见第 5 章）。如果曲线 $OGCK$ 没有跌到 0 以下，两类功利主义者本来都会亲自充当最初的推动者。

然而，还有一类行为者更是从来不会充当最初的推动者。有些个体的动机是因看到其他人合作或者知道其他人可以看到他们而触发的（参见第 5 章）。这一群体中的第一部分人是被公平的准道德规范驱使的——当其他人为我们共同的事业冒险时我仍然袖手旁观是不公平的。从不同的合作者人数可能会触发不同个体的合作意义上讲，这种动机在强度上可能是有变化的。那些为低门槛所触发的个体可能会因此而有助于触发那些有着更高门槛的个体。第二部分人是被社会规范驱使的。如果不合作者可以被鉴别出来并且受制于社会排斥，例如，工作场所中通常就是这样的，那么合作者可能会让他们感到羞耻，从而使其加入合作。羞耻也是有程度之分的。一些人可能只是由于一句评论或一个避开的举动就感到羞耻而加入合作，而其他人只有在面对众多组织成员——包括（或许尤其要包括）那些本身就是因感到羞耻而加入合作的人——的压力时才会加入合作。

398

最后一类是那些出于运动的"过程收益"——或是由于运动很有趣，或是由于运动在其他方面对个人很有吸引力——而加入该运动的人。对于某些人而言，去街上游行和唱歌，或体验各种送上门来的乐子，这些事是独立于某项事业之外的，其本身就值得追求。对于另一些人来说,加入某项运动可能被视为一次"提高觉悟"或"塑造声望"的机会。尽管这些值得追求的状态从本质上看是副产品(参见第 4 章)——这意味着那些直接追求它们的人有可能会失其所望,但这些人可能还是会出于某种理由而加入进去。由于这些个体从表面上看与其他几类人几乎没有两样,他们可能也会触发那些具有高参与门槛的人拥护运动。

这种动机类型学并没有给成功的集体行动提供解释,它仅仅给出了一种解释框架。许多种不同的动机混合都能产生那种必要的滚雪球效应。在一些案例中,如果最初的推动者太少没法吸引功利主义者,或者如果最初的推动者和功利主义者加起来还是太少,没法吸引那些在其他人合作的条件下才会合作的人,那么该运动可能就没法招到足够的合作者。在另外一些案例中,这一过程可能从未启动过,因为根本就没有最初的推动者。结果取决于各种动机在人口中的分布,以及集体行动的技术;它还取决于组织和领导。为了集中关注分散化的选择,我在此处忽略了这两者。

参考文献

E. Fehr and U. Fischbacher "The nature of human altruism," *Nature* 425 (2003), 785-91 讨论了有关瓦解的公用品实验。

关于东欧的滚雪球效应请参见 R. Petersen, *Resistance and Rebellion: Lessons from Eastern Europe* (Cambridge University Press, 2001),这本著作还展示了若干种动机如何可以不只存在于(就像我正文中所说的)不同的个人身上,还可以共同存在于一个人身上。

我在 *The Cement of Society* (Cambridge University Press, 1989)一书中讨论了集体行动技术的某些变种。

G. Marwell and P. Oliver, *The Critical Mass in Collective Action* (Cambridge University Press, 1993)一书讨论了另外一些变种。

T. Sandler, *Collective Action* (Ann Arbor: University of Michigan Press, 1992)一书是一份优雅的概述。

J. Bowman 的 *Capitalist Collective Action* (Cambridge University Press, 1993)是对个人可能既在动机方面又在资源方面有所不同的观点的运动。

399

解释社会行为:
社会科学的机制视角

C. Lipson, "Bankers' dilemmas: Private cooperation in rescheduling sovereign debts," in K. A. Oye (ed.), *Cooperation Under Anarchy* (Princeton, NJ: Princeton University Press, 1986)讨论了卡特尔中的严格触发式合作。第23章所讨论的纽约钻石商案例和本章也是很相关的。

对强调领导人和追随者之间垂直关系的集体运动的解释请参见 S. Kalyvas, *The Logic of Violence in Civil War* (Cambridge University Press, 2006)。

400

25
集体决策

一个群体,从家庭到整个社会,其成员常常需要通过做出对所有人都具约束力的决策来管理大家共同关注的问题。再次思考缺水时期管理用水量的案例(第5章)。有时,这个集体行动问题可以通过分散决策(decentralized decision),将道德、准道德和社会规范三者结合来解决。然而,往往市议会不得不以禁止诸如浇灌草坪或给泳池注水这样的用水来限制供水或减少用水。当集体行动失败时,我们可能就需要集体决策(collective decision making)。

再看另一个在全国大选中参与投票的例子。选择投票还是待在家里,这是一个经典的集体行动问题。已知他或她的意见对大选结果没有影响,每个公民都有引导其弃权的个人利益。而如果每个人都弃权或投票率降至极低的水平,那么民主本身或许就会陷入被独裁或寡头取代的危险,这违背了(几乎)每个人的利益。在许多民主政体中,作为公民分散决策的结果,投票率实际上的确达到了可观的水平,从50%~80%。一些人可能会问自己:"但如果每个人都弃权了呢?"另一些人可能会对自己说:"既然别人大都费心投了票,只有我也这样做才算公平。"还有一些人可能会计算:"尽管我的选票对民主活力的影响微乎其微,但如果将它乘以被其影响的众多其他公民的数量,它就很重要了。"在小村庄里,有些人可能是认为"如果我留在家里,我的邻居会注意到并会表达不满。"

如果这些动机单独或结合起来最终太弱的话,投票率可能就会在某种程度上自我强化("既然没几个人费心去投票,凭什么我就该去?")的过程中跌至灾难性的水平。要扭转这一过程,国会可能会立法强制投票、向不投票者处以罚款,并将该法案提交全民公决(referendum)。

解释社会行为:
社会科学的机制视角

在投票决定是否应该强制人们投票时,公民们面对的选择与在非强制投票的日常选举中思考是否去投票是非常不同的。这里的选项不是"我去投票"对比"我待在家里",而是"每个人都去投票"对比"每个人都可以自由地选择待在家里"。① 如果在前一种选择中偏好第二个选项的人,有很多人在后一种选择中都偏好第一个选项,那么他们就会**集体决定**强制投票。

集体决策是关于**政策选择**(policy choice)的决策。在进入集体决策的过程之前,每个成员都有特定的政策偏好,这些偏好源于他或她的根本偏好以及一套关于"目的—手段"关系的因果信念。集体决策的基本目标是通过我很快会讨论到的三种机制中的一种来**聚合**(aggregate)个体的政策偏好。② 聚合还可能导致个体政策偏好的**转变**(transformation),而且它可能产生促使个体**歪曲**(misrepresent)其政策偏好的动机。偏好的聚合、转变和歪曲三者之间的互动会带来相当大的复杂性。

在我将讨论的很多案例中,都是一小群人做出了约束一大群人的决策。有时,这一小群人是被委派这样做的,他们是更大那群人的代理人或谈判代表。在这种情况下,他们可能受到一些约束:他们知道自己的决策必须经过其选区选民的认可,如果他们没能取得令人满意的结果他们将无法连任。在其他情况下,更大的社会,除非发动革命,否则无力影响那些做出其生活决策的人。而即使到这里,我们谈论的可能还是精英内部的集体决策。斯大林倒台之后是政治局(Politburo)的集体领导。1973—1980 年掌权的智利军政府有一个高度结构化的内部集体决策模式。

我将讨论的三种聚合机制是**论辩**(arguing)、**讨价还价**(bargaining)和**投票**(voting)。我认为这是一个详尽的列表。尽管有一些集体决策是通过随机的程序做出的,例如参会者用抛硬币的方式打破僵局或从

---

① 换种方式说,在全民公决中不会有"我待在家里但其他所有人都必须去投票"这个选项。

② 尽管"聚合机制"通常是投票程序的专用短语,但我在这里用它来表示最初可能有不同偏好的行动者通过互动产生一个大家都愿受其约束的决定的任一过程。

广大民众中抽签选定领导人,但采用这种程序的决定本身一定是经过论辩、讨价还价或投票做出的。我不会讨论那个有趣的问题,即三种程序中是否有一种在同一意义上比其他两种更基本。例如,通过投票解决某一问题的决策本身是否必须是经过论辩做出的。相反,我会分别探讨每种程序的特性,包括其重要的反常现象。

我先为这三种程序举几个例子。在要求全体一致的陪审团中我们可以观察到纯粹的论辩(至少它应该是其中的规则)。而即使在这个案例中,一些陪审员也可能诉诸暗中较劲(tacit bargaining)的办法,他们凭着自己更强的"顶住"的能力,不那么急着摆脱陪审任务以回到日常生活中去。[①] 当必须要做出决策时,时间总是很重要,而且这个过程中的参与者常常以不同的贴现率对未来进行折现,因此这一案例可能实际上非常典型。

纯粹的讨价还价可以用序贯的"分1美元"博弈("divide-a-dollar" game)来说明,参与的各方连续提议和反提议。结果由讨价还价机制和各方的议价能力——使其能够做出可信威胁和承诺的资源——决定。这个过程可见图20.2。

纯粹的投票就是卢梭的集体决策概念。公民在彼此隔离的情况下形成他们的偏好,以免受雄辩和煽动的污染。他们还将在彼此隔离的情况下投票,因此也排除了选票交易。在实际的政治体制中,这种理想型永远无法实现。或许它能用某些低风险的决策来说明,例如主要功能就是选举新成员的科学院的成员选举。

混合论辩和投票、不包括讨价还价的程序可以通过大学系所的雇佣和终身任期决策来说明。这些决策应该只受对候选人成绩的审慎考虑以及随后的投票的影响。尽管这种理想型并不总能符合实际,但有时是符合的。在好的系所中,会有反对互投赞成票的规范,还会有反对只投票不解释的规范来加强前一条规范。

混合论辩和讨价还价、不包括投票的程序可以用集体工资谈判

---

① 在早期英国的陪审团审判中,在陪审员达成全体一致的决定前不让他们进食(或让他们自己花钱买食物)的做法可能也赋予了一些人比其他人更强的议价能力。

(collective wage bargaining)来说明。当工会和资方在决策如何分配企业的收入时,或许看上去只有讨价还价在起作用。然而,更仔细地审视后我们会发现,总是有大量针对事实——例如企业的财务状况和劳动力的生产率——的论辩。

混合讨价还价和投票的程序可能会发生在工会成员必须通过投票来核准由他们的代表协商达成的工资协议时。在这种情境下,投票的预期结果成为讨价还价的威胁点(threat point)[1]。

政治决策,无论是由委员会、议会还是广大民众做出,通常都包含这三种程序。[2] 同样,这一事实源于要尽早做出决策的需求。投票往往出现在某个问题亟须做出决策时,因而参与者在达成一致意见前是没有时间深思熟虑的。更直白地说,他们可能没有动力去寻求一致意见。如果一些参与者比其他人更急于做出决策,讨价还价也就有可能出现,那些更能忍受等待的人可能会用提早决策作为交换来要求对方让步。在常设委员会和议会中,由于大家在要权衡、协调的各个问题上偏好强度不同,讨价还价还会以互投赞成票的形式出现。立法机关中的其他讨价还价机制包括阻挠议事(filibustering)和"缺席政治"(politics of the empty chair)。团体充分利用法定人数规则来达成他们靠其他手段达不到的目标。

404

在这些案例中,议价能力源自议会内部。在其他案例中,决策者则可以利用在议会之外独立存在的资源——金钱和人员。1789年,法国制宪议会的争论在国王的军队与巴黎的民众之间中断了。后者最初被议员利用,成为对抗前者的武器,而后又成为一些议员用来威胁其他议员的工具。1989年,波兰召开的准制宪或制宪前的圆桌会议在苏联的干预威胁与经济瘫痪的前景之间中断了。如果选票无法用一票买另一票,像互投赞成票那样,那我们还能用钱来买选票,例如用连任竞选的政党经费来买。

---

[1]　一个行动者的威胁点是指谈判破裂时他能保证获得的收益。——译者注
[2]　甚至普选也能提供讨价还价的余地。如果投票是公开的,选民与候选人可能就会就选票的价格争论不休。

从这一讨论中我们会清晰地看到,这三种集体决策的模式可以被看作一个理想序列的三个步骤,每一步都是由前一步自然引出的。尽管论辩在本质上是为了达成全体一致,因为它要基于应该对所有人都有效的理由,但这一目标几乎无法实现。为了解决这个问题,我们就需要投票。因为投票常发生在同时要对很多问题做决策的不同个体之间,它自然就引发了互投赞成票形式的讨价还价。

论　辩

论辩是指努力以陈述理由的方式来说服他人。从伯里克里(Pericles)在雅典殉国将士葬礼上的悼词开始,这种决策模式就一直与民主政治紧密联系在一起:

> 我们的公职人员,在关注政治事务的同时还关注自己的私人事务;我们的普通公民,虽长年累月地忙于劳作,但是仍可以对国家大事作公平的裁断。因为我们雅典人和任何其他民族都不一样,我们认为一个不关心公共事务的人不是一个没有野心的人,而是一个无用之人。我们雅典人即使不是倡议者,也可以对所有的问题进行裁判;我们不是把讨论当作绊脚石,而是把它看作是任何聪明行动所必不可少的首要前提。[①]

405

公开论辩制度和"聪明行动"之间的联系可能在某种程度上是间接的。通常,这一公共设置的主要效果就是排除公开的利益诉求。在公开论辩中,说"我们应该这么做,因为这对我有利"的演讲者不仅说服不了任何人,而且她还会受到非正式的制裁和排挤,而这会使她将来更不具说服力。即使那些只受利益驱使的演讲者也要受公共设置的约束,他们在表达自己的政策建议时要表现得好像受更中立的价值驱使一样。这个偏好**歪曲**的过程不同于**变形**(第4章),正如欺骗不同于自我欺骗。是演讲者的利益,而非他对自尊的需求,导致他将自己的利益歪

---

① 　修昔底德.伯罗奔尼撒战争史[M].谢德风,译.北京:商务印书馆,1960:132.——译者注

曲为理智。他的利益还可能促使他将这一歪曲做到令人难以察觉的地步,相比较完全契合他利益的政策,他可能会以公正的态度为某种程度上偏离(但偏离得并不多)这一政策的另一政策辩护。事实上,这种歪曲如果太过明显,或许就会事与愿违。因此,通过我们所认为的"伪善的**教化力量**"来掩饰自己根本偏好的需求,可能会引发其政策偏好的转变。

在很多社会中,财产被用作选举权(suffrage)的一个标准。的确,有人可能会为这一原则提出公正的辩护。在联邦会议上麦迪逊提出,参议院严格的财产资格限制与其说是为了保护特权阶层不受人民攻击,不如说是为了防止人民攻击参议院自身。但如我们已提到的,这样的论点有些内在的可疑之处,它们实在太契合富人的利益了。随后转而把读写能力作为一个与财产**高度相关但不完全相关**的公正的标准可能是有用的。在美国历史的各个阶段,读写能力也被用来充当其他不可告人的目标——例如将黑人或天主教徒挡在政治的大门之外——的合法化代理。在美国的移民政策中,读写能力同样被用来为不能公开言说的标准打掩护。以移民者的母语测试其读写能力从而对他们进行检查的提议,通常被论证为一种基于个人品质的挑选方式、一种被广泛接受的公正程序。然而,读写能力标准的提倡者其真实动机却是偏见或集团利益。贵族出身的本土主义者想阻止一般不具读写能力的移民进入欧洲中部和东南部。工党担心非熟练工人(unskilled workers)的涌入会压低工资。

论辩总是能被还原成多少有些微妙的促进个人利益的方式,这种想法明显是错的。如果情况真是这样,那歪曲就没有意义了,因为没人会上当。[①] 如果演讲者是被真诚地想促进公共利益的欲望驱使,那么论辩和争论可能就会引发政策偏好的改变从而改变他们的信念。当群体中的各个成员能获得不同的信息,从而他们能通过集合他们的知识提高决策的质量时,[②]上面那种情况就尤其可能发生。如果我们讨论的对

① 类似地,有人提出,如果**所有**动物信号都是欺骗性的,那欺骗就没有意义了。

② 然而,回想一下,如果他们将自己获得的原始数据集合在一起,而不只是将他们基于原始数据得出的结论集合在一起,那决策质量就更可能得到提高(第23章)。

象是一个代表团体,那么挑选出背景迥异的代表就十分重要。例如,在选举国民议会的代表时,这一考虑就体现为提倡低门槛或无门槛的比例投票制(proportional voting)。[1] 人们或许还会要求一个选区的代表必须是这个区的居民。

人们还会(尽管这种情况可能很少发生)围绕根本偏好展开论辩而且最终改变根本偏好。通常,改变还发生在人们发现案例间隐含的相似性或暴露出表面的相似性时。例如,很多人反对强制性地将“尸体器官”用于移植。他们认为如果死者的家庭因宗教因素反对这一程序,那我们应该尊重他们的感受。针对这一观点,有人或许会指出在可疑的死亡案件中就运用了强制性尸检,即使这一程序违背了死者家庭的宗教信仰。如果侵入性的手段是为了确定死因,有人或许就会论辩说出于拯救生命目的的侵入性手段也应该被接受。当某个一般性原则被认为与我们对特定案例的直觉矛盾时,根本偏好的改变也可能发生。一个人可能会基于功利的理由接受强制性尸体器官移植,但却不愿得出推论说杀害某个随机选定的人,用其心脏、(两个)肾脏、肺和肝脏去拯救另外五条人命是正当的。[2] 结果,最初斩钉截铁的功利主义可能就会被修改,将非结果主义的价值(第4章)也包含在内了。

然而,论辩的好处可能会被**在观众面前讲话**的影响削弱。热心公益的人可能和别人一样因受自尊的影响而不情愿在公众面前承认他们改变了主意。在第3章我提到这就是麦迪逊很久之后说的为什么联邦会议是关起门举行且代表们要保密的原因。然而,他的论点或许看起来和支持向公众开放议会辩论的一个传统论点相冲突。很多立法决策对立法者的利益有很强的短期影响。如果决策过程避开公众的视线,

---

[1] 其他考虑,特别是对有效治理的需求,可能表现为提倡多数投票制或高门槛的比例投票制。在选举制宪议会(constituent assemblies)的代表时,治理就是第二位的考虑,此时人们更倾向于通过比例投票制来选择代表。

[2] 功利主义者倾向于认为无法得出这一推论。通常,他们辩称自己或许会被选为“随机捐赠者”这一想法产生的恐惧和不确定性所带来的负面效果会远远抵消这一做法的好处。**但他们怎么知道这些?** 我怀疑他们是在反向推理——从这种做法明显不可接受推出基于功利的理由成本的存在会排除这一做法,而不是正向推理——从展示成本推出拒绝这一过程。

407

关于共同利益的论辩很容易就会沦为赤裸裸的对利益的讨价还价。允许公众跟进会议进程、旁观投票往往可以限制这种自我服务的阴谋，并且还有提高公共利益这一副产品。如边沁（Bentham）所写："政治权力运行时暴露于其中的诱惑越多，就越有必要给那些占有权力的人最有力的理由来抵制它，但没有哪个理由比公众的监督更恒长和普遍。"或者如美国法官路易斯·布兰代斯（Louis Brandeis）所说，"阳光是最好的防腐剂。"

408

这些评论指向了论辩过程中的张力。如果辩论公开举行，论辩质量就会下降。如果闭门辩论，论辩可能就会沦为讨价还价。然而，如果待决定的事项几乎没有私利活动的空间，这种张力也许可以得到缓解。制宪议会可能比普通议会更不易于形成自我服务的决定，不是因为这些代表被更公正的动机所驱使，而是因为（或在一定程度上是因为）他们的利益对手头这些事项的影响力更小。如我几次提到的，因为宪法设计的长远角度，自利可能会在某种程度上假装成促进公共利益这一欲望。

投　票

当论辩没能产生一致同意的政策时，我们可能就需要投票。投票制度之间的差别很大。在普选中，差别的维度包括投票权（franchise）、投票模式（秘密的还是公开的）、通过决定所需的多数和一些全民公决制中的法定人数。在议会投票中，主要的差别维度是法定人数、多数规模和唱名表决与举手表决（以及"呼声表决""站立表决"这些类似的程序）之间的选择。议会中的秘密投票（secret voting）[①]很少见，但也不是闻所未闻。在1789—1791年的法国制宪议会中，议会主席就是秘密投票选出来的。在近代，意大利和哥伦比亚在议会中实行了秘密投票。请注意，秘密投票要与不允许有旁听者的封闭的会议进程区别开来。

———————————

① 也即无记名投票。——译者注

后者可能会与公开投票相结合,公开投票使议会成员能够做出可信的互投赞成票的承诺,而这对秘密投票来说是不可能的。相比之下,如果投票过程向公众开放,一些旁听者若看到他们的代表在一个议题上的投票违背了他们的偏好,他们可能就会有消极的反应,因为他们看不到其代表的这种做法能产生在另一个议题上的收益。

下面我会将讨论限定在多数投票上。尽管这并不是一种普遍的做法,但要采取更大多数,比如 3/5 或 2/3 提出的提案的这个决定本身似乎必须得由简单多数做出。那些常对未来的宪法修订强加特定多数制(qualified maority)的制宪议会在其自己的会议进程中几乎无一例外地都使用了简单多数制。① 在无知之幕背后的制宪议会一致决定一旦帷幕升起就通过多数投票来做决定,这一理想化的模型几乎与实际的宪法制定没什么关联。我将忽略法定人数的问题,但我要提到,弃权或"缺席政治"可以被少数利用以阻碍决策,而如果少数现身并投反对票,这一提案就会通过。

通过投票来做决策所必需的共识,其缺乏可能缘于根本偏好分歧、信念分歧或二者兼有。举个例子,看看 1789 年法国制宪议会围绕一院制和两院制的辩论。非常宽泛地讲,议会包括规模大致相同的三个群体。保守的右派想要回到绝对的君主制,温和的中间派想要一个对议会有很强监督的君主立宪制,左派想要一个对议会有微弱监督的君主立宪制。在两院制这个议题上的格局被高度简化为表 25.1。

表 25.1

派别	根本偏好	信　念	政策偏好
保守派	破坏政权	两院制会稳定政权	一院制
温和派	稳定政权	两院制会稳定政权	两院制
激进派	稳定政权	两院制会稳定政权	一院制

---

① 1996 年的南非宪法是个部分的例外。要由特定多数制通过宪法这一要求是由 1993 年的临时宪法设定的,而临时宪法本身又是经由讨价还价而非投票通过的。

最后,两院制败于保守派和激进派的联盟之下。这种一般现象——建立在相互抵消的偏好差异和信念差异之上的政策协议(policy agreement)——十分常见。人们或许还能在这个基础上达成一致同意,①尽管这明显不同于"理想的演讲情境"可能会产生的结果,但在后者中,演讲者只受公共利益的驱使且愿意聆听论辩。

在我对这一辩论的程式化的描述中,一个多数派相信两院制会稳定政权,(另)一个多数派想要稳定政权(见表25.1)。如果这样做出集体决策——先通过(真诚的)多数投票聚合信念,再通过(真诚的)多数投票聚合根本偏好,最后根据最能实现聚合偏好的聚合信念采取行动,被选择的会是**两院制**。(为了防止出现这个结果,保守派本可以虚伪地宣称自己相信两院制会破坏政权的稳定,因而产生持有这一信念的多数,继而产生支持一院制选项的多数。)据我所知,这种"双重聚合"程序在实践中从未被使用过。考虑到直接聚合政策偏好的复杂性,任何类似的制度可能都难以操控。

在对两院制的辩论中,投票者们有不同的信念以及不同的最终目标。在其他情况下,他们可能在这两方面中有一方面相同,而另一方面不同。由于实际被观察到和被聚合的是政策偏好,要把进入决策的信念和根本偏好这两个因素分开可能很难。尽管如此,理论上说我们可以试图确定就聚合的信念(假定目标相同)和聚合的根本偏好(假定信念相同)进行多数投票。据托克维尔所说,民主(比如,采用广泛投票权的多数投票)在这两方面都优于其他体制。"多数的道德优越性部分依赖于这样一种观点:议会中多数的觉悟和智慧要高于某一个人的觉悟和智慧;或者,立法者的人数比将他们选拔出来的方式更重要;[以及]多数人的利益应该优先于少数人的利益这个原则。"民主政体中的官员可能

410

411

---

① 在法国议会中就出现了这种结果,1791年5月激进派、温和派和保守派联合起来投票支持这样一条法律,即制宪议会的成员不能进入首届普通立法机关。激进派的目标是削弱立法机关以支持雅各宾派;保守派的目标是削弱立法机关以支持国王。投票结果是一致通过,因为温和的中间派"陶醉于无私"(第5章)、热情高涨地投票反对在未来立法机关中给自己一席之地。

会"犯重大错误",但"绝不会将一个敌视大多数的方针系统地贯彻下去"。①

我们先来看一下信念的聚合。长久以来一直有一个争论:是更广泛的还是更狭隘的选举权能更好地达至正确的信念——是否多数人比少数人更有智慧。依据亚里士多德的观点,这是一个数量(政治过程中参与者的人数)对比质量(参与者的能力)的问题:

> 可能组成这个国家的阶级中的一个阶级有质量,另一个阶级有数量。例如,出身卑微的人可能比出身高贵的人数量更多,或者穷人比富人更多,而数量更多的阶级在数量上的胜出不一定能超越他们在质量上的落后。因此这两个因素在判断时应比较着来看。从而设定比例的穷人大众胜出(能够弥补其质量劣势)的地方,自然就会是一个民主之地。

用现代的语言来说,这个问题可以用孔多塞(Condorcet)的"陪审团定理"(jury theorem)加以说明。假设关于被告是否实际做了其被控方指控之事,陪审团成员陈述了他们(独立)的信念,并且他们每个人都有大于50%的可能性是正确的。孔多塞指出,如果陪审团以多数投票来决策,判对的可能性就随陪审团规模的增大而提高,②并且当陪审团人数变得无限多时,判对的可能性趋于100%。而且,对于一个给定规模的陪审团,当每个陪审员判对的可能性提高时多数判对的可能性就会提高。③ 因此,就如亚里士多德建议的那样,要改善结果,要么增加陪审员的人数,要么提高陪审员的水平。④

412 抛开亚里士多德,我们能观察到资格可能直接取决于数量而非社

---

① 尽管如此,他并没有问是否非民主政体中**重大错误**这个偶然的负担并不比**系统的偏差**更严重。尽管托克维尔声称由于其有利的地理位置,美国犯得起错误,但其他国家可能不是这样。

② 与下一段所述相反,此处假定每个投票者判对的可能性不受投票者人数增长的影响。

③ 如果要求有效多数,比如60%的话,多数人判对的可能性也会增加,然而,在这种情况下,我们或许会看到一个"未能做出一致判决的陪审团"(hung jury),不管是被告有罪还是无罪都不能获得所需的多数。

④ 有人或许还试图通过让投票者的信念实际上相互独立的可能性提高来达到孔多塞定理的条件。从这个角度来看,卢梭关于审慎考虑前禁止讨论的这个建议或许很有道理。同时,如果审慎考虑提高了信念的质量,那么它也使信念没那么彼此独立不能成为一个反对理由。孔多塞定理的条件是多数投票取得好结果的充分条件,但不是必要条件。

会经济地位。用社会科学的语言来说，投票者的能力可能是"内生"于这个系统，而非"外生"。假设一个人不得不在寡头制和民主制这两个政治制度间进行选择，且都由多数投票决定但投票权的范围不一样。在民主制中，投票者会理性地决定保持无知状态，因为每个人对结果的影响都非常小。[1] 在寡头制中，投票者会对信息收集投入更多，因为他们每一个人的影响更大。

边沁提到，这个论点同样适用于议会中的投票："投票的人数越多，每一票的权重和价值就越低，在投票者眼中的价格就越低，他就越没动力让其符合真正的目标，甚至连票也不投了。"在回应议会（他指的是1789年的法国制宪议会）应该扩大规模这个论点时，由于"智慧可能会随成员人数的增加而增加"，他写道："这个同样的原因导致一个人将觉悟付诸行动的动机强度减弱，这种减弱抵消了这个优势。"在质量与数量的权衡中，会有一个最优选民规模，它会最大化多数投票产生正确信念的可能性。[2]

下面来看一下投票产生的偏好聚合，会出现的两个主要且紧密相连的问题是：偏好的**扭曲**和结果的**不确定性**。先看第一个问题，人们可能会有动力投票给那些不是他们更想看到被采纳的提案或被选上的候选人。选择公开而非秘密投票可能引发这种现象。在古雅典，议会大部分的决策是举手表决，结果是一些公民可能不敢按自己的想法投票。因此修昔底德说，"看着多数人（对西西里远征）的热情，厌恶远征的少数人，害怕举手反对会显得自己不热爱祖国。"（相比之下，雅典大陪审法庭的决策是由秘密投票做出的。）选择"唱名表决"而非其他方法——比如"起立表决"——也会威吓到投票者。在巴黎（1789—1791年）和

413

---

[1] 由于去投票这个决定本身就是非理性的（第12章），有人或许会问是否公民们也不会不理性地对在胜败关头的问题进行信息投入。然而，与当前这个情境密切相关的问题是公民的投入是否会在投票权范围很窄时比范围广泛时更多，就好像当投票快结束时来投票的人更多一样。

[2] 理论上，最优值可能处于某一极端——要么是单独一个个体，要么是所有成年人。基于合理的假设，更有可能会有一个"内部最大值"。如果最优规模很小，人们或许就会在公民整体中随机选取投票人，以确保他们不代表派别利益。从这个角度看，投票更像一种**功能**而非一种**权利**。

法兰克福(1848年)的制宪会议中,激进派惯常要求对重要事项进行唱名表决,含蓄地、有时明确地威胁说他们会公布那些投票反对激进提案的人的名单,让他们暴露在公众的暴力之下。尽管若是进行让人难以确定投票方式的"起立表决"会出现明显的多数,唱名表决的结果或许还是会出现反转。①

秘密投票中也可能出现扭曲。本质上所有投票制度都可能出现这种情况,即投票者将选票投给他第一选项外的选项,其带来的结果可能比他真诚地投票本得到的结果更好。② (一个例外可能会出现在候选人或提案是通过随机装置选择的时候,替代者或替代提案被选到的可能性与投票者所支持的那个是相等的。在这种情况下,"被浪费的选票"这个问题不会出现。这种制度的劣势很明显且解释了为什么人们永远不会选择它。)想要看到自己的第一选项以细微差距获胜的欲望可能会导致一个人投票反对自己的第一选项。如果确定自己的第一选项不会获胜,人们可能会投票支持有获胜机会的最优替代选项。有些投票制度还可能激励投票者将其他投票者偏好的候选人或提案排到比自己真实偏好的次序更低的位置(见随后的例子),或者就为了让自己更偏好的替代选项获胜的可能性更大而引进新的替代选项。

在有些案例中,多数投票的结果是不确定的。假设在一个市政议会中有三个规模相等的集团,分别代表商业团体、产业工人和社会服务人员。议会要在建室内游泳池、资助当地交响乐团和建高尔夫球场之间进行选择。遵循这些团体的刻板印象,我们假设他们对选项的排序

---

① 举个更近点的例子,1964年美国众议院在讨论《公民权利法案》时,规则委员会主席(霍华德·史密斯)提出了一项他认为致命的修正案:他提议该法案不仅要禁止种族与国籍歧视,还要禁止性别歧视。和史密斯一样相信这个修正案或许毁了这个法案的众议院领导人,试图让自由派民主党人投票反对史密斯这个提案,而且根据一些报告,只要投票能秘密进行,他们中有很多人作为个人都愿意这么做。但楼道里挤满了女性的利益集团,她们在那看着无记录(点票)表决中的行为,在这种环境下,自由派成员不愿意遵从领导人的指令去否决史密斯的修正案。结果,史密斯的修正案并没有导致法案的失败,而是使得性别被纳入考虑成为受法律保护的类别之一。

② 更专业地讲:在非独裁投票和非概率投票制度中,某人表达其真实偏好一般不是一个占优策略。然而,制度可以被设计,使真诚在其中成为一个**均衡**,即它是对他人真诚的最优反映。这里的细节很复杂,而且没有反映真实世界投票制度的特点。

解释社会行为:
社会科学的机制视角

如表 25.2 所示。

表 25.2

场地	商 人	工 人	服务人员
高尔夫球场	1	2	3
交响乐团	2	3	1
游泳池	3	1	2

如果在两两投票中这些选项彼此对立,那么商人和工人偏好高尔夫球场甚于交响乐团;商人和服务人员偏好交响乐团甚于游泳池;服务人员和工人偏好游泳池甚于高尔夫球场。因此"社会偏好"是**不可传递或循环的**。在个人选择的情况下,可传递性是理性的必要条件(第 11 章)。在眼下这个情境中,与其说这是一个理性的问题,不如说是一个确定性的问题。如果所有市政议会都不得不按照表 25.2 中的排序来决策,我们会难以理解他们如何能做出任何决策。既然采取投票是因为议会不能达成一致意见,再多的辩论也无济于事。如果一个人能够测量出不同的团体对一个选项较之另一个选项的偏好**强度**,或这些选项满足其客观需求的程度,他或许就能够说出一个确定无疑优于其他选项的选项。然而,没有一种一般程序能让我们比较个人之间的偏好强度或满足需求的程度。① 例如,问他们若按从 0 到 10 的范围给选项打分排序他们会怎么做是无意义的。一方面,我们不知道一个特定的分数(比如 7)是否对这三个团体中的成员含义是一样的;另一方面,叫他们给这些选项排序会激励他们扭曲其偏好的强度,比如给他们的第一选项打 10 分而给其他选项打 0 分。

"循环的社会偏好"这个问题在实践中的重要性并不明确。如果个

---

① 这就是为什么叫我们去最大化个人效用总和的古典功利主义很难被应用到实践中。我们不应该由此就认为比较人际福利程度总是无意义的。不但个人,而且机构也惯常实行这种比较,还非常自信。由于这种比较得自于直觉而非测量,很多时候他们都会设法得出确定无疑的结果。

人偏好是"单峰"偏好,即这些选项能从"最高"排到"最低",每个人的偏好都稳定地向他或她最偏好的政策递增并且朝远离它的方向稳定递减,这个问题就不会出现。在很多情况下,这是偏好的一个合理的特性。如果一个人偏好的税率是 20%,他或她较之于 18% 会更偏好 19%、较之于 22% 更偏好 21%。此外,我们没看过哪个议会干脆甩手不管地宣布:"因为没有'民意'(popular will),所以做不出决定。"实际上,如果现状是选项之一,这种观点就是前后不一致的。人总是会做出某个决定,无论其手段是采用默认值(维持现状)、采用传统的投票程序,还是操纵议程。

但达成某个决定并不意味着它体现了某种非任意的民意或"普遍"意志。对于像表 25.2 中那样的一系列(真诚的)偏好,普遍意志的想法是无意义的。这样的一系列偏好出现得有多频繁?对此政治科学家已提供了一些例子。其他人认为这些所谓的例子被误解了,并且进一步的检视已反驳了这些关于循环多数的特定观点。我将描述两个看似真实的偏好循环的案例。

1992 年 10 月 8 日,挪威议会决定将奥斯陆地区未来的机场建在加勒穆恩(我会将这个选项称为选择 G)。其他选项包括霍博尔(选择 H)和将加勒穆恩与现存的福内布机场合并(选择 D)。这些选项不是彼此对立的,但却被先后拿来与现状做对比。一旦其中一个选项获得了多数投票,它就会被采纳。① 尽管这连续的投票是议会中传统的投票制度,但其他制度可能会进行彼此对立的两两投票,直到只剩下一个赢家。在连续投票中选项被投的顺序可能是胜负的决定性因素,对此我们会简单讨论。

这些**被表达的**政党偏好——有个无关紧要的例外,即它们与议员的投票同时发生,如下所示:

工党(63 名议员):G>D>H
社会主义左翼、基督教人民党和农民党联盟(42 名议员):D>H>G

---

① 由于所有选项都优于现状,所以肯定有一个会被采纳。

解释社会行为:
社会科学的机制视角

保守党(37名议员):H>G>D

进步党(22名议员):H>D>G

一名独立议员:G>H>D

假定这些是**真诚的**偏好,社会偏好是循环的:D以105：60打败H,H以101：64打败G,G以101：64打败D。在投票前,议会就这些选择被考虑的次序进行投票。工人党提议G-D-H,而议会主席提议D-H-G。当这些提案彼此对立时,工党胜。如果主席的提议胜出,工党可能就会投票给D,因为否则它没法给D集齐多数,从而会导致它的末位提案H被采纳。按照被采纳的这个顺序,保守党也处于类似的困境中。最后,保守党投票给G,因为如果他们投票反对G,他们的末位提案D就会获胜。尽管从理论上说社会党有可能是虚假地声称D是自己的第二选项以此来使保守党相信投票反对G会导致D被采纳,但这并没有证据。如果情况真是这样,社会偏好就不会是循环的,因为H会打败D和G。

第二个例子几乎排除了偏好循环是人为歪曲的可能。它发生在第二次世界大战后决定美军的遣散顺序的情境下。早点离开军队是个稀缺的好机会,必须公平分配。为了确定标准,军队在士兵中展开了大规模的调查。在一个标准彼此对立的两两比较调查中,排位出现了某种集体性的不一致。比如55%的士兵认为从未上过战场的有两个孩子的已婚男性应该早于打过两场战役的单身男性复员;52%的士兵认为海外18个月的经历比两个孩子更重要;60%的人认为两场战役比海外18个月的经历更有价值。而这些应答者几乎不可能是在扭曲他们的偏好。[1]

----

① 提出这些发现的那个研究者写道:"在这种复杂的假设性选择中,我们很难看到高度的内部一致性"。这意味着这里的问题是个体排序不一致的问题。如果这些多数加起来超过200%,这一点就会被证明是正确的。由于它们加起来只到167%,很有可能个体排序是一致的,但却引发了集体的不可传递性。这一研究发表于1949年,比肯尼斯·阿罗(Kenneth Arrow)对偏好聚合及其易受不一致影响的开创性工作还早两年。

讨价还价

讨价还价是一种通过可信的威胁和承诺来达成一致的过程。配偶可能会威胁要为得到孩子的单独监护权而打官司，除非对方同意共同监护。在工资谈判中，工人可以威胁罢工、怠工或拒绝加班，而雇主可以威胁停工或闭厂。公司经理可能会威胁一名员工，如果他不更努力地工作就要开除他。一个国家可能会威胁另一个国家，如果它不割让领土就会遭到入侵。在制宪议会中，来自某个地域单位的议员可能会威胁退席，除非议会采用一种对其地域单位有利的代表模式。美国的参议员可能会以阻碍议事为威胁以使总统收回一项任命。国会可能会威胁如果总统行使否决权否决立法，国会将拒绝对预算进行投票。

现在我们来讨论承诺，在一个通过投票做决策的群体中，一名成员可能会承诺投票支持一项对其同事而言很重要的提议，条件是后者也投票支持对她而言很重要的另一项提议（互投赞成票）。一栋房子的卖家可能承诺如果买家接受他的要价，他就不会重谈协议。与此相似，绑匪可能会承诺一旦收到赎金就释放人质，不会扣留人质并提出新的要求。与此相反，政府可能会承诺将一名恐怖分子从监狱中放出来，只要他的同伙释放他们绑架的人质。绑架案的人质可能会承诺如果绑匪放了他，他之后不会向警方描述他们的长相。处于囚徒困境情境中的人可能会承诺只要对方合作他就会合作。

讨价还价的结果取决于威胁和承诺的**可信度**。如果做出威胁的行动者能使他人（不管是基于何种理由）认为如果自己不顺从，他就会将威胁付诸实践，那么这样的威胁就是可信的。"是要你的钱，还是要你的命"比"是要你的钱，还是要我的命"更可信。当做出承诺的行动者能使他人（不管是基于何种理由）认为一旦自己顺从，他就会遵守承诺时，这样的承诺就是可信的。"只要你写好文本，我就会画出图释"是一个
419 可信的承诺，因为做出这个承诺的人会有遵守它的动力。在第 5 章和第 15 章我讨论过的信任博弈中，受托人没有能使其遵守承诺回赠因投

解释社会行为：
社会科学的机制视角

资人的赠送而得到的收益的一半的物质激励。

威胁的可信度不但取决于主观因素,也取决于客观因素。客观因素可分为外部选项和内部选项。外部选项是万一谈判无可挽回地破裂了讨价还价的一方将会得到的收益。在工资谈判中,工人的外部选项是他们能在另一家公司拿到的工资或失业救济金水平。在对儿童监护权的讨价还价中,外部选项被界定为打官司的预期结果。在费城的联邦会议上,外部选项是某个州因退出联邦(并且可能与另一个国家结盟)而可能获得的收益。从讨价还价中退出的这个威胁要想可信,一方必须能表明它在这个关系之外要比它接受另一方的提议而获得的收益更好。

内部选项是在讨价还价这个过程本身中各方可使用的资源,其决定了他们能坚持多久。对工人来说,内部选项可能是由罢工基金的多少决定的。对父母来说,它或许是由将暂时监护权分配给其中一方决定的。在费城,内部选项是由议员想回到本州要紧之事上的急切程度决定的。内部选项影响威胁的可信度,因为它们决定了一方是否有动力实现它们。如果(企业知道)工人没有罢工基金且他们中的大部分人都已婚、有很高的按揭要还,他们的罢工威胁就不可信。

更一般地,如果伤害另一方也会极大地伤害自己,这个施加伤害的威胁就不可信。如果总统知道国会成员拒绝就预算进行投票这一威胁不仅将严重损害他们的声誉,也将损害他们自己成事的能力,这一威胁就不可信。1789 年法国制宪议会的一名成员(郎瑞奈(Lanjuinais))认为将来议会将无法用它对税收的控制权来防止国王使用他的否决权。因为出于这种目的而"停止缴纳税款"就会像是"剜肉补疮",这种威胁并不可信。

在主观因素这边,如果行动者有(且另一方相信其有)一个很长的时间限度,威胁会更可信。更耐心的议价者才有优势,因为他们的对手可能会愿意用妥协的**大小**(size)来交换做出妥协的**时间**。[①] 在美国与

420

---

① 这种表述方式有点误导性。像图 20.2 中那种讨价还价博弈,基于逆向归纳协议马上就会达成,其中各方的时间贴现率发挥了作用。讨价还价是"虚拟的",不是真实的。但这点依旧成立:越没有耐心的一方得到的就越少,因为马上达成对他而言更重要。

越南的巴黎和谈上，后者打下了一个良好的开局——他们的代表拿出一栋房屋**两年的租约**，暗示他们才不着急。风险中立或低度的风险规避也可能让讨价还价中的一方获得优势。一个很有可能被法院判得孩子监护权的风险规避的家长可能还是会同意共同监护（第 11 章）。另一个能增加威胁可信度的主观因素是对另一方不得不提供给我们的东西——相比于对方要求我们放弃的东西——相对较低的重视程度。在离婚时的讨价还价中，一方或许能够强行拿下对自己有利的财产分配，因为另一方太想得到孩子的监护权。

长时间限度还以另一种方式影响着可信度。如果我在当前的互动中因为代价太高而没能实现威胁，那么我在未来互动中做出可信威胁的能力会受到损害。如果反过来说这一点也许更好理解：我可能在没有动力实现威胁的情况下依旧这么做了，为的就是建立别人必须认真对待我的威胁这样一个名声。如果另一个人理解了这个论点的逻辑，我可能根本没必要实施任何的威胁。这不是实实在在地建立名声，而只是"虚拟地"建立名声。更常见的是，我或许不得不实施一些"违背利益"的威胁，以向世界表明我就是那种人。在第 20 章对连锁店博弈的评论中这两种可能性我都提到了。

承诺的可信度也取决于客观因素和主观因素，尽管方式上有点不同。承诺的可信度关键取决于行动者是否有能力实现承诺。例如，看看 1789 年秋天法国制宪议会上一个互投赞成票的失败尝试。在温和派领导人穆尼耶（Mounier）与激进派的巴纳夫（Barnave）、迪波尔（Duport）、亚历山大·拉梅特（Alexandre Lameth）的三次会谈中，后面三个人提议如下：他们将提供给穆尼耶对国王和立法机构的绝对否决权，条件是作为回报他要接受国王放弃解散议会的权力、只有上议院享有搁置否决权、周期性地召开宪法修订大会。穆尼耶立马拒绝了，可以说是因为他不相信这三个人有实现其承诺的能力，因为当时议会没有一个现代意义上的有纪律的、能够作为单一整体投票的分类政党。

再举一例，想想在民主转型中对即将离任的领导人免予起诉的承诺。在 1983 年的阿根廷、1984 年的乌拉圭、1989 年的波兰和匈牙利，

421

解释社会行为：
社会科学的机制视角

这样的承诺被许下了，被接受了，又被打破了。（之后在拉美国家，军事政变威胁强迫人们服从。）事后想来，这些将军和政党领导人本应明白这些承诺是不可信的，因为参与谈判的未来领导人不能保证法院和立法机关会遵守承诺。在波兰，圆桌会议上代表反对派的谈判者属于团结工会的左翼阵营，他们辩说一定会遵守"有约必守原则"（pacta sunt servanda）。然而当这个运动团体的右翼掌权后，他们便把誓言抛在了脑后。

可信度的主观条件包括（又一次地）长时间限度。如果行动者有一个很低的时间贴现率且知道他自己还会与他承诺过的人（或能观察到他的行为的其他人）有互动，他就有动力信守承诺。例如，立法机关中的互投赞成票就能被这样的预期所维持。（在只召开一次的制宪会议中，信守互惠承诺的动力应该更弱，因而人们更少做出这样的承诺。）一个行动者或许还能够给自己背信的行为设障。尽管绑匪正常来说没有理由相信人质不会向警方揭穿他们的身份的承诺，但人质可以给他们一条关于自己的可核实的、具有伤害性的信息，**他们**如果被捕就可以泄露这一信息，以此使绑匪相信自己的承诺。

由于决定了讨价还价的结果的主观条件或精神状态不能直接被观察，通过言语行为或非言语行为来歪曲它们对议价者来说就是有利的。我们都知道，越南的谈判者拿出长期租约只是为了传递耐心的**印象**。在互投赞成票中，每一方都会为了逼迫另一方做出更大让步而夸大他被要求放弃的东西的重要性。当工人声称他们极为看重工作场所中昂贵的安全措施时，这可能只是一个用放弃安全措施作为多涨工资的正当理由的策略。在很多案例中，欺骗的意图可能太明显而被识破。如果闹离婚的一方为了得到有利的财产分配协议而声称自己非常想得到孩子的监护权，另一方或许可以用文件证明在婚姻开始破裂之前他就一贯对孩子漠不关心或者他最近刚接受一份需要经常出差的工作。然而，有远见的一方或许会预料到这个问题并且在另一方意识到婚姻破裂之前就为自己关心孩子这一说法做好了准备工作。

像论辩中的各方一样，议价者也有动力将他们的利益曲解成是基于原则。尽管如此，这种曲解背后的推理也是不一样的。在论辩中，各方想要避免别人对他们基于赤裸利益的提议的谴责。在讨价还价中，人们不会谴责对利益的表达。企业和工人应该是关心利润和工作，而不是公共利益。即便如此，以原则来包装其需求还是能让议价者获得策略上的优势。他们可能会说他们在放弃原则性的要求时做了更大的让步，因此希望另一方做出——比只在利益攸关时——更多的让步。然而，如果每一方都玩这一招，讨价还价可能就会破裂。

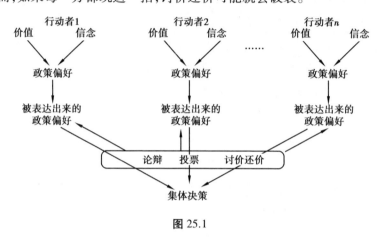

图 25.1

总　　结

综合本章的各部分内容，集体决策的过程可以用图 25.1 来表示。其中心点或许是：集体决策的每一条机制——论辩、投票和讨价还价——都为人们歪曲其偏好的某些方面创造了动力。换句话说，**聚合机制帮助输入符合机制本身**。被表达出来的政策偏好既取决于真实的政策偏好，也取决于将被表达出来的政策偏好聚合的机制。歪曲造成的福利影响是模棱两可的。借助伪善的教化力量，其产生的效应可能对社会有益。在其他情况下，普遍使用这一策略则可能造成一种囚徒困境式的情境，每个人都是输家。

解释社会行为：
社会科学的机制视角

参考文献

在某些方面介于集体行动和集体决策之间的机制参见 E. Ostrom, *Governing the Commons: The Evolution of Institutions for Collective Action* (Cambridge University Press, 1990)。

对强制投票且会制裁不投票者的国家的调查参见 http://www.idea.int/vt/compulsory ry_voting.cfm。

J. Bentham, *Political Tactics* (Oxford University Press, 1999)是一个尽管有时有些古怪但对论辩和投票十分清晰的讨论。

引自边沁的那段话(从法语翻译而来)出自同样有趣的 *Rights, Representation, and Reform* (Oxford University Press, 2002), pp. 35 and 122。

审慎考虑引发的曲解参见我的 *Alchemies of the Mind* (Cambridge University Press, 1999)第五章。

普通议会和制宪议会的不同见我的"Constituent legislatures," in R. Bauman and T. Kahana (eds), *Constitution and the Legislature* (Cambridge University Press, 2006)。

1789 年对两院制的投票见 J. Egret, *La révolution des notables* (Paris: Armand Colin, 1950)。

"双重聚合"过程在 C. List, "The discursive dilemma and public reason," *Ethics* 116 (2006) 362-402 中有讨论。

对孔多塞陪审团定理的讨论借鉴了 D. Karotkin and J. Paroush, "Optimum committee size: Quality-versus-quantity dilemma," *Social Choice and Welfare* 20 (2003), 429-41。

对秘密投票的完整描述见 H. Buchstein, *öffentliche und geheime Stimmangabe* (Baden-Baden: Nomos, 2000)。

对 1964 年公民权利法案的记录基本是从 H. Brady and J. Ferejohn, "Congress and civil rights policy: An examination of endogenous preferences," in I. Katznelson and B. Weingast (eds.), *Preferences and Situations* (New York: Russell Sage, 2005)中逐字截取的。

对策略性投票的讨论见 D. Austen-Smith and J. Banks, *Positive Political Theory II* (Ann Arbor: University of Michigan Press, 2005)的第二章。

G. Mackie, *Democracy Defended* (Cambridge University Press, 2003)包含了对循环的社会偏好的广泛分析,它断言几乎所有所谓的立法过程中的循环都是基于对证据的错误诠释。 425

奥斯陆机场的例子取自 A. Hylland, "The Condorcet paradox in theory and practice," in J. Elster et al. (eds.), *Understanding Choice, Explaining Behavior: Essays in Honour of Ole-Jørgen Skog* (Oslo Academic Press, 2006)。

美国士兵复员的例子来自 S. Stouffer (ed.), *The American Soldier* (Princeton, NJ: Princeton

University Press, 1949）。

T. Schelling, *The Strategy of Conflict* (Cambridge, MA：Harvard University Press, 1960) 是一本关于讨价还价的开创性著作。

关于行动中讨价还价的经典著作是 H. Raiffa, *The Art and Science of Negotiation* (Cambridge, MA：Harvard University Press, 1982)。

我的 *The Cement of Society* (Cambridge University Press, 1989) 对讨价还价理论有一个非正式的介绍。

426

解释社会行为：
社会科学的机制视角

26
组织和制度

组织和制度

组织的例子包括地方超市、通用电气、美国国会、天主教教会、德国宪法法院、法国和联合国。制度的例子包括家庭、宪法、纸币、市场经济和转型正义。组织和制度可能是"殊型"与"类型"的关系,也就是概念的一个实例与概念本身的关系。证券交易是一种制度(一种类型),纽约证券交易所是一个组织(该类型的一个案例)。民族国家是一种制度,法国是一个组织。然而,有些组织并非任何制度的殊型,比如联合国。相对地,有些制度也没有组织表征,比如市场经济。不过,如污染许可证市场这样的特殊市场则可以有组织。尽管组织是我将主要讨论的内容,但它们要在制度的背景之下才能得到最充分的理解。

组织即一群由其集中决策的能力界定的**集体行动者**。在一些案例中,它们的成立可以追溯到某个特定的时刻,比如美国成立于 1776 年 7 月 4 日,联合国是 1945 年 10 月 24 日成立的。在另一些案例中,例如法国或天主教教会,组织更确切地说是逐渐**形成**或**出现**的,而不是被建立的。尽管要确定一个结构松散的个体的集合是在哪个准确时刻成形为一个具有持久身份的集体行动者可能非常困难,但总会有那么一刻我们可以说这种转化发生了。

制度是逐渐形成或出现的**做事的方式**,尽管它们一旦具有明确的形态就可以被组织有意识地采用和执行。以 1989—1990 年的东欧剧 427 变为例,新成立的民主政府采用了市场经济制度并创立了证券交易所和其他组织来执行这个制度。在它们的宪法中,它们用推翻了违宪法律的权力建立起宪法法院制度。在对付它们的前任独裁政府时,它们采用了过渡司法制度。

这三种制度——市场经济、宪法法院和过渡司法,并不是一直存在的。尽管亚当·斯密声称"互通有无、物物交换和相互交易……是人性中的一种固定倾向",并把它当作一个普遍事实并不必然是错的,但人的这种倾向可能会被他人限制。尤其这种倾向可能会被表现为霍布斯自然状态中"一切人反对一切人的战争"的不信任所阻碍。为了克服这种不信任,制度可能是必需的。在原始条件下,如果强者能够只是夺取弱者的财产而不给任何回报,"互通有无和物物交换"的风险可能就太高了。保存自己的财产,不予暴露才是更好的做法。即便这个基本问题被治安制度克服,搭便车和不信任的问题还是可能阻碍市场的高效运行。如果我有一个以更低的成本制造某种产品的好点子,而我知道其他人可以不承担任何改良成本就把它抢去,我可能就不愿意去做这个改良。专利系统制度就是对这个问题的一种回应。如果借款人想要用他们的房屋或土地作为抵押,除非出借人可以肯定这些财产没有被重复多次抵押,否则他们是不会愿意伸出援手的。为了向出借人确保这点,国家必须建立地籍让他们在提供贷款之前能够查阅。那些能被现在的新兴国家以极精细的形式直接承袭的制度,其形成花费了数百年的时间。

如今,似乎很明显的一点是,当一个国家有宪法时,它还需要一个政治机制来推翻违宪法律。通常,这个任务("司法审查")会移交给一个法院,不管是像美国那样移交给一个也会承担其他任务的混合法院,还是像欧洲大陆那样移交给一个专门的宪法法院。然而,历史地讲,宪法在司法审查之前就存在了。[①] 尽管美国宪法创立了一个被授权推翻州立法的最高法院,但它并未被明确授予宣称联邦法律违宪的权力。当最高法院在 1803 年的**马伯里诉麦迪逊案**中僭取这项权力时,这实质上就已经成为一种步步为营的行为。1854 年,挪威的最高法院也主动

---

① 荷兰至今仍没有司法审查。瑞典的司法审查受到这样一个宪法条款的限制:对法院来说,要推翻一个法律,它必须"明显"违宪。不过这样的法律想必一开始就极少能被通过。

采取这一权力进行司法审查,这在国家宪法中是没有提到的。1971年,法国宪法委员会不顾现行宪法制定者们表达的意向而强行进行了自我授权,推翻了违反1789年人权和公民权利宣言的立法。以色列最高法院也自我授予了推翻违反国家某项基本法律的立法的权利,从而使以色列不完整的宪法走向成熟。尽管这些决定中每一个在当时都富有争议,但除了最后提到的那个例子,它们都逐渐被确立为制度全景无可争议的特征。

今天人们存有一种期待,即专制政权的领导人在下台或让位时能够被依法追究责任。如果国内的新领导人没有主动追究,国际社会可能就会承担这个任务(卢旺达和前南斯拉夫)向继任政权施压(印度尼西亚),或者成立包含该国法官与国际法官的混合法庭(塞拉利昂和柬埔寨)。如今存在一种类似过渡司法的制度。然而如果我们回到过去,以复仇或剥夺权力为目的的法外处决往往才是处理专制政权领导人的典型模式。1814年和1815年反法联盟做出的流放拿破仑而不是处死他的决定是"止住复仇之手"过程中的重要一步。第二次世界大战结束时,同盟国的很多领导人都想将主要的纳粹罪犯作为不法分子处以枪决而不是使其接受审判。然而,最终纽伦堡审判为依据事实定罪和满足正当程序要求的需要给予了他们近乎模范的尊重。有些被告实际上被宣告无罪了。1944—1945年,被德国占领的一些国家存在"野生"大众司法的成分,但它们很快就被法治所取代了。当这些政权在垮台时,一种普遍的认同是,在追究它们的错误行为时人们不应模仿它们的不合法行为。

监督问题

一个组织可能有**成员**或**雇员**。成员也可能是雇员,比如工人合作社。成员们通过我在前面章节讨论过的论辩、讨价还价和投票来横向互动,而雇员和上级之间的纵向关系则有不同的特征。简而言之,假定组织只有一个管理者("委托人")并有很多个雇员("代理人")。当委托人和代理人有着不同的利益时——通常情况都是如此——"**委托—代理**"问题(principal-agent problem)就产生了。工人们可能想要一个适度的工作节奏,而管理人员则希望他们更努力地工作。如果他试图用按劳支付来使两种利益协调一致,他可能就会发现监督工人很困难或者成本很高。按传统,这是工头的任务,但是管理人员怎么才能确定工头没有向工人们索贿或者利用他的权力满足自己的敛财目的或性需求呢? 19 世纪的工作场所经常被描述为"工头的暴政"。在这样的情况下,应该谁来监督监督人呢? 我们马上就会看到,这些问题在委托人和代理人利益一致的情况下也会出现,例如工人合作社。

类似地,一个国家机构的首领其利益有赖于雇员的诚实——后者不向公众收取或索要贿赂。其利益也有赖于效率,从而公共部门的规模能维持在最低限度。雇员们在这两方面都可以有相反的利益。如果他们只受经济自利驱使,他们就会在能够逃脱处罚时收取贿赂。作为他们权力利益的结果,代理人还会受到扩张其部门规模和增加其下属430 数量的激励。又一次,监督是很困难的。委托人可能有时会抓到代理人受贿,但一般说来这不是一个他可以依赖的方法。他可能试图减少腐败的机会,例如对公共合同进行竞争性投标,但如果代理人调整合同以偏袒特定的供应商,这个预防措施就没什么作用了。因为代理人往往对信息近乎垄断,委托人可能无法辨别增加酬金的要求哪些是合理的而哪些不是。

下属并不是唯一可能不遵守组织规则的人。美国的大学校长如果被发现擅用组织费用给自己支付巨额薪水或者重新装修自己的家,他们就必须让位。一位美国副总统(斯皮罗·安格纽(Spiro Agnew))的腐败被揭露后,他不得不辞职。盗贼统治——由盗贼进行的统治——已经成了全世界都极为常见的现象。尽管在某种意义上他们是委托人,但这样的领导人也同样会接受监督。然而通常监督人(选民、信托董事、股东、世界银行或国际货币基金组织)在监控首席执行官或国家元首的行为上显然并不成功。其他情况下,他们可能既缺乏纠正越界行为所需要的**信息**,也缺乏这么做的**激励**。

解释社会行为:
社会科学的机制视角

在工人合作社,作为委托人的工人和作为代理人的工人之间可能产生冲突。不得不提到 1863 年的社会科学大会上詹姆斯·凯·沙特尔沃思爵士(Sir James Kay Shuttleworth)所做的关于兰开夏郡棉纺厂合作社的发言:

> (那就)产生了这个难以克服的问题——这座工厂的股东们应当获得多少超出普通利润的利益呢?在这样的社团中第一个实际被提出的主张,是在挑选工厂的工人时应优先照顾股东们的家属……他在自己的财产前目睹了这些利害关系带来的失败。他有一种欲望,要将"股东应享有在工厂雇用自己家属的好处"这种程度的合作原则引入考虑。而这立刻产生的效果并不是建立更严格的纪律以及对机械工作进行更密切的监管,虽然后者才是棉纺厂必需的(他可能会提到军队中一个团的纪律还没有棉纺厂的纪律严格),而是在他们的季度或半年一次的会议中,大部分无理取闹的投诉都来自对抗监工的工人,并且哪个监工胆敢开除一个身为股东的工人,他在下次会议中就极有危险面临解雇。[1]

431

另一个频繁发生于合作社的问题源自他们不愿意在低需求时期解雇成员。在谈到伍尔弗汉普顿锁板厂的衰败时,当代有人写道:

> 如果由一个私人制造商来经营这门生意,他很可能在锁板的需求量下降时就已开除了他的工人,他找不到有利可图的雇工,只能致力于发展留存下来的生意。但这会导致这个社团的工人做出大量他们并未做好准备的自我牺牲。取而代之的是,他们为积累库存而工作,期待着需求量复苏。但直到他们的资源耗尽需求量也没有复苏,他们不可避免地跌入谷底。他们身上的债务翻倍,最好的工人都离开了。

---

[1] 1875 年,奥斯本合作发动机工程公司的总经理以类似的抱怨解释公司的失败:"奥斯本的时间规则,包括每天计算自己加班时间的规则,我们当中一部分人对劳动力过度限制,我们的学徒比例很低,频繁的讨论和委托,为了完成合同而要求过量加班,以及很重要的是,由每个人都是自己的主人这种印象产生的纪律要求——全都促成了生产成本的增加。"

委托—代理问题的解决办法

对于逃工、扩大雇工、腐败以及类似的问题可以这样回答,要么基于行动者的激励,要么基于他们的机会(第 9 章)去行动。后一种解决办法很难施行。为了追求效率,一个行动者需要一些行动的独立和自由。奴隶很少被用于要求专注和谨慎的职位。要构建一种情境,使行动者能够自由追求委托人目标的同时又无法真正追求他自己的目标,这已被证明不可能了。有的人可能会将决策者的任职时间设置得非常短,以致难以向他们行贿,以此试图接近这个目标。在这些(包括其他的)背景下,陪审团制度和(原始构想下的)美国总统选举团就是合理的。民选官员的短暂任期(常与不能连任相结合)和频繁轮换已任命的官员应该也减少了腐败的机会。然而,后一种实践的效率成本十分高昂。每当官员对自己的工作足够熟悉并能很好完成的时候,他们可能就得走人了。

基于激励而行动看似更有希望。通过诸如奖励努力工作的人或对偷懒的人处以罚款等方式,人们可以使行动者的激励与委托人的激励相一致。在能用个人生产量衡量个人努力程度的职位,计件工资制或许就能解决问题。然而,有时候技术只允许公司衡量一组工人的生产量。而且,采用个人计件工资可能带来反效果。如果你根据球员的进球数来奖励足球队中每个成员(或者队伍中的进攻球员),这支队伍的整体表现会更差。一个好的团队成员应该把球传给处于更好位置的人以得分。为了解决这个问题,公司或许会试图建立团队奖金制度,这样雇员们或许就有互相监督的动力。

然而,情况经常如此,如果监督的成本超过了监督人被赋予的利益,他或她就没有进行监督的**物质**激励了。一名足球运动员可能会发现相较其带来的麻烦,痛斥团队某位成员的虚荣行为(可能相当大)并不值得。人们可能建立了针对逃避行为的社会规范,但这一点的经验证据模棱两可。规范更可能在小群体中建立起来,这既是因为成员们更容易互相监督,也是因为每个成员会因任意一名成员的搭便车行为

解释社会行为:
社会科学的机制视角

受到更严重的伤害。然而即便如此,规范可能也不是以完全自发的方式形成的(第22章)。针对足球中的虚荣行为或自私打法的规范可能大多归功于教练,他能够惩罚那些为自己考虑过多而为团队考虑过少的球员。然而,有逸事证明球员们惩罚那些不给处于更好位置的球员 433 传球的人的方式是同样不给他们传球。

关于谁来监督监督人或谁来监督监工,这个问题或许能在理论上被某种类似**循环系统**(circular system)的东西解决。这个系统中,串联起来的每个人都有一个直接的物质激励来惩罚位于他左侧的那个人,如果他不这么做,他就会受到来自他右侧那个人的惩罚。在实践中,这样的安排似乎并不存在。足球运动员的确会传球给那些不传球的队员。然而,搭便车的诱惑可能会因**信任**而减弱。如果公司以高于现行价格的数额支付工资,工人们(或其中的一部分)可能就会用额外的努力来回应。这其中的阻碍在于公司可能没有设置这种安排的动力。尽管总产量会上升(从而总收入也上升),总的工资开支也上升了。如果最终结果是利润更低,公司最后还是采用竞争性的工资制度。

不信任的组织

政治宪法通常都期望成为一个相互制衡的循环系统,其中每项制度的表现都受到另一项制度的监督。这种愿望在所有实际的宪法中都没有被实现,可能在任何宪法中都不会实现。宪法体系通常依赖于一个"不动的推动者"或"未经检验的检验员",一个监督着其他部分的表现同时自身又不受到监督的部分。在美国,最高法院即占据这个位置。在其他国家,这个位置由国会占据。以罗马尼亚为例,国会可以在宪法法院推翻其立法的时候否决宪法法院的决定。在法国也是如此,国会直到1971年都是"不动的推动者"。然而,至少符合英美传统的是,宪法的设计基于由大卫·休谟阐述的一个原则:"它……只是一个政治格言,即每个人都必须被设想为无赖之徒。"从这个角度来看,宪法是一种组织化的不信任。

美国宪法可能是对这种态度最精细的表现了。1787年制宪会议中 434

的辩论以及它们产生的那些文件有一些显著的特征:始终关注腐败、贿赂和威胁出现的可能性,以及堵住任何他们可能会钻的空子的需要。举一个例子,关注代表制问题的特别委员会在7月9日做报告时建议,"鉴于各州的现状可能随着财富状况和居民人数的改变而改变,立法机关有权不时增加代表的人数"。作为回应,埃德蒙·伦道夫(Edmund Randolph)表示"非常忧虑,因为代表人数直到国庆日之前都不会改变。立法机关应该永不接受为了推迟改变并把权力把持在那些权力拥有者手里而做出的任何托辞"。沿着类似的思路,乔治·梅森主张,"从我们可能都确信的人性出发,那些已经握有权力的人在能够保留权力时是不会放弃它的。"说得弱些,我们应该跟随休谟的思想,那些掌权的人被**假定**会试图保留权力。尽管一些政治家可能(并且都会这样宣称)是为了公共利益而工作,我们还是应该节约地使用信任。说得强些,我们应该假定只要那些掌权的人能做得到,他们就会使用权力来保留**以及扩大权力**。从这个角度来看,宪法是为了防止他们这样做而设计的。这不是宪法所做的唯一一件事,但它通常是宪法所致力于达成的事情之一。

这种规范性框架**解释**了国家对实际宪法的采用程度取决于制宪者追求公共利益而非其自身特殊利益或激情的程度。如我在第13章结尾所说的,人们当然不会理所当然地认为他们免受后一种动机的驱使。但他们受到的要使行动**好似**受理性驱动的这种规范压力——伪善的教化力量——在制宪议会中可能比在普通立法机关中更为强烈。而且,正如我在前面的章节讨论过的,在立宪设定要决定的问题上,人们对私利的追求往往较弱。因此,关起门进行的立宪会议也许能够减轻激情
435 的扭曲效应,同时不用付出要基于利益进行过度讨价还价的代价。①

---

① 我并不完全认同这种对激情的负面看法。黑格尔曾断言:"没有激情,世上任何伟大之事都不能完成。"托克维尔曾写道,在危急时刻,人们要么跌落,要么超越自己的正常状态。此外,公正并不将激情排除在外。就像1798年那些"沉醉于无私"的法国制宪者所表现的那样。他们当中令人印象深刻的人之一,克莱蒙-坦那瑞伯爵(the comte de Clermont-Tonnerre)说,"无政府主义是令人恐惧但必不可少的一步,也是一个新秩序能够得以建立的唯一时刻。现在我们并不是处在一个可以遵循统一措施的稳定时期。"尽管如此,即便热情可能产生令人赞赏的结果,它也可能破坏掉认识到这些结果所需要的清醒思考。

解释社会行为:
社会科学的机制视角

鉴于此,让我来概述一个组织化的不信任如何体现在一系列环环相扣的条款中的程式化的例子。其许多特征都可以在实际的系统中找到,其他特征被包含其中则主要是为了说明人们为堵住所有可能的缺口需要做到什么程度。

1.为了防止政府**介入政治公正**,宪法应该要求要么给刑事审判设置陪审团制度,要么给案件随机分配(或由其他某个机械过程分配)法官。如果缺少此类条款,政府就可以将其政治对手置于审判中并通过挑选法官来确保他们被定罪。

2.为了防止政府**操纵选举系统**,选举法,包含其所有的细枝末节都应当被写入宪法,不能留待法律裁定。考虑到人口变化而重新划定选区的工作应该以一种机械方式进行,或是委托给一个独立的委员会。美国和法国的近代历史为我们提供了时任政府修改选举规则以保留权力的很多实例。

3.为了防止政府**操纵信息流**,国有电台和电视应该由独立的委员会管理("英国模式"),而不是由政府委任("法国模式");私有媒体也应该被保护;电视广播应该分配给独立的委员会管理。政府应该被禁止分配对媒体至关重要的资源,比如纸张和油墨,或者将这种决策委托给一个"独立的配给董事会"。非操纵选举和非操纵媒体的结合已经在预防饥荒和其他灾难中体现了高效率。如果那些受到诱惑想要与公共利益对着干的人知道他们的活动会在全体选民面前曝光继而使他们丢掉职务,他们就不太可能参与这样的行为了。

436

4.为了防止政府**操纵货币政策**以此作为再次当选的手段,该政策应该被委托给一个独立的中央银行。有一个不那么有吸引力的替代解决办法,是让一个由三位货币经济学家构建的计算机程序来决定货币政策,这三位经济学家是从全国排名前五的经济学系中随机抽选出来的,并且每五年换一次。

5.为了防止教条的或意识形态化的中央银行家们**制定灾难性的货币政策**,他们应当能够在国会中的绝大多数(2/3 或 3/4)成员都同意的情况下被解雇。他们的任期应该是有限的(不像意大利中央银行的前任行长)并且只能有一届任期(不像意大利的现任行长)。

6.为了防止政府**操纵统计信息**以此作为再次当选的手段,数据收集应当被委托给一个独立的统计局。在英国,财政大臣已经采取了让国家统计局独立于政府的措施来提高信任度(《金融时报》,2005年12月2日)。《纽约时报》(2002年9月22日)的一个标题写道:"一些专家担心犯罪数据机构受到政治影响。"对劳工统计施加政治压力的事件也曾被报道("劳工统计局应该被调查",《纽约邮报》,2000年9月29日)。在一些微妙的情况下,计量经济预测模型的选择也可能有危险。很明显,人们以为的犯罪数量和失业人口越少,发展的前景越好,在职者再次当选的机会就越大。除了阻止政府用货币政策来操纵现实外,人们还应当防止它用统计数据来操纵人们对现实的信念。

7.为了防止政府**在经济上排挤反对派**,主要的政党应当根据他们的选票比例和他们在国会中的议席比例领取固定津贴。津贴的数额应当在宪法中固定下来且或许将其与黄金的价格相联系。①

8.为了防止政府**制定自私的法律**,宪法可以规定某些类别的法律在被采用后只应在一段时间(一年或更久)内有效。通过这种机制可以建立一幅人造的无知之幕,在它之后即便自私的政党也可能被引导去采取公正的措施。

9.为了防止政府利用其在国会中多数席位修改宪法以**绕过这些限制**,修正案应当要求绝大多数、时间间隔或两者皆有。修正案条款本身应该是确定的,也就是不能修改的。

10.为了防止政府**忽视这些限制**,就像以前法国那样的情况,宪法应该规定由一个独立的宪法法院或最高法院进行司法审查。

11.为了防止政府通过增加宪法法院或最高法院的法官数量来**操纵司法审查**,这个数量不应当像在美国和若干其他国家一样留

---

① 与此相伴的一种让宪法尽可能详尽且不受操控的欲望,也是麦迪逊想要让联邦法官的薪水"像标准小麦或其他价值恒定的什么东西一样"被固定下来的背后的原因。

解释社会行为:
社会科学的机制视角

待法律裁决,而是应当在宪法中固定下来。

12.为了防止教条的或意识形态化的宪法法院或最高法院法官忽视**大多数**的意见,他们应当能够在国会中绝大多数(2/3 或 3/4)成员都同意的情况下被解雇。不像美国最高法院的大法官,他们的任期应该是有限的。同样,他们不能再次当选。

如这个例子所表明的,一部宪法可以是一个错综复杂的体系。如果环环相扣的部分其中有一块缺失了,其他部分也可能变得无效或有害(见后面的讨论)。与此同时,还存在一种真实的危险,即宪法可能过于死板以致政治系统无法应对突发事件。在特定情况下,对货币政策或选举法的宪法约束也许是灾难性的。在费城的联邦制宪会议上乔治·梅森评论道:"尽管他对钞票有着深仇大恨,但由于他无法预见所有的突发事件,他不想掣肘立法机关。他观察到如果有这样一个禁律存在,最近一次战争本不会发生。"类似地,1946 年当意大利议会决定不将货币稳定纳入宪法时,其中一种反对宪法化的观点就提到政府在战时需要能自由地行动。1945 年,戴高乐操纵了法国选举系统。多年后,当他评论一项将选举法写入宪法的提案时,他说,"人们永远不知道可能会发生什么。或许有一天,为了国家的利益,我们又有理由恢复比例选举制,就像 1945 年那样。我们不应该绑住自己的双手。"事后看来,法国应该庆幸宪法中没有纳入选举法。

这一问题可以被总结为对美国宪法的两条著名的评论。约翰·波特·斯托克顿(John Potter Stockton)在评论 1871 年的三 K 党法案时说:"宪法是人们在清醒的时刻用来约束自己,使他们在发疯的那一天能幸免于自杀行为的锁链。"1949 年,罗伯特·杰克逊(Robert Jackson)宣称:"《权利法案》不是一项自杀协定。"没有一种简单的办法能确保一部本意成为预防自杀的手段的宪法有一天不会变成一项自杀协定。

次优问题

不考虑这个问题,现在让我们假定,如果我列举的十二个条件(或者其他类似的一般性条件）全部得到满足，政治系统在某种程度上——就我们当前的目的而言无须说得太精确——会是**最优的**。在现实世界，这种结果不太可能实现。把每件事都弄对非常困难。然而，人们或许想尽可能**接近**最优状态，基于这样一个显然合理的假定：最优性的条件满足得越多，人们距离最优状态就越近。这个假定是错的。在十分普遍的情境下，有多个（但不是全部）最优性的条件得到满足的情况并不一定，甚至不太可能比只有少数几个条件得到满足的情况更优。参考前面引述的十二种设置，我们不能明确地由因及果推出不审查法官的司法审查制度比完全没有司法审查制度更好，或者不审查银行家的独立的中央银行比将货币政策制定权交给政府的系统更好。

托克维尔关于法国**旧制度**的讨论也许可以从这个角度来解读。那个系统具有若干不会在井然有序的社会中出现的特征。皇家机构有着宽泛、定义不清且专断的权力。政府部门的唯利是图使理性官僚制无法实现。**大理院**（parlements）的阻碍，主要基于自我服务的理由行动的高度政治化的法院，这二者使追求前后一致的政策变得十分困难。然而，托克维尔主张，考虑到这些特征中的第一个，另外两个特征的存在实际上是有益的：

> 政府受把一切都变成金钱的欲望驱使，先是把大部分公职都拍卖了出去，因而剥夺了自己任意承认和撤销这些公职的权力。它的一种激情严重干扰了另一种激情的成功：它的贪婪与它的野心背道而驰。为了有所行动，它不断沦落直到采用自己并未适应且无法突破的工具。因此它常看到自己最不容置疑的愿望在执行时却软弱无力。这种怪异且有缺陷的公共职能构造取代了任意能防止中央政府具有无限权力的政治保证。这一奇怪且结构有问题的堤坝，分割了政府的权力并钝化了其影响力……法院对政府的非常规干预经常干扰事务的正常管理，因而不时也起到了保障自由的作用：它是一种严重的恶疾，但它限制了一种甚至更严重的恶疾。

在其对18世纪英国法律的分析中，詹姆斯·弗吉姆斯·斯蒂芬

（James Fitzjames Stephen）提到，对法律技术性细节的过分强调"尽管以一种非理性、反复无常的方式，但的确减轻了旧刑法中的过度严厉"。在评论伊斯兰刑法时，他类似地写道，该刑法"用证据规则减轻了其条款的过度冷酷，因为证据规则几乎排除了这些条款得以施行的可能性"。类似地，奥斯曼帝国、俄罗斯的沙皇统治、墨索里尼执政时期的意大利和弗朗哥执政时期的西班牙都被描述为"被无能缓和的暴政"。与高效到无情的纳粹德国相比，这些政权实际上是温和的。

440

托克维尔还提到，当旧制度下的官员试图将备受憎恶的徭役（公路上的强制劳役）替换为一种用于维护道路的税赋时，他们因为害怕"一旦这项基金被建立起来，就没有什么能阻止财政部将其占为己有，结果很快纳税人就因既要背负一种新税又要接受强制劳役"而放弃这种做法。这种现象颇为普遍。当政客提议公立医院必须给那些该得到帮助以回归工作岗位的个人以健康队列中的优先权时，他们通常会承诺将由此产生的社会收益传回给医院，这样其他病人也会受益而非遭罪。医院的管理者往往对这样的提议持怀疑态度，猜测收益只会用来填满政府金库。加利福尼亚的一个提议遭遇了类似的怀疑态度，该提议提出将水资源分配给那些能最充分利用它的农田，由此产生的盈余可以用来改善其他农民的供水。具有两种次优成分——一个低效的稀缺品分配优先制度和一个不太遵守其承诺（或其前任政府的承诺）的政府——的情况可能比去掉第一种成分的情况更好。

这些案例就好比政策制定者在消灭那些滋扰人类的动物时却发现原本一直受制于这些动物的其他生物带来了更大的滋扰。社会，不只是生态系统，也可能有着明显荒谬或危害，但其消失或许会带来更大危害的特征。可能是出于这个（包括其他的）原因，埃德蒙·伯克（Edmund Burke）和他的追随者一直坚定地对理性主义的制度设计持批判态度。

这条推理路线可以推到很远。当工人获得了投票的权利时，反对者就会争辩说针对工人的不公平的消除会以各种方式破坏社会稳定并导致对富人的更大的不公平，富人的财富可能才是穷人一直想要没收

441

充公的。这种论辩给同一个情境赋予了两套具有不同权重的考虑。但由于这是一本关于解释社会行为的书,并不从规范的角度去评价这些现象,我将不讨论这个问题。

参考文献

我从 C. Offe, "Institutions' role in the distribution and control of social power," in I. Shapiro, S. Skowronek, and D. Gavlin(eds), *The Art of the State* (New York University Press, 2006)那借鉴了组织和制度的区分。

"市场的出现"是 D. North, *Structure and Change in Economic History* (New York: Norton, 1981)的一个核心主题。

司法审查的形式是 E. Smith (ed.), *Constitutional Justice Under Old Constitutions*(The Hague: Kluwer, 1995)论述的主题。

关于过渡司法的出现,参见 G. J. Bass, *Stay the Hand of Vengeance*(Cambridge, MA: Harvard University Press, 2001)。

关于(我有些带有个人特色地称其为)组织的一个有用读物是 C. Me´nard(ed.), *The Political Economy of Institutions*(Cheltenham: Edward Elgar, 2004)。

调整个人和组织激励的问题是 J.-J. Laffont and J. Tirole, *A Theory of Incentives in Procurement and Regulation*(Cambridge, MA: MIT Press, 1994)的主题。

一本关于腐败的全面手册是 A. Heidenheimer, M. Johnston, and V. LeVine(eds.), *Political Corruptio*(New Brunswick, NJ: Transaction Publishers, 1989)。

对 19 世纪英国合作社的参考出自 B. Jones, *Co-operative Production*(Oxford University Press, 1894; New York: Kelley, 1968)。

相互监督的"循环系统"观点在 E. Kandel and E. Lazear, "Peer pressure and partnership," *Journal of Political Economy* 100(1992), 801-17, and in R. Calvert, "Rational actors, equilibrium, and social institutions," in J. Knight and I. Sened(eds.), *Explaining Social Institutions*(Ann Arbor: University of Michigan Press, 1995)(reprinted in Me´nard, *The Political Economy of Institutions*)中有所讨论。

对信任和激励在企业中的相对重要性的讨论可见 E. Fehr and A. Falk, "Psychological foundation of incentives," *European Economic Review* 46(2002), 687-724。

M. White, *Philosophy*, The Federalist, *and the Constitution*(Oxford University Press, 1987)追溯了美国宪法的休谟起源。

对戴高乐的引用来自 A. Peyrefitte, *C' e´tait de Gaulle*, vol. 1(Paris: Fayard, 1994), p.452。

对次优这一概念的介绍可见 R.G. Lipsey and K. Lancaster, "The general theory of the second best," *Review of Economic Studies* 24（1956）, 11-32。

我在 "Tocqueville on 1789: Preconditions, precipitants, and triggers," in C. Welch（ed.）, *The Cambridge Companion to Tocqueville*（Cambridge University Press, 2006）中讨论过托克维尔对旧制度的分析。

我所引用的斯蒂芬的段落出自他的 *History of the Criminal Law of England*（London: Macmillan, 1883; Buffalo, NY: Hein, 1964）, vol.1, p.284, and vol. 3, p.293。

我在 *Solomonic Judgments*（Cambridge University Press, 1989）的第 4 章说明了我对制度变迁 443 的规范基础的观点。

结论:社会科学可能吗?

什么算是科学?

一门社会科学是否可能或者是已经存在,对这个问题的回答取决于"把什么算是科学"的标准。一种外在的标准可能如下,当一门学科满足了以下四点,它就成为一门科学:(1)它的践行者在任何时点对其领域内何为真、何为假、何为臆测、何为未知都有一个普遍的共识;(2)有一个累积向前的过程,理论或解释一旦被丢弃,就是永远被丢弃;(3)主要的概念和理论能表达得足够清楚和明确,任何人只要愿意花时间和精力就能理解;(4)这个学科的"经典"主要是科学史学家在研读。正如阿尔弗雷德·怀特黑德(Alfred Whitehead)所说:"舍不得遗忘其创始者的科学也将迷失方向。"

以上描述意在大致捕捉当代自然科学的状态。对于标准(1),自然科学的那些学科没有哪一门真正且充分满足。例如,弦理论、间断平衡论(punctuated equilibrium)或人类发展中先天与后天的相对重要性,这些问题都存有争议。但分歧的深度被那些相关学术共同体之外的人轻易地夸大了,他们可能没有充分认识到争议背后是大量的共识,而且有时错把初步探索当作明确的主张。标准(2)通常是被满足的。在自然科学的历史中,逆转就算有也极少见,没有新牛顿学说反对爱因斯坦,也没有新拉马克主义反对达尔文。当那些一直以来都有些模糊或"笨拙"的理论第一次被阐述为易被理解的教科书素材时,这种转变就体现了标准(3)。除了极少数的生物学方面的特例[达尔文、达西·温特沃斯·汤普森(d'Arcy Wentworth Thompson)、克洛德·贝尔纳(Claude Bernard)],标准(4)也得到了满足。

利用这些标准,我现在要提出一种对软社会科学、定性社会科学和定量社会科学的评价。在对软社会科学一笔带过地简要评点之后,我将立论支持定性社会科学。更具争议的是,我还将立论质疑定量社会科学,至少是质疑其更突出的一些形式。因此,定性社会科学的支持者处于一种腹背受敌的不利境地,持续面临被一个敌手指责其与另一敌手为伍的风险。

"软"社会科学

"软"社会科学与特定形式的文学评论(或文学)的共同之处,比它与实证定性研究的共同点更多。后现代主义、后殖民理论、庶民理论(subaltern theories)、解构主义、克莱因或拉康的精神分析以及类似理论的蒙昧主义本质已被许多作家揭露,其中艾伦·索卡(Alan Sokal)的做法可能最有成效。正如他在一次采访中评论的,因缺乏能理性讨论的共同语言,正面迎击那些伪理论家成了不可能之事。作为替代,你得让他们搬起石头砸自己的脚,就像他做的那样,让对方阵营的杂志发表了一篇他写的名为"量子力学的阐释学"的文章,文中充斥着没有意义但听起来让人印象深刻的"行话"。

尽管那些圈子的成员可能发展出了一套他们内部的讨论风格,这意味标准(1)在一定程度上得到了满足,但那也只能算一种伪主体间性,共同的话语条件反射伪装成理性的共识。标准(2)—(4)几乎从未被满足过。似乎没有哪种思想被永远地丢弃。最引人注目的或许是标准(3)没得到满足。德里达(Derrida)可能用语言令人眼花缭乱,但他的"教义"却不**可教**。解构主义没有"怎么做"的教科书(尽管有很多"调研"或"描绘"以及"协商对话"),主要是因为它的践行者往往靠影射和反问来行文,而并没有冒风险给出明确的断言。最接近教科书的可能就是弗雷德里克·克鲁的那套滑稽剧《后现代维尼》(Frederick Crew, *Postmodern Pooh*)了。至于标准(4),从学术文章对罗列参考文献和注释的要求来看,对前人的崇拜似乎是强制性的。(这一段我显然一直在向已皈依者布道,白费唇舌。)

定性社会科学

对于定性社会科学的范围,我不仅纳入了采取"案例研究"而非"大样本"研究形式的作品,还把大部分历史著作也算了进来。我认为,对任何社会科学家而言,最好的训练就是广泛且深入地阅读历史,根据观点的内在属性而非研究主题的重要性或相关性来选择阅读的作品。下面是一些典范:詹姆斯·菲茨杰拉德·斯蒂芬《英国刑法史》(James Fitzgerald Stephen, *A History of the Criminal law of England*);E·P·汤普森《英国工人阶级的形成》(E. P. Thompson, *The Making of the English Working Class*);G·E·M·德圣克鲁瓦《古希腊世界的阶级斗争》(G. E.M. de Ste Croix, *The Class Struggles in the Ancient Greek World*);保罗·韦纳《面包与马戏》(Paul Veyne, *Le pain et le cirque*);G·勒菲弗《大恐慌》(G. Lefebvre, *La grande peur*);基思·托马斯《宗教与法术的衰落》(Keith Thomas, *Religion and the Decline of Magic*);托克维尔《旧制度与大革命》(Tocqueville, *L'ancien régime et la Révolution*);马克斯·韦伯《古代农业情况》(Max Weber, *Agrarverhältnisse im Altertum*);戈登·伍德《美国革命的激进主义》(Gordon Wood, *The Radicalism of the American Revolution*);让·埃格雷《法国的预备革命》(Jean Egret, *La prérévolution française*);德尼·克鲁泽《上帝的战士》(Denis Crouzet, *Les guerriers de Dieu*);马丁·奥斯特沃尔德《从民治到法治》(Martin Ostwald, *From Popular Sovereignty to the Sovereignty of Law*)。(我有点自冒风险,把一些尚未被认可的经典也纳入进来。)以上这些作家和其他有声望的作家之间的共同点在于,他们既有对事实性问题的绝对权威,又拥有对潜在理论概括以及已有理论潜在反例的洞察力。凭借其学识,他们不但能辨别出"稳健的异常",还能挑出"内涵丰富的细节",这样就为未来的理论家既提供了理论刺激又提供了现实检验。

以上评价对"案例研究"的作者来说也成立,而其中托克维尔的《论美国的民主》仍然是最伟大的作品之一。尽管约瑟夫·熊彼特的《资本主义、社会主义与民主》(Joseph Schumpeter, *Capitalism, Socialism, and Democracy*)并不完全符合案例研究这个类别,我还是把它算了进来。一部看似古怪但我认为很吸引人的候选作品是阿瑟·杨的《法兰西游记》(Arthur Young, *Travels in France*),其内容涵盖 1787 年、1788 年和 1789 年。这些作品是整个社会或政体的"肖像画",全都采用了比较的视角。马克·布洛赫《封建社会》(Marc Bloch, *La société féodale*)也属于这类。理查德·伊万斯(Richard Evans)围绕第三帝国展开的三部曲立意对纳粹这一具体政体进行分析,就像罗伯特·帕克斯顿在《何为法西斯主义》(Robert Paxton, *What Is Fascism*)中对法西斯这一更一般的政体进行分析那样。理查德·博斯沃思的《墨索里尼》和《墨索里尼治下的意大利》(Richard Bosworth, *Mussolini* and *Mussolinis's Italy*)如果与伊万斯的书结合起来看,会很好地帮助我们理解一个真的存在恶但多数是小恶的政体和一个邪恶透顶的政体之间的差异。

历史分析和案例研究不仅为理论概括提供原材料,其本身就常包含作者留待读者去厘清的理论命题。例如,托克维尔就是一个潜藏理论的大师。出于身兼历史学家和贵族的傲慢,托克维尔并未放低身段详细说明他的理论架构,而是假装他不过是抬脚向前般自然。尽管《论美国的民主》不断依赖"欲望—机会"框架来解释行为,但它从未被详细地说出来。尽管《旧制度与大革命》对阶级关系的分析严重依赖对嫉妒和憎恨二者的区分,读者还是必须自己去弄明白这两种情感具有系统性差异的成因和效果。

在定性社会科学的标题下,我也把**明确**展示了这些理论概括的作品包含了进来。我不再通过列举作者或著作来对它们展开讨论,而是回到我在导论部分列出的那些谜题上。非常重要的一点是,所有这些谜题的"答案"都受制于我在导论部分提到的第二点告诫:它们仅满足"可以推导出被解释项"这一最低条件。对于某些谜题我会冒险说我提出的那个解释可能就是正确的解释,对其他一些谜题我则不会这样说。

Ⅰ 心 智

- 为什么有些赌徒认为当红色连续出现五次后,下一次红色比黑色更容易出现?

  答:因为他们受到可得性启发法的影响。

- 为什么另一些赌徒认为当红色连续出现五次后,下一次黑色比红色更容易出现?

  答:因为他们受到代表性启发法的影响。

- 为什么偏好有时会随单纯的时间流逝而改变?

  答:要么是因为双曲线贴现,要么是因为产生这些偏好的情感半衰期很短。

- 为什么那些看似相信有来世的人希望来世尽可能晚点到来?

  答:因为他们的这种信念并不能成为行动的前提,而只是在他们想到死亡的时候为其内心带来的一丝平静。

- 为什么人们不愿意向自己或他人承认自己嫉妒?

  答:因为他们在乎自我形象,而嫉妒在大部分社会中都靠近动机规范等级结构的底层。

- 为什么人们不愿意向自己或他人承认自己无知?

  答:因为人类是寻找模式的动物,在重要的问题上承认无知会产生心理上的不适。

- 为什么在16世纪皈依加尔文教的信徒中,人上天堂或下地狱皆由命定的信念比人能通过行善获得救赎的信念更能使人内心平静?

  答:因为异想天开使他们相信,加入教会可能就意味着上帝已经将他们选中。

- 为什么"冒犯他人之人,不能原谅别人"的说法(有时)是对的?

  答:因为骄傲的人不愿承认自己做错了,以致他们会捏造理由来解释为什么被自己冒犯的人之前以及接下来都活该遭此命运。

- 为什么在一些文化中,耻感比罪感更重要?

答：因为还没有将罪感概念化的社会中显露出来的有罪行为也会更少。

449 ● 为什么1998年法国队在足球世界杯中的胜利给法国带来了那么多的喜悦，而2002年法国队未能小组出线又造成了如此大的沮丧？

答：因为惊讶既能放大积极情感，也能放大消极情感。

● 为什么妇女在被强奸后常会感到羞耻？

答：因为受害者往往也受那种"责备受害者"态度的影响，而这种态度源于这个世界从根本上讲还是公正的这一信念。

● 为什么羞辱性的入会仪式使加入者对组织产生更多而非更少的忠诚感？

答：因为自己忍受的巨大痛苦都是徒然的信念引发的认知失调。

Ⅱ 行 动

● 为什么与二十年前相比，如今有更多的百老汇演出得到了观众的认可？

答：因为观众需要觉得他们花钱花得很值。

● 为什么惩罚可能增加而非减少其所针对的行为发生的频率？

答：因为使用严酷惩罚导致的憎恨可能会抵消恐惧。

● 为什么人们不愿打破自我强加的规则，即使遵守这些规则毫无意义？

答：因为他们害怕一次破例就足以瓦解整个规则。

● 为什么报仇的模式是"双倍奉还"，而非"一报还一报"？

答：因为损失厌恶。

● 为什么股票的长期收益远高于债券的长期收益(也就是说，为什么股票的价值不上升到使二者的收益相等)？

答：因为损失厌恶和"决策短视"二者的结合。

● 为什么当危险药物以铝箔板包装出售而非以瓶装出售时，自杀率会下降？

答：因为很多欲望都转瞬即逝，以致当你打开铝箔板时自杀冲动也就消失了。

- 为什么在基蒂·吉诺维斯被殴打致死时,38 名旁观者没有一个人打电话报警?

  答:因为他们每个人都认为既然没有其他人出手干预,那情况有可能不是很严重。

450

- 为什么纳粹统治下有人会隐藏或营救犹太人?

  答:因为犹太人向他们求救了,而他们羞于拒绝。

- 为什么 1997 年希拉克总统提前举行大选,结果却失去了他在议会的多数席位?

  答:因为他没料到选民会从他宣布提前大选这个举动中获得能使其投反对票的信息。

- 为什么一些离异的父母愿意分享孩子的监护权,即使他们真正想要的是单方监护权,而后者只要打官司就可能得到?

  答:因为风险规避。

- 为什么穷人较少移居国外?

  答:因为他们承担不起迁移的成本,也不能拿自己作抵押来获取贷款。

- 为什么有人在不付息也不允许圣诞前撤销的圣诞储蓄账户里存钱?

  答:因为他们知道如果把积蓄存在普通账户中,双曲线贴现或许就会使他们提前把钱取出来。

- 为什么人们会推行一些负预期值的项目,如建造协和式飞机?

  答:因为骄傲,或者因为损失厌恶。

- 为什么在"过渡正义"时期(专制政权向民主过渡后,旧政府代理人被提审的时期),过渡后立即被审判的人比稍后被审判的人获刑更重?

  答:因为惩罚情感具有短半衰期。

- 为什么在莎士比亚的戏剧中,哈姆雷特的复仇要拖到最后一幕才上演?

  答:因为哈姆雷特受困于意志薄弱,而且这种张力不能在戏剧结束前就解决了。

Ⅲ 从自然科学中获得的启示

- 为什么父母更可能杀害收养的孩子和继子女而不是亲生子女？

451 **答**：因为只有后者携带了他们的基因。

- 为什么即使面对诱惑和机会，兄弟姐妹间的乱伦仍很罕见？

答：因为自然选择有利于抑制同一家庭中相同年纪男女间产生性欲。

- 为什么人们会把自己的钱投到由他人代理负责的项目中，尽管后者可任意把所有利润占为己有？

答：因为群体选择有利于合作的倾向。

- 为什么人们宁愿付出物质代价也要进行没有物质收益的复仇？

答：因为群体选择有利于惩罚不合作者的倾向。

- 为什么人们会没有证据就妄下结论？

答：因为自然选择有利于寻找模式。

Ⅳ 互 动

- 为什么社会党的支持者有时会给另一党派投票，从而阻碍自己的党派获胜？

答：因为他们每个人都是"弟弟妹妹综合征"的受害者，这让他们意识不到别人或许也会这么做。

- 为什么一些新兴独立国家还沿用之前帝国主义压迫者的语言作为他们的官方语言？

答：因为在一个具有多种方言的国家，殖民国家的语言是每个人的第二选择。

- 为什么冰激凌摊位常都挨着摆在海滩中间的位置，即使分散分布能让顾客更方便且小贩也没什么损失？

答：因为对单个小贩来说，无论对方怎么做都要把自己的摊位向中间位置靠拢，这才是理性的做法。

- 为什么当一个人的投票对投票结果肯定毫无影响时,他或她仍去投票?

  答:因为投票者受异想天开的影响,或者是基于绝对命令行事。

- 为什么现代西方社会中经济上成功的人士常比一般人更苗条?

  答:因为他们(正确地)相信在某一领域缺乏自我控制的人往往是全方位地缺乏自我控制。

- 为什么人们会拒绝可以使每个人的境况都变得更好的交易,比如他们放弃询问等待公交车队伍最前面的人是否愿意出售他的位置?

  答:因为相比隐藏的经济不平等,人们更厌恶公开展现的经济不平等。

- 为什么尼克松总统曾试图向苏联人展现其易于采取不理智行动的样子?

  答:因为这种行为使苏联本不会相信的"相互毁灭"威胁具有了可信度。

- 为什么军事指挥官有时会下令烧毁己方的桥梁(或船只)?

  答:他们希望自己已无路可退的这种表态能使敌方避开这场将损失惨重的战争。

- 为什么人们常认为一些本质上无关紧要的礼节非常重要?

  答:因为他们认为背离这些规范的人不在乎别人对他的看法。

- 为什么即使身在一个不期望再次光顾的外国城市里,乘客也会付小费给出租车司机,顾客也会付小费给服务员?

  答:因为别人会对自己看法很糟的这种想法让人痛苦。

- 为什么即使在没有预期任何生产中断的情况下,企业仍会投资大量存货?

  答:因为企业预期投资会打消工人罢工的念头从而确保生产不会中断。

- 为什么在一组学生中,每个人都认为别人比自己更好地理解了一篇晦涩的文章?

  答:因为他们每个人都受到"大哥大姐综合征"的影响。这使他们认为那些没有寻求帮助的人并不是出于害羞。

结论:社会科学可能吗?　　**427**

- 为什么很多政治会议都采用记名投票的方式？

答：因为那些喜欢这一举措的倡议者想用这一程序来吓退那些本会投反对票的人。

- 为什么互投赞成票在普通立法机关比在制宪议会中更常发生？

答：因为互投赞成票有赖于长时段持续互动的"一报还一报"行为。

    定性社会科学在应对我先前提出的标准（1）—（4）时表现如何呢？倒序来看这些标准，经典仍未过时。一些人声称古典作品在当今不值得认真对待，因为古典作品的研究已经被融入当代思考中了，然而说这些话的人还是很难值得我认真对待。经典所具有的可不仅仅是考古价值。不过，我也不主张与过去的大师对话是产生新见解的唯一或最好方式。例如，托马斯·谢林（Thomas Schelling）似乎就没有（至少没有以任何明显的方式）站在任何巨人的肩膀上。肯尼斯·阿罗可能重新发现和归纳了孔多塞的洞见，但他并未受后者的影响。丹尼尔·卡尼曼和阿莫斯·特沃斯基的研究据我所知并不源自任何前人的知识。有一次我有机会向特沃斯基指出他所做的一个（"禀赋效应"与"对比效应"之间的）区分，蒙田和休谟也预见到了，他回应说很高兴能英雄所见略同。考虑到我刚才提到的学者主导了过去50年社会科学可以说最具决定性的进展，我们显然也就不能说与过去对话是产生新见解的唯一方式。还有一个例子，托克维尔说他在开始写《旧制度与大革命》时故意克制自己，不去读先前有关这个主题的任何作品，限定自己只看他所研究的事件同时期的档案和读物。他说他宁愿重新发现一些别人已发现过的真理，也不愿受他人过度的影响。尽管有证据表明托克维尔确实偷看了一些先前的作品，但他杰作的主体部分几乎未受他人影响。

    虽然如此，与过去对话如果只是为了明确自己必须反驳的立场，也可以是极富成效的。很难想象如韦伯或熊彼特这样的非马克思主义
者，如果没有仔细读过马克思是否还能写出他们想写的那些东西。当然，与过去对话带来的直接或积极影响也很常见。近期的某些关于财产制度演化的理论似乎是受到了大卫·休谟的直接影响，而不只是简

单地奉他为先驱。保罗·韦纳对古代暴政心理学的研究很大程度上要归功于黑格尔对主奴关系的分析。乔治·安斯利做了很多工作,重新诠释了弗洛伊德的一条基本洞见而使其在分析上更具说服力,然而要不是有弗洛伊德的雏形在先,安斯利或许完不成他的那些思考。我还怀疑边沁的《论政治策略》(Bentham, *Political Tactics*)还没有被充分挖掘。在以上这些案例中,如同我思考的其他所有案例一样,受经典启发的思想一旦形成就必须自力更生。对经典的有益利用并不包括诉诸其权威。

在我提到的大多数案例中,定性社会科学都出色地通过了标准(3)。社会科学所谓的"分析性转向"(the analytical turn)在我看来并非基于对定量方法的运用,而是基于对清晰度和明确性近乎偏执的关注。(对一些分析哲学家而言,这种关注可达到完全执着的程度。)人们越来越认识到区分研究对象之间的概念性联系和因果性联系的重要性。"情境"被越来越多地解读为"迷雾"而非"丰富的环境"。相比以前,现在的学术少了很多本质主义;学者更少去问民主或社会主义"真正"是什么了。存在这样一种共识,概念界定在一定程度上受其用途约束,因而它们并不试图捕捉事物潜在的本质。我们主观地规定,要评判概念的好坏,只看它们能否使我们为有趣的现象提出好的解释。

我认为(或者我希望)还有一种背离所谓的"非演绎抽象"(nondeductive abstract)思维的趋势。为做到正当可信,抽象推理要么必须服从演绎逻辑的原则,要么就得持续引用相关事实,以展现抽象命题是有具体运用且**有意义**的。过去,抽象概念往往有其自身的生命力。概念的含义在立论过程中可以改变,以展开无效推理。例如,马克思从异化劳动演绎出私有财产:资本主义之下劳动产品不"属于"工人,因为劳动本身是无意义的,那么劳动产品就不得不属于——即为某人的财产——其他某些人,也就是资本家。西方大部分教育机构中社会科学愈演愈烈的职业化趋势,其产生的效果是让人更难跳脱这套东西。诉诸类比虽然还没有完全消失,但也变得不那么流行了。"人力资本"概念是对物质资本概念富有价值的延伸,但对"消费资本"(加里·贝克尔(Gary Becker))、"文化资本"(皮埃尔·布尔迪厄(Pierre Bourdieu))和

"社会资本"(罗伯特·帕特南(Robert Putnam))我们则不能这么说。后面这些概念往好了说是无用且无害的隐喻,往坏了说则是开启了一条徒劳无果的研究之路并导向虚假的因果假设。

我们很难评估定性社会科学在多大程度上满足了标准(2)。在历史学家(包括那些为政体画"肖像"的作家)中,观点也是兴衰交替的。例如,关于法国大革命,有人认为"恐怖统治"从一开始就出现了,还有人主张"恐怖统治"是由本可避免的罗伯斯庇尔上位和同样可以避免的国王出逃所导致的,后两者摧毁了君主制合法性并引发了革命战争。根据后面这种观点,如果米拉波(Mirabeau)还活着,这一切可能就都不会发生。在任意给定的时点,都有一些法国历史学家持有前一种或后一种观点,但占多数的观点是循环往复的。现在被废弃的观点可能以后又成了主导。我们很难不这样想:任何重大历史问题都引发了并且都在继续引发着类似的起伏波动。历史大概总是如此。即使给定数据并且可对数据进行充分调查——古代史研究大致就是这种情况——非历史学的社会科学得出的新理论命题可能也就是否定一些的同时又印证另一些史学诠释。

非历史学的社会科学领域显然是有进展的,但并非字面意义上的知识的进展。再来看看我们如何理解"理性个体为何想要放弃他们的某些选项,例如自断后路"。当面对敌人时,这种明显自我限制的行为可以是**完全**理性的,但它并不只是行为者对自身非理性倾向的理性防卫。这一洞见在理解人类行为上是一次不可逆转的收获。至于这种观点能解释多少次实际的自断后路或破釜沉舟则是另一个问题。军事指挥官或许真会像科尔特斯那样破釜沉舟,只是为了防止自己的部队溃逃。对循环多数(cycling majorities)概率的洞见也是一条不可逆转的收获,但它适用的实际案例则可以说比较少。情感具有短半衰期的"发现"——更像是命名了一种常见的先于分析的直觉——不会被消除,但在任意给定的案例中,都可能有向反方向作用的机制抵消情感的自然衰退。即使对某一事件或情节占主导地位的解释被丢弃而后又复活,在丢弃和复活过程中起作用的构建基础或机制也依然存在。理论剧目

解释社会行为:
社会科学的机制视角

表或者说分析工具箱的大小不会收缩。

对照标准(1)，定性社会科学做得并不好。如我们之前提到的，同一代际的历史学家之间可能存在——事实上几乎总是存在——意见分歧。即使抛开马克思主义和自由主义对"恐怖统治"不同看法中政治观点的影响，学术争议的空间还是非常大。例如，确认历史行动者的动机和信念本来就是一件很微妙的事。对于某种行为，有的历史学家认为它是行动者心智状态的单纯表达，另一些历史学家则视其为策略。设想一名恐怖时期的流亡法国贵族，他或许一面说自己相信君主制很快会复辟，一面又签订了公寓的长期租约。相较那些连续签订短期租约的流亡贵族，其同时代的人以及后来的历史学家都往往认为前者没有实际那么真诚，即使后者实际上也只是为了塑造一种不被动摇的乐观主义形象。流亡贵族的敌人则无论如何都能肯定地宣称前者确实不真诚。除非历史学家很幸运，能找到一份不太可能具有策略性目的的档案，例如历史行动者写给自己的备忘录，否则以上问题只能靠历史学家的**判断**来解决。优秀的历史学家之所以优秀一定程度上是因为他们有良好的判断力，但他们也会出错。

在非历史学的定性社会科学内部，也可能存在实质性的分歧。主流经济学家有时声称，行为经济学的很多研究发现看似能成为非理性行为的证据，实际上是因为它们大多出自实验环境。出于各种各样的原因，人们在人为设置的实验室中做出的行为可能并不符合他们在日常生活中自发的行为。行为经济学家为应对这一异议重新组织了实 验：提高赌注，为研究对象隔绝来自其他实验对象和实验者的社会压力，并给他们时间学习。还有一种异议认为实验对象机械地将实验室之外具有适应力的反应照搬到实验室之内，结果这些反应无法适应实验环境。例如对象会在一次性互动的实验中采取毫无意义的"我一下你一下"策略。行为经济学家对此的回应是，实验室之内实验对象的行为并不机械，我们可以展示他们有能力做出大量受激励驱动的微调。这些都是持续存在的争议，如果不是专家很难对此持有自己的观点。如果我倾向于和行为经济学家站在一边，在某种程度上可能也是出于

"我对手的对手就是我的朋友"的非学术原因。

定量社会科学

现在来谈谈定量社会科学。定量社会科学有三个部分：测量（measurement）、数据分析（data analysis）和建立模型（modeling）。这三部分相互联系，数据分析常需要测量（以确立数据）并且经常需要建模（以便让我们知道该去找哪些数据）。我将把重点放在建模上，因为对测量和数据分析我知之甚少，但关于后两者我还是先要说两句。

测量类似人均消费、失业率、腐败程度或者大众对死刑的态度这样的存在，是一项本质上很困难的操作。要测量能供跨时间和跨国家比较的消费量，我们得考虑到具有相同收入的消费者在不同的时间和地点可能会消费不同的东西，以及收入不同的消费者可以购买的东西可能也不同。测量失业率很困难，因为可能有庞大的地下经济、大量的学生人口、大量的被监禁人口或者有很多人放弃了找工作。对腐败的测量通常基于我们感知到的腐败水平，而后者又是由专家评估和民意调查决定的。基于明显的原因，我们很难得到独立的证据来评估这些信息来源的可靠性。即使专家评估和民意调查趋于一致，那也可能是因为他们受到相同偏差的影响。测量民意预先假定了我们有一个稳定的意见可测量。然而，大家都知道即使对民意调查的那些问题稍加一些无关痛痒的改变，也会得到非常不同的反馈。"你支持 A 吗？"探得的答案和"如果替代选项是 B，你支持 A 吗？"探得的答案大不相同，即使大家都知道 B 只是 A 的一个替代选项。举个例子，我们可以用 A 代表某个国家加入欧盟，B 代表它不加入欧盟。这些问题可能会在很大程度上影响数据分析的稳健性。

数据分析（我是指统计分析）在某种意义上是现代社会科学的核心。如果我们的兴趣是研究大规模的社会现象，我们知道自己总会面对总体在多个方面——例如健康、收入、门第、偏好以及住所——都存在异质性的问题。任何类似"当面对一个外部冲击 X（例如边际税率上

解释社会行为：
社会科学的机制视角

升)时,**所有**个体都将回应 B 行为(例如减少自己的劳动力供给)"的决定论式预测都注定会失败。取而代之,我们通过建立个体的类别属性和特定回应之间的相关关系,来试图确定这类个体有多大的**可能性**会以这种特定方式回应。这些通常是具有高技术难度的操作。

这些操作还可能是危险的,其背后的一些陷阱即使熟练的学者都可能栽进去。我在第一章和第二章简要提了五种陷阱:数据挖掘、曲线拟合、因变量或自变量测量的任意性、区分相关关系和因果关系的难题以及鉴别因果关系方向的困难性。利用变量的"滞后"值建立一个变量在时间 t 的值与另一个变量在时间 t+n 的值之间的相关关系,这种常见操作为我们进一步的小修小补创造了机会。另外,分析单位的异质性也可能是个问题。在对战争起因进行统计分析时,我们并不清楚是否能把"第一次世界大战""第二次世界大战"和两个拉美国家之间的"足球战争"等量齐观。然而,有人或许还会质疑为提高拟合度而把反常案例当作"异常值"剔除出去的做法。还有一个更进一步的问题是选择偏差,例如,如果民意调查是基于电话访问,那么那些没有电话或出于某种原因没接电话的人就被排除在外了。

对于像我这样并非专家的人来说,我们不可能知道社会科学家掉进数据分析这样或那样的陷阱的概率有多高。黄金标准只能是事前预测或"事后诸葛亮",基于对观察对象其中一部分的分析,得出对另一部分的预测。考虑到数据"修补"和"拿捏"的无限可能性,只是找出数据中存在的模式不太具有说服力。原则上,如果学者在实际展开分析之前就公开表明自己的假设和将采取的程序,以上这些危险就可以被降低。而据我所知,几乎没有人采用这种方式。

建立模型是一种演绎操作,始于假定,终于带有预测的结论。在社会科学中,理性选择模型是最常见的一种模型,但它远不是唯一的模型。越来越多的社会科学家提出演化版的模型,不事先假设个体是理性的,甚至不事先假定个体会对事件做出意向性的回应。社会科学家还提出了更多行为的机械模型,即没有明确的依据或论证基础的模型。例如,英国物理学家刘易斯·理查森(Lewis Richardson)就提出了一种军备竞赛模型,它基于两个没有明确心理学基础的线性微分方程。我将自己的讨论限定在对社会现象的理性选择建模上。

理性选择建模在经济学中无处不在,如今它在解释消费者生产者行为的传统领域之外也得到了很好的应用。例如自杀的经济学、参与教会的经济学,以及更一般的,对任何以某种方式涉及**选择**的活动的经济学分析。其发展的倾向是去除将意向性行为与理性行为区分开的概念性"楔子":如果行为者有选择的机会,我们就假定他会理性地运用这些机会。在政治社会科学领域,理性选择理论无疑是占主导地位的,它掌握着更高的声望和更多的薪水,并日益成为(美国)精英机构研究生教育的一个强制性部分。理论应用更多的是聚焦政客(有时是政党甚至国家),而不是选民或公民。在社会学领域,将理性选择理论运用于解释规训(discipline)这一传统问题的少数理论家,在一定程度上被更好地掌握了理论工具的经济学家抢占了先机(对信任的研究是个重要的例外)。在社会人类学领域,例如美国一直在向软社会科学的方向发展,理性选择理论还未站稳脚跟。

这是科学吗? 先来看看标准(1)。我们可以默认建模是正确的,即结论是从前提中推导出来的。那么这些结论是真的吗? 在展开这个问题之前我想先说一点,这些结论并非总是**意图**为真,即意图与现实世界相符。相反,它们有时代表了一种科学幻想———一种对以前从不存在以后也不会有的理想化的理性行动者的行动和互动的分析。例如,对越来越精练的策略均衡的研究就很难说是受解释或预测现实个体行为的欲望驱动。相反,它看上去更像是受一种美学的驱动。莱因哈德·泽尔腾(Reinhart Selten)和阿里尔·鲁宾斯坦(Ariel Rubinstein)这两位最具成就的均衡理论家已清楚地表明他们的模型与现实世界没有任何关系。在论及后者的研究时,他们利用的是行为经济学的一些变体或者有限理性。再引述一个例子,社会选择理论———对投票机制不言自明的研究———一度变得在数学上错综复杂而且已明显无关实际政治活动的研究,以至经济学的顶级期刊之一《计量经济学》(*Econometrica*)都强行中断了对这一领域文章的发表。

科学心理学和科学社会学的一个有趣的问题是,有多少**秘密践行者**要么是对自己要么是向他人隐瞒了这个事实,即他们正在从事的确实就是经济学科学幻想。发明精巧的数学模型是一项高收入的活动,但除了像泽尔腾和鲁宾斯坦这样的学者以外,只有主张这项活动具有意义,由此受它激励去自欺或欺人,才能有高收入。提出这一问题或许看似超出了学术讨论的边界,但我真不明白为什么会是这样。当超出一定范畴时,学术的礼貌规范就应该被丢弃——这一点约翰·斯图尔特·密尔在其自诞生就被奉为学术自由圣经的《论自由》(John Stuart Mill, *On Liberty*)中也提出了。我已放弃了对软社会科学的蒙昧主义做任何矫饰的礼貌,对待**硬蒙昧主义**就更没理由有任何不同。

我没有直接的证据来验证这些理论要么是欺人,要么是自欺,所以我必须以不同的方式来推进。我将试图表明,理性选择的践行者所做之事往往如此脱离现实,以致我们很难认真看待他们提出的自己与这个世界如何契合的主张。冒着重复我在前面几章中说过的话的风险,我试着将我的观点总结为十点:

1. 很多模型为个体归加了他们确然不具备的动机。指数时间贴现的常规假设就是一个例子。

2. 一些模型为个体归加动机而又不提供任何证据,例如效用函数这种特定形式。我们当然可以规定一个函数来说明可能性定理("边际效用递减的理性消费者**或许**会做 X"),但这个函数不能用来说明现实中的任何事情。在很多情况下,我们还必须展示"个体是自利的"这一假定为真,而不能直接就这么假定。

3. 大多数模型都忽视了人们在理解与前景理论相关的"选择"上的进展。由于该理论是以给定某个基准的收益或损失来表述的,它并不通过以结果界定的某个目标函数的最大化来分析行为。最大化格局对数学操作来说可能不可或缺,但它与实际行为并无多大关联。

4. 一些模型为个体归加了他们可能具备但并不会使用的认知能力。例如,个体可能并不会自发地进行很多重要理论应用中所需的逆向归纳推理。

5. 很多模型为个体归加了他们确然不具备的认知能力。这其中的道理如此微不足道,几乎令人尴尬:经济学家怎么能假定个体具有那种能力,即去完成连他/她(经济学家自己)都需要很多页的附录才能讲清楚的具有很高难度的计算呢? 这让人有种强烈的欲望去说:"拜托,现实点!"

6. 很多模型基于个体在特定情况下的客观利益为个体归加意向,都不停下来问问是否可能有其他动机——情感或社会规范——在起作用。例如,如果我们试图解释像革命这样动荡或冲突情况下的行为,那么为个体归加一个理性的长期自利动机(简化为指数贴现的现值)就不会令人耻笑了。其他模型基于行为的实际结果为个体归加意向,又忽略了个体计算错误以及计算过后想赌一把的可能性。

7. 很多模型并不考虑重要决策周围环绕着的不确定性迷雾,尤其是当相关后果要在遥远的未来才会出现的时候。通过为不同结果分配主观概率来克服这个问题的尝试往往是很任意的,此时学者只是诉诸理由不充分原则规定了一个均匀的概率分布。

8. 一些模型将群体(阶级或国家)规定为统一的行动者,都不提及(阶级案例中的)搭便车问题或(国家案例中的)集体决策结构。

9. 一些模型假定对理性的偏离要么(1)是暂时的,要么(2)会在聚合时被抵消。对于(1),如果情况具有"龙虾陷阱"的结构,暂时的偏离也可以有持久的效果。至于(2),行为经济学已经表明,由于许多偏差是系统性而非随机的,我们没理由预期他们会在聚合时消失。"股权溢价谜题"就是一个例子。

10. 很多模型通过论证某种行为是一场博弈中的一种均衡来解释该行为,而不更进一步展示为什么在许多均衡共存的情况下,这一特定的均衡得以实现。此外,他们也很少停下来问问是否有这种可能:世界变化如此之快,以致没有足够的时间来建立均衡。

对于我的这些异议,我已经注意到了一些典型的回应。一种提到了用非循环论证的方式确立动机的阐释学问题。我同意这是一个严肃的难题,但它并非不可逾越,而就算它不可逾越,这也不能为那种不当归加动机的行为正名。另一种回应提议将（真实存在的个体的）真实理性替换为"似然理性"。我已经论证过，只有当那两个条件都得到满足时，这一策略才可行。一方面，人们或许可以找出一条能模仿理性的机制，然后**一路拆解**至数学附录。但问题是还没有人提出这样一条机制。考虑到社会选择机制的粗糙不完善与归加到个体头上推理过程的复杂缜密之间的鸿沟，诉诸选取比虚张声势好不到哪儿去。另一方面，人们或许可以找出一条预测，其准确性令人十分信服，迫使我们还未理解这一理论如何运作就接受了它。但问题是社会科学连跟这种状态稍微沾边的预测都得不出来。

事实上，如果更仔细地查看标准（1）是否得到满足，我们会观察到具有非常不同的解释和预测的不同理论长期以来一直共存。宏观经济学在这一方面尤为突出。我没有追踪凯恩斯主义、货币学派和理性预期理论的发展现状，但如果其中一个击败了其他二者并为社会科学源源不断地供应着高准确度的预测，我想我会注意到。需要设立一个独立的中央银行，这是一个已得到确立的真理吗，还是说它只是一种风潮？几十年来，经济学家们为欧洲高失业率提出了完全不同的各种解释而无法达成共识。人们被多征税时真的会更少工作吗？专家们对此的观点各不相同。而这些还只是学科中心长期存在的问题，不是研究前沿的问题，在社会科学研究的前沿，永远存在着分歧。

标准（2）并未得到满足，从新凯恩斯主义和新功能主义的前缀"新"中我们就可以看出来。标准（3）和（4）很容易就得到了满足；事实上，他们是被过度满足了。我先前提到的美国社会科学的职业化倾向具有其消极的一面，它导致了社会科学自我削弱的狭隘性和学者对其所在科系在这样或那样列表上排名的适得其反的痴迷。据我推测，事实上排名本质上只是知识搜索度的一个副产品，并不真是一种等级。（如我们所看到的，普鲁斯特对音乐家也有类似的观察。）此外，由于与过去对话被贬为声望很低的经济思想史分支或声望稍微好点的政治思想史分支所行之事，这种狭隘性被进一步加剧了。不过，尽管相比软蒙昧主义人们会宁愿选硬蒙昧主义的病态，但是它并非是我们必须做出的选择。

社会科学的未来

我们还能做得更好吗？社会科学的科学抱负——对预测能力、确定性和精确性的追求——能在未来的某天得以实现吗？科学的历史教导我们，宣称一门科学能做什么不能做什么时要非常谨慎。当笛卡尔说动物是机器时，"大家都笑话他"，但如今又是谁笑到最后呢？任何想提起上面那个问题的尝试都必须是探索性和推测性的。

来自神经科学的综合性发现肯定会为心理学提供一个更坚实的基础，可能还会解决某些一直存在的争议。例如，已经有人声称脑部扫描更支持准双曲线贴现而非双曲线贴现。如果我们能展示愤怒和愤慨这两种情感激活的是大脑中不同的神经中枢，我们或许就可以确定愤怒与愤慨的区别。对上瘾的神经生理学研究肯定会继续加深我们对这一令人困惑的自毁行为的理解。而需要注意的是，所有这些神经科学应用都涉及行动的**动机**。针对**感知**（例如填写现象）的应用也很丰富。相比之下，对命题式**信念**（以及"信念—动机"互动）的神经科学研究就并不存在，并且在可预见的未来也不会有。设想一个信念更新的小案例。我原本认为明天会下雨，但随着天空放晴我修正了自己的预测，因此也改变了我的计划。即使是对这样一个简单的过程，我认为我们也没法在短时间内明确它的神经生理学原理，更不用说其他更复杂的信念形成过程了，而我的这种怀疑并非只是出于缺乏想象力（或科学专业能力）。如果我是对的，那么有一半的"信念—欲望"行动模型将在很长一段时间里仍不受神经科学方法的渗透影响。如果我们超越"信念—欲望"模型去探究生产发明和艺术作品的"灵感的神经元"，这一点将更明显。

社会科学（从较强意义上说）预测或解释失败的原因有两种：一种是，即使给定信念和偏好，行动在某种程度上可能仍是不确定的（也即不可预测的）。在不确定或高度复杂的条件下进行决策时，我们的行为

解释社会行为：
社会科学的机制视角

可能是出于凯恩斯所谓的"动物精神",而非我们以明确的方式对当下情况的明确特性做出反应。在那种情况下,人们的确可能按拇指法则行事,但问题是有太多人按拇指法则行事了。例如,可能存在相互竞争的聚点:**前人怎么做你就怎么做**与**邻居怎么做你就怎么做**。说人们是"满意化"而非"最大化"并没什么内涵,除非我们能事前明确是什么构成了一个令人满意的水平。

另一种,是我们缺乏对偏好形成机制的理解。个体受到相互竞争的倾向的影响,而这些倾向的相对强度在任意给定的情况下往往都是不确定的。如果我威胁你,这会让你感到害怕还是愤怒?如果这两种效应都发生,哪一种将占上风?如果我跳脱出繁忙的工作稍做休息,我是会和工作一样疯狂,还是相反地完全放松?我已经论述过,我们往往无法事前回答这些有关偏好形成的问题,尽管事后我们也许能鉴别其中起主导作用的机制。

我们是否可以通过或是鉴别**触发条件**或是明确**触发概率**来减少不确定性?我在第 2 章讨论了前一种可能性,并得出了多少持怀疑态度的结论,这里我将讨论后一种可能。我们是否可以,明确当人口中满意水平呈哪种分布时,我们至少可以预测会发生群体性行为?毕竟,这就是社会科学主要关注的问题。类似地,当人们面对威胁时,我们是假设有小部分人会害怕而非愤怒,还是假设每个人都既可能害怕也可能愤怒?难道不可能将这些概率都量化吗?

假定我们可以量化概率,我仍不认为我们能获得多少解释力,因为**情境**具有无比的重要性。先前我提到,科学的进展往往源自对情境无情的抽象。这一点也适用于社会科学,因为只有忽视具体情况的很多特性或创造一个排除这些特性的试验环境,我们才能鉴别出其中的倾向或机制。例如,因循守旧这一直觉性概念就很复杂。它包括对他人作信息来源的依赖,想要和他人一样的欲望,不当出头鸟的欲望以及不被他人想得很糟的欲望。如果出于某个特定的研究目的我们想将刚才说的(比如)第二条界定为什么算因循守旧,那我们就必须创造一个试验环境(或者找一个现实生活中的场景)。其中因循守旧的其他三个维

466

度都不太可能出现，从而把第二条单独抽离出来。我们可能会发现，有些人的确想要和他人一样，而另一些人最想要的则是与他人不同。也许我们甚至能明确这两部分人所占的比例或出现的概率。然而在现实情况中，因循守旧的其他维度很可能同时存在，或许还会朝相反的方向作用。了解人们在因循守旧四个维度中的一个维度上如何分布，这对于我们预测因循守旧行为可能没什么帮助。分析、分离是可行的，合成、合并则困难得多，而且可能是不可能的。

很容易想象一心想说明一门社会**科学**可能成为科学的学者会如何应对这一窘境，但我不再进一步探究此事。我们中的一些人因人类行为的复杂性和不稳定性而深感折服和不知所措。另一些人则有一种直觉性的信念，认为人类行为潜藏着规律性，它一旦被发现便可使我们对社会科学与自然科学——不管是物理学、化学、地质学还是气象学——一视同仁。未来会有答案，而现在我已尽可能地说明我把宝押在哪一方以及为什么了。

467

后　记

"荷花娇欲语,愁杀荡舟人。"

译完最后这本书,荒岛书店的译者们就都要离开南开了。最后这一本,前后很曲折。四年时间,完成的可能不是一本译著,而是三四个政治学博士。

在仔细阅读了哥伦比亚大学好友李钧鹏翻译的《为什么》之后,我感到我们这最后一本书可能还有很多很多地方,需要重译。译事无止境,还请读者朋友们来信指出,我们会在再版时一一改正。

除三位主要译者以外,最终参与全书翻译的人还有德新健、史英男。要特别感谢张睿壮教授和雷少波、林佳木两位专业编辑的信任与宽容;也要感谢各位读者朋友长期关注阿红译社与荒岛书店。告别的话已说太多,接下来我们将转战粤港,继续好好学习。

图书在版编目(CIP)数据

解释社会行为:社会科学的机制视角/(美)乔恩·
埃尔斯特(Jon Elster)著;刘骥,何淑静,熊彩译
.--重庆:重庆大学出版社,2019.1(2021.11 重印)
(万卷方法)
书名原文:Explaining Social Behavior:More
Nuts and Bolts for the Social Sciences
ISBN 978-7-5689-1083-5

Ⅰ.①解… Ⅱ.①乔… ②刘… ③何… ④熊… Ⅲ.
①社会行为学 Ⅳ.①C912.68

中国版本图书馆 CIP 数据核字(2018)第 096049 号

解释社会行为:社会科学的机制视角

【美】乔恩·埃尔斯特 著

刘 骥 何淑静 熊 彩 等译

刘 骥 校

策划编辑:林佳木

责任编辑:李桂英 邬小梅 版式设计:林佳木
责任校对:刘志刚 责任印制:张 策

*

重庆大学出版社出版发行
出版人:饶帮华
社址:重庆市沙坪坝区大学城西路 21 号
邮编:401331
电话:(023) 88617190 88617185(中小学)
传真:(023) 88617186 88617166
网址:http://www.cqup.com.cn
邮箱:fxk@ cqup.com.cn(营销中心)
全国新华书店经销
重庆长虹印务有限公司印刷

*

开本:940mm×1360mm 1/32 印张:14.125 字数:414 千
2019 年 1 月第 1 版 2021 年 11 月第 2 次印刷
印数:4 001—6 500
ISBN 978-7-5689-1083-5 定价:69.00 元

Explaining Social Behavior: More Nuts and Bolts for the Social Sciences
Jon Elster
978-0-521-77744-5
English language edition published in the United States of America by Cambridge
University Press, New York, Jon Elster 2007

解释社会行为：社会科学的机制视角。原书英文版由 Cambridge University Press 出
版公司出版。

版贸渝核字 (2016) 第 283 号